书房间境

隅人／著

山东友谊出版社
Shandong Friendship Publishing House

图书在版编目（CIP）数据

书庐问境 / 隅人著. —济南：山东友谊出版社，2013.12（2014.4 重印）

ISBN 978-7-5516-0450-5

Ⅰ. ①书… Ⅱ. ①隅… Ⅲ. ①文化事业—体制改革—中国—文集②出版工作—中国—文集 Ⅳ. G12-53 ②G239.2-53

中国版本图书馆CIP数据核字（2014）第002995号

主　　管：山东出版传媒股份有限公司
集团网址：www.sdpress.com.cn
出版发行：山东友谊出版社
地　　址：济南市英雄山路189号　　邮政编码：250002
电　　话：出版管理部（0531）82098756
　　　　　市场营销部（0531）82098035（传真）
印　　刷：山东临沂新华印刷物流集团
版　　次：2013年12月第1版
印　　次：2014年4月第2次印刷
规　　格：150mm × 228mm
印　　张：37.75
字　　数：480千字
定　　价：68.00元

谨以此书献给张乐群先生！三十多年前，在他简朴的书斋里，我第一次知道，做人既可以枕石漱流，更可以枕流漱石

目 录

献词

结庐

人境

问君

采菊

东篱

南山

飞鸟

欲辩

悠然

忘言

文案

跋

结　庐

党刊要在不断改革发展中奋进有为

首先感谢赵宇飞会长和各位副会长的盛情邀请，感谢宁夏共产党人杂志社雷兴魁社长、总编的盛情邀请，使我有机会又一次和党刊系统的各位老师、各位同事亲密相聚；使我有机会聆听石峰会长的主旨报告、泽青司长的重要讲话，以及党刊分会的工作报告、期刊协会晓玲秘书长的讲话；使我有机会在和大家相聚的日子里，认真学习研读各位代表的大会发言、书面材料。这些交流材料和工作报告展示着党刊的成果，凝聚着大家的心血，发人深省，启迪多多，弥足珍贵。

前天，在从火车站进入市区的路上，出租车司机听说我们的会议是在悦海宾馆举行，脱口而出：那一定是在我们宁夏区召开的最重要的一次会议，悦海宾馆是我们宁夏的国宾馆。来到悦海，仍然感到震惊，湖畔花园、园中酒店，与花园般的区党委大院两两相望，尤其是我们各路党刊的与会代表，我们党刊分会请来的各位嘉宾，真正是应了宇飞会长的一句话：党系刊物最高规格。雷兴魁等宁夏共产党人硬是要把这次党刊年会办得无与伦比。他们的辛苦、辛劳让我们感动，他们的敬业、勤业让我们钦佩，有这样的共产党人，我们的党刊事业无论如何也会红红火火、兴旺发达。只是想提醒雷社长不妨松弛一点、懒惰一点，别把弦上得太紧，别把工作做得太完美、太精致，要不然让下一届主办刊社不好办会。

到北京工作整十年，和期刊单位联系也有八九年，这是我第二次和党刊单位的密切接触。上一次的浙江会议正赶上换届，让我记忆犹新。会议上的发言是急就章，当然也是有感而发，后来被石会长推荐，有幸选入期刊年鉴。我过去的领导对我们的文章从来都是不屑一顾，因为她自己是写作高手，妙语连珠，美不胜收。不过，她不得已时的套话、大话，也常常让人不便恭维。可这次，她偶然翻到，破天荒地大加称赞，说是句句讲到了点子上，也让我有了一次宠辱不惊的机会。

参加党刊年会，这是第二次。可会下的联系一点也没有少，尤其是宇飞主持研究会（也叫分会）工作以来，是我们单位的常客，给我们布置任务，提出要求，甚至下达命令，很积极很主动。所以党刊系统的各等动静、各种声音，我们还是很清楚、很了解的。看到大家发言中的介绍，确实是感到很亲切、很熟悉，还有不少内容，我们都做了简报，受到上面的表扬。今后，我们要更加密切和各刊社老总们、编辑们联系，接通地气，共谋发展。

雷总、宇飞给我布置的任务是30分钟。十八大宣传、“7 · 23”党校讲话中央有什么要求，上面有什么安排，单位有哪些打算，然后你个人的思考有哪些。我看我们的会议安排，这些主要内容，包括“走转改”，都已经有充分体现。刚才蔡国英常委、部长的致辞，泽青司长、晓玲秘书长和下面石峰会长的主旨报告，都有明确要求，大家执行就是，不需再重复和啰嗦。就此，我把我的发言压缩为三点：1）规定动作，十八大宣传，当然很简短；2）我所理解的党刊改革；3）我所想到的党刊发展，只举一个很有趣的例子。争取不超过30分钟。

一、关于迎接党的十八大宣传报道

有两个材料，一个是有关部门提出的迎接党的十八大宣传报道意见，再一个是前不久召开的迎接十八大宣传报道工作会议上领导同志的讲话，我们宁夏的克强副部长出席了这次会议。这两个材料的文本已经发到各省市区有关部门，据了解，各地都做了传达和安排，我们也准备了期刊方面的宣传方案，和整体方案差不多，没再发下去，这里作以简单归纳。

1. 我们已经做了什么。科学发展，主题突出；成就辉煌，浓墨重彩；栏目丰富，各显特色；图网并茂，形式多样。期刊方面，我们已经连续发了十多篇阅评，对各刊的迎庆活动作了充分反映，近日还要做一个综述评论。

2. 我们正在做什么。“7 · 23”党校讲话精神集中宣传；科学发展观思想内涵、理论价值宣传；社会主义道路制度创新、模式创新宣传；十六大以来的成就宣传；党的建设工程，先进性和纯洁性建设宣传；各地、各行业迎十八大所展现的良好风貌宣传。

3. 我们还要做什么。深化主题宣传；推出系列专栏；开展大型“走转改”活动；十八大重要议程报道；对外宣传；网络宣传联动，营造氛围，形成声势；做好学习贯彻落实十八大精神的宣传报道的准备工作。

这是我会上发言的主要内容、规定动作，下面是关于党刊改革发展的参考意见。

二、关于党刊的改革

前不久在北京职工之家开期刊协会会议，中午自助餐，邻桌有两位同志边吃边聊天，说党刊现在的归属是三个方面各占三分之一，办公厅、组织部或宣传部、报业集团或出版集团。我一听，省委办公厅、宣传部和组织部，隶属于省委宣传部的出版集团，几个部门、几大块我都待过，所以应该有发言权。当然，这只是开个玩笑。

无论办公厅、组织部、宣传部、集团对党刊实施怎样的管理，党刊始终在党组织的怀抱之中，依附于党组织的母体之内，是党的组织机构的组成部分。或者说党组织永远把自己的刊物抱在怀中。

本次会议上的小册子发下来之后，我认真学习了上面刊登的蔡国英常委、部长在共产党人杂志社调研时的讲话，整整两个月前的讲话，句句语重心长，反复叮咛，反复嘱托，关爱有加，要求严格，期望很重。我想这就是各省市区党委对我们党刊的情怀。

1．雷总他们虽然没有在那么漂亮的区党委大院办公，但怀抱的温暖还是时时能感受到的，组织的要求时时在心头萦绕。不然，不会这么借力、给力。“怀抱说”我归纳几点。

1）重视程度上。每年的报刊发行，党报党刊的征订动员会，中办的红头文件从来没有少过。这几年对于中央党报党刊，我们还组织了向中西部和东北20多个省市区的农村党支部的党报赠送；向全国的乡镇一级的党刊赠送。客观上落实了《人民日报》和《求是》的订数增量。

2）财政投入上。对于党报党刊，包括党管的出版企业，中央财政和地方财政都加大了投入，对《人民日报》的投入翻了一番，对《求是》的投入也有增加，对中央直属出版集团的投入也年年不落，还有文化发展基金几十亿的加盟。对于党报党刊在税费优惠上的支持，十年一贯制，党刊受益匪浅。

3）制度创新上。也可以理解为政治关怀，用体制设计保证了党刊公益性事业单位的性质，保证了政治归属不变，保证了管理层面公务员与刊社人员的正常流动，解除退休病休等后顾之忧，保障了办公条件、福利待遇、工作身份不变，甚至有的仍属公务员系列编制，完善了医疗、劳保、失业保险等相关制度。我们知道的中央部门刊社，在工资待遇、福利条件、社会保险，甚至住房保障方面，不少单位远高于公务员的水平。

4）秩序稳定上。至少，目前整个刊界面临的转企改制的变动，面临的归属、走向、发落问题，我们党刊大都不需考虑。思想稳固、单位稳妥、人心稳定，是我们任何组织发展的重要基础。换言之，如果人心乱、摊子散，则事业完。这是一个规律。

2．这种温暖的怀抱下，党刊刊社的改革，几乎成了可有可无的事情，比如，公益性的事业单位加大投入，转换机制，增强活力，从哪说起，从何谈起，好像一时没有了目标，没有了可做之事，其实不然。

1）刊社最终还是一个经营单位。党刊的经营客观存在，有经营就有投入和产出问题，有投入和产出就有市场问题，有市场就有一个绩效问题。

比如，资产总额中的净资产、销售收入中的净收入、毛利润中的净利润等等，是一个客观存在。我们有经济运作中的不足和困难，但绝不是我们没有经济运作。事业单位企业管理，最终落脚还是一个经营；财政拨付，也有个一分钱要掰成两半花，也有个一分钱要创两分钱效益的问题。市场化仍然是任何刊社都不能回避也不容回避的问题。

2）刊社发展怎么样也回避不了数字化的浪潮。信息化、数字化是大趋势，是现代社会发展的大趋势，也是现代出版业的大趋势。即使有国家保证，即使有财政支持，也不能忽略和躲开这个趋势。数字化了大家都去读网读屏，从网屏中汲取知识，获取信息，升华理论素养，增加知识含量，提高工作本领和能力，那么，我们纸本载体的期刊，又该何去何从。数字化的问题，是你想也得想、不想也得想的大问题、前途问题，任何刊社都不能回避、不可回避。

3）刊社的最后胜出仍然是靠自己的核心竞争力。期刊业、出版业的核心能力在于选择，在于对文本信息的优胜劣汰、优中选优的选择，在于对经营模式、生产方式的选择，在于对产品形态、受众模式、分众化市场的精心选择。选对了你胜出，选错了你就要走弯路。选错多了或者贻误了关口和机遇，你就会遇到危机、遇到风险。战胜不了危机和风险，你就失去了生存的意义、生存的能力、生存的价值。靠什么选择？靠自己的出版队伍、编辑队伍、新技术队伍、营销队伍。没有人才，没有队伍，你的选择无从谈起。尽管党组织可以继续把你抱在怀中，但如果你仅仅是个足月小样儿，永远长不成堂堂汉子，那也真是没办法，花开花落两由之，自生自灭也完全不是别人的事情。我听光锋同志介绍说，宁夏共产党人杂志社就有不少外地名牌大学的毕业生、研究生，慕名考到银川、考回银川来加盟党刊，交流材料中各刊社也谈到对人才建设、人才培训这一点的重视，让人感到欣慰。人才队伍建设是党刊改革不能不考虑，不能回避也不可回避的重要问题。

3．党刊改革怎么改，无论上头怎么规定，刊社应有三个目标。

1）活力。组织要添活力，要有生气，有内生动力，有应对能力，有变革本事，有前瞻意识，有长期打算。

2）创新。制度创新要生红利，制度创新的目的是解放生产力发展生产力，红就红在解放方面，利就利在实际效益。制度要应运而生、应时而改、应需而建，保证卓有成效，保障科学发展、持续发展。

3）用人。人员要调动积极性、主动性，有积极性主动性才有创造性。人力资源是保证制度创新组织创新的前提，反过来，制度创新、组织创新又可以更好地吸引人才，实现人的量才使用，为最大限度发挥积极作用创造条件。

4．无论市场经济还是计划经济，无论私有制还是公有制，无论集体还是个人，有三个原则是改革必须遵循的。

1）用正确的方法做正确的事情。

2）资源充分利用，人才充分调动，事业充分拓展。

3）所有的事都有人负责，有人尽心尽力；所有的人都对自己的事负责，对事尽心尽力。

那么，岗必到位，业必精进，事必圆满，人必舒畅，如此而已。达到这种程度，具体你的单位叫什么名字，用什么方式，那就是你这个刊社任意驰骋想象的空间了。

5．具体操作，在利用现有制度优势下，考虑几个方面。

1）集约化。我一直犹豫是不是要用这个“化”字，包括下面几个方面的“化”。集约、市场、公益、股份就可以了，但是数字如果不带“化”就说不通了。“化”容易把人引向极端，钻牛角尖，但这里也只好借而用之。集约化不是打破现有的各省一家两家党刊刊社的格局，在目前的审批制前提下，这个格局牢不可破，30多家党刊，在党刊分会的旗帜下各居一隅、各自为战，试图把人、财、物归拢一起，那只能是一种天真的梦想，没有任何操作价值，尤其是行政一刀切的办法，更不可能，也不可行。但这并不排除我们在数字化背景下，建立和形成一种高新科学技术条件下的集约，现代信息化网络化之上的重组。生成各种各类依托互联网的资源平台，把现有资源数字化，做成数据库共享。然后，根据不同刊社的特点、特色，形成自己的一片云，如理论云、历史云、制度云、楷模云……构成一个巨大的党刊云，让所有的党刊读者、使用者、各类受众根据需求，随手即得。党刊云是一种理想，是一种可以实现的理想。

2）数字化。这是一个从现在开始就要起步的改革。一是要采用编辑出版印制发行全过程数字化，所有的信息文本，都具备数字化的标注和解析功能，具备多元发布的基础，把多媒体元素引入到我们所有的采编发工作中去。二是全员投入，不仅年轻编辑要学，上年纪的老同志也要能够操作数字化，宣传推广、营销发行部门等全部岗位都要进入数字化的改造之中。

3）责任化、股份化。这当然不是指要私分财产和资源，不是形成完全个人的股份化公司，而是模拟股份化的形式对资源的配备、使用和效益，对岗位的投入和产出，对质量的优劣与高下，实行量化管理，提高按劳分配的比例，体现尊重知识、尊重人才、尊重创新的分配原则，体现集约经营，更鼓励个性创造。以后的综合服务会更看重个性化服务的生产环境，要求分配制度、激励机制对个人、个体激发出持续进步的活力与动力。

4）公益化。党刊始终不能忘记高举公益性的旗帜，正是因为有公益，才有事业单位的招牌，才有国家和地方财政支持的理由，才有我们更多更好地利用公共资源和社会资源的空间，才有社会资金资本投入支持赞助援助的条件。改革理念中的公益属性，支撑我们的基本生存，支持我们做好文化服务最基础的根柱，支援我们赖以生存的工资、住房、车旅等基本成本。文化行业，无论企业和事业，本身就具有公益性的特征，而党刊则更需要把公益服务做好，把公益品牌维护好，把公益的定位确立好，同时，也把公益的政策用好、用足、用到位。

5）市场化。这个问题提还是不提，我费琢磨。其实，提和不提都是客观存在。买纸张要用钱，印刷也有成本，就是办网络登文章发帖子，服务器的租用费要掏，电费更要掏吧。在市场经济条件下，任何生产活动、产品运作都不能离开市场规律，公益并不回避市场。出版单位，各类刊社包括党刊，因为是在市场环境中谋生、做事、发展，市场元素的进入和利用并不稀罕，问题是我们如何提高自己经营的市场化的水平、市场化程度、市场化能力，用公益支撑的条件，把市场经营运作得更好、更出色、更有成效。讲求经济效益，但不唯经济效益，是任何出版物都要遵循的道理。金钱不是万能，没有钱万万不能。包括以后的数字资源集约，也需要遵守市场化的原则。通过市场交易，合理地引入和运用文化资源、文化资产，才能使我们的事业不至于坐吃山空，才能使我们的刊社生生不息。决不回避市场，充分利用市场提供的任何机会、任何空间，也是我们党刊发展的原则。我们对党刊改革的期望是，不进入企业事业的纠缠之中，不陷入转企改制、公司化股份化的反复演练之中；尽自己最大的努力，争取政府和社会财力物力的支持，争取自身的生产和再造能力；不挣大钱，但要经营好自己，别让市场化的机会白白跑掉。

三、关于党刊的发展

昨天，一位党刊人告诉我，党刊的地位和过去比确实提高不少，领导同志和各类机构比过去重视了，但整体来讲地位还不是那么高。我有同感。

在中央和地方媒体中，党报党刊一般都是并提的。但是，从新闻采访看，党刊没有电视风光，没有它们有声有色、以图像逼真夺人眼球；从报导及时看，党刊没有党报迅捷、言之有据，不如它们能够立刻印证电视和广播的内容。在地方党委和政府接待安排上有差别，党报、电视媒体行有车、食有鱼，我们大多是走路靠双脚，喝水靠自己。不过，说句玩笑话，这样更接地气。

我认为，在众多媒体中，党刊的优势在于扎实、厚重，像一个奋力耕耘的老黄牛，默默无语，终日犁耙，深度挖掘，常年坚守，以前瞻、以积淀、以沉稳、以持重立于众多媒体之中，众里寻她千百度，她在灯火阑珊处。说到党刊的发展，不能不正视我们党刊那些不尴不尬的地方，有大的活动，有大的报道线索，要几个采访证都比较难办。有时我们也帮不上忙，党刊就只好自己另想办法。

关于党刊如何在重大理论问题上不缺位，在重大决策过程中有声音，在重大转折、重大改革、重大建设中有预见、有昭示、有提醒，如何在重大事件、重大活动、重大变化中，以自己的特点、特色形成自己的比较优势，引导受众、服务社会，这次研讨会上，在座的各位，包括大家交流的论文，已经谈及的不少，相信大家将会有更多的真知灼见。

这里，我只是结合自己的经历，贡献一点体会。即：党刊要考虑要学会教导省委书记、常委和省长们。这不是我的话，而是当年河南省委第一书记刘杰同志讲过的一句话。

1984 年的一天，刘杰同志召集各省委书记、省委常委以及他们的秘书召开座谈会，秘书和所服务的领导一起与会，这是我在省委工作几年中很少有的事情。地点就在他办公室旁边的会议室，内容是看阿尔文·托夫勒的《第三次浪潮》电视片，连放五集，到深夜 12 点多。

回宿舍的路上，刘杰同志问我，看了这几集电视片有什么感受，当时大学刚毕业没几年，在秘书岗位上工作时间也不长，遇到第一书记发问，不免发毛，支支吾吾说不出个子丑寅卯来。看我没正面回答，刘杰书记说，你们当秘书的，就是要整天考虑如何教导我们这些书记们、省长们，要学会提醒、启发我们的书记省长们，告诉我们世界最新的发展动态、发展趋势，告诉我们社会科学、自然科学领域有哪些变化和成果，告诉我们外部世界包括基层的民生、民情发生了哪些变化，及时提醒我们，弥补我们这些老头子们的不足。

将近 30 年过去了，老书记的这番话回忆起来，依然如雷贯耳。党刊是省委的理论刊物，是省委省政府理所当然的秘书助手，我们能对省委书记省长们讲点什么？我们有资格讲吗？我们有实力讲吗？我们有能力讲吗？书记们、常委们、省长们别的刊物可以不翻，本省的党刊是一定要看一看的，有刚才国英常委的讲话为证。我们党刊应拿出些什么！

前任领导认为，双车道、小巧玲珑就是发展趋势，是城市建设价值取向；后任领导认为，四车道、八车道才是大趋势大发展的基础，视野要开阔，观念要改变。那么在车道多少的后面有什么样的哲学理念？谈到城市建设、环境美化，专家教授们早就因为小脚女人——玲珑剔透的古代城市建设观点，与大脚女人——实惠实用的新城市文化的观点，发生过剧烈冲突，书记省长们知道吗？从这一角度去看车道问题，你一定能给前后两任领导的观点都找出科学的解释和依据。

上面说到的阿尔文 · 托夫勒，《第三次浪潮》的作者，中译本在中国销售 1000 万册，影响余音不绝，30 年至今。他的预见——跨国银行、电脑家庭化、人机一体化等都已成为现实，只是核心家庭瓦解之说还不够充分，这种预见的超前性、准确性让人震惊。

由此，我想到了美国现在又重新开始的通识教育，不惜让一代学人花费 3 到 5 年的工夫，重读世界经典，当然也包括读马克思，但全部是自然科学和社会科学传世经典，培养通识人才，为以后的国际社会活动家、领袖人物和精英人物作储备。我想，这种准备，这样的准备，党刊作为领导人的智慧库、智囊团不能不充分考虑，时时刻刻，我们都应当明白，我们为领导者、领袖人物准备了什么东西，我们打算怎样融汇全人类的智慧和见解，用社会科学、自然科学最前沿的东西为领导者提供服务。

我观察了各省委书记的任期，能在一个省的岗位上待 10 年的不多。我们党刊不同，50 年历史的有，60 年历史的有，20 年、30 年历史的更多，最年轻的《南方》9 岁、《海峡通讯》8 岁，党刊历经沧桑，有资格、有责任、有条件告诉每一位施政者，经验、教训、启迪、前沿，让每一位领导人及时接地气、连宇宙，“心事浩茫连广宇”，了解历史、文化积淀，也了解最前卫的知识和局势。昨天看了收集的交流材料中各位的发言稿和书面发言稿，大家都讲了一个共同的意思，党刊要全力促进省委、省政府重大决策和工作部署的贯彻落实。我想，我们党刊的任务还要加上一句话，就是在促进形成、优化党委和政府的正确决策中有所作为，在党委、政府决策过程中施加影响，施加强烈影响。

当然这只是一个点，甚至还只算是一个方面。福建通讯杂志社讲了“立足高度”，还有刚才国英常委讲话中说过的上水平上台阶上层次，我不知道是不是这个意思，大概异工同曲。怕占用时间太多，我赶快结束发言，请石会长开始主旨报告。受《今日浙江》文章的启发，有几句打油诗，兹录于后：不抢新闻抢理念，不报焦点报观点，不图大众图小众，不求一时求长远，不谋金钱谋生存，不唯当下唯前瞻。

文本之外

开场敬辞：尊敬的石峰会长、克强部长、各位与会领导，尊敬的各位嘉宾、各位代表、媒体界的各位朋友，大家上午好！

写于2012年9月3日下午6时，宁夏沙湖宾馆；改于9月4日早3时至6时，悦海宾馆。发言于4日上午党刊研究会年会。宁夏共产党人杂志社的编辑们录了原稿，又让我整理出3000字的稿子，说是要用在刊物上。

打造党的事业的金马鞍

中午电闪雷鸣、急风骤雨，此刻雨过天晴、艳阳普照，大自然的间奏曲也是前来祝贺《今日浙江》20 岁生日的，很强劲、很精彩、很及时，也很别致。

副秘书长才方刚才宣读了书记和省长的指示，社长张斌回顾了办刊 20 年的历程，各方代表、各位领导都做了热情洋溢的发言，精彩之至，盘点、庆祝、鼓励、鞭策都有了，我只谈一点儿个人感受和体会。如果一定要命出题目的话，我想应当是：打造党的事业的金马鞍。

从前天参加银川全国党刊会议开始，直到今天凌晨两点钟，我读完了所有能够看到的关于《今日浙江》杂志的全部材料，方才深深理解到石峰署长这次带我回家乡的深层含义。

过去来浙江，来这片中国改革开放最具朝气最有活力的热土，感受到的是经济生机、经济奇迹，感受到的是政治建设、社会建设的斐然成就。这次参加《今日浙江》20 年庆典，石峰署长要告诉我的是：浙江文化建设的生机与活力，党刊发展的成就与业绩。

20 年《今日浙江》，筚路蓝缕，披荆斩棘，不仅仅是见证，更重要的是参与、促进，推动了浙江省政治、经济、社会、文化、生态文明建设和党的建设的宏大事业。如果说，浙江是中国社会发展群骥中的一匹骏马，一匹千里驹，一匹汗血宝马的话，《今日浙江》就是这宝马身上的雕花马鞍。岁月让它历经沧桑，汗水使它锃光闪亮，征程为它烙满印痕，骑手、驭者、领导人用它匡正方向、跃蹬扬鞭、推演大局、驰骋疆场。

读完所有的材料，我深深理解这马鞍的承载，马鞍的托举，马鞍的稳妥和马鞍的分量。我们浙江有一位老乡，慎雄海，做了江苏省新华社分社的社长，他认为，党刊是资讯窗口，我也赞成他的比喻。但我觉得，窗口只是外部观瞻的一个视觉通道，而马鞍的价值，宝马知道，马的主人更知道，默默服侍，默默奉献，包括默默吞咽、默默承受，正所谓栉风沐雨、矢志不移，艰难困苦、玉汝于成。

——我要特别地说一声，谢谢石峰署长的亲自引领。

从昨天下飞机来到杭州，直到此刻进入会场，我才发现这次浙江之行，这次参加《今日浙江》的盛典，我还有意外的收获。那就是，见到心仪已久、不曾谋面的李金明书记，我们河南人引以自豪和骄傲的，地地道道的老乡，乡音未改的老领导，从躬耕南阳走出来的省委书记，而且知道了他与《今日浙江》的不解之缘，从孕育、出生、存活、发展到今天的不解之缘。我仿佛能够看到瑞秋大姐揣着金明书记的信，跟着侯靖方同志去有关单位请求支援，去政府部门批刊号的情形。为这次活动，杂志社推出了《从春天出发》专刊，其中许多细节令人感动、催人泪下，也包括这一场景。

金明书记在河南的影响，在南阳的影响，无论是当年还是今天，众口皆碑。政治、经济、社会建设，不去多说。文化建设方面，他带出了至今在全国作家界，几乎无与伦比的南阳作家群。前不久，北京国际图书博览会上，以南阳作家为主体的河南作家群集体亮相，满场惊叹，载誉海内外。

才方秘书长在主持中特别关注故事情节和细节，这里不妨提供一个。当年风靡全国的一部长篇系列历史小说《康熙大帝》，多次重印仍然供不应求，连当时的政治局常委们都在找书、阅读。作者二月河——凌解放就是金明书记和他的副手刘海程同志亲自指导扶持使他从无名作者到著名作家。比较有意思的是这部书的责任编辑顾仕鹏老师，也是我们江浙人氏。

今天，在这里，我又读到了金明书记对党刊关心和支持，直接指导和帮助的故事，真正是舐犊情深、爱不释怀，赢得众口交誉。这些充分体现了我们的领导人，一以贯之的文化主张、精神倚重和媒体意识；体现了他们的科学理念、前瞻思维和高瞻远瞩。书记们一定明白，再好的骑手，再优秀的御者，再强劲的骏马，再重要的里程，也离不开最合适、最结实、最耐用的马鞍。

——我要郑重地说一声，谢谢金明书记和各位老领导对期刊的理解和支持。

我把《今日浙江》杂志的成功归结为三点：天时、地利、人和。

天时。省委书记和省委领导班子的关怀、关切、关爱。天时就是20年来，杂志所刊登的178篇省委书记的署名文章；天时就是李泽民书记的希望，以政治家的眼光办刊，以党性原则把握理论导向；天时就是张德江书记的定位，办成浙江的《瞭望》，成为名符其实的省级党刊；天时就是习近平书记的要求，以高度增强指导性，以深度扩大影响力；天时就是赵洪祝书记确定的目标，打造成全国一流党刊。还有，天时就是历任常委秘书长、各位副秘书长的直接领导，就是办公厅主任的亲自审稿把关，就是省委机关省直机关各部门和各地市县区的大力支持。

头顶这片天，要云有云，要雨有雨，要风有风，要阳光有阳光，何愁一棵幼苗长不成参天大树、栋梁之材！《今日浙江》这座马鞍，是省委领导亲手雕刻，又精心养护和使用的。

——我要由衷地说一声，谢谢一德常委和领导们对党刊的重视和关心。

地利。我把历届刊社班子的吃苦、用心、辛勤劳作比作地利。460期刊物，从内刊到公开发行，从黑白到全彩，从48码到64页，从月刊到半月刊，从8000份到30000份，乃至20万份。《今日浙江》大思路、大创意、大事业、大气派，来自于理念创新、内容创新、经营创新，来自于领导班子的含辛茹苦、呕心沥血。纪念专辑、人物专辑、事件专辑、调查专辑、解读专辑、时政专辑，琳琅满目的专刊推出，班子成员身先士卒，以身作则，深入底层，衔接地气。最困难的时候，只有副主编王峰带一个编辑支撑半月刊全部编辑工作，让人叹为观止。

对待刊物，如果说侯靖方当年是带孩子一般的呵护，杜德荣则规划了孩子成长、成熟的十个方面，厉佛灯承前启后，迎来刊社的大丰收，张斌、张军正带领大家再创辉煌。历届刊社班子是《今日浙江》这座马鞍上最坚实的支柱。

——*我要真诚地说一声，谢谢刊社各届班子成员的尽心尽力。*

人和。《今日浙江》刊社是一个精干、实干、肯干的团队，是一个特别能战斗的团队。所有在刊社干过的同事都是身兼数职，一人多岗或一岗多职，加班加点、尽责尽职是刊社常态。今天坐在我们会场最后一排的同事们就是这个兵强马壮的英雄群体，十七个人加上主管副秘书长应当是十八棵青松。

顾家声老师谦逊严谨、乐于助人、提携后人；戴木才作为第一位专业美编加盟，使刊物面貌一新，他忙于工作，忘了家人；吴坚硬是被报道对象杨东海的事迹感动，放弃深圳副总编的位置，留了下来；写大文章是大手笔的唐建生（今天到会的三个建生，还有一个陈建生）还经常帮助大伙修电脑；吴红霞所参与的大学生村官论坛，被中组部李援朝部长批示“很好”；金国娟上得厅堂下得厨房，敢于、善于、乐于与大专家大学者打交道，收获颇丰；马跃明在雷云精神鼓舞下，开始重操党建专栏板块；叶慧与杂志结缘于桑美台风，又报考加盟进来；还有范敏敏、张建美、朱馨、赵磊、汪益龙、罗艺等等，其感人事迹，数不胜数。

十七个人是这座马鞍上一个也不能少的环扣、皮带、脚蹬和鞍座，各就各位、浑然一体，形成了杂志无坚不摧的整体，形成了刊社战无不胜的煌煌业绩。

——*我要钦佩地道一声，谢谢各位老师、各位同事对期刊事业的忠诚和勤谨。*

来浙江，来《今日浙江》，被这片热土、被这本杂志深深感动，过后，久久被激励着。我们寄希望于刊社的未来，寄厚望于刊社班子和刊社团队，也寄希望于领导们更多的支持和关心。有一位专家评价这本杂志体现了高、博、细。不妨借来一用，反馈一下我自己的学习心得，表达一下我的祝愿和祝福，六个字：高远、广博、雅致。

高远。立意恢宏，志存高远。马鞍的功能，影响骑手、驭者，影响领导者，合规合则、合适合套，主人会知道，同时也要让马儿感到舒适、温存、贴切。党刊要立于时代前沿，富于前瞻思考，善于推动党和政府正确决策的形成、优化，然后才是贯彻、落实。站在全国的高度看浙江，站在世界的高度看浙江；站在历史的高度看浙江，站在发展趋势的高度看浙江。即当好传令兵、执行者，也要当好参谋和助手。马鞍承上启下，还要把马儿的动静、感受、愿望及时传导、告诉给骑手。

广博。广翰博深，浩淼无垠。现实社会的科学发展、永续发展，越来越要求领导者、领袖人物成为通才、全才。实际情况是，现实社会又常常在个人成长的过程中，无法提供塑造全才、通才的充分条件。那么，出版物、期刊就要承担起弥补的责任。美国的大学已经开始普及通识教育的安排，为数十年以后准备知识人才、领袖人才。昨天看到信息，复旦大学也开始对新生进行一年书院式的通识教育。我们的期刊尤其是党刊，一定要帮助领导者把通识教育这一课尽早弥补上来。敢为人先，与时俱进，首先取决于文化的厚重，知识的全面，规律的把握，见解的独到。基于全人类有史以来的文明、文化经典的掌握，基于全世界最新社会科学、自然科学进步前沿的把握，才有可能使我们的马鞍更厚重，更有支撑力，更有韧性和弹性。

雅致。温文尔雅，格物致知。指的是文化坚守，编辑、记者的看家本领。文以载道，文而无彩则行之不远。《今日浙江》过去成功的案例，一个重要的方面在于对期刊品位、品格、品质的追求，树立文化高标、出版高标、编辑高标，才能永葆刊物之青春，刊物之魅力，刊物之繁盛。雅致还要借助于高新科学技术的翅膀，借助于数字化的魅力，抢占先机，武装自己，提升核心创造创新能力，这样才能使刊物永远立于不败之地。

时代的马鞍，渗透宝马的汗血，又凝聚和施展骑手的智慧与技巧，好马配好鞍，好马好鞍成就好的骑手，我们的行程才能一日千里，我们的事业才能永不凋谢！

跟着老署长回家，又他乡遇故人，对我来说收获多多，受益多多，启蒙多多。我们还是静心聆听老署长、老书记的教诲，聆听一德常委秘书长代表省委发出的号令。

愿《今日浙江》马鞍上的战旗在党刊界、在期刊界、在出版界高高树起，永远鲜艳！祝《今日浙江》越办越好！

文本之外

开场敬辞：尊敬的石峰署长，各位与会嘉宾、各方与会代表，尊敬的金明书记、一德常委、友余主任，省委各部委、省政府各厅局及浙江省各行业、各地市区领导，尊敬的今日浙江杂志社历届领导者、老同志，张斌社长、张军主编和全体同事，尊敬的期刊界、出版界、媒体界的朋友们，大家下午好！

写于2012年9月9日凌晨2时，发言于当天下午，当晚返回，不记得是哪间旅舍。

创造期刊发展的良好生态

到济南车站出站口第一眼（尽管是病眼朦胧，仍然是第一眼）就看到七十五岁的陈际元老师，以为他也是坐同一趟车过来，不想，竟然是和陈兵老师一起去接我的。实在不敢当！让我想起不久前，高校文科学报会上，北大程老师讲的一段话："几十年来，我们学报界同仁，坚守自己的编辑岗位，心甘情愿为他人作嫁衣裳。无论是寒来暑往，无论是春夏秋冬，我们兢兢业业，认认真真；无论是晨昏朝夕，无论是窗前灯下，我们孜孜以求，默默奉献！我们中有不少人，无怨无悔地牺牲自我，玉成他人；脚踏实地，笔耕一生；业绩突出，嘉惠学林。善莫大焉，功莫大焉！"我想，陈老师就是这其中的一个代表，从高校学报学会的建立，从他当理事长至今，几乎从来没有停止过为我们共同的事业耕耘，讲学、研究、撰写文章、讨论制度，也包括迎来送往。颜帅老师主编的我们会议上所发的论文集，第一篇就是翁老师和陈老师的大作，赫然醒目地提出八个问题，铿锵有力，掷地有声！不管问题的角度和着力点如何，这是一代学人的风范和精神，这是中国高校学报系统的传统风格，拼命三郎，直抒胸臆。在向各位编辑各位老师致敬致谢的同时，我也想多说一句，保重身体，珍爱自己！尽管陈际元老师老骥伏枥，志在千里，我们依然希望他健康欢乐，希望每次会议都能第一眼看到他——不一定是在出站口——看到他的欢乐，听到他的忙碌，享受他的叙说，惊叹他的饮酒海量。我想，这就是我们同事、同行之间的幸福、友谊和情分。

进入招待所，我第一眼就看到了会议通知——因为我的原因，要调整会议议程的通知，这让我非常抱歉，非常愧疚。由于给我治疗的大夫再三叮嘱，输液无论如何不能间断，所以我下午一点以前一定要赶回医院，把四瓶液体输进体内，以抵抗病毒对神经系统的侵袭。人过了五十岁越来越多地知道了疾病的滋味，在我们小小的输液室里每天有八九位老人打吊针，然后就给我讲道理，七十岁，八十岁，还有一位接近九十岁，他们依然那么清醒、清楚，有的步履蹒跚，走路都有一定困难，但话语仍然不饶人。他们甚至知道，关于科技期刊、学术期刊、编辑部改革的文件，而且反复叮嘱我，这件事非同小可，不可掉以轻心，一定要认真对待。他们说，期刊业出版业文化行业的改革不能搞大折腾、大跃进，要实事求是，要因地制宜，要科学管理。他们说，科学理论不能当作空话，不能当作摆设和玩意，要落到实处，做到点子上去。我想，这就是，无论我这个脑袋瓜再痛，也一定要赶过来的原因、动力和道理。

在房间书桌前坐下，我第一眼看到的就是我们第16次年会的论文集，如获至宝，如饥似渴，捧读再三。自然科学学报的老师们就是不一样，开门见山，讲大实话，讲心里话，讲有分量的话，这是我学习论文集的第一感觉。伟明老师的“责任与使命”，铁明老师的“问题与对策”，两个人都是明眼人，连名字也都带了明。桃英老师的“变化与准备”，史、陈、朱、宋老师的“可能性与可行性”，充分回答了我们会议的命题：从编辑到出版，我们准备好了吗？我比较关注明寿和言省老师的“复杂性思维”，文章中的清醒、冷静的理性分析，让人折服。李宁老师的“四个应对”和丽婷老师的“自我效能”感，佳华老师的“青年编辑职业规划”，佐奇老师的“投稿经验谈”，登武老师的“编辑立言”，以及众多关于信息化、网络化、数字化发展趋势的探讨和研究，关于提高期刊质量和学术地位的研究，让我备受鼓舞。我看到了希望、前途，看到了实力、信心，看到了自信持重、自觉意识、自强能力。高校自然科学学报的同事们，在科技期刊、学术期刊方阵中，在高校学报界，在整个期刊业界出版业界中，展现出自己自强不息、奋发有为的精神风貌，令人感叹。新的党政领导人在记者见面会上用过一个词叫“夙夜在公”，我们的学报编辑是“夙夜在耕”，耕耘的耕，躬耕的耕，扑下身子拉犁拉耙的耕，没有这种忘我、无私的“耕”，就没有学术进展，就没有成果涌现，就没有“公”的内涵，没有“公”的实现。我为这种坚持不懈的精神感动、钦佩、叫好！55篇论文就是科技期刊、学术期刊新的进军中的晨钟，大家一定会不负使命、奋力前行，服务好整个社会的发展，坚持不懈，再树宏图，再建奇功！

我注意到了大家对高校学报编辑部改革的充分关注，包括颜帅理事长在下面的颁奖发言稿中也提到这一点。我会用一点时间谈谈这个问题，谈谈我个人的看法和新的动向。

我注意到了会议安排了关于版权（著作权）问题的辩论，大家都十分关注这一点，让我非常高兴，尽管我不能现场聆听，但是我想那一定很精彩。只是提醒一点，版权问题，将会是我们高校学报下一步发展的重点问题、焦点问题，不可忽视。如何在信息的汪洋大海中，彰显出我们编辑选择的核心价值，保护和利用版权及其效用，十分重要，十分迫切。

我注意到了论文集中的另一篇文章，那就是南京林业大学郑、张、王、李老师的“编辑职业生态学思考”，和我这一个时期琢磨的文化生态系统、生态平衡、生态文明问题，不谋而合。我会用一点时间，和大家讨论一下科技期刊、学术期刊，当然包括高校学报，尤其是高校自然科学学报的生态环境、生态平衡、生态系统问题，也交流一下自己的一点看法，供大家批评。

我想参与讨论的第一个问题是：如何从十八大精神的视角看待我们高校自然科学学报的改革与发展。

十七届六中全会开过之后，中华医学会游苏宁社长曾对我讲，我们在努力学习六中全会决定，促进文化大发展大繁荣，建设文化强国，鼓舞人心，激人奋进。就是和我们科技期刊直接联系的内容少了一点。我们是逐字逐句搜寻，也没找到太多。如果按照这个思路去搜寻十八大政治报告与科技期刊、学术期刊的直接联系，也许同样不乐观。

第六部分文化建设，讲了价值体系、公民道德、人民精神文化生活、文化实力竞争力。只在文化生活一节中有，普及科技知识，弘扬科学精神，提高全面科学素养。要说推广和规范使用国家通用语言文字也与我们出版有关。教育一节，在社会建设中，有一句话，推动高等教育内涵式发展，积极发展继续教育，完善终身教育体系，建设学习型社会。科技一节在经济建设中，涉及我们比较多，加快建设国家创新体系，着力构建以企业为主体、市场为导向、产学研相结合的技术创新体系。完善知识创新体系，强化基础研究、前沿技术研究、社会公益技术研究，提高科学研究水平和成果转化能力，抢占科技发展战略制高点。完善科技创新评价标准、激励机制、转化机制。

当然，这样去挑拣着学习领会也是一种办法，但是抓不住要害，领悟不到根本，学不到真东西，把握不了，至少不能全面把握十八大精神实质。这里我要特别提醒一点，学习十八大文献，一定要全面掌握文献的整体精神，把握中央的战略决策，中央的全局谋划，中央的思维方式，中央的形势评价。掌握了精神实质，然后才是结合部门、系统、战线工作实践全面联系、思考、安排和部署自己。这方面，各单位都有充分布置，我不展开。

有同事告诉我，学习要有大视野，要开动大思维，要立足党和国家、国际大平台，这很有道理。他还举了例子，别的不说，只看一点，十八大报告归纳五年工作存在的问题中，第一个分号之前：①发展中的不平衡、不协调、不可持续问题依然突出。②科技创新能力不强。③产业结构不合理。④农业基础依然薄弱。⑤资源环境约束加剧。⑥制约科学发展的体制机制障碍较多。⑦深化改革开放和转变经济发展方式任务艰巨。哪一宗与我们科技期刊、学术期刊的研究和探索没有关系。

从学习十八大文献的角度去认识自然科学学报、科技期刊、学术期刊的地位和价值，我是这样看的。①自然科学是社会发展科学理论的重要组成部分，是基础的基础，自然发展的规律，与人文社会发展的规律交叉融合，有一致之处也有不一致的地方，但自然规律是最基本的规律，人文社会发展规律依附于自然规律存在和发展。为什么要把生态文明建设纳入五位一体部署整个社会发展，因为人们首先要崇尚自然、尊重自然、保护自然，人类社会才能长久，才可持续。②科学技术、科学研究、科技创新是第一生产力，生产力的发展要求生产关系变动，带动人文社会进步，历史上每一项科学发明，都推动人类社会不断从一个台阶跃升到一个新的台阶。历史上的例子比比皆是，不一一列举。③科技进步是一个社会最根本的进步，落后就要挨打。连你五千年的灿烂文化，人家都可以不屑一顾。没有科技实力的平台，文化、政治，包括社会文明的形成、提升和走出去，都是一句空话。当然，文化对科技的反作用、对社会和政治的反作用也不可低估。

我想作这样一种归纳：自然科学学报、科技期刊、学术期刊的发展，是文化建设的重要组成部分，期刊以出版的形式对教育、科技、新闻、艺术等方方面面施加影响，本身又是文化交流融合的工具、媒介；是政治建设必不可少的重要方面，比如，政治要研究制度、机制问题，意识形态问题，这些形而上的东西从哪里来，是在人们形而下的实践与自然科学不断的交流碰撞中形成并产生出来；是经济建设包括经济增长方式转变的先头部队，生产力的体现者，生产力水平、生产力阶段、生产力质量的具体承载，产品的科技含量甚至决定其价值的高低，生命力的长短，以及可持续的水平；是社会建设社会和谐发展的强大基础，不仅仅是就业层面，人的科学素养决定人文涵养，决定人的全面发展，决定人的基本素质和民族的基本素质；是生态文明建设直接倡导者、参与者、实践者、执行者。如果从这些层面回头去读十八大报告，作为自然科学学报编辑，我们的感觉一定会不一样。

我想参与讨论的第二个问题是：如何看待科技期刊、学术期刊，当然包括我们自然科学学报的生态平衡问题。

生态平衡，是我在20世纪70年代末遇到的一个新名词，有一位负责林业建设方面的地方领导同志，要给本系统做一个关于生态平衡发展林业的报告，让当时还是学生的我先起个草。那时候的理解，只是认为多种树，涵养水源，保护生态，完全没有达到系统、平衡、和谐的高度。三十多年后，我们再提这个问题并且上升到党的施政纲领中专题讨论决策，实在是当年所想象不到的。

目前生态平衡的定义是，一定时间内生态系统中的生物和环境之间，生物各种群之间，通过能量流动、物质循环和信息传递，使它们相互之间达到高度适应、协调和统一状态。也就是说，当生态系统处于平衡状态时，系统内各组成成分之间保持一定的比例关系，就是物质的输入和输出在较长时间内趋于相等，结构和功能处于相对稳定状态，受到外来干扰时，能通过自我调节恢复到初始的稳定状态。这就要求，在生态系统内部，生产者、消费者、分解者和非生物循环之间，保持动态相对平衡相对稳定。

那么文化生态如何保持平衡，出版、期刊生态呢？

别人创造了个市场来调整文化生态，包括期刊生态，优胜劣汰，这就出现了陈老师的文章中所讲的“企业生产者最关心的是成本和收益，利润最大化是企业的首要目标”，于是，成熟的社会补偿机制、非营利机构跟着来了。基金会、学会、协会、研究会接踵而至，那些没有市场竞争力的期刊照样能活，于是美国就有了两三万种期刊，英国也近万种。问题还有，连比尔·盖茨，当年的世界首富，虽然积累了那么多财富，全部捐了出去，类似情况并不少见。

我们利用政府管理来调整文化生态、均衡发展，形成了目前的局面，分座座，吃果果，做不大，死不了，这就出现了管理者眼中的小散滥，按刘明寿和李省老师的文章所讲，滥是不存在的，只有小和散。那么，再用行政手段，干预一批，处置一批，能见效果吗？能实现生态平衡吗？怕也未必。

大家的论文中也感到科技期刊，按钰明老师的数字5000多种，缺少森林，树木稀疏，其实我们还缺少湿地，解决生态平衡，森林是需要的，草原也是需要的，沼泽地要不要？绝不可少！要有生物链的形成，有生物种群的并立，要有各个层级的生物存在。俗话讲“浑水摸鱼”，实际上暗含一个道理，大鱼吃小鱼，小鱼吃虾米，虾米吃泥巴。有泥巴才能养小虾，进而养小鱼、养大鱼。浑水是客观规律，当然这个“浑”并不是明寿老师所否定存在的“滥”。

我认为，考虑科技期刊学术期刊的生态平衡问题是否应当从这几个方面：

1）多样性。种群很重要，没有种数，就无法涵盖足量的个数、个性，满足文化生态的个性化需求。和科技部基础司的同志算过一笔账，科技、社科期刊全覆盖，从门类讲，应当在2万至3万种，他们有一个比较科学的分类法，此不赘述。

2）差异性。种类的差异，在多样性里解决了，这里的差异主要指层次。肖伯纳讲过，大狗要叫，小狗也要叫。《重返狼群》中，狼崽跟着狗长大，嚎叫声似狼非狼，似狗非狗，狗不认可，狼也不认可。这种生物种群的变异，不是正常的生态分布，不是DNA的根本变化，而是后天学习使然，非正宗也。这是题外话。要有顶尖级的学术研究前沿园地，也要有初步学术门槛的试验田、苗圃园地。没有保定市的地市级一类文学月刊，也许莫言达不到后来诺奖的巅峰。编辑人、学报人的为人作嫁，是从根上帮人做起，从学者、院士、专家、教授的第一篇处女作论文改起、编起、帮起，然后才有大气象，才有大家和大师。

3）交互性。理论与实践的交互，学科之间的交互，国内与国际的交互，基础理论与应用理论研究的交互。学科交叉是保证期刊生态变异和优化的基础工作，既有前沿，又有边缘，还有交错，科学门类的交集，常常孕育着新的学科的诞生。既有理论的深度探索，又有面上的推广应用，这种交融，则更是学科发展必不可少的方面，二者虽然不一定有直接联系，但都必须加强。

4）纯洁性。防污染，防抄袭，防剽窃，我们的论文集中讲了很多，不重复。高校自然科学学报也要绿色发展，向环境污染、学术不端说不。

5）持续性。品牌很重要，名牌更有分量，尽力打造，不断擦亮，放大影响。美丽的生态，总要有亮丽的种群。

不妨套用十八大报告中的一句话，发展科技期刊、学术期刊，必须树立尊重自然规律，顺应自然规律，保护自然规律的生态文明观念，把科技、学术期刊建设融入经济社会政治文化建设各个方面和全过程。其中提出的优化格局，促进节约，加大保护，加强制度，对我们维护文化和期刊生态都非常有意义，不妨读一读，想一想。

我想参与讨论的第三个问题，形成期刊良好的生态平衡，要有一个良好的生态环境。

创造和维持适应高校学报、科技期刊、学术期刊的天蓝地绿水清的良好的生态环境，这当然是政府的责任，政策的责任，当然，也有各学会、协会，各学报、各刊物自身的责任。大家在论文讨论中提到不少。比如扩大财力支持，这一点已充分显现出来；政策支持，目前是一味地支持转企单位，对学术刊物也有动作，但还没有兑现；技术支持，也很重要，中央文资办正在谋划一些大举措；激励机制，各部委都有了一些考虑，待会儿我们的研究会也要表彰大批优胜者，我认为很有必要，当社会上缺乏对我们的掌声时，我们自己要鼓掌为自己加油；制度调整，我想应当有一个成熟的思路，有一个融合大家意见和建议的思路，大家最有发言权。

总之，社会的发展不断给我们提供抬高视野、提升认识、增强能力的机会，像这次论文中大家讨论最多的数字化，我们要不断有新的发现、新的创造，新的举措、新的进展。

面对体制机制的改革，我们要有足够的耐心、细心和专心。吃透政策，找准切入点，因刊制宜，尽力营造适应自己良性发展、长期发展、可持续发展的制度路径和环境条件。

面对数字化信息化，我们要有足够的信心和恒心。顺应潮流，伺机而动，但不赶时髦，不追形式化，不做样子，不被数字化牵着鼻子走，保护自己的核心竞争力，保持永远清醒的头脑。“会当击水三千里”，自信很重要。

面对基础理论、科技发展、服务社会，我们要有足够的虚心、静心和热心，自觉、自省、自律，要有危机感，有风险意识。我们不是科学创造本身，我们是服务于科技创新、文化创新，这样才能摆正位置，找到服务的最好路径、最佳方式，实现最有用的全面服务、深度服务。

所谓的文化自觉、文化自信、文化自强，我想，这是其中应有之义。

党的十八大前夕，美国的弗里德曼建议，中国的发展不要追求美国梦——四口之家，两部汽车，一栋住宅，一个别墅，资源不允许；要有自己的中国梦。我发现刚刚当选的习总书记，十八大结束时的答记者问中，很好地回应了这一点，平实地回答了这一问题。

弗里德曼还说，在信息畅通的今天，发达国家与欠发达国家，没有什么根本区别，最大的鸿沟是高想象力与低想象力的分别，所有的服务都是商品。这一点，则需要我们有足够的清醒，保护创造，支持创造，弘扬创造，本身就是我们期刊的本分。

相信在各位不懈的努力下，不断实现自己的创新想法；在我们研究会的带领下，高校学报发展的新局面一定会打开，新结构一定会形成，新思路一定会不断涌现，新发展一定会鹏程万里！祝福大家！谢谢各位！

文本之外

写毕于2012年11月21日晚上11时30分。病毒感染，眼、脸、耳朵及淋巴结肿得厉害，不敢再开夜车。发言于次日上午，济南南郊宾馆。

开场敬辞：尊敬的教育部领导，尊敬的理事长、各位副理事长、各位理事，尊敬的各高校学报主编、各位老师、各位编辑同行，大家早上好！

期刊品牌建设与编辑部改革

今天，有幸和大家一起，聆听各位领导、各位专家、各位老师的报告，检阅我国期刊品牌建设的成果，交流办好期刊品牌经验，感到分外高兴。

关注和支持期刊业的品牌建设，是上级领导的一贯指示，也是我们长期以来落实领导要求，配合总署和期刊协会所做的主要工作之一。云山同志曾指示过，要“总结《知音漫客》的经验”。最近又对《新湘评论》寄语，“用心办刊，赢得读者”。

近年来，我们根据中央领导同志指示，曾经专门在北京召开过“读者之路”研讨会，在上海召开过品牌期刊经验交流会；开展湖北、吉林两省的品牌期刊建设的调查研究，我们和总署、刊协的领导同志一起，做了一些归纳、总结、推广工作；弘扬和扩展期刊品牌效应，我们充分利用中央媒体和地方媒体，大张旗鼓做了一些宣传；举行“品牌期刊西部行”“我们第一本课外读物”“文化年货送基层”活动，以及期刊走出去、期刊“走转改”等过程中，我们和期刊社的同志们一道，让品牌期刊提升质量、扩大影响、深入人心。

期刊业的发展品牌林立，名牌迭出，硕果累累，成就斐然，是各位办刊人辛勤种植、培育的结果，也是政府管理部门、行业协会、社会各界大力扶持、支持的结果。我们向各位与会领导、与会同行表示祝贺，表示由衷的敬意和感谢。

我们有了一本品牌大书，有了一个充分的交流，有了一次深入的探讨，大家创品牌、树名牌、闯大牌、夺金牌的意识更清晰、更强烈，大家提高期刊品味、突出期刊品性、打造期刊品质、锤炼期刊品格的主动性积极性创造性更明确、更高涨，相信这次会议对整个期刊业的品牌建设将有一个大大推动，对整个期刊业的长足发展持续发展将有大的推动，我们期刊业的进一步繁荣发展为期不远。

参加这次会议，本来我是希望通过听到大家的教诲，恶补一下品牌概念、品牌认识的相关功课。昨天和几位刊社老师聊天，感到大家还有一些别的关注点。天津社会科学的时世平主任说，他这一段感兴趣的、努力学习扩张的知识是经济学。有老师逗他说是要挣大钱，我倒知道其中的含义，能够充分理解：现在，满世界都在嚷着转企改制，头脑里不装点经济、经营、市场常识能行吗？菏泽学院学报的王建老师，正准备一旦编辑部撤销，就下“海”扑腾，他的第二选择才是回系里教课。我非常明白他的焦虑，确实能够真切理解。

不过，我想说一句，至今还有不少顶尖的学者认为，经济无学，市场无局。更有人认为，经济说到底无非是两个字“操作”，五个字“赚钱的操作”。其实，市场是什么，是有规矩和规则地赚钱，也不完全是赚钱，只是有着赚钱的过程。赚钱这回事，的确让人伤透脑筋！

我还想说一句，研究“品牌”概念形成的历史，你会发现它也是和经济有关，尤其是和市场经济有关。在出版业整体推进转企改制、培育市场主体的当儿，研究“品牌”，反倒更有一些实际意义。

不妨简单汇报一下我所准备的几个方面。

我的准备之一，是研究品牌形成的历史，概念的内涵与外延。比如品牌如何从古挪威文（Brdndr）烧灼的含义，即给家畜打烙印的含义，延伸到中世纪欧洲匠人给自己手工制作的器具刻上记号，给威士忌酒桶打个烙印。比如，如何延伸到牛津大辞典的解释：用来证明所有权、作为质量的标志或其他用途，以区别证明其品质。比如如何派生出经济学的解释：给拥有者带来溢价、产生增值的一种无形的资产。如何派生出社会学的解释：一种识别标志，一种精神象征，一种价值理念。如何派生出心理学的解释：增值的源泉来自于消费者心智中形成的关于其载体（品牌所对应的产品与服务）的印象。如何派生出管理学的解释：组织及其提供产品或服务的有形和无形的综合表现。如何派生出现象学的解释：名称、术语、标记、符号或图案相互组合，用于识别不同于其他产品和服务。如何派生出信息学的解释：企业或产品和服务所有者一切无形资产总和的全息浓缩。如何派生出哲学的解释：品牌是主体与客体、主体与社会、企业与消费者相互作用的产物。顺便说一句，世平主任，经济学范畴的东西，实在杂、乱、繁、多，远没有哲学清爽。

我的准备之二，品牌的特性、作用、操作以及各种外延。比如价值体现：树立美好形象，赋予美好情感，代表一定文化。比如识别分辨：个性特征、企业特点、文化背景、设计理念、心理目标。比如信誉质量：是何名牌、用户追随、带动新品。比如营利行为：兜售产品之外的文化附加值。再比如各等作用：方便消费者，提升利益空间，超越生命周期。比如品牌资产：习惯效应，感知文化；品牌个性：人格品质、文化内涵；品牌定位：心理感受，心因作用；品牌形象：熟记好懂，意味深长；品牌文化：形象优势，传播企业理念，占领消费者心智，凝结市场精华。比如品牌的延伸；品牌的结构；品牌的认识度、美誉度、忠诚度、偏好度等等。

我的准备之三，是想从品性、品格、品位、品质、品行不同角度分析品牌，然后，在数字化、市场化、国际化的不同趋势和背景下研究品牌的效应。当然也对如何运用品牌的力量，产生更强劲的文化生产力，产生更优秀的产品和服务，作进一步的延伸。

这些打算一一落空。打消我的思路，改变我的主意有两重原因。

一是这部品牌大书中，关于品牌诸事，各位已经讲尽了，比我讲得透彻、清楚，生动、具体，可操作性强。还有书中石峰署长在序言中对品牌的叙述，待会儿院长、司长、局长们的讲话，已经和将要有更多阐明。二是昨天没到会上，友元会长就电话指令，明天要重点讲讲改革的事，大家很关心，很迫切，既急切又急迫。见到子建老师，提出具体要求也是品牌少说两句，主要讲改革，讲编辑部怎么办，大家心理负担很重、压力很大。昨天晚上，我看几位学报的老师都吃饭不多，吞咽速度很慢，是不是这个原因我不知道。于是，我只好放弃了向大家汇报品牌体会的念头，说一说改革，说一说前不久下发的编辑部文件，以及大家关心的问题。

第一，一定要充分地全面地从大局从全局角度去理解有关文件中蕴含的积极意义、指导意义。为什么强调要从积极层面去理解认识这个文件？ 1）文件总体思路是推进期刊业市场化、集约经营、资源整合、做大做强，应对市场和国际的挑战，与世界接轨，出发点没有问题；2）在可操作层面，文件对于一部分具备条件的期刊单位有明确指导意义；3）改革、发展的外部环境变了，比如税费优惠政策，比如社保政策，比如中央和地方财政对文化单位的支持非企业莫属，没有企业身份享受不了这些；4）数字化、网络化发展趋势要求，资产整合，组织整合，流程再造，出版业转型大势所趋；5）解决期刊业结构不合理，小、散、弱现象，需要有大的调整。因此，具备条件的期刊单位一定要力争赶上这趟车。

第二，一定要充分理解文件规定中，尤其是实施方案中体现到的分类指导、循序渐进的原则。实施步骤之一：并入出版传媒企业；之二，三个或三个以上，成立出版企业；之三，具备几个条件，有资质、有办公场所、有法定资金来源，期发 10 万份，经营良好，独立转企；之四，出版企业内的编辑部视同转企；之五，这一点特别重要，学报编辑部和科技期刊不具备上述条件的，可暂时保留现有体制。前不久，全国分管新闻出版的宣传部长会议上，蒋建国署长专门讲到，对科技期刊、学术期刊基本政策仍是大力扶持，加大扶持力度，不具备条件的不实行关停并转。当然，关于编辑部的这个文件有没有毛病和纰漏，有。比如，有个地方出现的“所有”，本来应当是个选言判断的句子，应当用“有些”、“一部分”、“有一部分”，一个“所有”成了全言判断，成了一刀切。

这不符合实际，不合适，也不可能。

第三，一定要认真贯彻执行中央关于期刊改革实事求是，因地、因事、因时制宜的原则。具备条件的积极转企改制，不具备条件的积极谋划其他路径，扎实推进期刊业的改革。1）期刊业的改革不在十八大之前要完成的改革系列任务之内；2）不一刀切，分类进行，分别对待，审慎推进；3）改革是一次不带橡皮擦的旅行，不能做夹生饭，不能走回头路，不能回头再来。

不知道这些解释，能否让大家满意。回过头来，我们还想说一说，暂时不改的编辑部，我们要如何考虑改革，谋化改革。

第一，学术期刊编辑部有无经营价值？有人评价：发行范围窄、发行数小、读者量少、经济效益差。如果从积极层面理解，这句话是不是可以这么说：有一定的发行范围，有若干发行量，有一些读者，有经营过程客观存在。这样理解就否定了“根本无法进行集约化的商业运营”的判断。

书报出版、期刊出版是积累和传播，本身就意味着经营的存在，意味着除了文化行为之外，还有一定的经济行为，即使你不去营利，你总也得给别人付纸张费、印刷费、发行费、稿费，互有交易存在，有交易就有讨价还价，就有经营，就有一分钱要掰两半花的要求。如果在这种背景下建立我们改革要达到的新体制新机制，还是有文章可做。

事实上，我们面对的市场经济是一个不完全的市场。我们要进行的体制机制改革，是符合中国国情，符合当前政治制度设置的改革。我们是在这两个背景下考虑和研究问题。

第二，学术期刊编辑部体制能不能长久下去？有说能，有说不能。按照事业单位改革的原则，能待下去的，就是变成完全的事业单位，给多少钱办多大事，一分也不能收入囊中。这样去办刊，压根就不考虑竞争市场，办个什么样子就是个什么样子，所以有人提出这样的刊物内部交流就是了。

不能待下去的，就要自谋生路。比如：提高定价，有限供给；比如版权合作，电子版网络版服务；比如建立资源集成平台，开展网络服务；比如也可考虑像美国的《科学》杂志那样，多元化发展。总之，在目前条件下，自谋生路会有一定难处，但确有生路。

第三，编辑部是一个常态，是一个名称，本身没有罪过。许多大的出版公司中，2000多种期刊的爱思唯尔，每一个期刊部门也是以编辑部的形式存在的。营利与非营利，经营与不经营，与编辑部的设置和叫法没有关系。

但是，如果考虑品牌运作，考虑市场经营，考虑长久发展，不是市场主体，不是自己自主经营，怕会有很多问题。我们讨论品牌，一个首要问题，品牌的建立和维护必须有一个业主问题，有一个经济上的独立体制和独立过程，你给钱我办事可以，但我不是你的依属，不是你的组成部分，我能够自由运作，自主行事，比如投资、融资、市场营销等。只有这样，我的品牌才能建立，并不断擦亮。

第四，还有一个不能回避的问题，数字化、信息化。没有纸介读物，不出纸质期刊，我们的日子怎么过？数字化、信息化改变我们的生存状态，改变我们的业务形态，我们如何应对？大约要从改变我们的心态开始，从改变我们的理念开始，然后才是改变我们的体制机制。

顺应潮流，把握趋势，抢占先机，从我开始，从现在开始。这一点，我说不上很细的办法，各位要开动脑筋，八仙过海，各显神通。

第五，最核心的一点，还是刊物的质量、学术价值和队伍建设。有没有好的队伍，有没有好的机制，有没有品味、品质、品格，让目标读者更多地品评、品味、品用，形成没形成脍炙人口的品牌，是不是成为了名牌，都很重要。如果你在业界、在学术界，在自己涉及的范畴和学术造诣中，有所作为，成为一面旗帜，成为一种权威，成为独一无二的特色刊物和栏目，成为大家都认可的学术与科研园地，那么至于叫什么事业、企业，公益、经营，营利、非营利，编辑部还是公司，又有什么意义？你一定能够找到自己最合适的组织形式和运作途径，找到属于自己长足发展持续发展的模式。从这个角度看，今天的发布会与交流经验，意义重大，影响非凡，辐射深远广泛。

有这么多品牌引路，有大家多年来的积累，有孜孜不倦、创新求实的精神支撑，相信大家一定会渡过目前的关口。当我们的理想愿望逐步实现之后，再回过头来看一看，一定发现，今天迈出的沉重一步，在历史轨迹上将是多么多么重要。是一小步，更是一大步。祝经验交流会圆满成功！

文本之外

开场敬辞：尊敬的振省院长、友元会长、玉新常务会长、以绣司长、姚局长，尊敬的各刊社主编、各位主任、各位同事同行，大家上午好！

本文系中国期刊协会主办的《中国期刊品牌研究》新书发布会暨期刊品牌建设经验交流会会议上的发言，写作于2012年9月25日夜至26日凌晨，发言于26日上午，北京华油陶然大厦。

迎接哲学社会科学长足发展的春天

据我所知，我们全国高校文科学报的代表大会与党的全国代表大会时间重叠，换句话说，学报研究会领导班子换届和党的中央核心领导班子换届赶在一起，并不是研究会领导的刻意为之。事实是，我们的会议如期举行，党的会议比预期顺延了一个时段，结果交叉在一起。同一时段有同一时段的非凡意义，那就是我们有了十八大报告的精要文本，知道了十八大会议上将要确定的主体精神。人文社会科学与政治关系更密切一些，高校文科学报始终是党和国家思想文化的重要阵地，有了明确的指针和方向，筹划战略、制定方策、安排工作就有文可依，有章可循。一边学习领会贯彻十八大精神，一边考虑我们自己的工作和发展，不迷失，不走样，不偏离，可以达到事半功倍的效果，实在是机遇难得、重叠有理、交叉有利，也是天作地和、天缘地应、天机地理。

对于十八大文献的学习，还仅仅是个开始，我的认识还很肤浅，也没有任何条件能够向大家讲点什么。这里，只是根据自己的主观感受，结合我们的会议，交流一点其他方面的想法。但有一点应当肯定，毕竟是好雨知时节，新一届学报研究会领导班子，会乘着党的十八大的劲风喜雨，拔节抽穗，结出更精彩更丰富的果实来。

关于编辑部改革的事情，我知道大家是最关心最迫切想了解一些情况的，刚才吃早餐的时候，文史哲的王文典老师还再三叮嘱，一定要注意学校的特殊性和学报的特殊性，一般的高校学报转企改制没有条件，不办、取消又不可能，这就是目前中国高校学报的一个现实情况。

有关编辑部改革的文件出台以后，我带着问题到宁夏大学调研，向在座的马春宝老师和其他同事请教。宁大有四个刊物——宁大学报自科版和社科版，农业科学研究，宁夏工程技术，按文件要求组建一个公司够条件。但有几件事拎不清楚：1）编辑老师们的工资谁发，住房及其他补贴和福利待遇谁管；2）学校每年给的 30 万经费谁拿；3）学校给的 800 多平方米两层楼的办公条件租金谁付。这的确是带有基础性、根本性的问题。

事关编辑部的改革，可以讲三个方面的情况。

1）有关部委的意见。文件出台不久，各地电函纷至沓来，建国署长在一次会议上明确回应，科技期刊、学术期刊，改革重点是加大支持力度，不具备条件的不列入并、转、停之列。关于编辑部改革的文件中也有明确规定，不具备条件的，暂不转企。目前执行的也是这样。教育部、科技部、科协、中科院和总署有关部门都替大家充分反映了意见和建议。教育部明确规定，高校学报，包括自然科学类和社会科学类，归口社科司统筹考虑，如何改革，一定要审慎进行，不搞一刀切。今天，负责这项工作的教育部社科司徐维凡司长莅临大会具体指导，我们听从他的安排。

2）面上的信息。最近权威部门发布的数字，期刊改革，应转企改制的有 3388 种，实际已转企 3271 种，完成任务 96.5%，应当说已经基本完成。这没有完成的 100 种中间，是存在其他一些情况的，并不包括 2600 种高校学报在内。当然，还要说一句，学报究竟怎么改，在现有的基础上如何更好地适应市场化、国际化、数字化趋势，还是要大家多出主意，多想办法。前不久总署新闻报刊司开了三个座谈会，再次听取各方面的意见，大家畅所欲言。我隐隐约约有点担心，怕个别省份在落实编辑部文件中唯上是从，捷足先登，先下一着棋，先走一步路，把事情弄得不可收拾，各刊各社一定要审慎而行。出版业的改革，正如当年欧阳坚主任讲过的一句话，是一次不带橡皮擦的旅行，没有回头路可走，没有夹生饭可热。从管理者来看，我们不能揠苗助长；从当事人来看，我们不能弃自己的基本生存于不顾。

3）关于改革和发展的最新精神。十八大召开之前，中央举行了十七届七中全会，锦涛同志在开始时的讲话中，总结了一年来的工作，总书记的报告平实、深刻，用事实说话，实事求是。七中全会是统一思想，动员人民，推动工作的重要会议。在传达七中全会精神时，领导同志特别指出，这一年（2012 年）不平凡、不寻常，取得的成绩归功于全党的努力和全国人民的努力，同时也再次证明，中国共产党是一个坚强成熟的政治集团。一年来，党中央运筹帷幄、纵横捭阖、高瞻远瞩带领全党和全国人民夺取一个又一个胜利。这一年，我们有深刻的体会，党的全部工作就是“稳中求进”。稳中求进是今年年初党中央作为经济工作总基调提出来的，实践证明，这是一个科学、正确的指导方针。面对国际上乱象丛生、风云变幻，不稳定、不确定因素增加，面对国内改革发展矛盾凸显、问题多生、发展不平衡，党中央提出的稳中求进方针非常正确，非常英明。要达到预期目标，政治经济社会稳定是最重要的基础、最根本的保证。稳是基础，进是目的，人心思定，人心向稳，才能人人图进。回顾 2012 年的工作，有一个很重要的启示，稳中求进不是短时期的任务，若干年后还要坚持。攻坚克难，稳中求进是最根本的途径；推进发展，稳中求进是最具体的渠道方式。稳中求进，不仅仅是经济领域，也包括政治领域，必须循序渐进；包括文化体制改革，也要稳中求进，不搞大跃进，不搞大呼隆，不搞一刀切。不怕慢就怕站，稳妥推进是要旨。全面推进各项工作，树立良好的、正确的思想观念非常重要，目前从基层到高层都有急躁情绪，坚持稳中求进意义深远。我们出版业的改革，也要以这种战略思想谋划全局。

参加高校学报研究会的会员代表大会，这是第二次；和如此众多的高校学报老师密切接触，这是第二次。上次在广东外语外贸大学校园里，2004年，京闽老师告诉我，那是第五次会员代表大会。

当时，再三督促我到会的是国际经贸探索杂志社的肖红老师，老熟人、老朋友、老乡亲。今天来到她的故乡，举行第七次会员代表大会，她却不能与会，是因为前不久，她的先生，正值壮年，身强力壮的空军转业干部，突然去世，她承受不了如此打击。逝者如斯，让人好生伤悲。悼念、劝慰之际，我们也不能不对自己说一句，珍重生命，珍爱身体，珍惜时光。

给我另外一层感动的是维凡司长昨天讲过的一句话，他说，在我们高校学报岗位上坚守的老师们，都是本着一颗执著纯真的赤诚之心在干事业，他们不求名不图利，不追求享乐，耐坐冷板凳，承受冷遇，吃苦挨累，心甘情愿，正是为了社会科学的发展和繁荣，为着中国的社会科学研究能在社会的全面建设中起到顶梁柱的作用，能在世界话语体系中有自己的位置，能对中国和世界的未来有自己的发言权利。

昨天，在汽车上和我们坐在一起的天津师大学报的王如青老师就是一个典型的例子。三十年来，从毕业到今天，死守学报岗位，不为诸多诱惑所动，不离不弃，她把编辑部修炼成学者之家、学术之家，让成就学问研究和学术事业的人永远在这里得到温馨，得到关爱，得到呵护，得到支持。77级，30年，如果在座的绝大多数年轻人是青春年华需要珍惜时光的话，对于如青老师，还有山东文史哲的学典老师，包括我自己在内，我们这一代人已经是要珍惜秋光了。不负时光，不负时代，不负事业，不负学人的重托，不负社会责任，孜孜于兹，躬耕不已，这就是我们的学报老师，这就是我们学术园地的园丁，这就是我们国家、我们社会的顶梁柱子，这就是他们如何敬业、执业、勤业的真实写照。听说研究会要表彰一批坚守三十年的老编辑们，我打心眼里赞成。当浮躁的社会没有人关注我们，没有人为我们鼓掌喝彩的时候，我们要为自己的队伍提振信心、砥砺决心、鼓励恒心，我们要为自己鼓掌，为自己加油，为自己喊好！

第五次会员代表大会上，我的发言题目是“文明文化和学术研究的摇篮”，现在想起来，摇篮是不够的，应当是“熔炉”，应当是“硕园——硕果满园”。发言的内容除了礼赞“学报永远是一个文化人顶礼膜拜的神圣殿堂”之外，谈了三个基本观点：1）学报是一个国家政治、经济、文化、社会全面、协调、可持续发展的动力火车；2）学报是一个时代引领学术创新，开辟学科前沿，融会理论贯通的智慧源泉；3）学报是一个社会促进人的全面发展，实现人的精神层面自由、自在、自为，实现社会文化层面的和平、和谐、和睦和幸福的思想宝库。弹指一挥间，人世又八年。今天我把这个发言稿也带了过来，回头看看这些观点，还有点意思。因为，至少有如下几层原因和背景。

第一层：随着经济社会的高速发展，人们越来越感觉到文化不能成为社会发展的短板，对文化的认识逐步加强、加深，越来越清醒、明晰。从小文化的范畴讲，文化是民族的血脉，是精神的家园，是提高软实力的保证，有引领风尚，教育人民，服务社会，推动发展的作用。从中文化、大文化的范围讲，文化是民族之根，是社会之本，是立党立国立民之底蕴。文化直接影响一个国家、一个社会的软实力、硬实力，影响综合实力、综合国力，直接关乎一个民族的基本素质、创新水平、掌控能力和大致走向。

第二层：随着文化建设高潮的兴起，人们正在更清晰地发现哲学社会科学在文化发展中的核心地位和支柱作用。文化不仅仅是消遣娱乐，不仅仅是文学的风花雪月，不仅仅是民众精神层面的享受，不仅仅是社会发展的润滑剂、调和漆，不是经济唱戏时的文化搭台。文化也不仅仅是人生观价值观世界观，不是政治的附属品、衍生物，文化核心层面、基础内涵是哲学社会科学，换句话说，哲学社会科学是文化的神门、命门、脑门。正因为哲学和社会科学的创新与推进，导引了文化发展的方向和目标，支持了文化建设的方方面面。这其中既有服务于目标、目的，也包括服务于方式、方法；既包括精神层面，又包括物质层面。没有了哲学和社会科学的灵魂，文化就会成为无本之木，无源之水，无水之鱼。

第三层：随着对哲学社会科学的重视程度不断加大，人们将会发现，理论创新、学术创新最为迫切，最为关紧，最为重要。学术是一个知识积累与认识深化的过程，没有理论之树常青，就没有一个社会的活力和动力，就没有经济社会的持久，就没有人文社会的亮色和成色。哲学社会科学发展落后，理论学术创新创造迟滞，会拖住整个社会发展的后腿。经济较量的终极是文化的较量，文化较量的终极是哲学和社会科学的较量，哲学社会科学较量的终极是理论创新与学术创新的较量。

第四层：当理论创新和学术创新成为一种普遍需求的时候，人们越来越会感觉到高校学科学术前沿、学报学术园地不可或缺的位置，感觉到各位学人、各位编辑不可替代的价值。编辑选择的水平决定了出版选择的质量，出版选择的水平决定了文化选择的价值，文化选择的水平全面影响整个社会进步和退步的幅度，影响一个民族的兴衰。表面上是学术的优胜劣汰，实际上是一个国家、一个民族前进的脚步。人们终将会幡然醒悟，高校学报的园地只能加强不能削弱，高校学报的质量只能提高不能降低，高校学报各位编辑老师的生活待遇、工作条件只能更加保证，不能再坐冷板凳；学者、出版者创造创新的环境只能更加宽松，不能再有冷遇和歧视。昨天，伟民老师告诉我，除了中国社会科学杂志是宝塔尖上的学术刊物外，无论是体量，还是质量，高校社科学报整体水平一直位于全国社会科学学术研究前列。事实上，中国社会科学杂志百分之八十的作者也是来自于大学。也有老师说到，所有学术达人、学术大家，大都有从学报中走过来的经历。所以，我想说，当我们为文化鼓与呼，倡导文化自觉、文化自信、文化自强，当我们为哲学社会科学的发展繁荣呐喊、奋争，当我们为理论创新、学术创新着急、着难、着力，我们当然也必须要回过头来，从一篇篇学术文章关注起，从一份一份的学报关心起，从一个个学术研究者、出版者的起点关爱起。没有高校学报园地的万紫千红，中国的社会科学，中国的文化发展繁荣都是一句空话。当互联网喧嚣膨胀，让信息爆炸般产生、成为潮涌，让人无所适从、无法选择之际，学报的生命力将大放光彩，学报的生命价值将再度抬高。把理论创新、学术创新、科学研究、学科探讨推至前台，推向前沿，推给受众，化解为文化建设、科学发展的根本力量，势在必行、刻不容缓。

第五层：当学报回归、踏浪而来、重放光彩之际，人们将会发现，学报的最后主宰，最后当事者，最后的博弈，还是我们自己。我们需要战胜的最后一个敌人，就是我们自己。在诸多挑战面前，这些问题我们是不是需要考虑。比如：①抽象的意识形态不是人文社会科学的全部，不是科学理论的全部，不是基础，也不是根本，只是其中的一个小小的组成部分。②单一的政治理念不是人类认知社会的全部方面，不是核心部分，不是纲举目张的纲。③一定阶段的社会理想不是人类把握历史的全部过程、所有方面，不是社会意识的全部构成，不充满人类认识社会的全部时空，不是知和想的全部内容。④一定的意识形态、政治理念、社会理想有其局限性、阶段性、时效性、地域性，人文社会科学作为一门科学来讲，应当是覆盖这些、超越这些的。再比如：①人文社会科学同样是生产力，不仅仅是文化生产力。②人文社会科学是人们认识社会的能力，把握社会的能力，驾驭社会的能力，掌控社会的能力的具体体现。③人文社会科学是作用于人们思想文化行为、思维方式、处世准则，科学行事的高等学问。④人文社会科学是人们改造社会、改变自我、协调关系的高级工具。⑤人文社会科学推动社会发展的重要途径是智慧的积累和延展，是创造、创新的产生和实现。

昨天讨论问题时有两处与伟民老师、同森老师不谋而合。

我和仲伟民老师共同想到了撒切尔夫人的那句名言：

2002年，英国前首相撒切尔夫人在出版的《治国方略——应对变化中的世界》一书中讲到：中国不会构成冷战时期苏联的那种挑战，因为中国现在还不是一个军事超级大国，今后也不太可能成为一个军事超级大国。还因为中国没有那种可以用来推进自己的权利而削弱我们西方国家的具有国际传染性的学说。今天，中国出口的是电视机，而不是思想观念。

这是中国从事哲学与社会科学教育和出版的当事人永远不应当忘记的警句，醒世恒言。

我和马同森老师共同讨论了通才问题、通识教育问题。

话题的重点是国家政府的首脑人选，是否应当具备哲学社会科学学历的背景，比如，奥巴马，大学本科政治学、国际关系，硕博是法学；普京，大致也是政治学加法学。马老师认为，自然科学学历背景的人也可以成为首脑和领袖人物，但要补上哲学社会科学这门课。果不其然，撒切尔夫人就是学化学的，但后来进修为文学硕士。只有默克尔学物理出身，还有物理学博士头衔，研究方向为量子力学。但她是毕业于当时东德——民主德国的莱比锡卡尔·马克思大学，经典马克思主义政治经济学课程的策源地。

哲学社会科学工作者要有充分的自觉、自信和清醒，大家对整个社会负有通识教育的责任，对整个社会负有通才培养的责任，无论领袖首脑，还是普通公民，经典普及有多广，通识水平有多高，学术能力有多强，整个国家、民族理论创新、社会创新的后劲才能有多大，科学发展的基础才有多厚实。这些方面也应当列入我们的思考谋虑之列。

哲学社会科学作为整个社会发展的重要支柱学科，重要支撑门类，各位也要学会教导我们国家政府的管理团队，学会教导我们每一位今天和未来的管理者，学会教导我们每一位公民，为他们提供智力支持，提供最新学术素养，提供科学理论和知识，提供古今中外世界上最好的学问。拥有最先进的理论武装和孜孜不倦的实践，才能无往而不胜。

预祝大会圆满成功！相信研究会在新一届理事会带领下将更有作为，更显成就，更创辉煌！

文本之外

开场敬辞：尊敬的维凡司长、同森老师，各学会代表、各位嘉宾、各位专家，尊敬的京闽理事长，伟民、郁缀、姚申、重跃、积玉、颂杰、月翠各位副理事长，尊敬的高校学报各位主编、主任、总编，各位老师，各位出版界同仁，大家早上好！

写于2012年11月11日晨1时。抱病赴会，受到各位老师的多方问候，十分感激。回来后的整理，因病愈重，头痛不堪忍受，勉强修改，多拜马志敏帮助，及时完成。

芦山地震期间的期刊应对

和五年前的期刊座谈会有些相似，汶川地震灾难袭来时，我和泽青大姐一齐主持过我们这样的座谈会。那天，我们谈了很久，五个多小时，吃完晚饭又在一起叙说。今天面对的是芦山地震灾害，各刊都做了不小的努力，反应迅速和及时，而且分量很重，三联的鸿谷主编，已经带来了他们的封面文章。

与汶川地震略有不同，那是特大地震 8.0 级，这是强烈地震 7.0 级，那时受灾人群是 2800 万人，这次受灾地区涉及 200 多万人。当年汶川震灾最后确认的遇难人员和失踪人员是 8 万多人近 9 万人，目前芦山报过的数字是 196 人，21 人失踪，余震 5000 余次。震级低、范围小是一个因素，同时，这也充分说明灾区群众防震避险的能力、经验、条件都有了极大改观。这其中也有我们期刊的功劳，不仅仅是新闻时政期刊，科技学术期刊、生活科普期刊都起过和起到了很大作用。

我把这几天的情况跟大家串一串。

4 月 20 日 8 时 2 分，芦山 7.0 级强烈地震发生后，习近平同志立即做出指示，要求抓紧了解灾情，把抢救生命作为首要任务，千方百计救援受灾群众，科学施救，最大限度减少伤亡，同时要加强地震监测，切实防范次生灾害。要切实做好受灾群众安置工作，维护灾区社会稳定。

4 月 20 日下午 1 点 30 分，李克强同志亲临灾区指导抗震救灾，整整忙碌 24 小时，我们分管部长吴恒权同志一同前往。据他回来介绍，24 个小时，马不停蹄，晚上没有帐篷，没有床铺，就在汽车座位上迷糊了一夜，早餐更是凑合一顿。尽管如此，李克强同志从上飞机到下飞机，三次讲到新闻报道，肯定我们的报道充分及时、公开透明，并再三向新闻媒体单位、向一线记者和编辑们表示感谢。

也是4月20日，刘云山同志指示有关部门，立即与国务院应急办沟通，做好地震灾害及抗震救灾工作的新闻报道和舆论引导工作。刘奇葆同志指示，请立即安排，及时、客观、有序地进行报道。营造党政重视，各方救援，有力、有序、有效救灾的良好氛围。同时也要报道自救、互救的典型事例，要请专业人员讲解地震救灾知识，引导群众有效逃生经验。请四川省及时发布新闻并做好记者管理工作。

也是4月20日，中央媒体紧急会议召开，对芦山地震宣传报道工作做出部署，同时成立了前线新闻报道指挥部，协调记者采访和报道工作。大家已经看到，四川方面陆续举行了多次新闻发布会。前线记者最多时达到1300多人，境外有93个国家和地区记者实地采访。

4月23日上午，刘云山同志再次召开会议，布置抗震救灾报道下一步工作，刘奇葆同志通报有关情况。

4月23日下午，政治局常委会进一步全面部署四川芦山抗震救灾工作，提出以更加有力的举措，更加科学的方法，完成抗震救灾伟大任务。这就是大家已经看到的六条要求。当天下午吴恒权同志召开中央主要媒体通气会议，对抗震救灾深入报道再次作了具体部署。

刚才，瑞宏同志传达了中央关于抗震新闻报道的有关指示和要求。我补充谈两方面的体会。

1）对新闻报道的反映，只选两个点：

①地震当天，中央电视台对外发布了21条视频，境外有563个电视台（频道），采用3602次，创下我媒体单日对外发稿采用量历史最高纪录。

②灾区干部群众认为，媒体对芦山地震的宣传报道少了煽情，多了理性，让当地群众随时了解最新救灾进展，更加体谅救灾工作难度，保

持乐观向上心态，在灾区形成一股强大的正能量和社会凝聚力。

灾区群众对当前媒体报道有三条建议：一是希望在做好救援动态和典型事例宣传报道的同时，重视反映最困难灾民的状况及其迫切需求。二是希望记者采访时注意考虑受灾群众的感受，避免因采访频繁，给受灾群众造成心理负担。三是希望控制灾区采访记者数量，合理调整采访人数，减轻灾区交通、通信、生活等方面的压力。

2）期刊抗震救灾报道的特点和做法，只提醒五个侧面：

①相对于流媒体轮番轰炸很多的点、生动场面、活灵活现人物，我们期刊的任务是固化，用固定的文字和图片去细致描述，深入开掘，把流媒体的不足弥补上去。

②相对于平面媒体报纸的传播，我们可能要选择错位报道、深度报道、细节报道，用期刊的优势，图文并茂，有一定的长度，有各方链接的优势，形成自己的特色文章。

③相对于网络媒体，我们更要突出的是选择的特色。我们完全能够沉下来，用经典的、成熟的、优中选优的素材，用字斟句酌的叙述去铺陈我们的文章，去佐证我们的观点，以质取胜，以深刻取胜，以分量取胜。

④相对于所有的已经成形的传播，我们则要选冷门、抓空当，找鲜为人知、不为人知的地方，找跨时空、跨理念、跨素材的着力点，把大传播之中最厚重的那一部分呈现出来。

⑤我们不排斥流媒体、网络媒体和其他纸介媒体如报纸图书，我们之间是互补。期刊是媒体立体化、全方位、全媒体中的一个重要组成部分，我们需要的是呼应、互现和互动，与它们相得益彰。

文本之外

2013 年 4 月 24 日下午，新闻时政类期刊主管主办部门和主编座谈会上的即席发言。

服务期刊的心得和观察

躬身前行　距离上次沙河主编班和大家的会面已经是两年之久了，总政宣传部出版局总是在春暖花开的日子里，把大家召集在一起，交流心得体会，沟通经验进取，回味工作中的甘苦、辛劳，也包括解颐若干迷茫和探索。主编班是一个精神驿站，是一所知识熔炉，是一座心灵家园，战役打累了，在这战壕里歇歇脚，补充一下给养，预备再一次地冲锋出去。说实在话，年复一年，期刊并没有进入一个平稳、安安静静的发展期。服务大局，履行责任的专题宣传；市场竞争、夺取份额的发行数字；面向基层，深入士兵的“走转改”；技术升级、数字改造的科学探索；体制转换、机制创新的改革路径；利润效益、员工福利的刚性需求……说老实话，如今的主编不好当，轻轻松松的日子过去了，舒舒服服的环境消失了，安安稳稳走路的姿态也没有了。我看到每个人都在躬身拉纤，拖着我们的大船一路前行。作为一个过来的人，能够深深地理解大家，也从心底上由衷地向大家表示钦佩和敬意！你们不容易，期刊业界这些年尤其不容易。好在我们有总政宣传部出版局的领导同志各位同事的精诚服务，帮我们定定舵位、导导航向，也设计出会议培训的安排，让我们稳稳心神，一解劳顿，一释困惑，一振精神。借此机会，向大家问好！也向大家、向李军他们很不容易的坚守和奉献表示感谢！

服务大局　还要特别表示感谢的是，大家在去年的建党 90 周年纪念前后的不俗表现，有的出了专题，有的开辟了专栏，有的做出特写，有的作了系列报道和深度报道，还有一些专题文章、作品都组织得有声有色，

这当然和总政的整体部署分不开，更和各位主编、各位编辑部同仁的精心选择、精心策划、精心设计分不开，我们不少刊物还把部队中党的基层组织建设党员先进性教育、优秀党员和优秀党员干部典型作为重要刊载内容，扩大了创先争优活动、学习型组织建设和密切联系群众的政治教育影响。由于形式的新鲜活泼，接地气、旺基层、得兵心，收到了良好的效果。我们希望今年各刊能够继续发挥各自的优势和特色，在自己刊物所面对的受众读者群中，创新内容和形式，服务好大局，服务好基层，服务好读者，为部队的文化建设和整个社会、整个国家的文化建设做出新贡献。

前瞻思维　两年前，我们聊了些什么，职责责任、党史国史、国情民情、需求要求、趋势优势、规律定律。当时，我是希望把趋势优势作为重点介绍，谈一谈自己的心得和观察。姚局长说，大家在产业方面的压力并不大，估计这方面的期望值不高，于是，我就淡淡而过。前天，突然接到今天的任务时，姚局指示我，就谈谈在全国期刊管理会上的发言也行，我又说到了出版数字化问题，姚局说这个也很好，大家一定会感兴趣的。我想，可能是火候到了，走到了我们各位主编重视技术升级、数字转型、科学发展的时候了，所以我把两年前稍有忽略和怠慢的话题，加重向大家推出。这件事情也启示我，有时候，思维太超前了也不行，大家都没想过的东西，你可以想，但千万别说，说出来就有点“二”。十五年前，大家还都把出版当事业、光荣事业供着的时候，我写了硕士毕业论文“出版企业决策过程研究”，除了学校的教授们感兴趣给了个优秀外，谁也不曾理解。前不久，有朋友翻出来，大吃一惊，你这研究，现在正有用啊，硬要给我拿去发表，我谢绝了，毕竟事过境迁。当然，两年前对数字出版的思考，也随着时间和实践的演进，有了不小的变化和深入，与时俱进，不断引深，这也是题中应有之意。

文本之外

2012 年 3 月 26 日下午，北京军区招待所，总政宣传部出版局组织的全军社科类期刊主编政策法规培训班。发言题目是：贯彻十七届六中全会精神推动期刊繁荣发展，也叫“三观”看出版。这里是絮语部分“从两年前沙河培训班说起”，然后的“三观”部分为：宏观看形势和任务；微观看数字化发展；客观看期刊的坚守与拓展。此处从略。

结庐在人境　心远地自偏

参加中国知网的新闻发布会，没有想到是如此盛大的聚会。昨天圣诞节，今天嘉年华，刚才主持人说这是一个 2000 人的会堂，超过 1800 人与会。大家济济一堂，让人感慨良多。

我们乐见中国知网的每一次进步，我们乐见中国知网的长足发展。

中国知网的发展反映了我们整个社会科学发展对于知识提升，对于学术进步，对于学科建设，对于文化复兴的渴望与需求。

中国知网的发展说明了出版业界的同人们，顺应数字化、信息化、网络化的发展趋势，顺应高新科学技术与传统出版理念、规律、形态和服务高度融合的趋势，所做出的功在当代、利在千秋的巨大奉献。

中国知网的发展体现了在世界范围内的文化竞争中，作为弱势群体的中国知识服务、信息服务和网络服务，毕竟能够完全依靠自己的力量，扬一次眉，吐一次气，有了保护和发展自己核心竞争力的平台和模式，有了与世界传媒大亨、数字出版大亨对话沟通交流的载体和舰队。

在形象总结中国发展道路时，习近平同志引用了毛泽东同志的两句诗和中国古代诗人李白的一句诗，他说，中华民族的昨天正可谓“雄关漫道真如铁”，中华民族的今天正可谓“人间正道是沧桑”，中华民族的明天可以说是“长风破浪会有时”。回眸中国知网的昨天今天，眺望中国知网的明天，我们感到一个企业一个产业的发展轨迹，尤其是带有中国特色社会主义特点的文化企业和文化产业，同样有如此厚重的步履。

我们触摸到中国知网的筚路蓝缕，以启山林；我们感受到中国知网的艰难困苦，玉汝于成；我们眺望到中国知网的大洋浩瀚，挂帆济海。中国知网的发展将和我们国家的发展和我们民族的振兴一样，大有希望，大有前途，大有作为。

因为我们有全体员工的奋力拼搏。奋力拼搏也体现了我们民族的特征，坚韧不拔、坚持不懈、坚强不屈，以岗为业，执业为荣，视荣为命。

因为我们有企业、产业的英姿勃发。英姿勃发也体现了我们国家发展的特点，不断创新、不断创造、不断发明，永远追求，永无止境，永不停步。

诚然，世界信息化大潮的发展，国外数字出版业的咄咄逼人，让我们业界的同人夜不能寐、寝食不安，让我们感到空前的紧迫感、危机感。而我们企业和产业的技术和所处的环境，又总是有这样那样的欠缺、不足，心可想，事难成。尤其是随着法律秩序的进一步完善，知识产权保护的进一步实现，我们赖以生存的传统出版业将出现生产乏力、后劲不足、投入困顿的焦灼状态；我们知识平台的创新产品要受到产权保护、成本攀升的巨大挑战。

我们一方面为社会的进步、法律的完善、权益的保障感到欣慰；另一方面，也会为我们过去的经营模式遭遇重重风险、连连危机感到焦虑和焦心。包括我们整个出版业的改造，运用中国知网及其他模式，完成整个传统出版的信息化、网络化的服务所要耗用的巨大投入、巨大成本、巨大风险，都将会是一个不小的挑战，是一个巨大的门槛，是一个必须突破、必须通过巨大努力来全力突破的艰涩瓶颈。

因此，在高举酒杯庆贺我们的阶段性胜利、欢呼我们的局面初开之际，我们更寄希望于业界的拓展，寄希望于业界的联手，寄希望于数字出版有识人士、有识企业，寄希望于有望于形成重大突破，有望实现中国出版业、信息服务业本质性转变的所有部门、单位、企业，抱团取暖，携手并进，相互帮助、相互砥砺、相互促进。一花独放不是春，百花盛开春满园。只要业界同仁齐心协力，同舟共济，直挂云帆济沧海的愿景，将一定会实现。

因此，我们也希望中国知网再接再厉，当好排头兵，当好老大哥，有所为，有所不为，更好地发挥自己的行业优势、创新优势和技术领先优势，更好地发挥自己团队的钻研精神、探索精神，为中国出版业的顺利转型，为中国数字出版业的兴旺和发展，为中华民族的振兴，努力做出更大的贡献。

业界有期望，同仁有厚望，社会有盼望，中国知网一定能不负众望，高歌猛进，再创大业。

文本之外

开场敬辞：尊敬的书林署长、石峰会长、宗恺书记、夏建白院士，尊敬的各位专家、各位领导、各位嘉宾、各位同事同行，大家下午好！

时间为2012年12月26日，国家会议中心四层大会堂B室。

人 境

亲情：对天津的记忆和认识

来到天津，总有一种浓郁的亲切感，浓得化解不开的亲情。这当然是市出版局的再三邀请，贾处三番五次的短信、电话、函件，我们到了盛情难却的地步。当然是天津有不少的改革开放初期就伴读于我们身边的期刊，《散文》、《小说月报》、《八小时以外》等等，先声夺人，而且熟得不能再熟。那些年代，读上一篇好作品就会耳热心跳，何况乎，我们的刊物是佳作连连，美不胜收。当然是天津出版业界、期刊业界压根就有不少我们的同学，黄村的优秀良好出版社社长总编集训班的同道，天津全国编辑骨干培训班的同学，更有我大学本科四年同窗的谢豫中主编。我们刚庆祝过大学毕业 30 周年，147 位同学，理论上归我联系的只有这一位。中国 9800 多种期刊，她的刊是 1/9800。当然，还有天津的劝业场、天津的老铁桥、天津的海河湾，还有天津的狗不理包子、耳朵眼炸糕、十八街麻花。对于文人来讲，天津让我最中意的还是解放路、多伦道的古旧书店，当年，那是我们耗时间最多、耗钱财最多的地方。

如果要从地点方位考证，维系我亲情的地标至少有三个。

一个是东北角。20 世纪 80 年代中期，我刚刚走上编辑岗位之际，就有幸在中国版协、天津版协合办的全国骨干编辑培训班学习半年，地点就在东北角的一家商业局的招待所里。和天津市、东北三省、河南、陕西、山东的 40 多位同学朝夕相处，除了南开大学的老师外，培训班几乎遍请国内出版业界的所有名家名师，开设的近三十门课程，涵盖了出版编辑行当所涉及的各科各类。正是由于这六个月功课的垫底，我们做出版工作才进入极快，干活踏实，从业扎实。27 年的出版业从业经历告诉我，对于一个出版人来说，学习是终生的事业，也许当年郑法清班主任和各位老师教我们的不少知识都已时过境迁，但那时养成的职业精神、职业操守和学习习惯却一直滋润着我，那时建立的学习毅力却一直在支持着我。

另一个是咸水沽。90 年代，我组稿并责编《石头记会真》一书，煌煌一千多万字。而真正的起点，就是周祜昌老人在天津咸水沽的九平方米住室里，在他的小土坑头。周祜昌、周汝昌兄弟俩人，在胡适先生的激励下，研究《红楼梦》所有的版本，历时四十年功夫，成就了《石头记会真》的总校勘、真讹认定和批注，可惜“文化大革命”中毁于一旦。“文革”后，周汝昌先生忙于其他研究，从中学教师岗位上退休下来的周祜昌老人，在小土坑上一字一句复原当年他们的研究成果。那是一个咸水沽最冷的日子，经过五天的考察对话，祜昌先生为我们的真诚所感动，从境内外十余家出版社的竞争中，选中了我们。深夜，油灯下，当时咸水沽还经常停电，他把一叠叠竖写的稿子，用一个包袱单子包了又包，裹得紧紧的，递到我和我的总编手中，郑重托嘱我们。谁也没想到这书一编十年，祜昌先生没能等到出版就走了。再十年，出版后十年，获得国家图书奖，简装本受到温家宝总理的盛赞。昨天很多同事得奖，我们跟着高兴，鼓掌致贺，摄像拍片，立此存照。其实，那时候得国家大奖，我压根就不知道，家人整理旧报纸时说，一年前有一个和你同名的人得了红楼梦总校勘本的奖，拿来一看，哪有第二个人，那不正是我嘛。更遗憾的是，“家祭无忘告乃翁”，我们却无处告知祜昌先生。文品、人品、学品，周祜昌先生语重心长的模样，托着小包袱久久不放手的神情，至今让我不曾忘怀；他那 9 吋的黑白小电视，房间一贫如洗的摆设，永远也刻在我的心头。沉静、深沉，淡定、淡泊，坚忍不拔、矢志不移，是每一个出版人、每一个文化人应有的执业品格和精神追求。

再一个就是赤峰道。因为百花出版社在那儿，《散文》在那儿，《小说月报》在那儿，《八小时以外》在那儿。从《散文》创刊之时，我就开始订阅这份杂志，一订几年、十几年。特别是读了那篇《一个温馨湿润的清晨》，写战争年代一个将军早晨从战场上下来，闻听喜得女儿，喜极而泣的场景。记得我也试着给《散文》投稿，但基本上都是石沉大海，当时还不好接受。昨天听了马津海主编的发言，我才悟透了二十年来没有想通的道理。正是因为《散文》期刊拒绝了我们这些蹩脚作者的粗制滥造，才保证了自己的品位高格、志趣高雅，保证了自己质量上乘、水平一流，保证了自己不媚俗、不低俗，高亢嘹亮、引领创作。出版、编辑重在选择，贵在选择，生也生在选择上，死也要守住选择这个关口。我们自己的不随意、不懈怠、不懒惰、不松劲，使我们的期刊永葆青春，立于文化百花园之中永不凋谢。赤峰道曾经是中国出版业的一片净土，是作者读者心目中的一处圣地，是中国文化开拓园地中的一座花山。

三座地标让我常忆常新，尽管我没有更多的机会旧地重游（有一次偶尔到了东北角，面貌大变，找不到任何一处过去的特征），但矗立在我心中的做人的高标、做事的高标、从业（单位、刊社、出版社）的高标，却经常被我抚摸、擦拭、流连。相信我们每一家报社、期刊社，每一位总编、主编都会把继续学习很当回事，都会像周祜昌先生一样追求作为文化人的那种纯粹，都会坚守《小说月报》和《散文》始终恪守的志向和品格。

昨天下午的会议内容十分丰富，我也像当年来培训一样，恭恭敬敬地坐在讲堂听大家讲课。如果是二十五年前的培训课堂，每逢午饭时分，我们走出培训班，总能在东北角的交叉路口上看到一位身穿棉袍的中年乞丐，棉袍油渍麻花，手里端着一个缸子，一声不响地站着。如今，那个位置上站着的是一位英姿飒爽的女民警。不仅如此，背后的饭馆，前面的民居，左右的商店，全变了模样。天津的旧城改造，把所有能用上的社会元素、文化元素、现代元素全部都用上了，完全成了现代化的大城市、大都市。昨天，《中草药》陈常青主编的发言，也让我有同样的感觉。他介绍的 11 条经验，加上集团化建设是 12 条经验，包括科技面向经济、理论与应用结合、普及与提高并举、流程控制、刊后审读、质量回查，包括专家办刊、同行评议、选题策划、特色栏目等等。猛一看每一条都很普通，都很容易做到，但把十二条集中起来使用，已经是很不普通；把能够做到的都做出来，把所有能用上的元素都用上，更不寻常。于是才有了四十三年《中草药》从步履蹒跚走出，走到今日的玉树临风，陈主编从 1997 年走过来，品牌成为著名商标，人和单位都成为楷模。

《小说月报》马津海主编的经验中，我品尝出的是咸水沽的苦涩。马主编说，清醒很重要。我们的老前辈张伯海先生从马津海那里看到了严肃文学的生命力，严肃和崇高都不是一件容易的事情。出水才看两腿泥，游戏和娱乐只能够热闹一阵子，只有严肃和崇高能够留下来。上海世纪的陈昕社长讲到，市场化让美国出版业有长足发展，同时过度市场化也让美国出版陷入娱乐化的泥淖，找不着北。我们走市场要向美国学习，同时，也要向美国的错误请教，汲取美国的教训，在出版业的发展中不走过度娱乐化（泛娱乐化）的弯路（不是原话，大致是这么一个意思）。编辑只有将自己在咸水沽里泡几回，在苦水潭里淹几回，在汗水湖中涮几回，才能有出版物的重量、分量与含量。津海有一段话没讲出来，就是关于刊物四封运用的举例，这也是他们汗水和心血的结晶，其中透出他们的精细操作、精微操作，别有用意、别具匠心。

李银平主编的经验，《中国危重病急救医学》的经验，应当说已经走上了改革创新的主干道——赤峰道，大路朝天。贾处长告诉我，出版局出版总社办公地点早已经更替，从赤峰道搬离，不断创新，换了好几个地方。我想赤峰道的精神内涵不会变。出版要守正，更要创新，出版管理也要创新，要解放思想，敢于换个地方打枪，换换脑筋思考，调整思维方式。就像《中国危重病急救医学》杂志一样，瞄准学术前沿，关注科技动向，跟踪先进水平，而且矢志不移、一往无前。不断出新是出版生产生命动力所在，不断创新是出版管理出效果的基本原因。

刚才国庆司长充分阐述了改革，应当说，作为全国报纸期刊改革试点省市，天津报刊业的改革先走一步，的确走在了前面。天津的报刊改革不仅起步早、动作快、工作细、功夫深，而且为全国的报刊改革提供了很多有益的经验和宝贵的启示。市委宣传部、市出版局抓改革有力度，有深度，有前瞻性，有战略眼光，在改革过程中为下一步发展打下坚实的基础，让品牌更亮，让产业更强，让学术造诣更高，让出版成果更丰富，让执业队伍更精壮。昨天上午的会上看到了我们报刊界的风貌，也浏览了天津报刊的崭新阵容。相信，在大家的共同努力下，我们的工作会更上层楼，我们的报刊发展会有更崭新的起色，更夺目的亮色。在这里，我要向辛苦工作在改革、管理、发展第一线的各位领导和同志们，向各位同行、同事和同学们致以崇高的敬意，表示由衷地感谢！

文本之外

开场敬辞：尊敬的石署长、国庆司长，尊敬的荣局长、刘书记和市委宣传部、市出版局各位同事，尊敬的天津市各报刊社总编、主编，各位报刊界、出版界的同行、同事，大家上午好！

还有一段说明：刚才国庆司长的报告已经把中央精神、政府管理和我们报刊业的改革发展都讲到了。待会儿石署长还要发表重要讲话，对品牌建设做重要论述。所以，他们给了我一点空档，谈谈一些个人的体会。

后面是三个方面，关于形势、行业和自我发展，内容从略。

时间为 2012 年 4 月 27 日上午，地点是离天津塘沽半小时车程的东丽区银河大酒店会议中心报告厅。

中午 1 时 30 分到会，下午 2 时听了会议的经验介绍和工作部署，吃了两次晚饭，晚上写作到凌晨 3 时。

印象：对湖北的记忆和认识

来到湖北，来到武汉，对我而言，有一种特殊的感觉，说顶礼膜拜也不过分，崇敬之心、拥戴之情油然而生。第一表达是感恩，第一要事是学习。

先说学习 昨天和几位同事讨论，湖北，不仅仅是报刊大省，更应当是报刊强省，是名符其实的期刊第一强省。湖北的文化生活类报刊声名显赫，学术类报刊也不让众芳，文史、文学、艺术类报刊，知识、教育、科普类报刊，少儿类报刊，文摘类报刊，各领风骚。500 多种报刊，在各自不同的领域，都有自己不凡的建树；在不同的分类市场上，都有自己充实的份额；在履行积累和传播的历史使命中，都有着辉煌的业绩和造就。这些，当然是与省委、省政府的领导和支持分不开，与省委宣传部、省新闻出版局和各部门、各地方的管理和爱护分不开（这次培训的精心设计和精细安排就是一个明证），与在座的 103 家和不在座的另外 400 家报刊社的领导和同志们的辛勤努力分不开，大家的汗水没有白流，心血没有白费，报刊强省的牌子，是一个刊一个刊，一张报一张报，一个品牌一个品牌，创造、累积、塑造出来的。牌子是一回事，更重要的是服务读者、服务受众，不仅仅服务湖北的老百姓，而且服务于全国的老百姓，甚至服务于全世界的老百姓。《特别关注》在全国有 28 个印点，发行 360 万份；《知音漫客》订数一涨再涨；《知音》也在走出去等等。这些现象都说明了这个道理。在这里，我要特别向各位辛勤工作在一线的社长、总编、主编、主任，向各位吃大苦、耐大劳、干大事、创大业

的同事们，致以崇高的敬意，表示由衷地感谢！

我曾经和同事们分析湖北报刊繁盛和强大的原因，我们都认为有人文地理环境的因素，比如，前些年在这里调查研究时发现，所到的湖北省几个地市的人们，都特别爱看书、读报、阅览杂志，家中手头的报刊读物不是一种两种，而是十种八种，或者更多；有文化传统和文化素养的因素，教育发达，入学率、升学率都是一流的，文化水平普遍较高，认知能力强，对新知识的渴求旺盛，这种需求和市场份额成正比，水涨船高；有自然和必然形成的业界你追我赶的因素，各类发行量大得惊人的都市报、行业报，几十家过十万、十家过百万、三家过三百万的期刊，真正是百舸争流，争先恐后，不断在竞争与竞合中抬升自己。

其实，我心里更知道，湖北这片土壤，更厚重的是人情，是人间真情。我的几任分管部领导都说过，没有真感情，写不出好文章，包括理论文章；自己不被感动，就无法感动别人；场景的轰动，叙述的感动，语言的生动，首先来自于心灵的触动。于是有了我们新闻出版界的“走转改”。

昨天晚上和今天早上，我都有一些感动。1）昨天住下，开始彻夜苦战。发现房间里有蚊子，点上蚊香后仍然被咬了十几个大疙瘩。客房中心的大婶急匆匆赶来，先是抱歉说蚊香已经不管用，蚊子有了耐药性；然后，拿出喷蚊剂把各个角落喷洒个遍；再后，还带了花露水，让我把被咬上的疙瘩一一涂抹；最后又再三叮嘱我，把空调开得低一些，蚊子就少了。几招果然奏效，加了一夜班赶稿子，一夜相安无事，再无蚊虫叮咬。2）辛苦一夜，稿子完成，已经是黎明。早餐时分，会上的同志三次上到十一楼我的房间，督促我去吃饭，可我实在没有吃饭的胃口，一再谢绝。不想，那位同志竟然从一楼餐厅端上来汤面、牛奶、面包、咸菜、鸡蛋，一定要我吃下去。我想这其中的细致入微，也是在教导我，也是我要学习的更多方面。

再说感恩　如果说这一晚一早的感动，还是一时一事的感动的话，那么，我这里还有让我一生感动、影响我一生、应当终生报答的事情。

9 岁　1966 年，我 9 岁，上小学四年级，和 11 岁上小学五年级的姐姐，加入到“文革”大串联的队伍中，第一次走出家门，来到大城市武汉。串联的途中，姐姐误入脑膜炎患者的房间，被传染上病毒，病毒潜伏一周后发作。那天，正是我们要去十里钢城武钢参观、然后返回家乡的日子，姐姐突然半道晕倒，昏迷不醒。下面的故事用“知音体”描述是这样的：生死攸关，钢铁工人慷慨解囊，雇三轮，送病号，急赴渡口；命悬一线，轮渡师傅热心衷肠，递毛巾，端茶水，救命当紧；奋不顾身，模范教师解危济难，细观察，紧提醒，一语中的；起死回生，白衣战士奋力抢救，争分秒，抢时间，妙手回春。一个孤立无援、举目无亲的小学生，被急性、恶性传染病击中，能够在善良、热情的武汉人的及时帮助和救护下，死里逃生存活下来，而且没有留下任何后遗症，后来还当了医学教授。真正是一个人生奇迹，一段人间佳话。昨天晚上，我在电话上和姐姐回忆起这段故事，她依然激动万分，感慨是湖北人、武汉人给了她第二次生命。

99 岁　2010 年，我伯父 99 岁，无疾而终。伯父 20 世纪从 1952 年到 1982 年整整三十年间，都是在湖北荆门的一个农场度过的。1952 年，他在武汉税务部门的一个岗位上工作，被人诬告，戴上“历史反革命分子”的帽子，判了一年的劳动教养。服刑结束之后，他坚决不回河南老家，就留在了农场，一待三十年。1982 年伯父的冤案平反昭雪，恢复退休干部身份，回家颐养天年。我百思不解，问他当年为什么就是不回来，他回答：“在农场那儿，人好啊！从来不把我当坏人看待。”一个“人好”，盖过万语千言，这个旧社会出来的老知识分子，正是在这种“人好”的保护下，安然保全自己，留下活命，留下健康的身体，长命百岁。而我的父亲，尽管当过全国的模范，成为远近闻名的优秀教师，却没有抗过“文化大革命”的种种折磨，52 岁结束人生。

人文渊源　我想，湖北的报刊为什么能够如此兴盛和红火，是因为这里的人们有着深沉的爱心、真诚的善良、纯朴的情怀，是因为这里有着厚重的文化底蕴、人文渊源且源远流长。我们的报刊人为什么能够编辑出、出版出如此动人、如此美妙的篇章，最重要的还是缘自于这儿浓郁的、弥漫着的、笼罩着的人文关怀、仁爱情结、施善细节。正应为如此，对于湖北的敬仰，对于湖北人的高看，对于湖北文化的倚重，也包括感激、感谢、感恩的情分，早早地、重重地、深深地根植于我的心扉。

所以，能够有机会和各位社长、总编辑、主编、主任，和各位同行、同事促膝谈心、倾心而谈，对我来说是梦寐以求的事情。总觉得有很多话要和盘托出，见到你们总觉得格外亲切。可是，我又时不时提醒自己，这是要和大家讨论大事情、大题目、大战略，万不可儿女情长，万不可小家子气，万不可感情用事、义气当先。可是，偏偏不争气，写到这儿时，我已经是泪流满面。这里，希望大家原谅我的幼稚和唐突。

文本之外

写毕于2012年5月17日早5时。按照明义局长的要求——他的要求的原话是，多讲形势，中央要求，改革走向——我把那天的交流分作三个部分，分别是：关于形势和任务的话题，宏观层面来看；关于改革的话题，客观地看；关于发展的话题，尤其是数字出版，微观层面来看。（这里从略）

另有关于改革的部分：

文化体制改革是十六大以来这一届中央领导班子重点抓的一件大事。文化体制改革是中国社会改革的重头戏，它的重要性，不仅仅在于上接意识形态和政治体制改革，下接文化产业、文化力、创造力、软实力的建设，更在于它直接影响到全社会的总体进步，影响到社会文明的整体推进，影响到社会、经济、文化、政治的协调发展。十年来我们对文化的重新认识，都凝聚在六中全会通过的决定之中。在以后的实践过程中，我们还会逐步加深这些认识，使对文化建设的理解更进一步科学化、理性化、规范化。

宝贵经验　十年文化体制的改革，可以这样来描述：观念创新与实践创新相促进，典型引路与面上推开相衔接，重点突破和全面深化相结合。宝贵经验的六个方面。1）两统一：自觉把社会效益放在首位，努力实现社会效益与经济效益的有机统一。2）两手抓：一手抓公益性的文化事业，一手抓经营性的文化产业，既保障好人民群众的基本文化权益，又努力满足群众多样化多层次多方面的精神文化需求。3）持续不断：推进改革坚定不移，深化改革持之以恒，使文化发展始终保持蓬勃生机和旺盛活力。4）实事求是：区别对待、分类指导、循序渐进、逐步推开，力求改革发展符合实际、取得实效。5）三结合、四统一、一强化：改革、发展和管理相辅相成、相互促进。改革的力度、发展的速度、当事人的承载能力心理预期、管理的完善程度实现水平相统一。在改革发展中强化管理，以科学有效的管理保障改革推进、促进繁荣发展。6）以人为本，尊重人民群众主体地位，调动积极性，激发创造力。

特殊意义　2012年是文化改革发展的重要年度。1）贯彻六中全会开局之年；2）完成十六大以来改革任务收官之年；3）迎接十八大献礼之年；4）落实“十二五”规划关键之年。

具体任务

1）关键环节和工作重点。①三个基本完成。主要包括基本完成国有经营性文化单位转企改制，文化市场综合执法改革，有线电视网络整合。其中包括非时政类报刊的改革：具有独立法人地位的文化、艺术、生活、科普类报刊，专业性技术较强的行业报刊，隶属于企业法人的非时政类报刊，各级党报党刊所属的非时政类报刊，着力推进其转企改制；鼓励转企改制的非时政报刊加入党报党刊或出版集团；“关停并转”一批不具备资质或严重亏损的报刊。②完善转制企业的运营机制。建立现代企业制度，完善法人治理结构，加快公司制股份制改造；形成市场主体，创新资产组织形式，强化经营模式，赢得竞争优势，富有活力、实力、竞争力。③推进文化事业单位改革。推进人事、收入分配、社会保障制度改革，实行绩效工资，建立健全事业单位法人治理结构；党报党刊探索宣传和经营两分开；一般时政类报刊、公益性出版社、民族特色单位，创新经营管理机制，更好地面向市场、服务群众。

2）保障机制 ①保证公共财政对文化建设的投入增长幅度高于财政经常性收入增长幅度，形成政府投入的刚性保障机制。②建立中央、省、市三级农村文化建设专项资金。③改进财政投入方式，采购、定补、资助、以奖代补等一起上，提高财政资金使用效益。④有序引入社会资金参与文化建设。⑤管、建并重。公共文化服务也有一个在加大投入、加快建设的同时，完善激励机制、激发内部活力，注重科学管理、发挥最大效益的问题。

3）产业升级 目标——成为国民经济支柱产业，路径——规模化、集约化、专业化，方式——以结构调整为主线，以骨干企业为支撑，以科技创新为动力，推动产业升级、效益提升。①资源整合。②科技融合。科技创新是文化发展的重要杠杆，是文化产业形态演进发展的催化剂。科学技术的每一次重大突破及其在文化领域的应用，都会给文化发展带来革命性的变革、打开巨大空间。③发挥市场作用。

4）走出去 ①发展对外文化贸易和投资。②加强文化产品的市场营销。③加强国际传播力建设。

5）创新管理 ①转变政府管理部门职能。政事、政企、政资分开，政府和市场中介分开，管办分离。政府部门——政策协调、市场监管、社会管理、公共服务。建立健全——文化法律法规体系，发挥利用——文化经济政策、文化发展基金、文化产业投资基金的作用。②完善国有文化资产管理体制机制。③提高文化管理水平。

开场敬辞：尊敬的明义局长、省局各位领导和同事，尊敬的各报刊社领导和同事们，大家早上好！

大齐鲁而小天下

非常看重志鸿教育集团组织的这次“印象齐都：齐文化体验之旅”大型文化系列活动。让世界了解齐文化的昨天和今天，了解发展中的山东和淄博，商讨文化继承、弘扬与传播，扩大文化园区的知名度、影响力，创意和立旨都非常好。我们的圆桌会议也非常有建设意义，各国友朋、各路专家、各方人士共议大业，共商大计，眼界广远。刚才做完的奠基，马上还要签署的战略协议，以及下午的绿色出版产业问计咨询，包括夜间的齐风大赏晚会，都令人向往和期盼。虽然无法完整体验这一活动的全过程、全场景，但其中灼人的热烈气氛、充沛的文化元素、美轮美奂的精致细节，已足以让人感动，让人兴奋。

对于文化的走出去，我的基本观点是“大齐鲁小天下”。因为，你登陆齐鲁文化的高峰，此前的流走岁月，演绎的历史篇章，承载的文化精彩，一概都成了一览众山小。从五千年文明史、三千五百年文字记载的齐鲁文化，去看欧洲文化、看美国文化、看俄罗斯文化、看印度文化、看日本文化，包括看埃及文化，看古希腊文化，我们有着天然的制高点。因为我们有文字记载的历史悠久，因为我们的文化数千年流传从未断裂，这种文化自信肯定是有的。

我们不是复古主义者，更不是虚无主义者，我们引进世界各地文化时可以“大天下小齐鲁”，我们走出去时，就一定要“大齐鲁小天下”。只有如此自信，才接下来有自觉和自强，才有可能把自己的优势、优质、优越文化要素融入当代世界文化的范畴之中，融入现代文化发展的大格局、大框架之中。从另外一个角度讲，齐鲁文化、齐文化是中国的，更是世界的，它是世界文化文明历史的一个重要组成部分，它的经典，在任何地方都会熠熠闪光，在任何年代都能够照彻人心。齐鲁文化、中华文化的核心价值会在世界越来越复杂的发展变化中体现出来、展示出来、突显出来，彰显其特点、魅力和本色，彰显其真理属性和智慧结晶。

点数家珍之际，我们当然要放眼未来。作为文化产业的发展，我想，应当有这么三点：

第一，内容的厚重。这是历史承载赋予的。文化业首先是内容产业，没有文化底蕴，没有文化创意，就是无根之木，无魂之体。打实文化根基，创新文化内涵，首先是内容的扎实、厚实。传统文化的精华是内容的神和魂，就像蒲松龄的作品，没有大美、大爱、至诚至真的情怀，鬼神之说都只能仅仅是妄言戏语、失魂落魄之说。你也说聊斋，我也说聊斋，狐仙美女淋漓尽致，皆因作者的人文关怀、伦理文章华丽生辉。当然，文化的厚重，还在于不拒细流，海纳百川，包容、吸纳和开拓，刚才各位老师和朋友已经讲得很多，恕不赘言。

第二，范围的延展。这是现实的需求，文化建设不仅仅是广电、文娱、新闻出版的推进，它要直接进入教育、科技、经济、社会方方面面，它的支撑作用、干预作用、引领作用，会在所有的行业中渗透出来。科技发展是文化铺垫的结果；经济繁荣，更离不开文化贯穿始终；社会秩序，文化是最基本的定海神针。没有文化的支撑，一个地方的腾飞和长足发展、持续发展，只能是一句空话。

第三，技术的改造。文化与科技的融合，一直是一种必然的趋势，也是历史的规律。科技改变着文化的生成方式、接受方式和传播方式，把文化内容的根与叶无限演绎、放大、美化、组合，形成不同时代人们喜闻乐见的方式和形式。当今时代，这种趋势和规律更为凸显。问题在于人们如何把握机遇，在发展文化中占领科技制高点，让科学技术为文化的传播添翼加翅、助飞助长，让文化大放光芒。

假如我们的产业拥有足够的文化厚重，并且形成文化的全社会、全方位的建设，更借助于当代科学技术的鼓翼，我们的腾飞就在今天，就在明天。

文本之外

开场敬辞：尊敬的各位嘉宾、各位业界同行，大家上午好！

写于 2012 年 3 月 16 日晨 2 时到 4 时。原来的计划都被打乱，几乎不能成行，但毕竟还是到场，并且争取赶上了最后一个发言。

我们期望中的上海出版

回到上海，回到当年苦苦求学的地方，一切仍然是那样亲切、温馨。当年，国家拿出300亿人民币的投资，上海人硬是做出了举世震惊的基础建设工程，让全国称道，让世界刮目相看，给我留下了极为深刻的印象。上海人能做事，上海人能做成事，上海人能把事情做得很好，做得尽善尽美。

上海是近、现代出版业的发祥地，上海的出版历来独领风骚。无论是20世纪初始年代的文化启蒙和社会唤醒，还是三四十年代的文化坚守和文脉延续，无论是五六十年代的文化建设高潮，还是八九十年代的文化热、读书热，上海出版一直是排头兵、领头羊。

从某种层面讲，上海出版的引导、示范，至少是暗示了中国出版业发展的道路、方向和目标。一方面，引领了中国社会变迁，提供了建设、改革、发展极需的文化养分、理论支撑、意识形态创新以及科学知识；另一方面，让时代的文化创新、文化积累和文化传播，呈现繁衍、繁盛和繁荣之势，成为与社会发展和进步并行的文化主旋律。

改革开放以来，上海人民、上海译文、上海科技、上海古籍、上海文艺、上海少儿、上海三联，复旦社、华师社、同济社、东方社，中国激光、新民周刊，等等，各家出版社和期刊社，都在不同领域形成不同凡响，留下我们时代的扛鼎之作，我们社会的奠基之作，我们文化的积淀之作，我们民族的创新之作。

上海以自己的出版实力和实绩证明，上海不愧为知识分子心仪之地，上海是文化人寄予厚望、同时也基本不失望的目标之地。上海出版文化悠久、厚重、深刻、沉稳，并不亚于上海经济、金融、科技、教育对中国社会、对中华民族的影响，而且反过来有力支撑了中国社会的政治、文化、经济、社会进步，支撑了物质文明和精神文明的整体进步。这一点，不容置疑。

这一次来上海学习调研，也确实感到了上海出版的传统、执著与坚守。从天书《芬尼根的守灵夜》的十年磨一剑，《存在与时间》阐释的繁复与精准，到复旦社八年操练的《西方史学通史》；从同在上海科技干了十多年出身的管理者局长陈丽、处长姜复生等对出版业的挚爱，到《新民周刊》老中青稳固结构的编辑记者队伍；从中青年才俊的培训期盼、事业追求，到入伍不到三年员工每年的十本二十本编辑产品……我感受到了那种蓬勃向上、锐意进取、奋力前行的氛围和热情。

无论是施宏俊的如数家珍，还是贺圣遂的慷慨陈词；无论是王兴康、王为松的引以自豪，还是丁曦林的从容镇定；无论是王焰讲述的青年编辑台湾行香港行，还是人民社第一编辑部的青年编辑们叙述的租住房屋、浸沉事业的苦与乐；无论是上海雅昌对文化珍品的格外挚爱、99 读书人对畅销常销书的情有独钟，还是沪江网校入夜时分依旧工位不空、灯火通明……都让我感受到了一种执业的坚韧与坚毅。

这一切的一切是做出版、做文化、做精神产品必备的素养和潜质，必备的环境和气氛，这是上海出版业能够在国内国际竞争中不断胜出的内生动力，这是中国出版业持续发展长足发展的希望所在、理想所在、未来所在。

三天的学习访问，未免有些走马观花，尽管我们和青年骨干的讨论从早上延续到下午两点而不能结束，事后的短信互动余味无穷，尽管在出版社、期刊社诸多员工的工位上逗留，让我倍感亲切、流连忘返、乐不思蜀，但是，所有的了解和接触，只是一些肤浅的认知与感受，只是对过去记忆和印象的唤醒，对现阶段期盼和想象的印证，对判断和估计的修正与检验。谈一些不成熟的看法，向你们并向诸多同事、同行讨教。

一、高地与盆地——上海出版应当对中国乃至世界文化有更大的贡献，要有文化高地眼光，避免产业盆地意识

和流媒体的快速消逝相比——流媒体流动、转瞬不见，逝者如斯夫，从头再来，依然如此；出版则不同，稳健、固定，反复咀嚼，反复揣摩，反复品味，永远是一个客观实体的存在。

和网络媒体的杂芜性、不确定性相比——海量信息、海潮汹涌、海啸声势夺人，让人眼花缭乱，无从选择、无处把握、无可奈何；出版则不同，单纯、单一，经过充分过滤和选择，是精品、经典、精华才得以传世，是慧眼识珠的成果，是百里挑一、“众里寻她千百度，那人却在灯火阑珊处”的最后选择，是“为伊消得人憔悴”的苦苦追求和修炼。

同是纸媒，书刊和报纸又有不同——对于新闻性的追求，让任何报纸过了当时都会成为明日黄花，哪怕它刊登的是重要新闻，过后，人们再不会去理睬，如果一直有价值必用书刊重新呈现；出版的书刊，一定是传世的媒介，尤其是图书，家有金玉万贯，不抵一架书山。人类智慧、经验、创造、发明的传承一定是通过书刊形式流传下来，人类文明的记载和延续一定会用书刊的物质形态来固化和强化。

从某种角度讲，社会的稳定性、时代的进步性、民族的持久性、文化的根基性，出版是最根本的体现。当我们全力以赴追求新闻的轰动效应、广泛效应时，不要忘记对于一个社会的根本改造、净化和提升，最重要的还是出版。是出版所带来的文化建设的深入与深刻，是出版所形成的文化深入人心，是出版——文化所形成的维持国家民族之根牢固、长久。

这次调研中，贺圣遂社长谈到了中国社会科学与西方社会科学越来越大的差距，我们为什么有那么多引进的书，无论是社会学、心理学、法学、经济学、哲学、管理学，源源不歇、缕缕不绝，斩不断，理还乱。是因为他们的理论创新总是在前头，总是更前瞻，总是更全面，总是更深刻。

对于引进国外学术名著，我的看法是，没有在世界范畴中君临天下的理论创新，那就只有臣服于大道主流的被动追随，包括盲目跟从。理论的创新和创造依然是：保守——衰败、灭亡；模仿——跟不上、走不远；自主创新创造——生存之本、发展之本、胜出之本。借鉴和吸纳本来的前提是营养自身，使自己强壮得能够独立思考，能够产生影响一个时代、一个世界的伟大思想和意识，产生影响一个民族、影响所有民族的大师和大家。

作为文化大师的摇篮，产生文化大家的圣地，上海出版一定要有高地意识。上海出版不必沉湎于对周边省份出版总量数字虚实、出版产业GDP高低的抱怨，不必对流行的经济指标评价和待遇视作不公；上海出版“独上高楼”，“一览众山小”，要做自己的事情，走自己的路径，不要在意那些无谓的比较和慢待。

上海出版应当在科学理论、民族精神、精英群体、储备人才和通识教育中做出自己独特的样本空间，应当在新的文化启蒙、科学启蒙、社会启蒙中形成自己独有的风景线；上海出版有条件有理由也有责任对中国乃至世界文化做出自己的贡献，就文学方面也不仅仅是一个巴金，不仅仅是王安忆等作家群，不仅仅是莫言的一本书、几本书。

上海出版应当对今天乃至明天十年二十年之后的文化遵循和倡导、文化结晶和成果做出充分设计、孕育和哺育，布局于中华民族的当代影响、深远影响，谋划于中华民族自立于世界民族文化之林长远考虑。上海出版应当有中国乃至世界文化的新锐、先锋、前沿，应当有气派有远见有包容，甚至养几个像陈云同志所描述的，带着瓜皮帽、叼着旱烟袋、走路摇来晃去的“无形”文人，允诺他们喝一点小酒、吐几缕烟圈、“放浪形骸”，让他们在艺术和文学殿堂里求索探索、“恣意妄为”，出一些宛如“中国馆”所陈列的可以奉献在列祖列宗殿堂之前的作品。上海出版要不断有让人领会、学习、体悟的文化精品和珍品，有十年二十年之后还能认真揣摩、品味包括把玩的出版物。上海出版要永远珍视读书人的厚爱与青睐。

二、协调与协同——关注所有出版单位的改革、发展和管理，树立管天下宏观视野，避免管脚下习惯思维

出版行政部门的改革，有一句常讲的话，就是“从管脚下到管天下”。对于上海来讲，出版管理的天下虽然是从脚下出发，但一定要超脱脚下。一是超脱原来直属市出版局的出版单位，同样管理好社会出版单位；二是超脱隶属于上海市的出版单位，同样管理好中央驻沪的出版单位；三是要超脱国有的出版单位，同样管理好民营出版单位；四是要超脱传统出版单位，同样管理好新媒体出版单位。

上海 60 多家图书音像出版社、600 多家期刊社，数字化、网络化的出版公司不计其数，是除北京之外任何一个省市都无法相比的。市局、市委宣传部新闻出版处要把所有的出版单位纳入自己关注的视野，为他们创建宽松的外部环境，落实改革的各项政策，解决发展的诸多难题，筹划未来的美好蓝图。

在沪所有出版单位的协同效应是形成上海出版繁荣、出版发展的基本前提。在沪版书刊、沪版出版概念中，在海派作品、海派文化中，没有中央和地方，体制内和体制外，系统内和系统外的区别，大家是信誉共同体，是成就共同体，是利益共同体，是影响共同体，更是文化建设的共同体。市出版局、部新闻出版处为出版业界的服务做出了许多奉献，尤其是陈局、姜处本身就来自于出版单位，本身的血肉联系、天然关系也决定了处事做事必然能倾心和倾力，相信在改革的大忙时节，在发展的关键时刻，一定会更好地协调市委市政府各部门和社会各个方面，形成整个上海出版业的协同效应，完成党中央国务院、市委市政府文化复兴的重大使命，把上海出版的事做得更好。

上海出版历史悠久，门类齐全，比较丰富，也比较复杂，改革中的问题并不少见。中央驻沪的出版单位不少，原则上它们仍然是执行属地

管理的要求。因此，它们的改革，一定会给市局和宣传部里带来很多麻烦。据说前不久，教育部徐维凡司长带队来调研，六家大学出版社的老总把他们很是“围攻”一番，这其中有理解方面的问题，有情绪化的因素，也有一些实际困难。比如上海财大社的企业注册一直拖着尾巴，比如东方出版中心的人员安置（如失地农民一般）久未解决，比如同济大学期刊归为一处打算建立中心，比如还有一些出版单位由于各种原因无法在税费优惠政策方面同步获益，比如即使是已经缴完社保的出版单位在执行方面仍有不小差距，等等，这些都需要进入我们观察和督促的视野，要有解决的路径和办法。

部里和局里都有改革办，有改革的领导和操作部门，业务局处室处于什么位置，我的理解是这样的，他们在前面耕耘播种，他们是在我们的田头我们的地块上耕耘播种，我们有责任检查耕耘的深浅度、种子的优劣、种植方法的合理与否，而且更重要的是要关注成长的整个过程，关注最后的收成，看产量和质量，从头把好产品的质量关。出版改革的事，作为协调部门管理部门业务局处室，在其中一定要有合理的位置和权重，不然，就会出现严重的不协调、不同步、不一致。

理想飞得再高也得落地。改革的设计可以天马行空，可以好高骛远，可以海阔天空，改革的实践必须钉是钉铆是铆，一是一二是二，实事求是，从每一件具体事情做起。

三、体面与游离——关注青年队伍的成长，把根留住，从长计议谋划出版队伍建设，避免短期行为人才流失

出版是一块永续事业，人才的踊跃聚集和队伍的长期稳定事关重大，我们对出版单位的指导，这是重中之重。

复旦大学社近年来进了五位博士，到目前为止岗位上只剩下一位。上海人民社最优秀的骨干编辑之一、部室主任孙瑜最近跳槽到一家房地产公司做内部刊物，原因是工资涨了一倍。对于出版单位来讲，一个称

职的编辑没有三年五年乃至十年的历练是不会有更多的出息的，而一些成熟的编辑在事业渐入佳境时折翼而落、离岗而去，不能不让人遗憾。

另外一个让人担忧的现象是，年轻编辑承担着越来越重的压力、工作量与创收任务。一个入伍不到二年或不到三年的编辑，一年要编 15 本到 20 本图书，要看七八百万字的书稿，要完成四五十万元的利润，不能不让人担忧，结果很可能是逐利行为占了上风，质量无法保证、任务压垮身体、进修没有时间，再加上收入的一般化或者低于社会中等以下生活水平，加上居无定所、租房压力、买房无望，所以很多优秀的年轻人对出版行当望而却步，即便在岗上也是病态生存，情状堪忧。编辑队伍后继乏人，编辑队伍人心浮动，编辑队伍铢两计较，编辑队伍为稻粱谋苦不堪言，是出版业繁荣发展承担文化责任的最大障碍。

帮助解决基本生存问题，不得不摆在我们面前。如果在出版社工作的年轻人平均工资达到 10 万元／年，生活应当会好一些（现在是平均 5 万元不到），即便如此，他们也与现行的经适房、双限房的救助政策无缘。如何把他们纳入居所救助队伍之列，让他们对住房梦有一个期盼而不是绝望，或者至少对于刚刚入伍和就业的学生们有一个临时但比较安全的床位，也会大大缓解他们的忧虑。单位、管理部门、各级政府应当对他们的未来承担什么责任和义务，都要有个分配和考虑，尽量解决力所能及的问题，实在不行，人文关怀也一定要有，一定要表达出来，一定要诚心诚意。民营的沪江网校，每年花60万元为员工买茶歇时的水果和零点，虽杯水车薪，却表现得坦诚和真挚，让毕业生们趋之若骛。

给青年才俊更多的成长机会，更大的发展空间，更好的工作条件，更充裕的支配时间，要从改善编辑工作岗位环境——物质空间开始。这次观察到的所有编辑岗位都是狭小逼窄的格子间，说不上宽敞舒适，更说不上阳光绿荫，编辑身边连个放书架的位置都没有，更何况存储书稿校样、参考资料。要从放置编辑的职业追求、理想设计、事业归属——精神空间开始，培训、进修、评优、奖先，树楷模、立典型，让编辑们有追赶目标，有比争机会，有提升自己能力、学识、建树的愿望。

出版工作关键是培养年轻人的文化责任感、使命感，事业心、上进心，忠诚于出版事业，矢志于出版事业，抱负于出版事业。通过干出版干编辑，有团队的归属感，有从业的安全感，有做事的成就感，有幸福的满足感。让他们在编辑工作中的选择和追求得到充分尊重，让他们的创意创新创造得到及时肯定，让他们的尽心尽力、含辛茹苦得到充分褒奖，让他们的理想、宏图、愿望得到实践实现的机会和可能，也让他们在工作的磨炼中、在生活的洗练中、在专业的陶冶中，克服自身的弱点、毛病和不足，尽快健康成长。

出版单位要有青年才俊立业、成名、成家、成就大师大腕的通道。重奖是条路子，但不是唯一的路子，攫拔几个精英可能很容易，更重要的是对群体、对阶层、对年轻人群长期的关怀、关心和激励，让这一个层次的人群能够体面地工作、学习、组稿、编辑，体面地为人之夫，为人之妻，为人之父，为人之母，为人之子，体面地与顶尖级的学者专家大师大家打交道，体面地融入社会上流、融入学科的前沿与顶端。

还有一些不成熟的建议，谨供参考。

一是要更多地关注新媒体，关注数字化的浸润，要有数字产品走出出版社、期刊社，进入市场、进入阅读。

一是要更多地关注民营企业，不仅仅是民营书业，如 99 工作室，还有民营的新媒体，如沪江网校；民营老产业，如上海雅昌。研究民营企业的活力从何而来，除了产权维系、机制活泛之外，还有管理理念上的改变，人文关怀上的尽力而为等等。

一是要更多地关注国际传播力建设，上海新闻出版，要把传播力建设放到与金融国际大都会、文化社会大都会相称的位置，从争取项目到落地生根，从国际市场本土化到不断拓展市场份额，争取进入世界主流文化领域，有一席之地，有独到见解，有对话的可能和机会，有持续发展的基础与条件。

匆匆、倏忽、粗粗，为把转瞬即逝的观察与思考及时记忆下来，临时赶出这些文字，没有成熟思考，只是与各位同仁讨论和切磋。见笑。

顺祝工作愉快!

文本之外

写于2013年4月11日、12日旅次中，4月10日调研结束时曾与上海的同事们交流，后作为一封信发给他们：复生等并转陈丽局长，非常感谢你们的精心安排和不辞劳苦！而后去了广东，一同完成任务的有李达和倪轶。

亚平兄读后来电：讲稿很精彩。眼光高远，亦接地气，文采洋溢。有启发，受感染。希望今后常见，并建议汇集出书，从一个方面见证和记录中国出版这一民族文化重要组成部分的这一段历程，为后人研究这段历史留下有价值的东西。

让创意、创新、创造无限迸发

值此新一届研究生班开班之际，首先向各位老师问好！感谢你们敬业执教的园丁精神，孜孜不倦服务于文化事业、教育事业的奉献精神！同时，向各位学员致意！你们选择了美学和文化产业，选择了创意和创造，尤其是你们选择了人大哲学院作为自己知识的加油站、学问的充电场、智慧和品德的给养地，你们是选准了学业，选对了地方，选巧了时机，你们赶上了好时候，赶上了文化大发展大繁荣的好时机，向你们祝贺！海阔凭鱼跃，天高任鸟飞，相信通过研究生班的培育，你们将会在自己的工作岗位上，更好地施展身手，成就事业，成为栋梁之材。

近年来，我有幸连续多次参加咱们研究生班的开学典礼，今天由于临时的会议，不能前来。耿老师在电话中说："你不能来，我们有点不习惯。"我自己也感到失去这样一个宝贵的机会，也有点不习惯。昨天，我还和梅松主任约好，要来和大家见面，为学员们鼓劲和加油。据我所知，他今天也有会议，但他把一天的会压缩为半天，腾出时间出席我们的开学典礼，让人感动。倒是我不能请假，失去了和大家交流、沟通的极好机会。但是，我相信，在以后的课程中我们还会见面。

大家都知道，再过不到一个月，我们要召开党的十八大，这是对整个中国，对整个世界都有重要影响的一次党的全国代表大会。中国道路，中国模式，中国制度，中国速度，已经成为世界范围内广泛关注和议论的话题；中国的改革，中国的发展，中国的建设，中国的未来，成为影响世界发展，成为影响世纪前景，成为影响人类命运的重要因素、重要背景、重要组成部分。可以深信不疑，我们党的十八大，会在中国社会的科学发展、全面发展、持续发展、长足发展方面，给世界一个更为满意的回答。而我们自己，我们的各位老师和学员则是要用自己的行动实践，实施、贯彻十八大提出的任务和要求，丰富、完善、完成十八大制定的理想和蓝图。

美国《纽约时报》专栏作者，也是《世界是平的》一书的作者，托马斯·弗里德曼，此刻也正在关注我们的十八大，关注中国共产党人在十八大会议上，将如何编织和酝酿中国未来发展的设计。他希望中国人不要做类似的“美国梦”，不要期盼“一栋房子、一个四口之家、两辆汽车”的梦想，不要追求他们现在的炫耀性消费、超前消费。他预测，如果实现这样的梦想，地球上的自然资源将被开采得一干二净。我们同济大学的同学们回答得好：我们决不会像美国人那样，靠污染环境增长 150 年，尽管这对我们、对整个世界都不够公平。我们会找到更绿色的增长方式，更清洁的增长道路，来实现中国人民和世界人民的最佳利益和长远利益。

是的，社会的发展，让人们越来越清晰地认识到，幸福不是物质资源占有的最大化，不是物质享受的极端化，不是浪费自然资源的自由化，而是致富的憧憬与可持续发展的完美结合，是物质利益和精神利益的双重获取。更具体点讲，就是在人们物质生活水平提高的同时，精神和文化享受同样得到充分提升。精神和文化的消费，可以帮助人们更畅通地获得更好的产品和服务，更优雅地生存，享受生活与感受，共享一块更美好的蛋糕。

同学们，我们将是这优雅、美好、丰富、精致的精神和文化蛋糕的创意者、创新者与缔造者，中国的未来，中国的幸福，中国人民的福祉，乃至世界人民的福祉，靠你们的付出和努力，靠你们的奉献和创造，靠你们获取更多的知识，赢得更多的胜利，来铸造这一切。

面对全球化、信息化、现代化的时代，世界成了地球村，数字改变了人与人的时空位置，以工业化、城市化构成的现代化，更让这个世界变得扑朔迷离。美国的专家预言：在高度联结的世界，没有发展中国家和发达国家的区别，最大的鸿沟是高想象力（HIE）和低想象力（LIE）的分别。所有的服务都是商品，作为个人，如果有思想的火花，可以找到很多渠道把自己的想法得以实现，谁都想让自己的国家成为具备高想象力的环境。

各位学员，你们来哲学院，就是要集聚思想创意、创新的火花，就是要提高想象力的水平和能力，提高文化创意的本领和技能，提高思维的活跃性和激发点。此时此刻，我还想再重复说一句，你们选对了好地方，选准了好专业，选中了好的未来与前途！相信不久的将来，你们的思想火花，会在中国文化、中国社会的长足发展、持续发展之中大放光彩，大显光辉！

努力学习吧，亲爱的学员们！

文本之外

写于 2012 年 10 月 12 日，因为单位另有会议，未能参加开学典礼，把稿子给了耿老师，算作书面发言。曾命名为“有点不习惯的书面发言”。

拟写的开场敬辞是：尊敬的郝院长、田书记、梅松主任，尊敬的哲学院各位领导、各位老师、各位班主任，尊敬的 2012 级美学与文化创意产业在职研究生班各位学员，大家下午好！

我们的旅行

景山的家在三楼，走上去只有四段台阶，我借机邀请景山嫂子赵秀玉一起旅行。“渴（特别）想和你们一起出门，我知道，你们这些老同学是聚一回，少一回；见一面，少一面。”嫂子说，孙男弟女都回来了，她真的走不开。

我还从来没有把旅行想得如此沉重，只不过是，有了难得的自己能够支配的时光，于是，呼朋唤友一路开拔，想哪儿走哪儿，走哪儿说哪儿，无意山水美景，无心人文古迹，只求谋面，只求同行。

刚刚侍候摔伤母亲回京的艳丽，接过我的电话。一天前，她刚从我们即将去的路线上返回。母亲仍在伤痛之中，她却不得不结束假期，回单位上班，还有任务在等她。

马宣建有电话进来说，若不是刚从国外回来，一定会加入其中。只可惜，他失去了这次与景山比菜园，让秀玉、秀荣交流种菜心得的机会。宣建夫人何秀荣，自然仍在伦敦奥运会上忙碌。

从埃及教书回来休息的月华，最应当在家中等待我们的约请，一路同行。可是她此刻在上海，一是看望在上海同济大学读研究生的儿子，二是落实儿子毕业工作分配的事情。一周后才能返回。

我们揣测，张宁此刻一定在假期之中，说不定恰好路过郑州，让我们碰一碰有没有相聚的运气。电话不通，或者通了不接，我想起他在微博上说的，已经不太愿意用语言和人沟通。于是，大家要通了家中的娅丽：“在国内读香港大学的女儿自己一个人回商丘、兰州看过爷爷、奶奶、姥姥、姥爷，已经回到广州。张宁自己回老家看望父母去了。”终于，张宁回话，他需要五天以后才能到郑州。

最让我们感到失望的是应贤。他竟然是在两天之后，要去长白山，去朝鲜，无法和我们一起活动。当天夜晚，他敲开我在旅馆中的房间，说到深夜，还未尽兴。第二天一早，又到餐厅，陪吃早餐，并帮我完成在新乡的行程。

最让我欣慰的是海防。他放假在家，不准备去上海看女儿，只担心小狗狗无人照料。我说，这不能成为理由。我还说，他是这次旅行的总开关、方向标、关键点。如果答应，我们就有以后的行程。如果放弃，我明天办完事情就打道回府。要不然，我怎么能忍心拐走万珍，让他一个人孤单在家。

此前一天的晚上，我并没有好梦可做。临时休假的请求刚刚被批准，上班时要处理的事情都一一交代清楚，早起后还要赶出一期应急的简报，放到单位的传真机上，由他们改定发走。更重要的，我一一排列要看望的三个人：一位要做胃癌手术的张家兄弟，一位入狱半年还要服刑 15 年的邓姓曾经同事，一位刚刚做过脑部肿瘤切除术的杜家嫂子。

所有的电话打过之后，事情都有了着落。于是，我气喘吁吁赶上了北京南下的火车。完成第一程的任务之后——多赖友人相助，第一程完成得比较圆满——车子一直把我送到河南师范大学沁园，朋友丁永祥安排好房间把钥匙留在前台，忙他的事去了。我便和住在学校家属院的万珍、海防约好，大门口前集合，一起去看他们的新房。

为了趁天早看一看新房的周边环境，我们打车去了与师大东北西南正好调角的新家属院。环境果然良好，新房更是喜人。说是 160 多平方米，客厅和饭厅极大，还有四间卧房，而且购房价每平方米不到 1200 元。我们在厅里坐下，品茶、聊天，不觉天色向晚。出来时街上已经是车少人稀，下决心走了一大段路，一辆已经收车的公共汽车在我们面前停下。

司机说：“这一路已经没车了，你们不要等了。”然后，又说，“反正我要收车到总站去，那儿可能有别的车，把你们带上吧。”于是，三个人，一辆大公交，“专车”浩荡，而且站站不停。我们到了总站，还真赶上一班到师大的公共汽车。

师大附近下车，我们在海防、万珍时常用餐的小店吃了一碗烩面，虽是小碗，味正，汤浓，料足，吃得又饱又好。万珍回家照料小狗，海防去旅舍陪我说话。海防说，小狗特通人性，每当跟在万珍后面骑车的他拉下一段距离时，小狗总是从万珍自行车前的筐子里踮起脚来往后张望，直到男主人赶了上来，才回归原位，继续关注前方。顺便说一句，一路上，海防不止一次向同学们炫耀在他手机中的小狗图片，喜形于色，喜不自禁。我问是金色的，他说是白色的，阳光下的效果。顺便再说一句，赵桉露，如果你能看到这一节的话，一定要多给爸妈打电话哟，要与小狗狗争宠。

在学校招待所里，我在电话上劝阻了景山要开车来新乡接我们的想法，答应他派儿子来。我以此为由，再次请海防考虑明天同行，景山也再次邀请。海防答应和万珍商量，然后，半夜时分，电话告诉了可以一起旅行的喜讯，让我一夜好觉。有手机真方便。

景山着意安排开车更为稳当的小儿子杜一飞前来师大接我们，应贤和丁永祥老师车前送行。一路平安顺利，只是到市区大堵。始知从新乡到郑州的高速，远远“短”于下高速进入郑州的市内交通，高速一小时，市内一个多小时。景山夫妇，一鸣，一飞的媳妇颖波和女儿，已经在郑州最酷的酒店里等我们。

余下的旅程，大儿子杜一鸣坚持要替老爸开车，送我们去许昌，怕老爸返回时，一人孤单。我们打趣他们，无论是父亲上，还是父子一起上，张琳会把你们一概“绑架”，不留下两天是绝不会放行的。杜家嫂子赵秀玉，急忙重新审批，“应允”。

到景山家，这个140多平米的房子，客厅够大，餐厅也够大。三间朝阳卧室宽敞明亮，与新乡万珍家有一比。更有人丁繁盛，两个儿子，两个媳妇，一孙子一孙女全都回来，定会十分热闹。于是，各自争相翻看孩子们的照片，比酷，酷比，一个个神气十足，喜气十足，灵气十足。景山夫妇，有福之家。

说好不赶路，我们自然有时间去景山兄在25公里外的山中别墅，最让人向往的是他那3分田地。西泰山村居民小区，一期工程，均价不到2000元／平方米，两层连体小楼，200平方米，还有前院已经种满红薯、辣椒、南瓜等各类蔬菜的家园畦田。房屋还未装修，楼台已有轮廓，园中的青枝绿叶，煞是惹人喜爱。这让我想起了马宣建每年租种的一分二厘菜地，每年足有三四十个品种呢。

不远处有二期三期四期工程，四期已涨价到4000元／平方米。还有西泰山寺院，五百罗汉一应到齐，哼哈二将镇守宁寺。园中的24孝图的雕塑下了不少功夫，可以看出西泰山村人的别具匠心。西泰山明显是相对东泰山而言，罗汉、神灵相拥而至，庙宇楼台鳞次栉比，山不在高有仙则名；小区名为双湖居住区，果见一两小湖点缀房舍于山坎之中，如碧玉、珠宝镶嵌其间，水不在深有龙则灵，属龙的景山风水看得好。

再返郑州外环，上郑许高速，一路车速果然快了许多，一鸣车技惊人。让我想起他和弟弟合作的描写赌车、赛车的惊悚小说，说给万珍、海防，两人无不称奇。景山在一旁听得乐哈哈的："要不是我在旁边坐着，一鸣的车还会加速，贼快！"

张琳迎在路口，先带我们去许昌新辟行政区办公楼群中她的办公室。一路上的迎宾大道景观，花柱灯与花木簇拥，绿树林与车道比肩，让人震惊，让人感叹，许昌城市建设今非昔比。文化局长的办公室最具文人味，也最显女性的细腻、优雅和别致。大办公桌上的唐彩俑，憨态可掬；墙上书法真迹，飘逸洒脱。

中原腹地，三国胜迹，许之昌、许之由、许之今等不同专栏，均收藏在张琳主持的新建博物馆中。遥想当年，我陪冯其庸先生参观老博物馆时的情景不禁哑然失笑。那时只有几间简陋房舍，可数的几件文物，冯老想拍两张照片，立马被制止，冯老先生气急败坏：“我，中华人民共和国文化部文物专员、考古专家，拍两张照片还被禁止，岂有此理！”今之展览，博大精深，既有历史的厚重，又有今世之繁盛。即便是粗粗一看，也用了两个多小时，考虑到博物院工作人员一直不能下班，我们加快了步伐。

学功晚餐前“会见”了我们，精神头之好，真让人高兴。饭后，学功拉我们到家中小坐，看了看张琳180平方米的住宅，简直是万珍新房放大了一圈，客厅、餐厅都大了一轮。书房里，随手一拉竟还保留着我当出版社社长时送给他们的《中国通史》。最让我们感到惊讶和兴奋的是，老奶奶为未来的重孙孙手工缝制的一套套小棉袄、小衣裤，铺满一床，挂满一绳。我们和张琳的儿子、媳妇虽然不曾谋面，不晓得他们的喜庆劲，但要做奶奶、爷爷的喜悦，在张琳和学功身上，怎么也掩饰不住。四世同堂，好造化，好福分。

当然，最精彩的还是在学功律师事务所里聊天。大红袍香茶一沏，各人的话匣子自然张开。同学聚会，没有秩序，没有座次，自话自说，除了大家听学功介绍律师所经营时还有点专注外，其余都是七嘴八舌，多种话题倾泻而出，多个中心立马形成。

张琳甚至动情地回忆起，当年学功在郑州治病时，同学去看望的情景。学功命大，逃过那次劫难，真是天助地助人助。至今，我们还能回忆起，张琳在省人民医院病房后面的场地上，支起小锅，用柴火为学功熬鸡汤、鱼汤时的场景。张琳好样的，上得厅堂，下得厨房。用本德的话：张琳是个大侠。用遂河的话：有文人的儒雅，有壮士的豪爽，有小家碧玉的勤勉，有大家闺秀的风范。

直到第二天，我才知道另外一个故事。出发时，张琳一身短打扮来到旅馆，乍一看，总觉得哪个地方有点眼熟，找来找去原来是脚上的鞋子，竟然是和我脚上外甥女刘姝给我买的鞋子是一个牌子——到那时，我才知道，脚下的鞋子是名牌。“是女儿给俺买的，”张琳说。她怎么会有了个女儿，大家诧异。“干女儿！”“也不是，是学功的弟媳妇生下女儿六个月就去世了，孩子就一直跟着我长大，上大学、读研究生，又安排在电视台工作，一直叫我妈，叫学功爸。去年给我买鞋，不太合脚；今年看到合适的，一下子给我买了三双，穿着可舒适了。”我真感动了，她还有如此的女儿！我还想到了，张琳一直在默默地供养着英年早逝的我们同学范炯的儿子范召上学。这里学功、张琳少了弟媳，后面我又知道本德、王煜没了弟弟，可他们同样选择了把责任承担而起，几十年不下肩膀。

学功的律师事务所，和后来我并未能看到的王煜的敬老院，以及秀玉的三分菜地，让我看到了同学们，同学的家人们别出心裁、独具匠心，打理家业、打理未来、打理人生的勤奋和天分。年收益，律师事务所的二三十万，敬老院的一二十万，三分地的无限果蔬，不仅仅是不竭的经济来源，更是退休之后打发时光和精力的沃野，是积极人生、乐观人生、健康人生的深谋远虑。我感动于学功的全职律师（在学院党委书记任上是兼职律师，在律师岗位上是全职，代理、常驻、诉讼、顾问都做），感动于王煜照护老人中对善良、对道德、对敬老的坚守、经营和放大，感动于秀玉忠于土地、恪守田园、用爱心带大儿孙，用身体力行为儿孙做出典范。有家也有业，有爱更用心。我们一无所有，只有勤劳与善良；我们富甲天下，因为勤劳和善良永远无价。

从律师事务所出来，我们谢绝了汽车送行，一路走在许昌的大街上，街灯稀疏，路断人杳，我们却感到异常充实。这和后来在敖坪张村的夜半漫步相映生辉，异乡同径，一路同行，仿佛回到恰同学少年。这是后话。

放下景山、一鸣开的车，我们换乘一辆商务车，由张琳的司机国强驾驶，万珍、张琳、一鸣挤在后座，海防坐在司机右手，我和景山居中，按照张琳的设计，我们往一百公里外南召县的九龙瀑进发。

既去南召，是进了南阳市的地盘。前一晚就和遂河、本德联系，直到出发，遂河还没有找到车子，他的车子坏了，司机正在修理。本德则因为姑夫生病（遂河电话告知是生病，后来才知道是去世），不能前往。大家便在车里打趣，景山说：“乡下的规矩，有三大不亲，姑夫、姨夫、舅的媳妇，姑夫生病，理由不充足。”短信过去，本德没有吱声，后来知道，他至今不会发短信，不会上网，固守本真。又发了张琳语录：“我们是否去南阳城看看本德姑夫？”遂河回话：“本德说不用。”

几次问道，再加上九龙瀑景区老郝的电话指引，顺利到达敖坪张庄老郝家，一间隐藏在起伏村落中的农家乐。老郝正按照路上张琳的要求，宰杀两只公鸡。我们之前，有两拨郑州、平顶山的客人。

看到山里人养的鸡，一鸣胃口大开，同时瞄上了郝家另外养的一头黑色伢猪，估摸有200斤重，可以杀着吃了。一打听价格，杀好的肉才十一二元一斤，更是乐不可支。他当即计划着，遂河、本德两位叔叔来到后，每人可以打十斤猪肉回去。我打趣道，赶快让老郝把母狗和狗娃藏起来，别让孩子看见，也烀着吃了。

那母狗很有灵气，也很智性，奶着刚刚11天、还没有睁眼的小狗娃，却不在乎我们去抚摸它的孩子。是第一窝，仅一只小狗，吃得胖乎乎的，路还走不成，只有在地上滚来滚去。门外拴的小京叭狗，就不太一样，阶级斗争的弦上得特紧，经常对村人亮齿，毫不客气，只好铁链伺候，对待游客却自来熟，善于阿谀奉承、摇头摆尾、求吃求喝。当晚，我们散步回来，老狗早迎了上来，小京叭却一时糊涂，误作村人，汪汪乱叫，老狗便一步窜了过去，大声呵斥，要它闭嘴。

大块吃肉正合了一鸣的心意，张琳阿姨的原则，要让孩子吃个够。于是晚饭时老郝媳妇问，有个野山猪腿要不要炖炖，大家想都没想，满口叫好。头晚没吃完，第二天一早再炖干菜，让一鸣直喊尽兴。

九龙瀑，实为十一瀑布，我们只走到六瀑，余下的是山野小路无法觅踪，而且，我们的体力也只能够达到这里。景山还落下一层，没有到顶。偌大个景区，几公里上上下下，只有我们七个游客。景幽，水猛，瀑险，树深，路陡，泉凉，让我们一一品尝。尤其是每每瀑布从几十米处垂直跌下，发出的声响回荡谷间，激起的水雾寒气扑面。更有一鸣跳入水中击水拍浪，好不欢欣。海防评价，胜过云台山；张琳说，再宽一点就堪比黄果树；老郝说，冬日春节，水瀑结冰，如浪如卷，如柱如台，阳光下色彩斑斓，更为精彩。

游罢山瀑，回到山下郝家，一进门，大呼，遂河、本德。遂河应声出现在二楼的阳台上，向我们招手，居高临下，仿佛当年毛主席检阅红卫兵一般，我们自然不依，要他快快下来。一路游程之中，我们多次催他赶到山瀑间和我们相会，他先是回复：听说你们上山了，别急，好好玩。一会儿又说什么，时间不够了，现在腿也不行了。此刻一问，果然因为静脉曲张，引起肺部栓塞，遂河在郑州住院一个月，眼下瘦得厉害，吃饭也不多。大家不约而同说，要多加注意身体了！握手言欢，问长问短，连对在美国的小博士王为（无为）的问话都没有放过，遂河媳妇崔伟，更是让人念叨多遍。最遗憾的是，搜遍了整个院子，没见本德。遂河告知，是他姑夫去世了，70 多岁，正在办丧事。大家一时缄默，遂打定主意，明日开拔南阳，一定要见本德一面，当面慰问。

大快朵颐，吃饱了野山猪肉，真香，比中午的鸡子还香。我们问房东要了手电筒，一行八人，沿村间小路出行。到处漆黑一团，只有水声和蛙鸣，像是回到当年回乡、下乡时的情景。记得当年，我和张宁、月华、万珍，三班的为民、瑞德小住薄山水库时，也有这样的光景。

踏夜、沐风，漫步山野乡间，听狗吠、虫声、水吟，看萤飞点点、天苍苍、野茫茫，任四处景物影影绰绰，藏匿于黑暗之中。稍后，大家建议关灯，于是一只只萤火虫在头顶空中现形，忽东忽西，飞来舞去，还有水边的鸟鸣，优雅激越，引人啼听。毕竟脚下已经不是土路，水泥汀、柏油路、钢筋桥，只是绿的植物依旧，乡间村落依旧，高高低低的稻田、菜地依旧。虽朦胧，天地在，景物熟，人未老。

谈不谈，谈什么，此时此刻已不重要。只知是在这山野村舍之间，在这水流林木之间，在这黑夜酿成的混沌之间，在这包容了托心托肺的三十年同学之间，有你有我有他，有我们不息的脚步，有脚下滚动的碎石子，有天空流动的萤火，也有无尽的风声水声人声。如此而已。

老郝点亮了二楼上的灯光，老远就照着我们回来的方向、回家的路径。大家打开已经侧卧着的小椅子（老郝怕露水打湿，明天不好坐），又与老郝长谈。谈农村、村长、乡长，乃至县长，老郝知道得那么清楚，评价得那么中肯，讲述的故事那样生动，看问题的眼力架那么高深，让我震惊。

被遂河戏称为“刁民”的他，有一天竟和几个农民领着村长去乡政府，当面向地方官员一一述说村长的违规违法之事，并拿出不容辩驳的证据，请求乡里免去村长的职务。乡里一看无可争议，果然兑现了处分。他是山乡村里少有的明眼人、明白人，他懂法律，又懂人情，知大势，又晓村情，最早全村只有他一个开始干农家乐，近几年有十几家跟随都发了家、致了富。他出身于军人家庭，父亲当兵，自己当兵，又送儿子当兵，说他们家有自己的遵循。女儿在郑州自己开了个铺子做生意，他定的规矩是童叟无欺。他和媳妇开店做农家乐，又是驴友的导游，只讲求一个服务周到。去南阳、去郑州、去许昌，一城熟人，满处打招呼。他是厨师，又是管家，自称跟媳妇打下手，几间客房，全有空调，干干净净，说起话来有板有眼，理不亏，词也好，真让人开了眼界。

农民问题，民主问题，素质问题，开放问题，在类似于老郝这样的新农民身上，一切都不成为问题。他们有开阔的视野，有法律知识的储备，有犀利的眼光，也有脚踏实地的精神，有了解信息的触角和敏锐。他们在各种繁复的情况下让自己安身立命；他们在种种诱惑和干涉之中，保持纯真；他们固守着传统的美德，又敞开胸襟，从容面对世界。老郝的现象，如果不仅仅是一个村一个点，而是一大片是一个层次，占有 10% 左右，那么，我们的基层农村就充满了希望。

早上，我和遂河、海防沿着昨天散步相反的方向往山上走去。沿途的村舍也在苏醒，早起的人们已经和孩子们在临街的饭桌上用餐，有菜、有粥、有主食，一应俱全，有点小康味道。男主人站起身来招呼我们入座，共进早餐，被我们一一谢绝。沿着崎岖但是水泥浇铸的山路，依山溪而上，沿山溪而下。路边的豆角，伸向路人；遍地的野花竞相开放；满目的青草新鲜，满道的林木森森。今年水大，树木、草蔬竞争一般生长。一条小蛇被路人践踏，再也翻不过马路了，蛇身黑白相间，挺吓人的。正奶着孩子的母亲，抱起儿子，向山下的村庄走去，融入郁郁葱葱，融入一片和睦、一片安详。山间拾荒的老人，此刻正准备前往旅游区的地方。采了几支路边的牵牛花，遂河让送给张琳、万珍。

旅行车中间两座的空当，被老郝加了木板，一鸣坐在我和景山之间。告别山乡，一路上沿白河而下直到大城市——南阳，白河渐渐汇成一片汪洋。遂河领我们到了南阳府衙，我们又回到了等级社会。

崔伟已赶到府衙，儿子美国博士王无为隆重出场，我们一直以为他还在美国呢。王无为上海交大理工科毕业，当年考中美国大学经济学科博士，让人称奇。遂河则抱怨孩子不读经典，只读老师指点的书，其实，在经典无用的年代，读经典又为了哪一辈子的事？让下下一代再去忙吧。回想一下，我们自己又读了几本经典？再想到美国的通识教育，就会想为什么别人总是走在前面？

府衙中轴线保存完好，古代的官员大约比现代官员更古板，更擅长于审案子，批公文、判案卷、写字的地方比较多。导游最后的引导地是地牢，掘地而建，狭窄无比，人进入几乎都要躬背曲身，有人怀疑是一个防空洞改造而成，大家一笑了之。

午餐本德隆重出场，还有南阳文化局的佩霞，与张琳很熟，是崔伟的同学。少不了饮酒，但都有了节制。大家感叹，短暂旅行进入倒计时。遂河一再叮嘱，保重身体，量力而行。本德一再解释，最不爱动，最不想动，连飞机都没有搭乘过。景山再次重申秀玉嫂子的叮咛，见一面少一面，聚一回少一回，大家珍重。饭后，张琳率各位踏上返程。我留下来等候晚间南阳飞回北京的航班。

本德的司机把车子开过来拉我去文联他们的新宅。由办公楼和宿舍楼围成的四合院，中有荷塘，小桥流水，曲径通幽，别有风致。本德和遂河的宿舍门户相对，进去一看，果然非凡，客厅六七米的挑高，复式结构 260 多平方米的大宅第，楼上楼下参观一番。王煜和母亲早切下西瓜等候。本德喊出儿子马可，又高又壮的小伙子，已考入市委组织部办公室工作，本德也要为孩子们办喜事了。儿子接过本德手中的钥匙，先到对面办公楼上打开空调，凉着，以便我们一行去办公室聊天。

六七米挑高的大厅，40 平方米左右的客厅，又勾起我装一个家庭影院的建议，遂河、本德都说是好主意。在万珍家，张琳家，景山家，我都贡献了这样的主意，但不知有几家能够做出来。我的计划是，等他们都装好了，我就带上一些好的电影光盘，来回跑片，不亦乐乎。

本德去年退居二线，遂河不久前退二线。两人商量早早把办公室挪在了四楼之上，退了，就把位置腾出来。本德还照应着《躬耕》，于是天天来办公室打理。遂河因崔伟上班路远，仍在老家没有搬家，所以办公室也不常来。也到遂河办公室看了看，这俩同学，宿舍门对门，办公墙挨墙。真正是同学一场，兄弟一场，不离不弃，让人羡慕。

本德刻意选择回南阳，完全因为在家中是长子，因为要负责家庭中对弟弟妹妹的责任，尤其是弟弟不幸早走，弟媳坚决不再组合家庭，他们一家人的担子都在本德肩上。弟弟的两个孩子，由他和王煜拉大，侄女安排教书，侄子成家立业。此时，恰巧刚有电话过来，小两口生气，弟媳正要他过去调解，周日又不得消停。本德走过的路，是一个生于乡间又走了出来，却最终还是离不了本土，铮铮铿锵的铁血男儿、孝顺男儿走过的完全路程。爹娘养大了他，送他上大学，他又反哺于家庭，报恩于父母，惠泽于弟妹。与其说是这责任拖累了他，倒不如说正是这样的尽职尽责，才使他无怨无悔，成为完人。我想到了张琳对待学功弟弟的女儿，她所收养的女儿，尽心尽力，呵护培养，一片丹心在玉壶，一顷深情在人间。

遂河说起了大新的新作《安魂》，让我找来读读，一定是断肠之作，摧人肺腑。仅仅看完网上的评论，我明白了大新是在如何地追索，追问，追悔。其实，每一个细节和场景都是过去的事情，每一种回忆和懊悔都于事无补，人们只是在苛求自己检讨自己谴责自己之中，表达对消逝、消弭的珍贵时光、珍贵亲情、珍贵往昔的无限怀恋。

遂河的视野开阔，阅读面广，他是通识之才，满腹经纶，所以他能辨；他是饱学之士，锐意进取，所以他成熟；他是执著之人，坚忍不拔，所以他深刻。所以，他不断在一部部辉煌巨著之中完成自已、完善自已。他对我发自内心的提醒，他对乡间贤达的远见卓识，他对本质问题的鞭辟入里，让我明白了大学时期不曾很明白的一个道理：作为人。

遂河远接，本德远送，机场和本德及司机依依惜别。飞机到达京城，我坐夜间大巴回到市区，然后，又顺利搭上出租车回家。叩开家门之时，已是次日凌晨。我匆忙入睡，又匆匆早起，加入上班的人流之中。

文本之外

时间为 2012 年 8 月 6 日至 10 日凌晨。写于 2012 年 8 月 13 日，由陈万珍录改。发各位当事人和非当事人，回音如后。

遂河：谢谢建生的文笔。详实而生动，流水般的感情充塞其间。做 77–2 班的同学是幸福的。愿另有同学学习建生好榜样，拉上几个同学到另外的地方找同学聊去。是的，前面的日子并非无限。珍重啊，兄弟姐妹们。

宣建：《我们的旅行》读后　三分石泉松间流，四星玉斗云中走。文如其人人如文，天才一石刘八斗。又：有邮件复您。绝妙好辞，我很喜欢。平和作不散之散文，心之所托，情之所寄。天若假我时日，我愿在退休后学先进，步后尘。全家夏安。

张琳：看完《我们的旅行》，仿佛又回到了几天前的相聚时光。你用一个写实的长镜头，记录了我们的旅程，你用同学们相通的感悟，升华了我们的相聚。谢谢你。看到照片了吗？它让我们的旅行更加完美。

万珍：你好，建生！看了，改得很好。我又改了几个字，你再看看。一是第4页的“航程”，我觉得用“旅程”更合适；二是第7页的“那个”应为“哪个”；最后一页倒数第2段，不够均衡，最好再加四个字。哈哈，不好意思。

诗人、院士和《数学之美》

这个时节来到海口，参加大家的讨论，使我想到了一位诗人、一位院士和一本书。

一位诗人　25 年前，25 岁的诗人海子选择了早早结束自己的生命，而把一篇可以走遍世界、也许可以传世的诗章刻在人们的心上：《面朝大海，春暖花开》，诗人的生日和祭日就在这两天。25 年过去了，海子的诗成为中小学生的课文和范文。

我们来到海口，大海就在眼前，正值春暖花开的季节，也正值春暖花开的时代，正值新的中国梦开始勾画和展开的春天，中信所和万方数据把“交融思想，澎湃智慧，激发创新，促进友谊”的意图，演绎为“信息支撑创新驱动，知识助力美好中国”的主题，分享于各位嘉宾和朋友。

我认为，这是与季节暗合，与时代同步，与社会共梦，与国家同当的大手笔。在大海边，在春天里，在美梦中，讨论信息服务与科技创新，埋下种子，打理浇灌，期待百花盛开，别有新意，别有创意，别有生机与活力。

一位院士　也是 25 年前，我与突破了机器几何证明的计算机专家张景中院士切磋、讨论、憧憬信息化的未来。我们当时比较忧虑的是语言的复杂性、歧义性、多样性。张院士认为，数学逻辑方面的计算机人工智能，坚冰已经打破，航路已经开通；语言和人文社会科学方面人工智能突破还未见端倪，但也应当在 50 年之内，会在 50 年之中有长足发展。

25 年过去，我们已经看到自然语言处理研究，已经完成了基于传统模式、传统规则的方法，即基于模拟学、仿生学的方法，到基于统计原理、统计方法、客观描述的重要转变。这是人文社会科学数字化、智能化另辟蹊径的华丽转身！这一转变，使自然语言的计算机处理，从单纯的句法分析和语义理解，变成了非常贴近应用、贴近智能化的机器翻译、语音识别、文本到数据库自动生成、数据挖掘和知识获取。

昨天在从机场到市区的路上，我和蒋勇青总经理不约而同地谈到这一话题。我们已经看到智慧地球，智慧城市，智能感知与交互，看到智慧运算、智慧医疗、智慧能源，至于智慧政府也为期不远。可以预见，完全实现自然语言、语音、语义机器人工智能，已经是既可望又可及的不远将来。

数学之美　一年前，严格讲不到一年。人民邮电出版社推出一本名为《数学之美》的图书，作者吴军。意想不到的事情发生了，这本不到25万字的图书、定价45.00元的图书，也就是半年时间，年终盘点时，竟跃居销售榜首，连续加印，连连告罄，成为该社第一畅销书。

这是一本妙趣横生、余味无穷、联想多多的图书，是一部数字化挑战现代思维、现代科学、现代智慧的宣言，是一幅人类社会生生不息、探索不止、发现无界的真实写照。

诗歌、猜想、图书；事物、人物、景物，让我想到很多——

海子的诗告诉我们什么？海子是说，无论什么时候，你一定要面朝大海，面朝生动、新鲜、变幻万千的生活之海，体味无穷气象之中的涛声、潮汐、浪花，体会大海之后的万木逢春、百花盛开、千帆竞渡，体悟昂扬生命、积极情怀、明亮色彩，体察变化、转化、幻化与自己真实梦境的联系。

潮涌一般的信息化、数字化浪潮又何尝不是如此。光阴荏苒，时代巨变，社会发展，科学与文化如此神奇般交汇交融，只有面对，只有置身，才有体味，才有感觉，才有尝试，才有动作，才有试图推动的欲望与进取。

新的一年，我看到了中信所、万方数据和业界同仁在这些方面的扎实努力、稳中求进。

张景中院士的判断说明什么？要有梦想，要有预测，要有期望，尽管理想永远在前面，但它是召唤，是方向，是号角，是启迪，是鼓舞，是激励。

人类社会、自然界，人文社会、科学界，永远有探索不完的问题，永远有螺旋式进程、台阶式提升，有节节高、步步高的新平台、新境界。只有不断创新，只有不断突破，才能打破传统思维、传统模式，形成更广阔天地里的自由驰骋。“创新正未有穷期”，开拓之乐，开创之乐，开辟之乐，正等待所有营造“中国梦”，营造科学梦，营造人生梦的人们去争取和领受。

我相信，中信所、万方数据和业界同仁的每一步努力，都是向我们共同愿景、美好中国逼进一步。

吴军的《数学之美》提示我们什么？芩文初先生归纳出两点，第一，知识要落地，最重要的是理解知识的由来。第二，任何复杂的问题，最终可以用简单的方式去解决，我们往往会陷入不断给问题增加难度的复杂解法，而忽略了简单直接有效的方法。古人云，知其然，亦要知其所以然。是教导我们不断追溯原点，不断追根寻源。俗话讲，船到桥头自然直。化繁为简，弯弯曲曲之后必定掩藏着坦荡通途。方式和方法的选择，细节和局部，同样可以决定事物的成败，决定成果的得失，决定人心的聚散。

我知道，中信所、万方数据和业界同仁在信息服务中的每一次创新创造，都是方式方法选择的正确实施，都是精细、精准、精益的胜利。

大数据，云计算，物联网；博客、微博、微信；数字化，网络化，智能化。互联网如此丰富、迅疾、生动地改变着我们的环境，改变着我们的文化，改变着我们的思维。春潮汹涌，碧海蓝天，弄潮健儿勇于担当，船头兀立，“手把红旗旗不湿”，只要我们看准方向，只要我们选好路径，只要我们切实努力，只要我们不折不挠，繁荣和发展是我们事业中的应有之意！应有之景！应有之未来！

愿各位海口聚会愉快，讨论切磋更有心得！

文本之外

开场敬辞：尊敬的秘书长、所长、院士，尊敬的各位嘉宾、各位专家、各位朋友、各位同事，大家早上好！

原稿写于2013年3月23日中午首都机场，T3候机楼，二楼麦麦面饭馆。

秀梅来电：每次听你的发言都激动不已，给我动力，给我激情，更给我了克服重重困难实现梦想的坚韧决心！一路有你鼓舞，我好幸福！吴军的《数学之美》去年我读了一遍，确实受益良多。但也在思考，我们的工作事业，在责任担当压力之外，如何找到美的韵律、美的节奏和美的心情？

有一种挚爱叫忠诚

濛子在单位演讲完“爱的教育”，从总书记的情系百姓到曹丽娅老师的挚爱学生，到自己和藏族孩子贾桑洛的故事，受到了一些好评，二十五选八中位居第三。由于在演讲中把同事“晓蒙哥”的称呼带了出来，于是，办公室里“晓蒙哥”、“晓蒙哥”就叫成一片。沉静下来后，大家研究了濛子下一轮的应对，杨男男姐姐出主意说，下一轮的演讲，你要不变题目也可以，但内容要有变化，是不是可以考虑选择“最美的乡村教师”。

我告诉孩子，不用选择，你天生就有。于是就有了下面的一段文字，以濛子的口气——

图片中这位老人就是我的祖母（有图片），一个在乡村小学教了一辈子书的老教师，她和我的祖父，一个在乡下小学，一个在县城中学。接力传递一样，带出一批又一批学生。这些学生后来有的成为了科学家、院士（有图片），有的成了公务员、干部，有的成为了艺术家、学者，也有很多是农民，有知识的农民，也有的接了他们的班，在小学、中学教书。我的父亲、姑姑、伯父、伯母、哥哥都是这些学生中的一员。桃李满天下，这大约是每一位做教师做教育工作者的真实写照，他们的爱和哺育变成了丰硕的果实，他们却永远不为人知，默默无闻。

今天我要讲的不是这些，而是奶奶晚年的故事。

八十岁之后，我奶奶患上了老年痴呆，连自己身边的孩子都不认识，整天问我父亲，你是谁呀，你从哪儿来？

那天，大学读书的我放假回家，一早就听见奶奶房间里有窸窣的动静，推门看看，却见她收拾得整整齐齐，拎了个小书包，问她干什么，说是要上学校了，还有两班学生在等她上课。我正纳闷这是怎么回事，不一会，住在楼下的姑父上来接她了。

姑父告诉我，为了免得患病的奶奶在家着急、走失，姑姑出了个主意，白天让姑父带她到工地上去待着，一来二去，她就把工地上的民工都当作她的学生，还要给他们教生字、念课文、布置作业。

晚上回来，奶奶气喘吁吁地上楼，我一边倒水，一边劝她老人家别累着了。她却说，就上了几节课，不咋累，只是那些学生的年龄有点大了，不太好教。

我们开了个车子，把老奶奶从省城拉到乡下，拉到她原来工作过的乡村小学。见到那熟悉的环境，一直糊里糊涂、一路无语的奶奶突然变得十分清醒，爱抚着一群群来到她身边的孩子（有图片），大声对他们说：回去告诉你们的爸爸、妈妈，爷爷奶奶，他们的老陈老师，老老陈老师回来了！

那天我们没有返回，就住在县城的客房里。一早，服务员打扫卫生时，顺便帮我们打开了电视，奶奶急忙阻止：“隔壁房间里，学生还没有起床，千万别影响了他们！”

生命的最后几个月中，全身瘫痪的奶奶躺在病床上，常常是不吃不喝，不声不响，只有疼痛难忍之时呻吟一声。护理她老人家的大伯母，喂饭喂水的时候，总是得不到老人的回应。也是人民教师的大伯母，伏下身去，贴着奶奶的耳朵说：“妈，快醒醒，那边预备铃已经打过了，你赶快吃点饭，还得去上课呢！”这时的奶奶会突然睁开眼睛，急急地吞下几勺饭菜，然后咿咿呀呀地比划着，要我们为她准备教案、粉笔，上课用的包包，她要到教室里去……

奶奶走了，在一个闷热的夏天，她是趁孩子们都考完试、放了假之后，才悄然离去的。她没有服饰什么的，只有几件普普通通随身穿用的衣服。

还有一个红色的笔记本，上面是为孩子们抄的诗词和励志警句（有图片），还有她那一笔一画写下的教案、备课笔记（有图片），还有，还有就是自己的格言：“忠诚党的教育事业”。

2013年1月21日，濛子用了这里面的故事改写了自己的演讲，参加了决赛，获得一等奖，位列第二名。有同事说，听到她讲奶奶的故事时，眼泪就快掉下来了。姑姑看了录像，发短信说：我们全家四口刚刚一块观看了濛子的精彩演讲，很好！很精彩！不一会又有来电：声情并茂，演讲很成功！获奖了吗？参加什么活动？

文本之外

濛子演讲原稿：奶奶和贾桑洛

敬爱的老师，亲爱的同事：

大家好！

在您儿时上学时的记忆里，有一位扎着大辫子的姑娘吗？或许您在小学校园里和她擦肩而过，或许您儿时作业上有她批语的痕迹。

可是，如果您拿她当年的照片，问金铺村、桃园铺村、菜园王村、大石庄里任何一位老人，或者，您去广州、去洛杉矶、去驻马店，问张景中院士或郑效文教授，他们准会一眼认出，是俺陈老师；甚至说，陈老师在校园里为俺擦过鼻涕！

我奶奶，陈老师，一辈子的乡村教师，千百万小学老师中普普通通一员。

八十岁，奶奶患老年痴呆，我大学放假陪她。一早见她收拾得整整齐齐，说要去学校上课。那天，我带她回了乡下，孩子们一群群围上来，奶奶突然十分清醒，拉住孩子们手，摸着他们的头：“告诉恁爸恁妈、爷爷奶奶，他们的陈老师老陈老师回来了！”

生命最后的日子，奶奶全身瘫痪、神志不清、进食困难，每每喂饭、喂水，我伯母，也是退休教师，便俯到她耳边说：“妈，学校上课的预备铃都打过了，您快吃点东西，班上的孩子们都在等着您呢！”奶奶会猛然睁开眼睛，使劲咽下饭菜，喃喃道，“我不能迟到，不能让孩子们等着……”

这就是我奶奶！我人生经历中的一位老师，一名乡村教师，一个用她的心血和人生，烛照我成长的普通老人。

“我们的人民期盼有更好的教育”，“期盼孩子们成长得更好，就是我们的奋斗目标”。刚刚当选总书记的习近平同志，面向几百位中外记者，对人民做出承诺。我奶奶，所有教育工作者，呕心沥血，终生不渝，不正是为着这个目标！

哦，对了，这个孩子，您不认识！他是贾桑洛，留着毛茸茸的小平头，脸颊上两片高原红，从藏区来我们人教社拍藏汉双语教材的专题片。一年之后，青海，再次见面，我们成了老熟人。我永远不会忘记，离别的时候，孩子对我说，他不想上学了，要去挣钱养家。我一时愣住了！

原来，14 岁的他，学习上有些挫败，而家里只有年迈的奶奶和放牧的爸爸，他想早点为家庭分忧解难。

孩子的念头沉甸甸地压在我心上。连着几周，我在网上和孩子交流，我们聊历史，中国和世界；聊理想，今天和未来；聊牧区，家乡和城市；聊责任，使命和义务。终于有一天，他说，姐姐，我改变主意了，我要继续念书。我高兴得跳了起来！

记住这个贾桑洛吧，如今已经是青海省海北州品学兼优的高二学生。他和我奶奶一样普通，是全国亿万少年儿童中的一个。我要说，不是我改变了贾桑洛，是贾桑洛改变了我。他让我懂得，教育是我们身边每时每刻、每地每处经常进行的生动事情，只要我们用心、用情、用爱，用行动、用付出，用一生一世，无论是像奶奶教书育人，无论我做出版编辑，我们的奉献，我们的努力，总会影响一些人，总会传递正能量。

您看，奶奶和贾桑洛，地域不同，时代变幻，方式多样，这中间不变的，是教育所传递的爱，所凝结的情，所铸造的梦。我相信，当爱之甘露灌满任何一个社会空间，当我们的孩子能够健康成长，实现我们总书记所讲的中国梦境一定不会太远！

谢谢大家！

高山仰止的崇敬

半个多世纪的生涯中，有幸与很多老同志相遇、相识、相随，从他们身上汲取许多人生智慧和力量。当自己也渐渐老去，步入老境之际，回头品评这些，才猛然发现，这种机缘给我最多的还是做人的鼓舞激励和做事的坚定执著。

生存的环境，可以富庶，可以优雅，可以绿草碧连天，可以海阔任鸟飞；也可以艰涩，可以困苦，可以为饱腹裹体忙碌，可以为生计搬迁操劳。老同志们告诉我，唯一的质量权衡，是你对事业的追求，不仅仅是干了多少事，而且是干事的过程。没有了衣食之虞之后，也有了两间避雨草庵之际，更多的是做一些事情，力所能及，全力以赴。更为可贵的是，力所不及，争取一下可及；今昔不及，为了明天可及；自己不及，为了别人可及。很多时候，过程比结果更为重要，更凸现出人的品格。

老骥伏枥，志在千里。的确不是一句空话。老同志们，尤其是他们离休、退休之后，依然奋斗不息、耕耘不辍。他们用这样的追求过程，重重敲打我、鞭策我。陈源蒸老师就是这其中尤其突出的一位，他的所作所为中，让我悟出许多人生道理和做事真谛。本书所收录的各篇文章，忠实记录了他的不懈追求和多方努力，有结果，有成就，更有充实和丰盈的过程。

技术发明和普及带来人们生存环境的变化。有时，这种变化是渐进的缓慢的，有时这种变化是迅疾的突然的。人们最大的适应，就是要不断应对这些变化，把握变化的龙头，引导变化的进程，让变化更加有益有利，让变化深入人心。面对互联网的铺天盖地，面对数字化、信息化对出版行业的冲击，陈源蒸老师以自己的敏锐观察、渊博学养和对规律的娴熟把握，进行了几乎无人知晓，几乎只有一个人的跋涉和远征。

源蒸老师用自己独特的方式，琢磨技术带来的任何细微变化，倡导行业必不可少的应对与转变，阻击前进路上不断出现的障碍和麻烦，执著、坚韧的事业心让他屡胜屡战、屡败屡战从不退却，让他即使孤军奋斗终也义无反顾。先天下之忧而忧，先变革之痛而痛，先行业之苦而苦，源蒸老师身体力行。

尽管地理位置的提示比较明显，但最终找到陈源蒸老师的家还是颇费了一些功夫。我们从另外一条路迂回过去，走过头，又返回来，才到了这处介于回龙观和天通苑之间的一处小区。老师和师母都在，自然会说起这房子的来历。无论逻辑思维还是形象思维，无论虚拟世界还是现实社会，无论立足脚下还是前瞻意识，源蒸老师的先知先觉，智慧、睿敏、通达是显而易见的。十年前他买了房山的一处房，五年后升值两倍，转手卖掉并变成了这间新型小区的高档房。这种谋划，全在无意之间形成，让人无不称奇。

仔细想想，便是此时此刻的出版行业，从我们眼前流走的机会又有多少？理想和收获，梦幻和现实，企望和结果，不就是不放弃眼下一点一滴的选择和把握，不丢失身边一丝一毫的机会和窗口，扑下身子去创新去创造，才有可能铁杵成针、梦想成真吗？

源蒸老师和许多老同志都有很多理由可以保留过去的思维方式，固守传统的文化习惯，把老一套的积累和传播尽可能做到极致。我并不反对这样的执著和追求。守旧的纯真，固然僵化、愚顽、呆板，但总能保留过去的崇高，让人心生敬意。像我过去编辑岗位上的老师、同事，敬业、守本、专一、无他，只问审读、修改加工，不问市场、技术、产品经营，也不乏有其成功的路径。但是，在有飞机和高铁的前提下，你一定要亦步亦趋从北京走到广州，那也总是让人敬畏之余产生无限遗憾。

我景仰源蒸老师的不守旧、善学习、敢创新，了解新事物，观察新变化，研究新问题，把握新趋势，更崇尚他的讷于言、敏于行。源蒸老师给我最厚重的教育是思考探索之后的敢于行、善于行，执著于行动。源蒸老师追求数字出版事业最可贵的精神，在于勇于实践、善于实践、乐于实践。这种务实的精神和作风，当然让我肃然起敬。

师母告诉我，退休后挣的钱，都让他发给帮助他研究和推广数字出版技术的年轻人了。当国家项目立项不成，当企业支持未能实现，当技术研究陷于停顿，他拿出自己的薪水，补贴日夜加班的年轻人们，自己拉班子、搞试验，消化技术，创造发明，填补空白。看着老师的白发苍苍，看着师母的一脸无奈，我才知道，事业是这样写就，事业心是这样炼成。

社会转型、技术转型、出版转型，我们的观念和习惯都处在巨大变革和转型之中。然而，有一种精神，有一种品格，有一种道德，会是永远不变的。那就是矢志不移、百折不回，那就是高风亮节、无私奉献，那就是生命不息、追求不止。

高山仰止，景行行之。

文本之外

2013 年 6 月 10 日写于琉璃河。

走近艺术殿堂的大门

尽管平时也有零星学习的机会，但是，参加中央和国家机关司局级干部选学班，仍然有一种如饥似渴的感觉。各门各类的专题课，国内顶尖级学者的精彩讲授，犹如给我们打开一扇扇科学和知识的大门，虽不至于登堂入室，但窥其奥妙，观其体系，知晓其流变，把握其要旨和学点，仍让人感到振奋和激动，感到学无止境、学养补充永无止境，感到开阔的不仅仅是知识的眼界、学科的眼界，而且是打开道德、修养、人生更高层次更深境界的大门，感悟社会、发展、历史和哲学更广层面的触类旁通、举一反三。聆听人民大学“艺术修养与名作欣赏”专题班，这些方面的体会尤为深刻和强烈。

1. 大家云集，学门洞开。以人大艺术学院为主讲单位的艺术修养专题课程，推出了学校多年积淀和近年来从世界各地聚集来的艺术大家和大师，他们首屈一指的文化造诣，渊博厚重的艺术学养，以及在艺术创作中的非凡成就，为这些课程奠定了坚实的基础，为学员们打开了艺术世界、学术殿堂的大门，登临油画、中国画、室内乐、民乐、书法、篆刻、美术史等风光绝顶，让人目不暇接，顿觉美不胜收。他们厚积薄发、精心备课，有的老师准备的教程竟有六套之多。他们研究学员需求，强调讲授针对性，引起学员们强烈共鸣。每节课堂上都有会心的呼应，有交流的互动，有经久不息的掌声，有啧啧称奇的感叹。杨戈芳老师关于贝多芬作品的课程，把对室内乐的理解和欣赏推到极致；刘璞老师的音乐欣赏课，更是让人耳目一新，在凝神倾听中接近音乐作品的真谛和灵魂。

2. 把握经典，走进历史。油画和中国画，书法和篆刻，民乐与西洋乐，本身就历史悠久，有着年代久远的形成过程，而在它们的发生、繁盛、延续的各个不同时期，都留下了脍炙人口的艺术精品，成为传世之作，成为经典之作。由于艺术门类的天然门槛，人们的观摩和接触，人们的欣赏和理解，总受到各种各样的牵制，无法达到审美的深邃意境，无法进入艺术精品的体系思维，无法品味出历史积淀中更深厚雄浑的感染力和艺术魅力，无法达到人神交融，人与作品贯通，如痴如醉、神魂颠倒的境界。这其中有历史知识积累的欠缺，更有艺术修养不足，还有心境、切入点、集中力、注意力等各方面原因。丁方老师用一幅文艺复兴时期的油画（曼坦尼亚作品《圣詹姆斯在赴刑场的路上》，约1455年作，壁画），从艺术史上的透视法与反透视法之争，讲到了文艺复兴绘画艺术关于平民视角的突破，从三个士兵的神态各异，讲了社会转型时期各个阶层各种思潮的历史呈现，这是我们以前任何一次接触油画所不曾思考、不曾认识到的。

3. 欣赏艺术，陶冶情感。诠释大家的作品，很重要的一点是进入大家的思考，进入大家的艺术氛围，进入大家的哲学意境。艺术作品无论绘画、书法，还是音乐、篆刻、雕塑，平面艺术和造型艺术，视觉艺术和听觉艺术，成功之作，首先在于作者的纯真，追求的专一和全神贯注，在于学养的深厚积淀，创作时的灵感调动，呼之而出，火花四溅。过去聆听音乐，只是知道有一种美的感觉，进入不了更深层的理解，缺乏对基本的艺术规律的了解，缺少艺术手法和艺术演绎方式的进入。杨戈芳老师的室内乐课程，让我真切感知了室内乐登峰造极的艺术魅力，知道了它为什么能够居于歌剧、钢琴演奏之前，更在交响乐之上的原因。作为一种纯艺术的欣赏，人们的聆听可以产生各种不同的感受和理解。然而，这种把握，正是建立在：人与音乐的联系，四位弦乐手所创造出的共鸣、和弦、重奏，以及聆听音乐时的心情和思维，是这三方面因素的合成。室内乐四弦乐队的演出为什么不叫齐奏，为什么同时发声又相互补充和交融，为什么能形成人们从听觉到思维的共鸣、搅动心弦，这将使我们以后对任何室内乐的接触，会在欣赏方面更进一个层次，会在心灵上受到更深的打动和震撼。

4. *人文情怀，学养积淀*。艺术是人文学科的重要组成部分，艺术的追求指向和发展，与经济社会、人文社会的发展有同步也有自己的节奏，艺术规律与人文社会发展规律相应相合，又有自己的独特舞步。但任何艺术大家，无不是成就于人文情怀的充分展现，成就于对人生对社会最深层的东西的深刻把握。凡能写出传世之作的经典，正是由于作者本人对社会对人类有最根本的体悟。无论是悲天悯人，无论是感天动地，作者的人文涵养几乎是造就作品影响力、艺术感染力、传世魅力的重要因素。陈传席先生关于文人画、画家画、民间画的独到见解，把“黄帝尧舜垂衣裳而治天下”解释得惟妙惟肖。除了对艺术门类的基本常识认识之外，理解和欣赏作品，更重要在于体悟其中的人文情怀。以自己的学识素养，感悟画面、音乐和艺术之中的人文气息、人文精神、人文风貌、人文变迁，才能真正在品评艺术之中，逐步深化，成为行家里手。同时，没有赵方老师的跋山涉水、深入民间，深入民歌发源地，就不会有他借助于民歌音乐形式而抒发的丰富、浓郁、朴实的感情表达。

5. *科学规律，触类旁通*。艺术的至高境界是哲学，在哲学思维和哲学范畴中，任何人类的思维活动都可以达到最高层面的交融交汇交流。丁方老师从文艺复兴时期的油画作品，谈到文艺复兴对欧洲梦、对美国梦的影响时断言，这也一定会影响到中国梦的形成和实现，换言之，中国梦的构成和实现，离不开文化复兴民族复兴的基本框架；陈传席从中国画中透视中国历史以来的文官制度，谈到知识分子在社会进展中的脊梁作用；郑晓华老师在论述中国书法演进中，说到中华文化在世界上独具一格的特点，是形成国际影响力的重要起点；徐唯辛老师预示现代后现代艺术发展的方向和未来；等等。这些都对我们理解和把握目前的社会转型、社会思潮，做好我们所从事领域的各项各类工作，有着启发和教益。专题课不仅仅是艺术启迪课、入门课，更是人生哲理教育课，社会大势、人类历史规律的开导课。

学而知困。表浅层面，原来我们几十年来对艺术的感悟和理解竟一直是如此肤浅，叶公好龙了这么多年；纵深层次，艺术创造所形成的历史和规律，不正是在谆谆教导我们真诚地生活、真切地处世、真挚地为人。

学无止境，向真向善向美的追求永无止境！

文本之外

所需要补充的是，五天的学习，没有落过一次课，课间没有一次打盹和小睡，用尽了三支水笔的笔芯，写满了两个大大的笔记本。当然也喝了将近20包速溶咖啡，还有提神的茶叶、败火的菊花水。不虚此行，不枉此行。记于2013年6月22日。

片片绿叶对龙盘老根的深情

回到财大来，回到十数年前我们继续学习重新读书的地方，回到这样一个教书育人的环境——计算机教室，依然感到亲切、亲热、亲密，好像我们刚刚离开，咋又回到课堂上。早上志刚、惠龙他们绕着校园转了三圈没有尽兴，建元绕着校园暴走二十多圈也不过瘾。日理万机，百般头绪，千里迢迢，大家能够响应学校的召唤，回到母校的怀抱，这种心情是无法描述的。怎么表示也难以倾诉对学校、对老师的崇敬、感激和热爱，对同学、对兄弟姐妹的挚情、激动和亲切。

我们回来了，我们又在一起了，我们又在图书馆、研究生楼里楼外团聚了。

对于上海财经大学来说，招一个王志刚、封延阳、杨惠龙或者吴明华、王巧林、贾巍进来，纯属一件极其平常、极为偶然、极端普通的事情，小事一桩，是统计学中无数样本点里的一个小事件、小概率、小选择，每年这里有成千上万的学子进出财大校门。

但是，对于我们每一个同学而言，这件事情是一个比天还大的大事件、大选择、大幸运、大转折，它改变了我们每一个人的人生轨迹和人生坐标，它重塑了我们的职业生涯，乃至于事业道路。

对中国出版业来说，一个人的就学、再造、回炉，也许微不足道，但几十个、几百个的组成，不啻是一番春雨、一片惊雷、一方萌动。每一位同学，即使工作岗位没变，也是改变了我们对环境、对工作、对生活乃至对生命价值和意义的重新认识。如果没有良好的生态环境，我们去创造、去改造；如果实在不行，我们会等待、会忍耐、会沉稳；一旦有了机会，就绝不是一条虫，而是一条龙，像惠龙一样的龙。

我不知道她今天能不能到场，她是第四届中的一位同学。学了 MBA 却没有派上更大用场，在一个公司里“潜伏”多年、打发时光。可是，一旦有了机会，她一个人在一个单位的印刷物资国际贸易中，翻手云、覆手雨，搅得天地翻覆，半年营收 3000 万美金。要知道，这是西风凋敝、金融败坏、经济危机的当口，是我们的进出口，尤其是出口，两位数下滑的艰难岁月。她叫朱琳，一位让老总们津津乐道的“奇人”。

还有十三年后成为山东人民出版社社长的郭海涛，还有十五年后成为上海人民出版社副总编辑的齐书深，还有驰名国内外的“猫爸”常智韬，还有当了社长的董保生、汪林中、吴明华、王辛卯、陈兵、顾翀、王利明，当了老总的李济平、李亚平、丁建元、王瑞书、王巧林、贾巍、黄海晖、温新豪、王金才、索南才让，还有当了行政官员的赵剑平、王新民、杨永志、汪维国、张红霞，还有成了业务主任和骨干的敖裕兰、李勇、李宇彤、王豪、尤佳娟，还有大展宏图的陈闯、刘征、许泽长、张先立、丁建，还有为我们的会议辛苦忙碌几个月的秘书长张筱峰、杨惠龙，等等。

我们不以职位论英雄，但是，不能不看到，这个足以让母校引以为豪的当家人的群体；我们不以成败论英雄，我们不以生活工作身体上的周折、挫折为包袱，我们把这些看成财富，是财大教给我们淡定人生、等闲视之、大度包容，正因为如此，我们成为一个足以让母校为之骄傲的群体。

我想，中国出版业如果还有梦想和希望的话，那么，这么一个群体就是其中最有生机和活力的集合，一个责无旁贷、义不容辞的集合。这么一个群体，包括他们的后代，会让母校无上荣光。财大出版人，是一座品牌，是一座前不见古人、后不见来者的锃亮的名牌，是一座不可企及、难望项背、无法复制的山峰。

正因为此，我想借这个机会和大家交流切磋一些问题，在经济增幅减缓、经济下行、市场萎缩时期，对出版业大致走向的思考，不成熟也不成体系，想到哪儿说到哪儿。为了不耽误校长更多的时间，我把它放在下一个单元。

昨天以前的几天里，我陪同新闻出版广电总局张泽青司长与一百五十多位科技期刊主编们聚会论坛。张司长谈到一生的际遇时说，过去她只是个中小学教员，只知道与人接触是很美好的事情；等到了山西大学毕业参加工作，才知道要与人品学品文品更高层次的人接触，只有这样才是更大的幸福，于是便考入人民大学读硕士（和我们的成长经历有点相似），毕业以后到新闻出版总署谋职，结识了更多有智慧、有学养、有理想的人士。

泽青大姐明年就要退休了，回顾二十多年的经历，她说虽然工资至今没有超过 7000 元，但她感觉到很值。是大学、研究生读书，不断提供她结识人们的台阶，不断赋予她与更高涵养、修养、素养层次人群的对话和共处的机会，不断抬高、拓宽她认识自然世界、人文世界的视点平台和广阔视野，她获得了精神世界的莫大安慰，她感到这是人生最有价值的东西，是千金也难买来的机会和待遇。

如果说是财大偶然选择了我们，那么，现在可以说，正是财大的培养、财大老师的教育，使我们有机会成为出版业界一批特殊人群，一批更能体味工作生活滋味、感受工作幸福、享受生命快乐的人群，使我们结识中国社会精英人物、顶级人才、学术大师成为可能，使我们必然成为中国出版业的顶梁柱、中流砥柱、骨干力量，更使我们必然有了一批志同道合的同学、情同手足的兄弟姊妹。

这种必然，是我们人生际遇的荣幸，更是母校的荣耀。只要耕耘、只要种养、只要修炼，学生必然更加争气，母校必然因此更加辉煌！

请代表我们向老校长老书记谭敏教授致意！请代表我们向所有的老师、员工致意！谢谢商学院！谢谢经联会！谢谢各届同学！

文本之外

开场敬辞：尊敬的孙校长、骆院长，各位学校、学院、系和出版社领导，尊敬的韩社长、延杨社长和各位副主任，尊敬的各位老师、各位同学，大家上午好！刚才，孙校长回顾历史，信手拈来，如数家珍；韩社长精到点评，精彩解说，脱口而出。他们让我这个念稿子的人顿感汗颜。这说明，一是学力不足，没能把老师传授的知识全部娴熟掌握；二是学习不够，没有把出版社老师交给的本领化为己有。看起来学无止境，这话太对了，我还要努力修炼。

孙铮校长在新闻出版界MBA校友高峰论坛上的致辞：

尊敬的各位校友、各位来宾、各位老师，大家上午好！

在各位校友的大力支持下，上海财经大学新闻出版界MBA校友高峰论坛今天正式开幕了。会场的气氛就如同上海魔都的天气一样热烈。首先请允许我代表上海财经大学对出席本次论坛的各位校友各位嘉宾，表示热烈的欢迎和衷心的感谢。并通过你们，向因故而未能现场到会的其他新闻出版MBA校友致以亲切的问候。

上海财经大学MBA教育始创于1991年，是全国最早开办MBA学位教育的九所高校之一。1998年，学校联合国家新闻出版总署创办了国内首个新闻出版方向的MBA项目，前后成功招收八期学员，共培养出197名新闻出版及相关行业的精英校友，分布于全国除了台湾西藏吉林之外的所有29个省市自治区。学员入学前便已担任各级领导职务，但在招生、学习、毕业等各个环节，我们按照普通研究生的标准严格要求、一视同仁，各位学员也奋发苦读最终均学有所成，树立了高端教育行业的良好典范。

今天校友高峰论坛的主题是“信息化时代出版业转型升级与数字出版发展趋势”。我们将有幸聆听中国版协经营管理工作委员会主任韩绍祥先生和校友代表刘建生先生的致辞，以及有幸分享王瑞书校友关于“美国传统出版的数字化转型”的主题演讲和常智韬校友关于“在线教育趋势与沪江网的实践”的主题演讲，相信一定可以碰撞出智慧的火花。我们希望借助这样一个高峰论坛，可以加强校友与母校之间、校友与校友之间的紧密互动，来共同促进新闻出版与信息科技的深度融合，加快促进出版产业的转型升级，推进产业结构调整，并提高自主创新能力。

母校上海财经大学创办于1917年，是第一所按照西方体系建立起来的中国商科大学。2011年上海财经大学在恢复设立商学院之后，于2012年通过了商科国际三大认证之一的AMBA认证，并有望在2013年成为中国第一所通过国内高质量MBA教育认证的高校，同时在福布斯等多项权威排行中名列前十，高端师资队伍不断充实，教学条件大为改善，品牌效应进一步彰显，信息化、校友服务等支持力度得到加强，教育国际化持续提升，服务企业服务地方的办学宗旨通过多个实体项目而贯彻落地。今年上海财经大学商学院还联合央企中国国际技术智力合作公司开设了国内第一个知识产权方向的EMBA教育项目。母校所取得的这一系列成就，离不开包括在座校友在内的广大校友的关切与帮助，在此我再次表示最真挚的感谢。各位校友不但担任中高级领导职务，同时还是各个专业领域的行家，我们盼望各位校友继续支持母校的教育事业与全面进步，希望在你们方便之时，可以充实到我们校董会董事、面试官、论文指导老师、外部师资、讲座嘉宾、职业导师和创业导师的队伍之中——DBA。同时也欢迎你们，在任何时候，带上你的同学、带上你的孩子，常回家看看，母校的大门，永远为你们敞开。

最后预祝本次新闻出版界MBA校友高峰论坛取得圆满成功，谢谢大家。

韩绍祥社长也作了精彩的致辞，令人感动，令人难忘。

熊诗平董事长和财大社社长等老师出席会议。

写于2013年8月15日晨3时。上午与会同学近70人。下午，40多位同学去南京，陈海燕老总盛情款待。次日，听取王巧林关于职业教育数字化形态的介绍和韩冰关于MPR推广的介绍。

问 君

家国情怀　赤子之心

做事与做人的感悟

再答玛丽亚

关于产权问题的一封通信

薪火传承　世代流芳

红旗渠精神的当代阐释

家国情怀　赤子之心

没到澳门之前，我一直在琢磨，空空荡荡的大三巴牌坊背后到底是些什么，它遮盖了什么，它隐藏了什么，是什么支撑它兀然耸立、不离不弃；是什么支持它百年沧桑、气度不凡。

这疑问一直伴随着我。后来，通过资料知道了大三巴的身世，知道了大三巴遭受的磨难，知道了那背后被毁的庙堂。再后来，我直接到过澳门（那时，它还在葡国之手），真正走到大三巴的后面，真正抚摸了昔日辉煌的地基，看到了人们为了支撑大三巴牌楼，在墙后面砌起的砖垛、水泥、钢柱支撑。即便这样，我依然半信半疑，港澳多台风，海潮每每起，单薄的大三巴牌坊凭什么屹立东方，又是经年不衰，经年不毁。

直到读了罗先友的《澳门九九岁月》，上面的问题才彻底释然。大三巴的精神不倒，澳门的繁荣发展，是因了无数个像罗先友这样的无名英雄，在支撑，在支持，在谋划，在坚守。

八年岁月，九九征程，老罗华发早生，白了少年头。从一个风华正茂的帅小伙，从一个血气方刚、满腹经纶的年轻教书匠，成为一个充满智慧、娴熟服务澳门人民的管理者，成为一个传播文化、传递文明、献身澳门文教事业的志愿者。先友不仅是九九澳门回归的见证人，更是促进、促成这回归，使回归更圆满更胜意，使回归后更迅速发展的辛勤耕耘者；更是绷紧联络澳门与内地文化事业和教育事业纽带的忠实使者；更是燃烧自己，点亮人心，胸怀家国，融入澳门，报效社会，身体力行的领导者。

家国情怀。老罗他为什么不停地为澳门歌唱，因为他挚爱脚下这片土地，因为他把这里当作了自己又一个故乡。赴澳工作，对先友来讲，并不是一件容易的事情。说是量身订做，决没有推辞的理由，但真正背井离乡，扎下根做起来，又谈何容易。

用先友自己的话讲，99个月，使他对“国家主权，殖民主义，祖国等概念及相关政治词汇有了从书本和电视上得不到的认识深度”。对澳门的历史和各阶层民众，有了广泛深入的接触和了解之后，让他深深爱上这片土地。“半年之后，就不想离开了”。以至于用手表和钟，用宝石和石头之比较来赞美澳门。血浓于水，情同手足，是因为先友首先把自己的血融入了对方，以自己的真情打动对方。“澳门民风淳朴，族群和睦的社会人文环境”，让他如鱼得水。

于是，让澳门了解祖国，他到处宣讲到处演说；于是，让祖国了解澳门，他连篇累牍，介绍历史，介绍风土人情，介绍高等教育，介绍回归大典。对情况越熟悉，工作担子越重，人与澳门贴得越近。那些联结澳门与大陆两地的各种活动、各种会议、各种论坛，让先友的家国情怀尽情展露、和盘托出。如果仅仅用报效来形容作者对祖国对澳门的忠诚，的确有点太浅薄、简单，应当是这么四个字：肝脑涂地。

理性思考。作为一个文艺学博士，在澳门岁月中，先友触景生情，缜密研究了中西文化对比、交流、交融的许多情节和细节，探讨不同思维方式下的中西传统文艺理论体系的延展和交互，以独到见解、细致分析、娴熟比较，称道于学界，让《澳门日报》的“学海”园地乍然生色。

同样发表于“学海”专栏的还有《中国先秦时代的乐舞及教育》。先友在充分弘扬民族文化之际，又渗透了他对历史的规律研究，深入探讨历史以螺旋式上升的形式发展，归纳出今天的任何一种社会现象，总能找到它在远古历史中的轨迹的道理，让澳门同行无不啧啧称奇。

关注澳门教育文化事业，并投身其中之际，先友不忘对澳门芸芸众生的关切。书中有一篇对外交公署大院的辛勤园丁的描述，字句生动，情节感人。园丁，让先友感悟到岗位、职责、坚守、自觉以及人性中最基本的层面，“天天梳理，日日如新”。感悟劳动已成为生活第一需要的未来社会劳动者的哲学思考。

赤子之心。书中最感人的篇章莫过于“悼母亲诗”和“寄女儿文”两篇。

洋山钟声，海上观音，为客居他乡的先友送来了母亲的幻影。借助于思念之情，先友追述了母亲的一生，一年四季，含辛茹苦，胼手骈足，却又锦心绣口，执教育人。当读到孩子奔丧回家，透过母亲自己备下的红松棺床缝隙，再看看老人一眼时，那“分明是一位素装少女，静卧着等待着像去赴一个神圣的聚会”。

如今在天海交际的地方，母子相聚、相会、相拥。先友，你的诗，催落过多少读者的泪珠。读《澳门祭亡母》，如同读当年艾青《大堰河，我的母亲》。而那是乳母，这里却是生你养你四十多年的亲生母亲！

你把对母亲的眷恋和思念，转化成对女儿的挚爱和教育。在《致女儿成人礼的信》中，你把人之常情，汹涌澎湃的爱与护，肆意放纵。从女儿出生，到婴孩，到两岁，到幼儿园，到小学，到高中，一路写来。你把做父亲的深情，融会于叙述的文字当中，寄语不在身边的女儿，寄去深深的祝愿。

我想，正是因为两地，正是因为他乡，你把这种爱，这种念，这种思，感受得如此淋漓尽致，如此通体透明，如此深邃幽远。地理的分割，加剧了感情的纠结；拉开了的距离，让思念的翅膀更翱翔云霄，如天马行空。

文化源头。毕竟大陆和澳门同宗同祖同源，同一血脉，空间可以隔离，历史可以阻断，但文化的血脉汩汩流淌，永远割不断离不开。

先友从艺术，从文学，从诗学，从民俗，从时尚的不同角度，诠释澳门文化作为中华文化一个重要组成部分的方方面面，追根溯源，正本清源，源远流长。正是由于中华文化的强大，才有了中华民族的强大，才有了中华民族的今天。澳门回归，只是一个政治概念，是一个历史的过门，澳门文化本身就与祖国大陆文化浑然一体，分不开，割不离。书中《中华文明发展析论》一文，仔细梳理了文明、文化与人类社会相辅相承的脉络和轨迹，文章短小精悍，微言大义，见解独到，包罗万象。这也许是得到澳门的风水宝地，静处慎独、缜密思考的结果。

能在张弛之中，既忙公务，又习专业，而且相互砥砺，相得益彰，真正是难能可贵。先友在全书的文章中，处处彰显出向学精神、向学毅力和向学态度，让人感动，备受激励。正是由于这种支撑，先友的九九岁月，虽堪比人生宇宙，如白驹过隙，但的确一寸光阴一寸金。先友惜时如金，思考不已，学习不止，成就迭出，也酿就出了作为学人的良苦用心，作为学人的丰硕成果。静如处子，稳如泰山，学人当是泰山石敢当，大厦基石不可摧。澳门岁月，让这种向学、至学、勤学的精神更加放大，更加光芒四射。

如果再去澳门，我一定会再到大三巴，到牌楼的后面再仔细寻找。我要找那无字的丰碑，找那大三巴的坚强支撑，找无数援澳人士留下的印痕，留下的血迹和汗渍，找先友这样的人在澳门岁月中流走的情愫、挚爱、沉吟、隽永。那也是岁月，更何况九九，先友是在特殊地位、特殊年代、特殊事件中，目睹、参与和完成了对大三巴牌楼的支持、支撑，让这岁月的印痕永远刻在大三巴上，永远写在澳门大地上，永远留在人们的记忆之中。

文本之外

遵嘱，为《澳门九九岁月》写几句话。未曾动笔，先为书中的情节所感动。不想，友人借走该书阅读，一去未返，未能及时把思绪、心迹蔓延于文字。再三月重逢是书，回味、感慨齐聚心头，挥笔而就。

据说，文稿被《澳门日报》要走，后来竟收到数百元稿酬。罗君字里行间未道之心语，我点到了吗?

做事与做人的感悟

文学博士罗先友先生的专著《从文学到文化的跋涉：论闻一多诗学的现代性》，洋洋洒洒 20 万字，按照文艺学专家蒋述卓先生所说，他是以自己对文学与文艺理论的不懈研究，以深入的剖析和精辟的论述，实现了闻一多研究领域的创新和超越。

全书牢牢把握一个时代政治、经济、社会、文化的宏大背景，立足于世界性、科学性、批判性、断裂性的现代视野，纵观传统与现代交错、历史与现实融会的巨大变革，再现了闻一多先生作为诗人、作为学者，作为斗士、作为革命先驱的不懈奋斗历程，在大文化范畴、现代化层次、人性和人格升华的高度，重新认识、评价和解析闻一多诗学，形成推陈出新的别样文章。

读罗君的著述，扑面而来的是观察问题的宏大视野。大文化的俯瞰，现代性的思维，高屋建瓴，别开生面；文史哲不同层面，传统历史与现实变革不同角度，依次展开，引人入胜。

文学即人学，文学的社会性，文学作用于意识形态的基本属性，或者说意识形态直接影响文学的特殊本性，注定了文学与社会变革，与社会的现代化进程，尤其是与整个文化变化变迁的现实息息相关。

文学和文化对社会的影响和推动与科学不同。科学更多的作用于社会物质层面的变革与变动，文学和文化则更多地作用于社会人类思想理念的超越和进化。文学和文化推动社会进步与科学相同。科学理念是支撑社会进步的内生动力，文学和文化理念是象征社会进步的旗帜和理想。

作者的研究充分证明，文化的血脉是文学源远流长的基础。深深浸润在中国古典文化传统中的闻一多诗学，正是因了对扩大了视野的那个时代世界文化、世界历史的全面关照，而形成新的见解、新的探索和新的成就。没有欧美文化的冲击，没有对整个社会文化的全面进入，文学和诗学的研究只能是在小圈子里周旋，只能是文人学者的自我欣赏和陶醉。正是对于文化现代性的解读，让作者找到了一把打开闻一多诗学境界的最好钥匙。

我不再一一叙说作者的学术造诣、研究成果，全书中的独立思考、真知灼见俯拾皆是。有一点不能不承认，作者如此高见迭出、高瞻远瞩，正是得益于他大学毕业之后即多年从政，为政且从京城的教育界直达港澳专员岗位的历练，世态业态，人世流变，使他观察的视野不断扩大，研究的高度不断提升，解析的精深不断增强。从京师大学堂中国古典文化的探微，到澳门中西文化交融的现实课堂洗礼，作者博采众长，横跨中西，深究渊源和联系，把文化诸元统收眼底，把社会环境根本掌握，结论和成果自然而生。这些得天独厚的经历和体会，非一般人士兼而有之；这种大处着眼的境界和手笔，非一般学者所能企及。

品读全书，更让人油然而生敬意的是做事与做人的感悟。闻一多诗学的建树，成就了他的文学事业，闻一多先生作为人，更是以自己的实践，成就了一代知识分子顶天立地的精神高峰。从某种角度讲，研究闻一多诗学，对作者来说不过是研究历史和文化、研究人类社会运行的一个通行证。

很难想象没有对做事的深入、深刻、深邃，绝不可能有做人的坚定沉稳、一以贯之。正是执著、坚忍不拔，成就了闻一多做事和做人的双重丰碑；正是持之以恒、坚持不懈成就了罗君的事业、做人两不误，学术研究和执业奋进如此奇妙地出现在一个人的阅历、经历、履历之中，不能不说是一个奇迹。

事实上，从政和从事学术研究，虽然互为基础，相互补益，但毕竟是两股道上跑的车，走的不是一条道。写一本出新出彩确有价值的专著谈何容易！纵观全书，除了正论叙论之外，还有闻一多先生的文化交往纪事，还有文中对成千上万种文史资料的甄别、考证、注释和认识。

《从文学到文艺的跋涉》，分明也是作者从精诚做事到精诚做人的跋涉。精诚所至，金石可开。鱼和熊掌在这里“两得”，精神造诣和文化建树在这里“双成”，事实上，做事做人精神上都是相通的相同的，学术研究的甘苦常常会引人进入纯洁神圣的殿堂，一洗社会的铜臭，一涤官场的锈垢。一个成熟的社会借助甘于寂寞的学者、专家和大师的治理，或者说，从政者不忘在学术造诣方面的敬仰和持重和实践，常常会在社会发展的稳固和持续方面，有着难以言喻的神奇。专心致志永远是美德，不尚空谈永远是素养，深透骨髓才能够鞭辟入里，入木三分方可引人入胜。有志者事竟成。

读罗君的书常常为字里行间闪烁的激情所感动，以作品绚丽的文采、严谨的逻辑和妙趣横生的细节，精准研究闻一多诗学的神奇和美妙，真正是珠联璧合；以为人的热忱、真诚和执著，与闻先生坚韧、固守和奋斗的人格有机组合，正是这本书的精神价值所在。

文本之外

罗君惠赠两本书，都认真读过。写完这篇心得呈上，方知弄错了读本，罗君之意在九九。写于 2012 年 6 月 23 日。

再答玛丽亚

尊敬的玛丽亚博士，感谢您的第二次访问，也是我们的第三次会面。再一再二再三，头回生二回熟，三回就是熟识得不得了了。按照中国的老传统，我们就是老朋友、好朋友了。有朋自远方来不亦乐乎！

看了您的提问提纲，我不禁哑然失笑。玛丽亚，您的提问——恕我不客气地说一句，是否有点陷入程式化的格局，教条主义的框框。和上次我们对话的提纲大差小不差，如出一辙。看起来三年中，您对这些问题始终是“耿耿于怀”，您的执著，您的一以贯之，您的不折不挠，很让我感动。这种治学精神，是知识进取、学问探索、问题研究、事业长进的不二法宝。

但是，作为一个博士，除了他的学问建树、学术造诣还有另外的门道，另外的奥秘，另外的诀窍。那就是循序渐进，那就是深入探索，那就是不断变化。变化不是更改初衷，颠覆原来的目标。变化是与时俱进，从一个制高点向另一个制高点发起进攻。不停留在昨天，不满足于今天，永远追求明天。这就是我的提醒和劝诫，不知是否不够客气。反正是老朋友了，多多包涵。

您这“批次”的问题和上次的提问，或多或少带有一般西方学者看中国的印痕，这一点儿我还是能够理解。毕竟中国封闭了那么多年，即使改革开放三十年，外界对中国的了解仍然是有限的，加上我们过去对外宣传（传播）的程式化、模式化、主观化，让人食之无味，效果十分微弱，加重了这种倾向。这种印象的存在不足为奇。

但是，我相信，如果西方学界主流学者都能够像您这样深入，深入腹地，深入民众，深入问题的本源，深入观察研究一些带有根本性、倾向性的问题，这种简单化的解释、认识和认知是会有变化的。

对于变化中的中国，确实要用一种变化的眼光去看。对于这些变化的主体而言，中国要跟上世界潮流，跟上世界社会发展主流，在固守自己的一些本土、本质、本真的东西之外，进行自己的选择、吸纳、消化、改造、改革、改变。对于观察这些变化的客体而言，外部世界的真实评价、客观要求、真诚建议、善良批评、殷切期望，弥足珍贵；通过这些观察分析，形成对主体的深刻影响、明镜借鉴、经验传递以及建议提出，十分必要。

在这些方面，恰如您这样的使者和朋友，这样的选择和做法，是非常难得的。我的体会是，无论怎么复杂和陌生的社会生态，只要您真诚地接近它，深入地了解它，心平气和地认识它，您都能把握住事物的本来面目，把握住对象的本质属性、本真状况，把握住对象地域客观变化的规律和密码，进而形成自己的独特认识、独到见解。

说真的，玛丽亚，您的认识、研究、访问和深入，对我们来说，很重要，十分需要。这种民间的互动，也许比官方的走访、比表面文章更有价值和意义；这种旁观者清，这种不带任何偏见、又充满善良和建设性，我们是求之不得、求之难得。欢迎您到我们中间来“走转改”。

按我个人的理解——如果不正确，请您批评——西方社会对中国的种种认识中，有两种极端倾向。一是鄙视中国。愚昧落后，不毛之地，蛮荒之野，虽然有一些高楼大厦，但属于土包子穿西装。二是惧怕中国。恐惧中国强大，一个“专制”的国家，越强大，对世界的威胁越大，睡狮不可醒，醒狮会伤人。对于这两种倾向，我的感觉，首先是能够理解，无论政治、经济、文化、社会建设还是生态文明建设的差异，西强东弱是个客观存在，强者看不起弱者，有一种贵族式的高傲，有一种意识形态的高屋建瓴；强者又对弱者担心和忧虑，怕一旦后者强大起来，无知者无畏，废了法律和秩序，没收公平和公正，毁了正义与和平，抢去自已的饭碗和地盘。这些想法是自然而然的，所以，可以理解、可以解释。

对于前一种见解，鄙视，或者把中国丑化，这不是一种科学思维。首先，落后是客观存在；其次，情况正在变化，正在向好发展。一个时期以来，我们动员媒体界“走转改”，也是因为中国的城乡差距、东西部差距，知识分子与普通劳动者的差距在加大，政府官员与一般民众的关系在疏远。鸿沟不平，社会失衡，和谐没有基础，稳定无处说起，发展谈何容易。了解这些，不是为了加剧这些，而正是为了改变这些，缩短差距，消除成见，推动改变。

我认为，比较客观、科学一些的见解应当是，承认这个现实，承认这些分歧，但彼此共同努力，消除这种差距和差异，才是正道。文明文化是可以同化的，人类的智慧，是可以让不同社会形态的不同阶层、种族、地域的人，共同向文明进化进发的，歧视、误解和偏见不会一成不变，可以逐步淡化和消弭；思想的鸿沟和缝隙，可以弥补，可以缝合，不完全是势不两立。

对于后一种偏见，妖魔化中国，把中国的体制夸大为极端专制、封建统治，而且一成不变，认为强大必强霸，必独霸，霸权必灾难，等等。假若真是这样，一个大国的管理失衡，或者叫统治失当，的确不是一个和平世界的福音。

问题是，应当相信，随着人类社会的进化，所谓的愚民，所谓的盲从，所谓的逆潮流而动，在当今信息社会条件下，在文明进化到今天的时代里，概率已经很小。一个国家一个民族，之所以能长足发展，不靠掠夺，不靠侵略，不靠抢别家的资源和饭碗，应当说这个社会整体上是健康的，趋势是积极向上的，前景是和平进取的。这不是人类社会的风险和危机，而是人类社会的福祉和幸运。外部世界应当乐见于这种进步和改变。话说过来，如果十三亿人都民不聊生、食不果腹、衣不遮体，而一味地穷兵黩武，一味地欺压百姓，那才真正是危机四伏，真正是人类世界的祸害。中国的富庶，中国老百姓的富足，中国社会的稳定，中国的经济、政治、社会和文化的发展，中国人思想意识的觉醒和进步，自觉、自省、自律和自我调整，是世界和平稳定最重要的因素之一。从这方面去看，那些极端认识站不住脚。

说这么多，是因为上述思维也影响到外界认识中国时，对于中国媒体与执政党的关系的判断，以及这些判断的极端化。要么，媒体是党的喉舌、党的工具，是御用媒体；要么，媒体与政府势不两立，党和政府打压媒体，管控媒体，不让媒体自由说话。好在，上一次的讨论中，我们已经把这些问题择清了，不必再费口舌，从您的提问中也可以看出，基本上还是认同了我们的一些交流，逐步有了不少共识。

检查形成与外部交流中的误会、误解——假如彼此所有的出发点都是善良和友好的话——也源自于我们自身的惯性思维，以及长时期以来我们自己的错觉以及错误做法。比如：1）强烈的意识形态色彩，而且非黑即白；2）曾有过的输出革命的历史和理论；3）一味填鸭式的单向度传播，自说自话；4）希望一把钥匙开万把锁，开所有的锁，不能因地、因事、因时制宜，客观、准确阐述自己；5）完整独特的——但西方人经常听不明白的——话语体系；6）历史文化传统与语言思维习惯不同。

从世界的眼光和角度，检查我们自身的局限，大致有：1）哲学和社会科学的研究，尤其是基础理论的研究，还没有形成大的突破；2）自然科学理论的研究，尤其是基础研究还没有形成对科学技术的创造创新的有力推动；3）先进理念和理论的应用、现有科学技术的成果的应用还很不充分；4）旧的习惯思维，传统落后理念的缠绕仍然比较严重；5）全体社会成员的文化素养、文明素质整体提升的步子不够大。

您的提问中常常要求我们拿十年一个度量做一番比较，我的看法是，自己和自己比，进步很大；自己和同一世界同一社会上的人们比，差距仍然很大。这就是我们发展中的现实，也是我们媒体运作上大的生态环境、大的历史背景。

说到西方的认识，西方的政治精英乃至整个国际社会的兴趣点，也是关注点，是不是有这么一些。您不好意思问，我来替您说。

1）中国式民主是否存在；2）中国政治体制正当性何在；3）一党领导下的政治制度能自我完善吗？ 4）中国特色社会主义和国家资本主义有什么不同；5）中国共产党与欧洲社会党的区别；6）中国人是怎么实现领导人更替的；7）中国共产党是怎样决策重大事项的；8）中国共产党是如何选拔和考核干部的；9）中国共产党能实现社会和谐吗？ 10）中国共产党要推动建设什么样的国际秩序？

我想在您的 9 个问题的后面，不乏这 10 个问题的影子。经过这么多年的实践，回答这些问题，已经不太困难。所以，我一开始就说，您的 9 个问题，好回答。

有的专家把中西方交流的情况归纳为：期待与忧虑交织；客观与偏见并存；理解与碰撞相伴。我认为，这是很正常的现象。可以预期，我们的对话，是一个发展的开端，是一个良性互动、互相认识和理解的开端，也是一个相互尊重、彼此信任，都有着美好期盼的开端。从某一层面上讲，交流、沟通、互动，包括讨论、研究和碰撞，是解决认识问题最好的办法。

好，开始我们的互动。

事实上，我们也等待您回答我们的一些问题。

文本之外

这是第二次与玛丽亚对话，彼此之间的戒备、打探已少了许多。而且，我们还到了园林之中赏花、看树，到博物馆观摩文物展览。蒙子作了司机兼翻译。

关于产权问题的一封通信

很高兴收到你的来信，知道你还惦记着《学而》一书的事情，十分感动。对于问题的孜孜不倦、穷追不舍，是学者大家的做派，钦佩之余，更多的是需要向你学习！

方便的时候，请代我向刘杲先生，我们的老署长，表示由衷的敬意！他的学识、为人、品行和造诣，永远鼓励和激励后学前行；他学识之渊博，为人之风范，品行之高标，造诣之精深，永远都是我们效仿的榜样！虽不可及，但心向往之，向往刘杲先生所拥有的，那种纯粹、美好、深邃的境界。你师从先生，得天独厚，当然会受益多多，成为后学中的先进也是必然。

所谓产权问题，理论上讲，如今已经不成为问题。就像我们当初所关注的“企业”“事业”之争一样，这种争论已经不成为可以作为问题的问题。我们所有的改革，集中到一点，就是要解决“谁都负责任，谁都不负责任；对谁都负责任，对谁都不负责任”的问题，以期达到“所有的事情都要有人负责任；所有的人都要对你自己的事情负责任”。文化体制改革的第一个步骤就是灌输“产权明晰”、“产权责任”的概念。这种理论认识，不再会有大的争议。

和这个问题有关，误解还是存在的。坊间一说到产权，就容易简单和机械地认为，明晰产权，讲资本人格化，就是要搞私有制，在联产承包的基础上，把生产资料归自己所有。其实不是这样。目前世界上占绝大多数的企业，都是一种“共有制”的生存状态：公司化，已经把所有权和经营权隔离；股份化，更是把私有资本变成了实际上的社会资本、共同资本。这样，才形成了现代企业制度，形成了现代企业法人治理结构，形成了众多私有股东所组成的“共有”状态。事实上，这种经济形态对于企业决策机制的制约与激励，对于企业风险的分解和对于未来危机的规避，自然形成了一个相对科学、有效的前置基础和优越环境。产权问题的解构和安排，体现了一种制度上的先进性，正是当代经济社会不断发展的内生动力所在。

不容回避，我们在产权问题上的先天不足，的确影响了我们强化产权责任的进程，影响了我们改革发展的进程。我们的企业领袖，常常不习惯于对手中权力的约束，不习惯于对权力的科学支配；我们的企业员工，囿于一个例行的模式久了，常常不习惯于伸展手脚；我们的企业，胜败得失，还往往寄托于企业领导人的清醒、清廉和智勇双全上面；我们的管理部门，公共财力、公权力大大增强，却在支持产权激励、明确产权责任方面大打折扣。这当然就大大削弱了决策的科学性、时效性、前瞻性以及实施效果。

产权责任的实际运行，仍然是中国企业，包括中国出版业挥之不去、撵之不走的核心问题。创作是个人问题，可以依靠一个人的独立劳动完成，出版是千人糕，非依靠集体合力而不成，这决定了出版行业产权维系的复杂性。编辑对内容的选择，是十分个性化的劳动，无法建立一个科学的量化的权衡标准，又恰好影响到产权维系的科学性。需要让当事人明白，你的选择除了经济的目的(生活保障)外，还有社会目的(安全感、归属感)，更有文化目的（成就感、荣誉感）。所有这些，不是社会的政治教育能够完全胜任的，不是意识形态的加强管理所能够包揽的，即使一时达到，其后续的张力也难以持久，其张力的程度也多有差别。工作的好坏、质量、时效都需要拿产权维系、产权责任来问事。有恒产者有恒心，就是这个道理。

当然，我们需要有一个过程。目前的公司法人治理、股份制、上市公司，只是体制机制形式上明晰产权，真正的责任并没有完全到位；目前的年薪制（有的高得离谱）、年金制，包括股权激励（出版业是不允许的），只是分配方式上有了改变，在理念、在决策、在战略、在管理不同层面的差距依然存在。理论上不成为问题的问题，实践上仍然可以有很大的距离，仍然可以任重而道远。

不知这些看法是否离题，谨供您闲暇时参考。保重身体！

文本之外

2012 年 2 月 19 日致李频先生的回信，后来再没有消息。李频先生 2012 年 2 月 3 日来函摘录如下：

过年了，想跟你说说话。说说《学而》。今天偶然在书架上又瞄到了它。就说它了。

我记得翻看完《学而》时，有种强烈的与你说话写信的冲动，我以为我为此写信给你了，但是我后来见你面时偶然问及，你说你没有收到，我便糊涂自己到底是否只是写在心上而没有写在纸上，到底是否只写在个人的电脑而没有发给你。世间有很多问题是难以说清楚的，真正能解决问题的可能只有人类的时间，而不一定是人类自身。就我与《学而》的问题而言，偏偏时间没有帮助我解决淡忘问题，我也就只好旧问新提，旧话新说了。

大著出版于 2000 年 6 月，你签赠于我是在 2005 年 2 月 22 日，你出版论著多种，何故特赠此书予我，是我向你索取而得，还是另有他因？如此种种疑问，我想均可以不经意，或者说不记得了，但我想我记得清楚的是，认真读《学而》，我不在 2005 年，至少在 2006 年，我正式入中国传媒大学攻读传播理论与历史的博士学位之后，甚至可能在 2008 年启动博士论文写作之后，至少在 2007 年博士论文开题前后。我赞叹了书中的文采和激情，更沉思甚至痴迷于书中的思想与问题。当时的有些交谈是不足为他人道的，但我郑重地在电话中与刘杲长谈。我谈书中的观点，我或许还念及书中的句子和段落。没想到刘杲冷静而简单地给了我一个惯常的刘杲式的回答：“喔，那是他以前的思想，是他当出版社社长时出的书。”

入京以来，我受惠于刘杲甚多。交往多了，才知不论什么问题，只要向他较正式地谈及，他都要做出回答，做出某种表态。这或许是他多年的行政工作养成的习惯，也就是我从自己得到的刘杲式回答的累积中慢慢知道刘杲式回答的话语方式及其特征。所以絮叨这些，乃因为刘杲听我汇报而做的评价构成了对我读《学而》的慢慢发酵生效的导读。

就《学而》，我对刘杲到底在电话中具体谈过什么？时间生效了。我忘记了。通过书的折页、划痕，我想我向刘杲读过书中哪些段落和句子，大概是可以指陈一二的，比如：

“产权设置的虚无状态，是出版社作为一种竞争实体屡战屡败的致命原因”（第56页）。“出版社和所有的国企一样，有着一样的通病，谁都负责任，谁都不负责任；对谁都负责任，对谁都不负责任。而市场经济，市场竞争，恰恰需要所有的事情都要有人负责任；所有的人都要对你自己的事情负责任”（第56页）。

“产权——所有制教训我们的机制，再不把个人的权利和责任与个人的创造、创新挂钩，你的事业就会苍老，就会衰落，就会灭亡。我们怎么办？机制怎么办？”（第56页）

建生，你自然不知道，做博士论文我最初就想做出版改革的产权问题研究。导师胡正荣教授也基本同意该选题，好像还看过我的一定是很不像样的大纲了。我在正式开题前到刘杲家中征求其意见，没想到他明确反对，他轻描淡写的话语是：北京出版产业与文化研究基地的首席专家研究中国出版的产权改革，太敏感。其实，我也知道他还有一层实际的原因：以我的学科背景，我的学术功力要解析这样事理逻辑双重纠葛的重大理论与现实问题是颇为困难的。

我庆幸后来及时换了题目。花整整一年时间做完《1978年以来中国省域出版体制变迁研究——以北京出版社为例》，我才真的吓出一身冷汗。你在书中都只以“何去何从话产权”，我何德何能以此问题作博士论文。

看《学而》中倒数第二章《营销组合：人的凸显与才的拔擢》，我大致知道了《学而》的由来，后来我又有意识地找到你的其他著作看，从另一篇我具体记不清的哪篇文章中知道这是你参加全国新闻出版系统首届MBA研究生班时的学习思考的结晶。总署人教司组织策划这个班的动议之初，好像孙文科处长（他当时只是处长）还和我谈起过，我当时已调北京印刷学院主持出版系工作了。真没有想到你在上海财大攻读期间能有如此理论性成果。更让我倍感神秘的是书名。“学而”，学而思？学而优则仕？前者关联书的本体，后者则关联书的作者的后来的工作岗位。抑或是先“学而思”，从而“学而优则仕”？人的一生有诸多风云际会，“学而”就因从形式到内容都凝聚你的个性而平添了独有的魅力。我不知封面和扉页创意是否有你参与。如果你没有参与而只是责编、美编自己的创造，我以为他们很理解你，理解你看似随意中的思想，看似平白中的激情，3.5寸软盘叠印在四库全书版的《论语》书页上，符号意义不仅丰富而且很契合《学而》。我等后来读者再怎么“穿越”也只是跟在第一读者之后再理解。

薪火传承　世代流芳

安阳是我第二故乡，也是我人生道路第二次起步的地方。2001 年我在安阳都里乡南马辛庄村驻村四百天，之后不久，就被抽调中央机关挂职，然后留到那里。在机关里，大家普遍感觉我比较安静，也许可以说是踏实，或者说好听点是厚重。我想，这其中很重要的一个原因，就是安阳、都里的老百姓给我的四百天教育的基础，是乡村基层的同志吃苦耐劳、身体力行对我影响的结果，是市县乡镇各层次、各级别、各方面的干部示范、务实、谋划、统筹，让我能够回望上层、高层，反思各类问题的结果。作为安阳市的荣誉市民也好，都里乡的永久村民也好，安阳的乡村给我打下的烙印，让我终生难忘。我知道了乡情、民情、国情，知道了在基层做好任何一项工作的不易，知道了满足人民群众的正当要求是我们的天职。同时，也强化了一个知识分子扑下身子做事情、力所能及干工作、实实在在铸人生的道德养成。

红旗渠精神，昨天已经有过发言，今天主要是听各位专家的看法，我不愿意占用太多时间，只谈一点儿感受、一点儿看法和一点儿期望。

1．感受。林州郑中华书记在谈到为什么成立红旗渠干部学院时，讲了一个基本观点，即珍惜新中国建立之后的十七年，珍惜改革开放前的三十年。这些宝贵的日子，我们并没有白过，并不完全是一个灾难连着一个灾难，并不都是人祸多多灾难重重。中华同志用了近平总书记的判断，不能用改革开放前三十年否定改革开放后三十年，也不能用改革开放后三十年否定改革开放前三十年。

红旗渠精神形成于“大跃进”、“人民公社”时期，甚至成就于“文化大革命”年代，但它绝不是“文革”的产物。它是战争年代、革命年代推翻旧制度、建设新社会思想理念的延续，最重要的是人们渴望改变自己的生存环境、生存条件、生存质量的本质要求、本性要求。中国共产党人的使命，是顺应了这些要求、这些愿望，党的主张顺应了百姓的期盼。

红旗渠精神体现的是中华民族倔强不屈、与命运抗争的性格，百折不挠、与困难斗争的品德，吃苦耐劳、不怕牺牲的精神。同时，也体现出人类社会在与自然界的融合之中顺应自然、把握自然、适应自然、摸清规律的秉性，体现出人们按照规律调整生活、生存方式的一种智慧选择，一种理想呈现，一种大度包容。红旗渠精神是一切人类高贵品质、高尚精神——勤奋、努力、创造、追求、科学、严谨、回避风险等本质特征的实际体现，是人类哲学精神形而上与形而下密不可分的至高境界。因此，我们断定：

红旗渠精神是当时的，更是现代的，也是未来的。

红旗渠精神是河南的，更是中国的，也是世界的。

“文革”之后，包括杨贵同志这样的英雄人物，“文革”中做了公安部副部长，也本然地受到质疑；包括当时不理睬、后来还是支持了红旗渠的省委第一书记刘建勋这样的人物，至死也未能得到地方的原谅。但是，这些丝毫不影响红旗渠精神的万丈光芒。人类的精神现象有这么一个特点，是精神财富，不会因噎废食，不会以时代为转移，不会以地域来划界。但是，一个社会阶段，一个历史时期，一个地方角落，一个社会发展过程中能出现这种跨历史、超地域、划时代的精神产品，并不多见，弥足珍贵。

我昨天谈到红旗渠精神具有国际性、世界性，正是基于这一点儿，红旗渠精神成为世界文化精神宝库中的一个组成部分，没有任何不合适、不恰当的。红旗渠精神是人类共同的精神财富。

2. **看法**。在传播红旗渠精神时，我们不能不同时考虑到它的物质价值、效用和意义。其实，精神价值首先是因了物质价值而身价倍增、传世流芳的。但细究红旗渠的物质效能，它是有地域、历史和能量的局限的。就像长城，在现代社会条件下它能防御什么？但它是奇迹，历史奇迹，一个时代、一个社会、一个民族的奇迹。红旗渠造福一方，毕竟是一方，解决的是一方地域用水的问题，但自然界是相通的，水系更是有其自然属性，尤其是在缺水的地方，有了红旗渠，有了跃峰渠，就不再有跃进渠的效用，几十公里，千辛万苦，百数人牺牲铸造的跃进渠，从来就没有很好地“活”过，巧妇难为无米之炊，长渠难为无水之利。

所以，在宣传中，我们千万别夸张说，把红旗渠用不完的水蓄起来，做成任人游玩的小湖，防止它再白白地流进漳河。经典电影《地道战》教导我们，水是宝贵的，应当让它流回原处。在水源奇缺的条件下，有了红旗渠，有了跃峰渠，就有了漳河的断流，下游的地下水位就由三四十米，到了三四百米。红旗渠的经济价值固然很高，但其中更有包括安阳市其他沿漳县镇的牺牲。从生态文明建设来讲，从生态平衡的角度讲，尤其是从目前干旱的北方大趋势来讲，我们如果能重新安排河山，有可能不是这样描画的。当然，这是历史，绝不能更改。但科学发展是统筹考虑，是为长远谋划的。因此，特别提醒的是，林州城建湖的宣传，可以说在泄洪时蓄一些水，千万别说避免白白送回漳河，至少要照顾一下类似我这样的，处于漳河下游的，都里乡和更下游乡村老百姓的感情。

3. **期望**。杨贵 26 岁当林县县委书记，之后 6 年调研，才下决心带人造渠，一干十年，十年中，无时无刻不缠绕他的念头是，如果渠造好了，水上不来，无法通水（他在内黄县老家时，就有一水利技术员因设计失误，造的渠不能通水，饱受诟病，自杀身亡），就从太行山悬崖上跳下去，以死谢罪。正是这种念头支撑他一生做了一件事，做成了一件事，造福百姓，成就事业。必死的念头，只有这样以身赴死为老百姓去做事的人才有，只有这样舍身忘死的为老百姓做成事的干部才有。

今天，在座的市委市政府领导同志，不少是我的老朋友、老同学、老同事，家乡的父母官，很为各位担当重任感到高兴。但在杨贵老书记的这片土地上，在红旗渠精神浸润的这片土地上，想干事、干成事，不容易。当年，我在安阳时，市委书记方晓宇（我在省委宿舍住时的老邻居）、市长靳绥东看我对市行政大楼和公务员小区建设的蓝图吃惊（我当时讲了一句很无知的话，这得有多少投入啊！完全是都里乡南马辛庄村村民的眼光和视界），书记、市长讲到，别发愁，政府不花一分钱，一切建设都会完工。事实果然如此。

我想说什么，在“土地财政”时代过去之后，如何打理安阳的发展，如何推进安阳的建设，如何安排安阳的未来，如何营造安阳新的核心竞争能力，如何发掘安阳新的经济增长方式和增长点，如何形成更扎实、厚重的经济基础，更长远持续的全面发展，如何为安阳百姓谋取新的更大的福祉，新一届安阳市的党政班子不容易，看到了你们的夙夜在公、抱病忘身、奔波操劳，看到了你们才思敏捷、处事果断、稳健推进，我仿佛看到了红旗渠精神的绵延不绝，作为安阳市民、都里村民，我和安阳的老百姓一样，对于红旗渠精神的擎旗人们，寄予厚望。

文本之外

2013 年 7 月 14 日下午于安阳行政楼二层会议室。

红旗渠精神的当代阐释

前不久，习近平同志又去西柏坡，说到他的感受，每次都是带着崇敬之心来，带着许多思考走。对于多次来过红旗渠的人，我想，也会有同样的感觉。红旗渠鬼工神斧的奇迹，人造天河，让人肃然起敬；红旗渠精神，感天动地，让人肃然起敬；红旗渠人林州人，后面推车前头放的拼抢劲，让人肃然起敬。到红旗渠畔来，光参观不激动不行，光激动不感动不行，光感动不冲动不行，总有一种让人提气、让人醒神、让人奋起的催促。如此这般，中华书记伴着红旗渠整整七年，所以他话语中的激动、感动，包括冲动，我们理解。刚才林州市人大老主任申富生的评说，林州乃至安阳名牌铁嘴讲解员李蕾的叙述，让人激动、感动、冲动，同样可以理解。我们充分体悟到林州人的情绪和感受，如此崇尚之行，我们将会带着更多的思考回去。

我到过红旗渠的次数无法仔细统计。在省委机关工作时，陪领导同志不知来过多少遍，自己也曾专程来过。在出版社工作时，带全体职工百十人浩浩荡荡，踏雪履冰而行，翻越高峻太行山，在漫天皆白的道路上，艰难走来，论证选题，憧憬未来；参加驻村工作队时，带着全体工作队员来过，每每遇到困难和挫折，就来红旗渠畔寻找力量和信心，他们这么大的艰难困苦都跨越过来了，我们面前的困难算得什么；到中央机关以后，我兼任多年党支部书记，带领全支部的同志来过，住到红旗渠背倚的太行山上，听开山故事，看农家晚炊，走石板岩小道，掬红旗渠水。一幕一幕，宛如重现眼前。

我们这次来背景不一样。十七届六中全会，社会主义核心价值观提出；十八大精神的贯彻，中国梦的战略设想呈现；群众路线教育活动，实实在在地整顿“四风”。还有，去年 3 月 18 日，原来分管我们工作的老副部长，现任新华社社长李从军来过，还和在座的朱玉记者一起，写了一篇让人赞不绝口的长篇通讯。昨晚，入夜风雨声，细读朱玉文，字铄金，句铿锵，语有神，久不成眠。更可贵的是今年 5 月 18 日，我们的老部长，现在的政治局刘云山常委来过，而且是第五次来，对红旗渠精神的现代意义讲得更为深刻，提出要结合新的实践不断发扬光大红旗渠精神。

我的感觉可以归结为：红旗渠精神愈久弥新，愈久弥坚，愈久弥重。新，有新意，有时代意义、现实意义；坚，硬骨头，硬道理，有刚性，无“艰”不摧；重，厚重，沉甸甸，有分量，占地方。就像我们刚才看的拍于 1970 年 12 月的新闻纪录片《红旗渠》那样，依然有老酒的醇香、芬芳，让人回味悠长。

还有一点欣慰的是，昨晚，一进旅舍房间就看到关于红旗渠的书，包括有朱玉老师文章的《坚守》，有讨论红旗渠精神的期刊。今天，到红旗渠展览厅又看到，本省和中央出版单位出版的，各式各样的关于红旗渠的图书和期刊，这说明，宣传和承载红旗渠精神，我们出版没有拉下。

因此，我认为，今天阐释和弘扬红旗渠精神，我们更有了中国梦的高度，有了群众路线教育活动的宽度，有了科学发展、全面协调可持续发展的深度。

这是我要表达的第一层意思：和红旗渠及林州的感情。

第二层意思：红旗渠精神仍然耐人思考。

红旗渠精神虽然不像朱玉笔下无数个太阳那么耀眼（她的文章中举了西方三个太阳的神话传说，其实，中国古代的夸父追日，追的是九个太阳，九，也意味着多的意思，无数个，是把诸多星球完全太阳化了），但其现实意义和永远烛照未来的意义不可低估。一个是理想精神，有梦，才有期望，才有追求，才有动能。一个是实践精神，总书记在最近的组织工作会议上特别强调这一点，有干，才有进步；有做，才有成就；有行动，才有实际效果。一个是坚守精神，犟劲、韧劲、钻劲，锲而不舍，坚忍不拔，坚持不懈。一个是创新精神，有科学态度，敢想敢干，敢说敢做，敢闯敢探，敢于进取，但又严谨认真、遵循科学道理。

形成这些特征，一个最基本的条件是切合实际，不搞虚的，不摆花架子，不弄形式主义；一个重要前提是领路人密切联系群众，密切联系实际，密切联系事情进展的全过程，做实事、做成事、做好事，没有官僚主义；一个不能忽略的背景，那个时代人们的意识，人们的道德养成，绝对与享乐主义奢靡之风绝缘，想都不去想，想都没想过。

第三层意思：精神不倒，历久弥新。作为宝贵的精神遗产，红旗渠精神的继承和传播，我思考了如下问题：

1. 挖掘不同层面的意义。作为物质产品物质创造的红旗渠工程，经济的、物质的价值和意义一目了然，过去、现在和将来，红旗渠都有其水利意义。作为文化产品文化创造的红旗渠精神，它至少有这么几层意义：在道德、官德、事德（时风、世风层面）上的特殊价值；在生态文明建设方面的思想意义；在唤起人们正当逐利、富甲一方、和谐乡里以至于爱美之心爱美之情的社会情怀。正如林州“当局”提出的“美太行”，是对红旗渠精神的进一步延伸，拉长，纵深发展。

2. 扩大国内传播与国际传播。红旗渠精神国内传播，对人们价值观的形成已经形成影响，具象的红旗渠以抽象的意识形态影响于、干预于人们的价值观认识论的最后形成，很有意思，形成共识之后，才会有共同行动、共同创造；红旗渠精神国际传播还是比较生涩的话题，目前只在让世人惊奇的工程层面。其实，朱玉的通讯中，多次提到世界各国的例子，包括前面提到的所引用的神话传说，红旗渠精神有传播到世界各地的条件，有成为全地球人共享的基因，有融合于世界共同精神财富的基础，如吃苦耐劳，如勤奋扎实，如改变生存环境，如改变人生道路，如百折不挠自强不息。这是一座精神的人工天河。

3. 全面认识、科学宣传。一方面是战胜自然、改造自然，一方面是顺应自然、保护自然。过去年代我们倡导的是破和立，与人、与天、与地奋斗，其乐无穷。社会进步到今天，我们认识到了生态平衡，认识到了生态文明，人应当与自然和谐和睦相处，为子孙后代的万年千秋造福。让世人同擎一片青天，同处一片绿地；让后人饮有水、食有粮、行有路、呼吸有蓝天，继续生活生存于美好的大自然之中。这种科学理念会补益于红旗渠精神的现代提升，成为更实在更富有前瞻意义和广泛意义的传播。

最后，我想强调一点，聚焦根本，返璞归真。红旗渠的成功，本质原因，是把人对最原始的冲动、追求、愿望高度集合，着力强化，精心凝聚，长期延续的结果。人的生存，一是改变自我、改变环境，二是追逐利益更多、更好、更美。其实，领导人就是需要把这些本能本质本性层面的东西，把这些粗糙的元素、因子，点化为改造、改革、改变的动力。人民的利益、人民的福祉、人民的幸福都是具象的，那个时代是水，这个时代可能就是路、公园、住房，等等。要记住，一时激动、冲动容易，一件事情的成功、做好也容易，最难的是件件做好，持续下去，传承下去，生生不息地繁衍和接续。

文本之外

2013 年 7 月 13 日下午于林州旅店二楼会议室。

采 菊

出版业宏观管理与其他

引言：致文化产业管理研究生班的同学们

非常高兴能和大家一起，共同讨论出版宏观管理这一话题。

感谢班主任老师和我们研究生班的邀请，使我这个身在山中不识山的人，有了一个机会，反视一下自己所从事工作的环境，自己工作的法律基础、人文基础、社会基础，对有关方方面面的情况，有了一个系统的归纳和梳理。还要感谢宋老师，提前给我发来了我们班学员的名册，使我知道，我今天所面对的各位都是我们宣传文化口的骨干精英，而且从全国各地赶来，从繁忙的工作和家务中脱身。大家很不容易！大家的向学精神、治学态度、勤奋学习的意志和毅力，尤让我感动。

重新读书的日子　和在座的4位60后相似，和孔鹏、朱姚姚、魏戈、孙左满相似，我也是在40岁以后才有机会读研。没有你们这样不脱产辛苦，我们是全日制脱产。没有你们这样跑来跑去，我们是住在学校里，整天是与本校的本科生、研究生抢教室，抢图书馆的座位。我们中间有几位被称作学习金刚，钉在教室里，可以整天整夜不挪窝。

那时的学习真正是感到了如饥似渴，学到用时方恨少，尤其是听到管理学经济学的新鲜概念，一解心头之块垒，那种激动难以描述。当然，学中文的要恶补数学，77级81届的老学生要恶补外语，还有经济学中的模型、定理、概念，并不是那么容易攻下来的。但是我们还是坚持下来，坚守住了，真可以用一个词——坚忍不拔来形容。

记得有一次课堂考试，题目是“市场结构分析与公司战略，以中国图书出版业为例”，我从中午 1 点钟开始答卷，一直写到晚上 8 点钟，洋洋洒洒 22000 字。班上的同学都考完了，围在旁边给我续纸；监考老师一再请示任课老师和研究生部，两方面的回答都是不限时，但必须当堂作完。

还有一次开卷考试，我交了一篇文章，题目是“理性的抉择：关于社会主义经济理论和实践的思考”，老师在课间二十分钟休息时读了一遍，然后把下面的课停了下来，大发感慨，谈对我提出问题的感想：理想与现实、目的与手段、人与神，一发而不可收。

上海财经大学，文科考试极少给满分，我这两门功课老师都给了 100 分。两年读书下来，写下了大约 20 万字的文章，朋友把它们编成了一本书，叫《学而——关于出版的管理和经济学思考》。授学位那天，校长点名要我代表全体硕士生发言，现场的轰动至今难以忘怀。

讲这一点经历，无非是想和大家一起回顾和品尝读书学习的甘苦。有刻苦、有奋斗、有付出才能够有收获；有苦不堪言，才有苦尽甜来，终生受益。你们都很年轻，大多数和我的孩子一般年龄，你们前程远大、前景无限、前途无量，在传媒大学深造以后，一定会搏得更高远的攀登，更宏大的进步，更辉煌的成就。祝福和祝愿大家一路走好！

你和出版 除了陆静社长、杨扬记者外，她们两位都在报社工作，除了她们，大家对出版可能都比较陌生，尤其是图书、期刊、报纸等传统出版物的出版，也许对现代出版中的网络出版、手机出版还倒接触一些。

其实，出版这种活动，对于每一个现代人，都是如影随形，终生相伴，不离不弃的。且不说，你的父母结婚之际的那本《新婚必读》小册子，在你母腹孕育之际，就有无数本育儿大全、胎教手册冲你而来，0–6 岁之间的宝宝日记、妈妈手记数不胜数，到 5 岁 6 岁之后就开始自己读书、自己看刊，一直到大学毕业、就业工作，一直到退休到晚年到撒手人寰，你读了又读，看了又看，最不背叛你、最不离弃你的就是书刊和各类读物了。它给你知识，给你学问，给你本领，也有娱乐、消遣、休闲，也有智慧、技术、能力，即使以后完全数字化、网络化了，你也在读书，读电子书，读网络版，读数据库，读云端服务，那时候，你是怎么生活的，我们不妨看一看。

未来是什么样子 （视频短片，略）。

好，现在我们从云端走下来，从梦中醒来，开始我们的功课。

世界上有多少种书 全世界共有多少种书，谷歌“万能算法”的回答是12.9亿种，每年新书又有多少，400万种，我国每年出书36万种，新书20万种左右，印数70亿册；我们的期刊9884种，每期印数1.6亿册，全年32亿册；报纸1939种，每期印数1亿份，全年452亿份。还应当说明，每年的图书库存量大约在700亿元码洋左右。2011年我们出版业的产值1.5万亿元。大致构成为图书业、报刊业、音像电子业、印刷业、发行业、数字出版，其中印刷业为大头，约占7700亿元左右。

一、国外出版业的宏观管理

在美国 说到管理，我这里还有一个小故事。改革开放初期，20世纪80年代，人们逐渐知道了美国的强大，无论政治还是文化，纷纷走出国门考察他们成功的缘由，以便以夷之长、制夷之短。有一个省的出版代表团，省上管出版业的头头脑脑，登机出发，去美国访问，以期寻找他们繁荣壮大出版业的法宝。当时，他们已经知道，美国出版公司单个一家的年产值都比我们整个出版业的产值都高，而且这样的跨国公司不止一家。

对方接待的是一位老乡，据说是当地数一数二的大法官，看到老家来人，放下案子就去机场。寒暄几句、问候一番之后，代表团的人沉不住气，就向法官提问，美国出版业做这么大，管理出版的都是哪些部门，一句话，把个口齿伶俐、谈吐潇洒的大法官给问住了。回问，你指的是哪些部门？答，就像我们的出版总署、出版局那样的单位。法官想了半天，摇头、摆手，没有，没有这样的单位，要说管出版这档子事，只有两个部门，一个是税局，一个是法院。干出版，只要照章纳税就行；出了事情，有了纠纷，违了规找法院去处理，其他再无旁门。

我们参加访问的人很纳闷，这么大的产业，一个公司就是几百亿上千亿美元产值，竟然是两个字“不管”！

后来人们到欧洲去，到英国、法国，尤其是到出版帝国德国去，同样会发现这样的问题，那里根本没有所谓的出版管理部门，最多也是一个民间的书业协会、期刊协会之类，甚至也没有叠屋架构的上下一线的管理机构。表面上看，真的像是不管，其实本质上并不是这样。我们看一看 2003 年底，希拉里 · 克林顿关于《亲历历史》中译本在中国出版社出版时闹出的风波，看一看联想兼并 IBM 时，美国如临大敌，动用国家机器干预的过程，就可以知道，他们的管理是渗透到制度法律的方方面面，无处不有，无时不在，原谅我不在这些细节问题上展开。

三大管理体系　西方的出版管理，是随着近代出版出现逐步形成的，大致是最早的书刊于 1605 年诞生于法国，最早的是科技期刊，其他书刊还略晚一些，总之是在 17 世纪中叶形成。到了 18 世纪后期，资本主义制度基本完善之后，出版自由的制度建立和实行，各国陆续取消了报刊审批制，改变为登记制，制定出“一旦出现问题事后追惩”的相关规定，沿用至今。

西方与登记制度配套的宏观管理调控体系，大致分为：1）法律管理体系。像著作权法，以及宪法、民法等各类法律中都有相关条款，他们把出版权归于人权的基本权属之中。2）经济调控体系。主要体现在对出版业税收政策的优惠和扶持。政府保护出版企业和所有企业一样享有的各种自由竞争的权利，以及市场公平、市场资源配置、市场兼并组合等方面的自由，并且给予优惠税收政策。所以，美国人说第一个管理的部门是税局。3）行业协会管理。这个协会体系很庞大，尽管是民间组织，没有官方背景，但权力很大，威信很高，有时候是说一不二。它的作用是规范法律之外的其他保护和约束，制定行业自己的规则、合约、协议，如日本的书刊贩卖业协会公约，他们的约束是在行业规矩、职业道德、社会公德层面，不是法律的法律。这些看似松散的管理，实质上比我们管得细、管得好、管得严、管得实在。

五个特点 我们再稍扩大一些，从几个侧面，看西方国家出版业的宏观管理。

1. 出版机构多样化。这是从出版单位的性质来讲的。比如美国，它的出版单位可以分作营利、非营利两大块，或者叫商业出版机构、非营利出版机构。商业出版机构，我们都不陌生，属专业学术出版方面的励德·爱思唯尔（荷兰），汤姆森（加拿大）；教育出版方面：培生（美国）、麦格劳希尔（美国）、霍兹布林克（德国）；大众出版方面：贝塔斯曼（欧洲、德国）、拉格代尔（欧洲、美国）、新闻集团（澳大利亚）等。这其中有大型的托拉斯、跨国公司，也有小舢板，只为出一本书、一套书而设立的出版社。非营利出版机构，有两种：一种是政府机构，如美国的国会图书馆出版公司；一种是社会团体、博物馆、宗教组织、大学出版、学术或专利组织、学会等。有的出版单位就是其非营利组织的一个组成部分，他们无所谓企业事业之分，营利非营利都有经营，不同的是运作的方式不一样。

2. 出版单位的规模大小不一。我们常说到的爱思唯尔，有 2200 种期刊，年生产 2 万种图书。但仅就科技期刊而言，美国 10 种以上的期刊单位只占出版单位的 3.3%，总共 6720 种科技期刊，分属 2421 个出版单位；日本 1903 家，分属 1473 个出版单位；德国 2110 种，分属 715 个出版单位；法国 810 种，分属 348 家出版单位；英国 4323 种，由 1019 个出版机构出版。政府宏观管理的特点之一，是保护弱小，政策倾斜，防止出现大型集团垄断出版市场的现象，保护文化的多样性，更好地满足公众的阅读需求。具体而言，一是各国政府一般都通过《反垄断法》来限制和规范大型出版商的经营行为。政府通过仔细、慎重的审议，才会批准大型公司的并购，如果政府认为这种并购会造成市场垄断，从而危及其他竞争者或最终消费者的利益，将有权阻止。法国文化部图书与阅读局，每年都拿出一部分资金用于扶植、帮助中小出版社和书店，帮助它们进入市场竞争。二是以保护文化多样性为由，保护和促进本国出版业发展。加拿大遗产部文化产业司每年都向本国拥有的出版社提供必要的资助，扩大其出版物销售市场，德国贝塔斯曼收购美国兰登书屋是通过国家审批的，爱思唯尔 1997 年要买 KW 集团，创建世界最大的专业科学出版集团，因政府反对，最后不了了之。政府这只看得见的手，还是在很利落地操纵出版业的发展。

3. 税收政策的支持。个人或企业赞助出版单位可以在税前扣除，这是外来资助。企业内，日本免营业税，英国免增值税，法国专门对期刊免 4/5 的增值税，英国、美国对大学出版社、学术期刊全部免税。加拿大、澳大利亚、葡萄牙对出版物一直是零税收，法国、瑞士、西班牙只征极低的出版税。多数上税的国家，出版物税率明显比一般商品低得多。出版物出口政府补贴，进口出版物加税，还有国家资助和鼓励出版单位走出去国外参展等。在版权保护方面，更是借助世界版权公约，政府、民间、个人一起上。许多国际贸易规则都是发达国家制定的，所以政策是对他们有利，最近关于 WTO 起诉我文化产品进口非国民待遇一事，西方国家的政府动用国家机器和法律规则起诉我们，拖拖打打，经过了几十轮艰难谈判，才闹了个双赢局面。

4. 出版基金来源充足。各主要发达国家，基金支持是出版业延续和发展的一大块保证。基金来源的渠道，包括财政拨款、财团企业资助、社会捐赠、部门统筹等，也有国家对学术出版、非营利和中小型出版机构直接补贴。

5. 行业自律自治到位。各类协会、联合会林立，各司其职，各尽其责，一般是由独立经营的出版企业自行、自发、自愿结成，但有号召力，有威望，自然也有管理能力。活动和手段包括书展、评奖、统计、培训、阅读推广、业内规范、咨询、内部交流等。负责制定行业标准、行规行法，形成规范管理，是国家法律政府法规的有效补充。

新趋势　国外出版业的新趋势表现在三个方面。数字化：巨大型的平台，小精尖的服务，体贴入微。虚拟化：网来网去，数字产品传播的无损伤性，互联网如虎添翼。有序化：无序化必然导致的结果，鼓励创造，用传统出版理念来规范网络出版。

2011年底，广东书报刊出访团考察美国的体会：1）美国图书市场也困难重重，传统模式的图书经营比较困难。2）亚马逊对传统书业冲击很大，美国人都习惯网购，特别是中青年群体，传统出版和数字出版都基本通过网购实现。所以很多传统书店，特别是小型书店纷纷倒闭，大型连锁店也受到很大冲击，用压缩店铺来缓解。3）巴诺书店是连锁经营规模比较大的书店，店铺环境很优雅，主要利润来自出版产品和图书销售铺面连体的咖啡店，坐在咖啡店看书的读者基本满座（当然，巴诺2011年最大转型是纸版、电子版，传统产品和数字产品一同销售，避免了破产风险）。4）在美国，行业协会与商会权威性很大，行业制定的条例，同行必须遵守，网络销售在美国比较有序，行业自律性比较强，不会随意乱打折扣，挤兑同行，行规也算是一种法规，政府认可的，起到很好的约束作用。5）中国出版走出去，除了盯住互联网动态谋求发展之外，关键要了解往哪里走，外面市场需要什么，根据自己的产品找市场，根据自己的实力找合作伙伴。盯紧同行巨头发展战略，寻找自己发展空间。市场很大，不是哪一方可以垄断，重要的是学会在别人的成功之处寻找到发挥自己特长的机遇，好产品 + 人才 + 机遇是企业成功之本。

二、国内出版业的宏观管理

调研偶得　说到管理，还有一个这样的故事。我的一位同事春节回家探亲，顺便对乡亲们做了个问卷调研，题目是：一个南方小镇农民的媒介接触行为调查。他回来后讲，农民接触媒体的主渠道有三：电视、网络、手机；接触媒体主要对象有三：央视一套、央视四套、网易；接触媒介的动机有三：获取新闻、娱乐消遣、了解生活信息；对新闻媒介的偏好有三：时政新闻、本地新闻、国际新闻；对信息内容关注度最高的三个：房价物价、惩治腐败、医疗保障；对不同媒体介质采取的态度有三：对报纸刊物信任度较高，对电视信任度一般，对网络、手机的信任度较低；对新闻报道内容态度有两种：对正面报道基本上不怎么重视，对负面报道倒从不放过。

为什么是这样的呢？据他分析，原因比较复杂，但多多少少和一些媒体自身报道方式有关。那种长期存在的雷同化、格式化的报道方式，只会反过来促使受众对媒体正面宣传采取抵触心理；面对负面消息则采取“宁可信其有，不可信其无”的态度。所以我的同事比较担忧，认为当代农民对媒体的正面宣传信任度较低。他分析，这一问题事实上又关系到农民对党和政府的信任问题。如果任此问题发展，势必逐渐侵蚀执政党执政的精神根基。他提出的对策是，从政策和实践层面做出必要的调整和改革，消除一切足以导致农民产生信任危机的不稳定因素，切实提高党和政府在群众中的精神凝聚力、吸引力和号召力。

由此可见，任何管理，不仅仅在于形式，更在于内容和实际效果。

也是三个体系　我把我们国家出版的宏观管理也做了一些归纳：

1. 法律体系法规系列。1）法律：根本大法《宪法》中的规定：第22条，国家发展出版发行事业；第35条，公民有言论出版自由；第47条，公民有进行文化活动自由。《刑法》、《民法通则》中也有不少有关出版活动的规定。《著作权法》对版权和相属权益作了更加细致的规定。2）法规：国务院批准的国家行政管理规范，如《出版管理条例》、《印刷业管理条例》等。3）规章：国家行政管理部门的规定性文件，如《出版物市场管理规定》、《图书质量管理规定》、《期刊管理规定》等，还有参加国际条约和协定，如《伯尔尼保护文学和艺术作品条约》，还有地方制定的法规，还有司法部门的法律解释等。

2. 行政管理部门。新闻出版总署（国家版权局）：起草相关法律法规，制定行业发展规划，审批新建单位对出版活动实施监督管理。各省市区新闻出版局，副省级城市、各地市新闻出版、广电、文化一般三局合一，另成立执法大队（文化市场管理单位）。全国协调性组织机构，扫黄打非工作小组：公安、文化、工商、税务、教育等部门参加。

与党的宣传部门的关系：宣传部门指导出版业政策制定、战略发展和宏观管理，重点是意识形态管理和导向管理。但客观上，目前改革的现状是中央和各省的出版单位相当一部分隶属于中央和地方党委宣传部门，管人管事管资产，六中全会决定另加了一项，管导向。随着文化体制改革的深入推进，国家文化资产管理小组办公室成立，管理职能的调整正在进行中。

3. 行业管理部门。出版协会，介于政府与企业团体之间，维护行业利益，制定行业规范，倡导行业自律，保护公平竞争，带有官方和民间双重身份。目前中国版协正在转型，加大行业管理的力度，拓宽范围，由总署署长担任会长。其他有期刊协会、印刷协会、音像协会、中国编辑学会等。协会的主要工作：促销、评优、培训、外事出访、信息、技术服务等。

也有五个特点　我们宏观管理的特点：

1. 出版机构的审批制。出版单位成立必须经国家出版行政管理部门审查批准。基本条件国有、主管主办单位符合要求。目前全国共有图书出版社 587 家，期刊 9884 种，报纸 1900 多种，音像电子出版社 357 家，有数字出版权的单位近 200 家。这几年基本上不再批准成立新的出版单位。和这个审批相关的，出版单位变更审批、出版计划与重大选题备案制、出版物书号申领制和样本缴送制、出版单位法人制和出版单位年检报告制等。这次文化体制改革，这些基本制度没变。

2. 出版单位的均衡布局。中央各部委和各高校出版单位外，各省市区和副省级城市均有出版社。除个别省市区外，基本上门类齐全，人民社、科技社、教育社、文艺社、美术社、少儿社、古籍社，还有为数不多的少数民族语言、盲文等出版社。期刊分布每个省（市区）有 100 家至 500

家不等，社科类、自然科学类期刊均匀分布。报纸分布，各省市区均有，一般不超过100种。这些报刊社分属于各行各业，全国有近5000家报刊社，平均每家1.3种。

这次文化体制改革，相当一些出版单位的性质由原来的事业单位改制为企业，图书出版社已大致完成，期刊社正在进行中，报社因涉及时政新闻大致不动。改制过程中，以省市区为单位组建了大型出版企业集团、期刊集团、报业集团，个别省有单独的发行集团。中央已有三大出版企业集团，中国出版集团，隶属中宣部；中国教育出版集团，隶属于教育部；中国科学出版集团，隶属于中科院。期刊集团规模都比较小，稍具规模的有，家庭（广东妇联）、知音（湖北妇联）、四川党刊、卓众（农机院）。报业集团，各省市区都有，仍然保留事业性质。

3. 出版单位的经营规模大小不一。最大的出版集团，江苏、浙江，资产和年产值均过百亿。最小的刊社，资产微乎其微，甚至没有资产，经营也是亏损单位。但从性质上，出版社已都从事业转为企业，所有图书出版社原则上没有了国家供给，都是自负盈亏，自主经营。期刊社、报社还比较复杂。

4. 出版单位税收优惠政策不一。目前转制的单位可享受免营业税、所得税，返还增值税。其他单位或提前转制的单位不享受，和社会一般经营企业一样，所得税25%，增值税17%左右。但从“十二五”时期开始（“十一五”时期也有一些），政府加大了对出版产业的投资。

5. 其他管理。对出版单位更偏于意识形态管理，但也是和西方一样是追惩制，更多的是事后管理。

这种管理体制、管理模式有五方面的优点：

1. 便于凝聚共识。形成主流意识，实现主题宣传、主题出版。我们的出版物不能和政府、执政党唱对台戏。

2. 便于集中力量办大事。运用国家机器、国家财政做一些个体、小单位和部门做不到的事情，如我们期望的出版业的数字化改造，出版业走出去，参与世界竞争，没有国家和政府的大背景难以有更大举动。

3. 便于满足人民的知情权、参与权等基本权益。阅读，60亿元投资农家书屋；赠报，50万个行政村，村村有报；广播电视村村通，户户通；网络的普及推广等。以及文化和教育普及，人人有书读，人人有学上，人人有知识，人人有文化。

4. 就行业本身来讲。便于制定规划、协调发展，包括五年规划、发展规划、年度出书计划等。

5. 便于各行各业支持和参与出版事业。

但是，出版是一个个性化的产品生成和发布的过程，虽然也要有规模，有大生产环节，但总体是个性化创造，统一的、死板的规范管理尤其是一体化和过分强调政治性、意识形态属性、宣传教育作用，也会影响和窒息文化的多样化、文化的个性发展、文化的繁荣。国有一体化的经营体制也影响可持续发展，使企业没有活力，个人没有生气，产品没有朝气。所以要不断推进体制机制改革，推进文化出版创新。存在问题如下：

1. 缺乏个性化：缺少小精尖特的出版单位，出版产品大路货繁多。

2. 同质化：出版单位同质，出版产品同质，一个题目蜂拥而至，几十个问题产品。

3. 标签化：口号式、形式化、泛政治化。

4. 缺乏内生动力：出版业内生动力乏匮，人的积极性调动不够，高涨不起来。责任不到位，使命不明白，利益不联系。

5. 持续乏力：生产、改革、发展，一味政府推动，持续发展的后劲不强。推一推走一走，不推就停；缺乏前瞻考虑“治未病”，对风险危机预测不够；“等靠要”没有彻底摒弃，自主能力弱。

形成目前管理格局的理由　如果一定要为目前的管理状态找一些根源和理由的话，可以有这么几点：

1. 历史原因。中国文化使然，中国传统的习惯，官办出版，政府修书，皇家制典，垄断经营，也有官民合办但不占主流。在古代，读书毕竟是花钱的事，做书更不容易，让那些五谷不分、四体不勤的书生做学问，是要有养生银子的。有钱人才能读书，做官的人才能够著书，官办书业，远比民间书坊更有气派，更能做大事。中华五千年历史，三千五百年文字记载历史，让人感叹，所有的历史典籍收藏存留下来（当然也失落不少），整理出来，非私家藏书阁、藏书楼所能完成。

2. 本质原因。过去出版是一个复合工程，没有现在信息高速公路的便捷，写出来敲在屏幕随便可以发表出来，要抄、誊、刻、印、装、发一连串的工序，是一个系统工程，分工很精细，合作很紧密。包括后来的插图、装帧设计，非一人能够完成，非一个专业能够承担。更不用说造纸、油墨、铸字模等等，完全是个千人糕，是个组织行为。有组织就必然要有管理，有协调部门。为了提高工效，提高质量，于是分工合作，流程、工序、专业，一切需要管理的要素和基础应运而生，进入现代社会之后，进来的生产要素、环境因素、人工技能越来越多，生产过程和环节越来越复杂，管理也就更重要。

3. 核心元素。到了技术最发达的今天，出版简单化了，繁琐程序消逝了，著作人与出版人可以归为一体，既是信息的制造者，又是信息的发布者，还可以是信息的接收者，多位一体。按说可以省去那么多繁文缛节，出版管理似乎可以取消。可恰恰相反，管理反显得更重要、更需要。原因在于，出版是由编辑选择的核心功能构成，选择成了更重要的环节。海量的信息，无从抓挠，只有借助于选择去伪存真，去粗取细，去糟粕取精华。在信息和互联网时代，这种出版的核心功能、核心竞争力反而更加凸显，更加不可替代，更加有分量，把优秀的、能够成为经典、精品的东西选择出来，至关重要。出版管理反而因此被强化。

三、出版业宏观管理几点思考

近十年来宏观管理的大思路

1. 近十年来的考虑。大力推动文化体制机制改革与创新，积极发展文化事业、文化产业；解放和发展文化生产力，提高国家文化软实力，兴起社会主义文化建设新高潮。

路径 已经做的：①试点；②扩展路线图、时间表、任务书；③三加快一加强；④关于深化文化体制机制改革推进文化大发展大繁荣的决定。

变化 ①观念飞跃；②体制机制突破；③产业、事业发展；④产品数量质量提升；⑤走出去，广泛拓展。

2. 改革发展总要求。按照六中全会精神要求：①深化国有出版单位改革；②健全现代出版物市场体系；③创新出版管理体制；④完善政策保障机制；⑤推动出版走出去；⑥吸收借鉴国外优秀文化成果。

3. 具体做法。完善宏观管理，力求做到：

1）党的领导：①切实担负起改革发展政治责任；②加强班子和党组织建设；③健全共同推进文化建设工作机制；④调动全社会文化创造积极性。

2）政府部门：文化行政管理部门加快转变政府职能。①政企、政事、政资、政府与市场中介分开，管办分离；②职能：政策调节，市场监管，社会管理，公共服务。③完善法律法规，经济政策，发展资金，投资基金，经济杠杆。④强化行政责任主体，完善综合执法机构，提高市场管理效能。

3）相关体制机制：①主管主办制度与现代企业出资人的制度相衔接。②成立国有文化资产监督管理小组。③建立适合中国国情，与市场经济相适应，与宣传文化工作特点相适应的国有文化资产管理体制。④科学管理，统筹导向要求与利润指标，统筹社会效益与经济效益，建立科学考评标准。

4. 提高管理水平。①创新管理理念、管理方式、管理体制。②落实谁主管谁负责，谁主办谁负责和属地管理原则。③加强管理的前瞻性和现实针对性，加强新兴领域的业务管理。④公司化运作，股份制改造，跨地区、跨行业重组，主管主办模式变革，业务流程变革。

现在进行时 1）三加快一加强：要加快文化体制机制改革创新，要加快构建公共文化服务体系，要加快发展文化产业；要加强对文化产品创作生产的引导。2）三改一加强：改革、改组、改造；加强管理。3）六个下功夫：①建设社会主义核心价值体系，在深入人心上下功夫；②推出精品力作、创作生产，在加强引导上下功夫；③保障人民基本文化权益，在完善服务体系上下功夫；④做大做强文化产业，在做强做优上下功夫；⑤深入推进出版改革，在创新体制机制上下功夫；⑥建设出版人才队伍，在提高素质上下功夫。

五、出版集团老总的出版业态展望

管理者常常给人这样一个印象：高层领导者是把话讲得很细致、很具体，力图很贴切、很民众、很深入。基层领导者总是把话讲得很世界、很概括，力图很高远、很大局、很宏观。看两位出版集团掌门人的观点，他们既是高层，又是基层。

1. W老总

1）产业融合总趋势。打破目前单一产业结构模式，由初期内部融合、后续资本融合，进入科技融合、经济融合、社会融合。

2）三个层面。产业内部：加快传统出版与现代管理、市场理念、多元人才等融合；产业层面：加快出版与资本、出版与技术、出版与市场的深度广泛整合；产业外部：以主业为中心，以文化创意为内核，加快与其他行业嫁接，形成全媒体互动、多产业融合、大商业链拓展，跨行业、跨地区、跨所有制发展格局。

3）未来展望。出版业将逐步全面介入国家的经济社会发展大循环，不断从文化振兴、经济转型、民生保障、高新技术应用、城市化、消费增长、出口结构升级中挖掘更新、更强劲的动力，在一个更加多元、更加互动、更加开放的产业链上，推动产业不断做大做强，成为国民经济支柱产业，促进经济社会转型，从文化大国到文化强国。

2．T老总

1）五个观察点：国际化、市场化、数字化、城镇化、集团化。

2）相关战略思维

①内容创新战略　集团立身之本。内容生产、内容选择、内容提供、内容创新，这是出版产业区别于其他产业的本质所在；不断向社会大众提供优质内容产品，这是我们出版“国家队”的本份和价值所在。集团的一切生产经营活动都要围绕这个根本，努力建设出版高地，构筑出版高峰。一是抓好以社会主义核心价值体系为中心的重大出版工程，推出更多代表国家最高水准的优秀出版物。二是抓好集团产品线建设，不断优化出版结构，努力实现经过调整的一级产品线全部名列全国前三名。三是抓好原创精品基地，通过建立“优秀作者出版基金”和作者资源数据库，长期扶植和聚拢一批全国一流作者的原创作品。四是抓好“双推”计划落地，引领、带动全民阅读风尚。五是抓好骨干编辑队伍，培养一批视野开阔、反应敏锐、策划运作能力强的名编辑。六是抓好产品运营机制创新，大力推行事业部制和二级独立核算制，进一步激发创新活力。七是统筹内容资源，促进图书与报刊、传统出版与数字出版之间的互动。

②品牌经营战略　集团发展的最大优势。我们拥有的优秀文化品牌，是任何其他出版集团都无法企及的无价之宝，是我们全部历史资源、文化资源、出版资源、经营资源、社会资源和人才资源的集合体。擦亮品牌，是最有效率的优势发挥，也是最有效益的经营投入。一是品牌激活，即以公众阅读为切入点，多版本、多角度、多形态地盘活品牌资源，变资源的历史存量为现实的经营增量。二是品牌创新，不断优化品牌企业的产品结构，实现高、精、尖产品与大众化、普及化产品的有机结合。三是品牌延伸，以品牌单位为核心，开展跨地区、跨媒体、跨所有制和跨国经营。四是品牌兼并，以品牌企业为龙头，整合同类资源和渠道，以品牌影响力带动产业规模扩张。五是品牌投资，既要加大对品牌的投入，又要运用品牌进行兼并收购，在连锁经营的基础上形成品牌扩张。

六是品牌营销，充分发挥品牌在市场竞争中的作用。七是在擦亮老品牌、培育新品牌的基础上，做好出版集团公司这个整体品牌。

③集团化战略　集团发展的最大动力。集团化的本质是整合，而整合的本质则是改革。没有改革就没有整合，就没有持续发展的动力，也谈不上集团的凝聚力和整体竞争力。我们要始终保持改革创新的精神状态，加大力度、加快进度，坚定不移推进集团化进程。一是加快推进企业化，建立符合文化企业特点的现代企业制度，完善企业决策机制、用人机制、营销机制、分配激励机制、财务管控机制。二是大力推进以资金、资源、资产、业务为主的内部整合，把生产要素整合到优势生产力上，把出版资源整合到专业优势上。三是稳步推进专业化基础上的适度多元，所属单位要坚持专业化，进一步提升专业竞争优势；集团要通过“五跨”，谋求多元经营、规模扩张的新突破。四是建立健全集团化的管控模式，要做强集团总部，明确总部的战略、管理、资产运营职能，对重大战略、投资、项目、资源和重要的管理干部、专业人才的集中统一管理，不断提升管理效能；要做实上市公司，增强其对上市资产、业务、资金、管理的规划指导和统筹运营能力，成为按照现代企业制度运作的社会公众公司；要做活成员单位，坚持对各类各级生产经营主体放开放活，增强法人单位在生产经营领域充分有效的自主权。

④数字化战略　集团未来竞争的制高点。数字出版正在对传统出版形成冲击，也正在成为产业资金和产业资源的新的集聚方向。我们必须直面挑战、顺应潮流、抢占先机，掌握未来发展的主动权。一是管理数字化，建立集团公司的信息化管理平台，支持各单位完善管理平台和业务经营平台，实现办公、出版、发行、进出口及财务等业务的全面数字化管理。二是内容数字化，推进集团数字出版资源总库建设，推进各单位的资源数据库建设，实现传统出版资源向数字出版资源的转化。三是传播方式数字化，推进以大佳网为主平台，各类专业平台为子平台的平台、网站集群建设，开发多种形式的数字出版产品，开发多种形式的数字出

版物发行渠道，探索有效的商业运营模式。

⑤国际化战略　集团“走出去”的大方向。基于我们对未来国际出版交流趋势的总体判断，基于我们对扩大中华文化影响力所负的特殊责任，积极而稳健地实施国际化发展战略，势在必行。一是加强外向型产品线建设和版权输出能力，打造更多具有国际影响力的图书产品，扩大版权输出数量，提高版权输出质量。二是加大和海外知名出版机构合作出版力度，根据不同地区、不同文化圈的特点，策划更多的合作出版项目。三是提高外向型图书和外文版图书的国际市场适应能力，进一步加强实物出口的渠道建设，保持出版物出口份额的竞争优势，逐步使集团的出版物进入国际主流社会。四是提高国际会展的策划能力和承办水平，做强集团在国际会展和翻译业务等领域的特色优势，打造成新的品牌和经济增长点。五是加快进入国际资本市场的步伐，加快海外机构本土化运营步伐，加强对海外机构的股份制改造、业务模式转型和专业人才培养，通过兼并重组和资本合作增建新的海外公司。

⑥人才强企战略　集团改革发展各项事业的决定因素。人才是企业的第一资源，是在战略方向确定之后，决定企业兴衰成败的关键所在。人才兴，万事兴。做好人才工作，是集团当前的头等大事、当务之急。一是创新人才使用机制，加大人才交流使用力度，在全集团范围内推动人才交流轮岗，围绕重点项目搭建人才创新创业平台。二是创新人才选拔机制，加快集团人才梯队、人才库建设，大力推行竞争性选拔方式，组织开展全集团范围内的竞争上岗，加大中青年人才选拔力度，充实人才后备力量。三是创新人才培养机制，加大力度，办好主体培训班次和专题培训班次。四是创新人才评价机制，以能力和实绩为导向，以“双效”业绩目标为核心，以年度定期考核为抓手，创新人才评价指标体系，完善薪酬制度和激励机制，对做出突出贡献的优秀人才给予重奖。

结语：留给大家的问题

1. 制度创新带来的空间到底有多大?

①制度创新解放生产力，一旦新的生产力形成，会冲破旧的生产关系的束缚，改变和调整制度的空间有多大。

②新的制度生成必然带来生产力的强势推进，新制度对出版生产力的推进会有多大。

③如果计划经济制度确实束缚了生产力，那么，在出版业实现市场经济制度创新之后，生产力的发展如何科学验证?市场制度创新在出版界会到什么程度?

2. 技术革命对我们文化业的改造是根本性的改造、重造、解构后重来，还是改组、改良、改进?

①高技术下新的出版业态生成，将是怎样的一场交替。

②不变是不可能的，变，如何变，变成什么样，你有一个怎么样的前景预测?

3. 人是生产力中最活跃的因素，解放生产力，最重要的是解放人，解放人最重要的是解放思想，如何真正做到解放思想?人该如何不断地打破思想禁锢，向更自由的天地争取?

①人对产业的维系，如何更加紧密?

②有恒产者有恒心，恒产对调动人的积极性有用吗?

③人的价值如何才能在持续跃动中不断实现?

文本之外

断断续续完成于2012年3月10日上午11时，比较难以准备的一次课程。后来分别用于和耿老师、宋老师的学生们讨论。

出版业宏观管理的若干问题

一、出版业宏观管理的相关背景

本来面目　出版是一种复杂的社会现象，是各类文化生态中最广泛、最具体，也最有个性的一种行为。

从形态上看，传统出版——书报刊、电子读物、光盘，现代出版——网络产品、数字产品、互动产品，出版物的形态，好像一句话还说不全。总之，是供人们“看”和“阅读”的东西。

从结构上看，大众出版、教育出版、专业出版，这是我们在 2002 年才形成的基本概念，目前基本为业界认可。从生产和传播过程看，出版、印刷、发行三大块，一旦被数字化解构之后，还会有变化，数字时代、信息时代会把信息的制造者、传播者、接受者的身份搅乱，你也是我，我也是你，难分彼此。

从所有制关系看，国有、民有、社会集合所有（指上市企业），这是市场经济带来的变化，理论上讲，目前的出版单位都应当是国有体制，但市场化解构的结果，成了比较复杂的多元状态，而且你中有我，我中有你。国际化的状态下，这种变化更为剧烈，许多跨领域、跨地域、跨民族、跨媒体的出版大亨，几乎是无国之家，总部设在哪儿，就在哪儿纳税，无“法”无“天”，除了世界公约、著作权保护之类，它基本上是处在没有一个世界通用法律来限制的状态，在哪落地，执行哪儿的法律，这也是它们一定要进入中国，叩开这座最大市场之门的原因之一。长驱直入不行，武力胁迫更是过时，那就合作、共赢式的渗透，他们的基调是，我和你，在一起，平分市场红利。于是，在我们的所有制范畴就有了一个新的成分，外资独资、中外合资。在这个层面上我想展开一点举几个例子。

从一点展开 外部势力的进入，我们一直听到的告诫是，防止西化、分化，防止意识形态、西方思想的进入。其实，我们看到的更多的是一种经济上的掠夺，市场份额的掠夺；看到的是高新技术的强势攻击之下，低调渗透、待机发展。技术上、管理上、文化上处于西强我弱的悬殊对比之下，对手对于市场、对于受众、对于经济利益无节制的占有，已经既成事实。

电影，2011 年达到 130 亿票房，80% 以上是美国大片的红利。如果说大片进入还要有拷贝掂过来（当然现在数字传输互联网也能传送高清影片）的话，那么，一个爱思唯尔科学技术、医学向导平台，STM 平台的进来，无声无息，无影无形，一年拿走出版和服务领域销售收入近百亿。

我们一直在强调文化安全、政治安全，这种没有意识形态色彩的产品和服务却达到了意识形态并没有达到的效果，技术和经济在很大层面上讲，也是赤裸裸的政治。当然，如果我们要因此闭关锁国，那更大错特错。最根本的是我们需要解放思想，激发内生动力，把我们自己做大做强。

外部势力进入的具体策略 大致有这么三个趋势。

1. 本土化发展趋势。网络建设的本土化程度大幅提高，同对象国的融合更加全面彻底，媒体产品生产销售针对性急速增强。有分析认为，西方传媒、海外机构人员在当地的本土化程度大大提高，文化产品和销售实现了区域化、对象化、定制化。由于淡化了外来身份，这些出版单位有效地规避了许多当地法律障碍，以更加隐蔽的方式融入对象国。美国的一家公司就绕开我国市场准入政策限制，以收购、合作的方式控制大量与内容无关的技术和服务类网络，积累了相当规模的用户，为下一步发展打下基础。

2. 集群化发展趋势。互联网和通讯技术把基于不同地域、不同语种和不同受众群的传播渠道勾连起来，形成国际文化产品传播集群。外部势力通过合作、交换、并购等方式整合的大量区域性传播渠道和传播资源，纷纷成为各自传播站点集群的核心，围点打援，辐射周边。

3. 网络化发展趋势。用不同方式积极进入各国的手持阅读器、移动媒体平台等新的传播网络终端，以提供服务为条件，实现操作网络的全方位覆盖。不久前，媒体还揭露苹果媒体商店出现数十种淫秽图书供拷贝出售。

以上介绍了一下我们讨论出版业宏观管理的若干背景，虽然是支离破碎的背景，它们至少透露出若干重要信息。技术层面：数字化；组织层面：集约化；发展层面：国际化。从西方发达国家的出版业来看，它们已经完成的还有两化，即产业化、城市化，这是我们国内还没有达到理想境界的两个方面。“五化”决定了我们出版业改革与发展宏观管理的重大背景。

二、出版业宏观管理的基本构成

出版宏观管理体现为一个国家的政治主张、经济政策、文化规范和社会管理。具体分布在法律法规和政策（包括管理机构和设置）、经济调控方法、行业自律三大块。

法律层面　我们的法律有宪法、民法、刑法等，各类法律中都有相关条款，我们还有著作权法以及各类具体的法律，我们没有出版法、新闻法。法规法则中，有《出版管理条例》等一系列准法律法规，当然也有各地方人大通过的自己的若干条例和法规。

机构设置　政府管理方面，从国家到地方，都有新闻出版行政管理部门。此外，新闻出版导向等方面受党的部门领导和管理。行业管理方面，有出版协会等各级各类协会学会，是政府管理的重要补充，是行业自律的一个抓手，但我们的协会建设始终比较薄弱。从目前的发展态势看，有从政府管理向社会组织管理过渡的打算，但具体步骤还没有操作。

经济调控　最重要的一点就是税费政策。文化体制改革中，一直延续了一定的税费优惠政策，如增值税的先征后返（有条件的），营业税与所得税合并（个别地域没有），所得税免征（只限改革单位）等。还有一大块就是近年来国家财政和地方财政对出版企业的直接投入。国家出版基金往年2个亿，2012年3个亿；文化发展基金30亿投资中，去年出版行业为9.6亿（按广电、文化、新闻出版的比例是不多的）。当然还有发改委、信产部、科技部等部委的专项资金，一年出版业整体受益将在20亿左右。至于地方上的优惠和补益，五花八门。比如土地划拨，然后转为商用等。

总之，这三大块，富有中国特色的三大块，弥补了出版业从计划经济到市场经济转型中的空缺和不足，形成了目前出版产业的现在时态。当然，要完成另外一个转型，从传统业态到现代业态的转型，进入现代化和数字化，我们各方面的准备和支持还远远不够。

聚焦出版业宏观管理的几个问题

我想选择几个聚集点，探讨一下我们出版宏观管理方面面对的一些深层次问题，供大家研究。

1. 审批制。主要体现在对出版机构的审批，对出版物标号的审批，后者与前者有交叉，也有不同。比如，出版社的社号要审批，出书的书号还要另外审批，音像出版物的版号要另外审批。比如，期刊社和报社的报号刊号，基本上审批之后就形成了刊社报社，不需要每期批准，但要改变周期需审批。

目前的管理状态是，社号、刊号、报号严格控制，几乎是一个不批，以期在这一轮改革之后，有一个结构性的调整，进入正常的进进出出状态。书号、版号是要用一个批一个，但基本上除了重大选题备案报批外，在每年的额定范围内，有成稿上网就可以配给。理论上讲，从书稿上网到配给书号，是要有一个审查过程，但每年的37万种图书，10万种音像读物，没有4到5万人的专业审读队伍是不可能穷尽的。所以，实际操作中，只要在出版单位通过三审，操作上就可以在书号总量控制的前提下通过运行、配发书号。

与审批制相对应的是登记制。西方发达国家基本上是在19世纪40年代普遍实行了登记制，所以他们的出版社个数一般都是数以万计，常运行的也在几千家。我们的图书出版社只有587家，音像社357家，二者有重合。我们的期刊有9884种，报纸1900多种，刊社报社5000家左右。审批制一直是西方社会攻击我们的新闻出版管理制度的一个集中点。其中有一部分人，出于某种目的，竟以此为借口，攻击我们的社会基本政治制度，试图以攻报禁刊禁之形，行打开所谓"党禁"之实。对此，我们应当有清醒的认识。

第一，出版物编号的控制。书号、报号、刊号、版号，是文化商品的一种专有编号，内涵是一种无穷无尽的编排形式，本身没有资源属性。我们把它作为一种有限资源、出版资源之一来管理，是由于计划经济时代的均衡发展理论指导下所形成的出版管理模式。它事实上兼顾的是文化的普及性和多样性，即使在西部地区、在少数民族地区，人民、科技、教育、文艺、少儿等各类出版社都有设立，报刊各省市区平均200种以上的分布也是均衡的。事实上随着经济社会的发展，尤其是市场经济的介入，这种均衡状态正在向不均衡过渡，大的省份出版集团一年出书都在10000种左右，边缘省区年出版不到1000种。实际操作中，书号、版号资源形成了一种自然的流动和倾斜。从长远看，这种对无限资源属性编号序列的管理和控制，是会逐步变革并适应社会经济和文化建设的发展而调整。

第二，出版机构设置的控制。客观上起到了一个保护弱小的作用，出版产业从目前的阶段形态或叫产业发展周期来看，仍属于幼稚产业之列。全国的一年图书出版总定价相加，还不如一个爱思唯尔的年产值。如果没有一个准入门槛保护的条件，即使是数量很少的500家出版社，也很可能瞬间葬身于世界出版大亨的鱼腹，使我们自己的出版产业举步维艰。我曾经在一所大学学报编辑部调研，老师们说，办学术刊物赚不了钱，能不能放开刊号管理，让我们办个赚钱的刊物来养活学术刊物。我的回答是，主意不错，但想没想过，一旦刊号完全放开，你的学术刊物的地位也难保证，任何人、任何单位、任何时候都能办刊了，你的学报还有价值吗？至少在相当一个时期的混乱中找不到北，你能赚钱的刊，也许钱早被别人赚走了。当然这只是一句玩笑。另外，不能不承认保护弱小，也会让我们的出版业患上幼稚病、软骨病，永远长不大，走不出去。

在数字化、网络化、信息高速公路所敲响的下课铃声中，对于传统出版审批制这种宏观管理方式的淡化，已经成为改革之中的应有之意，只不过是在什么时间、用什么方式进行而已。

2. 企业制。说到文化体制改革、出版业改革，大家耳熟能详的有四个字“转企改制”，这是出版业界最有中国特色的一件事。

出版行当有一部经典小书，《出版概论》，英国人斯坦利·安文爵士写于 1916 年 10 月的一本小书。这本书教导所有的编辑在收到书稿，做了一般去看原稿的鉴定和识别版权问题之后，第一个步骤就是核算，第二个步骤就是定价。经营意识在西方出版业中是根深蒂固的。我们不了解情况的人常常说，他们的学术图书学术期刊由基金资助，有政府支持。不错，肯定是有的。但这与企业经营是两码事，把这不相干的事情混为一谈，只有在我们中国。好像有政府支持就可以不考虑成本问题、核算问题、营销问题，一说公益就是回到过去的大锅饭上头，坐吃山空，高枕无忧，把企业的经营性一股脑抛弃，事实不是这样。

出版的象征意义、本质特征就是扩大传播，是在文化积累、文化选择基础上的传播，有传播就有渠道问题，就有生产成本、销售成本、运输成本包括宣传成本问题。任何出版单位的企业属性，任何出版物的商品属性都是无法去掉的，除非你不进入市场，印几本仅作赠送之用。即使是那样，也有经营问题，如何用最少的钱办最多的事，办更大的事。

这些在西方文化出版单位不成为问题的问题，在我们这儿一直成为问题。一说企业诚惶诚恐，好像一说企业等出版导向就不能保证正确，出版从业人员就没了生活保障，出版物就一定会成为拼命赚钱的东西，出版单位就绝对会变化成为逐利魔鬼。

企业制带来的变化是不太一样。近三十年前，刚进出版社的时候，我们还沾了个计划经济的边，出什么书，卖多少本，定什么价，不是你考虑的事情，工资与经营没有任何关系，福利待遇什么都没有，只是一家三口，有个十几平方米的房子或者两家挤在一个屋子里。那时候，真的不考虑什么经营问题，如今我的十年后二十年后进入出版业的同事们，在地方社里的，一般年薪、福利、住房都很可观，让他们回到上世纪80年代初那个时代他们也不会回去了。当然，收入的多少，福利的厚薄，与所在出版企业的经营直接挂钩，他们比当年的我们更操心，更要会算账，更要会谋划。企业制对于出版单位，只能是一种天生的、必然的属性，是无法选择、无法抛弃的一个伴生物，不是你想企业就企业，不想企业就不企业。进入市场经济以来，所谓的全供给事业单位，在出版行当，基本不复存在。我们业界却有人异想天开，国家供着，人民养着，让我做一种很体面的文化工作，想可以想，现实不会再有。体面和得体也都是自己亲自创造出来的，首先你的思想和行为要合乎时宜，识大体，顾全局，顺潮流。

第一，企业制是出版单位的一种本质属性的回归，正像出版物本身具备有的天然商品属性一样，没有什么可以争辩的，关键是要认清市场规则，知道市场调配资源是怎么一回事，知道市场元素的运用如何成就你自己的事业，知道市场机制更方便于实现你自己的理想。

第二，企业制是出版单位做大做强，或者形成专精尖特色的基本铺垫。是企业了，重组，再造，兼并，合作，都有了强固的经济纽带，都有了方便的途径，都成了利益共同体，都为双赢、多赢、共赢打基础，形成航空母舰，形成跨国集团，进入世界主流、文化消费市场才有了可能。

企业制，自主经营，自负盈亏，自我发展，才可以把决策权给每一个出版单位的从业人员，自己寻找机会，主动寻找，寻找缝隙和空间，把根扎下去，把苗拱出来，把叶子伸展开，找到自己的生存理由，形成自己的一方天地。

第三，企业制，才使国家制定的一系列关于市场经营的法律、法规同样应用于出版单位，纳税或免税才会成为可能，政府的投资和支持才会走到明处，经济运作的透明化，决策过程和后果的公开化，服务文化建设的持续化，一切的一切才成为可能。出版单位的活力和后劲才能不断迸发，政府的管理才能真正进入宏观的层面，不拘泥于微观细节，真正实现政企、政事分离，让政府去做政府的事，让企业去做企业的事。企业制，才有可能让社会管理进入常态，协会有权有威，有事可做，行业自律和规范成为现实。

企业不是万能，转企改制之后，管理仍然要跟上去。完全进入市场天地，初来乍到，一时对拜金主义、对失去文化本位的追求等等都会骤然滋生。而且，企业对于市场诚信、对于公平竞争、对于管理的公开透明、对于服务的贴切周到等的要求，会与日与时俱增。出版管理不是可以削弱，而是更要加强。

3. 所有制。对于出版业的管理，我们有一种误解，总是认为，只有国有状态才能管得住，民营靠不住。这是起源于另外两条管理制度，主管主办制度与属地管理制度。在审批制列项中，主管主办单位一般要省部级才行，这次改革中间，国家对经济单位，尤其是企业有要求，就是党企、政企、党政分开，那么就出现了出版企业的隶属关系问题。后来，以特例、特别例外处理，属于意识形态部门的出版企业，主管主办原来的隶属关系不变，以照顾文化企业的特殊性。属地管理，当然是要求地方党政部门要对所辖范围的出版单位形成管理，以防止导向方面的问题。作为权宜之计，这不失其为一个办法，但因此而限定所有的出版企业必须国有，必须由国家和财政部门充当出资人，履行出资人职责，甚至把管人管事管资产，最近又加上了管导向统一起来，仍然是一个很大的问题。

国外的出版企业，有两种情况。一是私有，家族产业，采取的是所有权与经营权分离，建立现代企业制度，所有者或出资人并不干预经营事务，经营者对出资人（所有者）负责，企业由经营者负责，这是少数。二是上市公司、股份制公司。是一种共有制的负责机制，无数个股东，由董事会统筹，然后由监事会监督，经理班子主持企业和管理企业的经营，所有的股东都有对经理人任用和解雇的发言权，但对经营管理不得干预，三驾马车相互制约、各行其是。国家的宏观管理只保留在法律法规层面、财税政策层面和必要的政府支持层面。

在我国的经济形态范围内，国企是中央企业的主力军，也是国家主要经济命脉部门的中流砥柱。而在地方经济中，国有的成分已经降到很低的程度，如浙江等地。民营经济的活力带来整个经济产业的繁荣、昌盛、可持续。在出版产业中，由于现行的审批制度控制，基本对非国有的出版企业要么视而不见不予承认，要么听之任之，因为不纳入管理范畴就任其自由发展。这几年，民营书业几番折腾，也有许多家成为大型企业。在一些地方，民营书业与国有书业几乎是平起平坐，甚至还高出一筹。像山东省，民营书业年产值达到150亿元，国有书业也只是接近100亿元，这是第一种情况。第二种情况，民营书业向国有书业的渗透，许多教辅，包括一部分教材，民营与出版社合作，已经偷梁换柱，成为主力，一些畅销书、常销书、获奖书都出自民营公司或工作室之手。当然，他们仍然被要求拉大旗做虎皮，包装自己、运筹书号刊号才能正常营生。这种本质上的所有制变化，已经既成事实。很多有识之士建议政府采取措施将民营书业浮出水面，纳入管理，但至少目前还看不出端倪，这是宏观层面。

微观层面，对于所有制的争论，对于产权关系和股权激励的争论并没有结束，自然也没有结果。由于目前的制度设置，国有体制所形成的公有制，实际上仍处于一种所有者虚位的状态。理论上是全民所有的，实际上全民并没有办法操作所有。国有企业更多的，事实上，是部门所有，企业领导者拥有至高无上的权利。在实际操作中，在某些方面和时候，部门一把手的权力比所有者加经营者的所有权力还要大。洁身自好者，自我约束比较强，民主倾听，任人唯贤；思想不健康者，包括一些有资历阅历没有能力的领导者，给企业带来的常常是灭顶之灾。而又因为是国企不能倒，灭顶也死不掉。所以，大的国企也选择了上市公司这条路径，走与西方大企业的相同路径，借手股东大会、董事会来解决的一权独专、一权独断的企业病问题。国内出版业的不少集团也选择了这条路径，但是对个人层面的产权维系问题，始终没有很好解决。

我在和一位业界朋友的通信中讨论过这么一个问题（本书已收录），大体谈到几个方面，这里不再重写。

所有制问题、产权激励问题，说到底是出版宏观管理中一个绕不开的问题。它涉及一个产业持续发展、科学发展，一个行业的内生动力、内在活力，我们的政策制定，我们的宏观管理要想卓有成效，就必须直面这一问题，有一个科学的安排和设置，有一个长远考虑，而不是权宜之计，更不是摸着石头过河，现在到了要建一座牢固的大桥的时候了。

好了，也到了我们的讨论要打下课铃的时候了。肖老师一再叮嘱我，都是我们编辑出版专业的本科生、研究生，可以放开讲。所以，我就选择讨论几个焦点问题，一般问题、基本情况不再赘述，不知是否适合大家的口味，是否和大家思考与探讨的方向一致，只好请大家批评、指教。谢谢大家！

好，现在我来回答各位提出的问题。

文本之外

1. 为了引起大家的兴趣，开场时我讲了几个小故事。1）出版代表团在美国的疑问。2）从访问爱思唯尔总部直接回到国内讨论出版管理会场的巨大反差。3）关于家乡年节的媒体影响调查。还有几个包袱没有抖出：1）出版概论，第一章，清点文稿；第二章，核算经营；第三章，成本与定价…… 2）年终奖3000元与4万元，在调动员工积极性方面，为什么没有区别，甚至激励作用和效果，后者低于前者。3）二十年编一套书，现在还有否可能。4）1.2万元成本能够干出来的图书前期制作，为什么会花到120万。5）谁人的出版社，谁家的出版单位。

2. 嗣后，我还讲了一段话。肖老师总是不断地给我一些机会，逼着我思考一些问题，归纳一些问题。这次的出版业宏观管理的题目，我的确没有系统考虑过，以前只是与国外出版业的管理做过一些浮浅的比较。比如，人家有什么机构，没有什么机构；我们有什么机构，没有什么机构。比如，政府管理部门的强势，社会管理机构的弱势，等等。真正从本质上思考和研究比较少。另外，顺应即成体系、一贯做法思考多，逆向思维、多向思维少，只缘身在此山中。所以，有了肖老师出题目所形成的机会，也让我能静下心来，梳理、思考、琢磨一些问题，我所能谈到的只是自己一些不成熟的想法，或者是本身仍然成为问题的问题，还没有琢磨透，和盘托出，与大家一起研究。

3. 课后我收到一位同学的来电，说是听课很受启发。写来了数千字的电邮，他真的把问题说大发了，而且毫不客气地扭转了方向。由于无法联系到这位同学，故此处未能摘录他洋洋洒洒的大作。

树立做好报刊管理工作的高度自信

结合对蒋建国署长昨天主题报告的学习理解，结合陈陆军局长关于新闻管理的意见，结合昨天今天聆听各位局长讨论时的重要发言，尤其是意见和建议，我想谈三个方面的体会，待会儿王国庆司长还要部署工作任务，还要做最后总结，一切以她的要求为准，我谈的只是个人的一些看法。

一、关于学习贯彻党的十八大精神

昨天谈到学习贯彻十八大精神时，蒋建国署长特别讲到要原原本本学习十八大文献，学习十八大后习近平同志一系列重要讲话。我的理解是，习近平同志及其他中央领导同志的系列讲话是对十八大文献身体力行、以身作则的理解、阐释、讲读，是十八大精神的一个重要组成部分，也是我们深入贯彻落实的基本遵循和主要内容。

下面是列举的例子，帮助大家把脉络理一理。

十八大之后，新的中央政治局有四次集体学习。

第一次（11 月 17 日）主题是深入学习贯彻党的十八大精神。围绕深入学习贯彻，提出道路自信、理论自信、制度自信。

第二次（12 月 31 日）主题是以更大的政治勇气和智慧深化改革。强调改革开放只有进行时，没有完成时。要积极回应，广大人民群众对深化改革开放的强烈呼声和殷切期望，凝聚社会共识，协调推进各领域各环节改革。

第三次（1 月 28 日）主题是坚定不移走和平发展道路。强调立足国际国内两个大局。再次强调了两个百年的发展目标，实现中国梦，使国家更加富强，人民更加富裕。

第四次（2 月 23 日）主题是依法治国、依法执政、依法行政共同推进，坚持法治国家、法治政府、法治社会一体化建设。强调全面推进科学立法、严格执法、公正司法、全民守法。

十八大至今，政治局至少开了 5 次重要会议。

第一次（11 月 16 日）布置学习十八大精神。

第二次（12 月 4 日）审议通过中央政治局八项规定。

第三次（12 月 31 日）研究部署党风廉政建设和反腐败工作。

第四次（1 月 28 日）研究部署新形势下十项党员发展和管理工作。

第五次（2 月 23 日）确定二中全会召开，研究国务院机构改革和职能转变方案，应当包括众说纷纭的大部制：①积极稳妥，循序渐进，成熟先行，把职能转变放在更加突出位置，继续简政放权，推进机构改革，完善制度机制，提高行政效能。②确定干部，推荐国家机构人选。

十八大后的几次重要会议。

1．中纪委二次全会。习近平同志主要讲了 4 个方面的内容：①推进党风廉政和反腐败；②严明政治纪律；③八项规定落实，下大力气改进作风；④惩治腐败，解决群众反映强烈的问题。

2．新进中委研讨班开幕式。习近平同志讲话的主要精神：①社会主义思想形成的 6 个时间段；②几个基本认识，社会主义是基本原则，改革开放前后两个阶段既相互联系又有重大区别；③马克思主义研究的与时俱进；④树立远大理想，坚定社会主义信念。

2013 年宣传工作的四项要求：

①深入开展中国特色社会主义宣传教育；②巩固壮大积极健康向上的主流思想舆论；③在更高起点上加快文化改革发展；④大力弘扬社会主义核心价值体系。

2013年工作的具体安排：

一条主线：学习贯彻十八大精神。

营造三个良好氛围：①道路自信，理论自信，制度自信；②改革开放，科学发展，社会和谐；③解放思想，凝聚力量，攻坚克难，实干兴邦。

四个着力点：①广泛深入；②有效引导；③深化改革；④科学管理。

九项任务：①学习贯彻；②中特教育；③理论支持；④核心价值；⑤创作导向；⑥体制改革；⑦网络管理；⑧国际传播能力；⑨转作风，正学风，改文风。

对宣传干部要求：增强五个意识，政治、责任、大局、忧患、进取。

形成五种风气：勤奋学习、调查研究、深入讨论、严细深实、勇于负责。

近期工作总的印象，作风朴实，做事扎实，要求切实，指导务实，研究求实，沟通交流充实。

二、关于推进改革

习近平同志关于改革开放的六点意见：

1．改革必须坚持正确方向，不断推动制度完善和发展。

2．改革必须坚持正确的方法论，在不断实践中推进，摸索符合中国国情的改革方法。

3．加强改革顶层设计和宏观思考，注重改革的系统性、整体性、协同性，鼓励大胆试验、大胆突破。

4．改革是系统工程，必须全面、协同、配合进行，各项改革相互促进，良性互动，整体推进，重点突破，形成合力。

5．改革，稳定是前提。要把改革的力度，发展的速度和社会可承受的程度统一起来，把改善人民生活作为正确处理改革发展稳定关系的结合点。

6．改革必须尊重人民群众的首创精神。

举例说明，部分同志学习体会中所展示的心路历程。

第一次讨论时提出：①尊重群众首创精神，同时进一步搞好改革引导的服务，做好顶层设计。②坚持区别对待，分类指导，切实做到“凡是涉及群众切身利益的决策都要充分听取群众意见，凡是损害群众利益的做法都要坚决防止和纠正”。③改革涉及行业多，头绪多，不能眉毛胡子一把抓，要根据不同情况，明确不同的改革发展任务和要求。④改革快的部门重点在发展做大做强上。基础差、底子薄的部门，重点放在完善配套政策，扶上马送一程，尽快培养良性发展能力。⑤对于非时政类报刊社，要严格按照转企改制标准，促使其规范改革。

第二次讨论再认识：①明确指导思想：解放思想，坚定信心，凝聚共识，统筹谋划，协同推进。②继续落实好已经部署的各项改革任务，保持改革的连续性、稳定性；同时，针对深化改革中逐步暴露出的深层次矛盾，针对伴随加快发展出现的新情况新问题，深入研究，在新的阶段，深化改革的目标、任务、措施。③加强改革顶层设计，总体规划，增强改革系统性、整体性、协同性，注重文化体制改革与其他各项改革的相互促进，良性互动。

我的理解，十八大确定的改革的总基调稳中求进，稳定是第一位的；科学的顶层设计是稳妥推进的前提；不搞大跃进，不搞一刀切，扎实推进改革，必须本着实事求是的原则。

关于出版改革的粗浅看法。

期刊改革，我的体会是：

1. 必须尊重文化业发展的自身规律，尤其是出版业自身规律，文化不是一个可以无限度经营的产业，文化业的经济进取自是有其边界的。

2. 文化体制改革，一开始就确定了两大方面，事业与产业（企业），虽然这种分类在国外不怎么行得通，但是我们发展的现实、现状就是这样。

3. 改革必须因地、因时、因事制宜。目的是促进发展，不是阻碍发展。

4. 期刊改革依然坚持分类指导循序渐进的原则，不急于求成，不急功近利。

5．改革不是目的，目的是服务，目的是发展。

6．期刊整体质量的提升，不与体制改革、姓企姓事有必然关系。

7．数字化进程会改变传统期刊体制机制的整个生态环境。

8．事业单位的改革会最终影响到期刊整体。

大部制的改革，我的看法是：

1．我们失去了一个机会，即当互联网刚刚出现时，对网络产品、网络传播的适时管理，没有把传统出版的管理模式及时移植到网络出版和传播管理上来。网络出版的管理，应当是机构设置的一个天赐良机。

2．管理的完全行政化，能够科学实现管理是和法治社会的法律体系、行业社会的他律体系、公民社会的自律体系相辅相成的。但政府若把一切事情都揽起来，大政府不行小政府也不行。小政府大社会是趋势，但社会一定要长大。

3．机构是重要的，制度更重要；体制是重要的，机制同样不可忽略。

昨天署长讲我们报刊管理，失之于无，失之于宽，失之于懒，失之于范，如入无人之境（这句是我加的），那是指的个别地方个别情况，那是领导同志恨铁不成钢的、要钢更刚强的高标准严要求，是问题的一个方面，一个侧面，一个局部。署长同时专门要求大家一定认真读读他的书面报告，这很重要。十多年来据我所知方方面面对我们的报刊管理还是充分首肯、褒奖有加的，我在不少场合多次听到领导同志的表扬和称赞，尤其是对我们期刊的深度报道。

三、关于依法行政

中央关于依法行政的要求。

习近平同志强调，要维护社会主义法制的统一、尊严、权威，形成人们不愿违法，不能违法，不敢违法的法制环境，做到有法必依，执法必严，违法必究。

1．行政机关是实施法律法规的重要主体，要带头严格执法，维护公共利益、人民权益和社会秩序。

2．要运用法治思维和法治方式，凝聚改革共识，规范发展行为，促进矛盾化解，保障社会和谐。

3．要坚决排除对执法活动的非法干预，坚决防止和克服地方保护主义和部门保护主义，坚决惩治腐败现象，做到有权必有责，用权受监督，违法必追究。

4．依法治国和以德治国相结合，把法治建设和道德建设紧密结合起来，把他律和自律紧密结合起来，做到法制德治相辅相成，相互促进。

举一个来自基层的例子。

癸巳新春，我有同事在家乡探亲期间，走访了所在区委宣传部和几个乡镇的负责同志。听到的反映是，一些媒体记者和网站工作人员违规采访、敲诈勒索问题屡禁不止，春节前更加突出，严重损害媒体形象和公信力，影响社会和谐稳定。

基层同志谈到，这些违规采访主要针对工业建设用地、小城镇建设、环保排污、计生殡改等方面，将私企和行政执法单位作为敲诈对象，越到过节来得越勤，今年春节前仅到该区就每天三五起。只要盯上你，就以收到举报、调查了解情况为名，兴师动众前来采访。拍了半天，又不说有啥问题，要上网见报，进而摆出架子，吹嘘自己能摆平，诱骗当事人直接给钱或出资登广告。要钱多的两三万，要钱少的三五千，提出给汽车加箱油、送两条好烟、给两箱好酒。还有的说你的工作干得好、有创造性，宣传出去对单位发展和个人提拔有好处，不停上门骚扰，拿不到钱不算完。还有的假记者冒充中央媒体记者，插手干预基层治理，挑拨干群关系。有的单位出于息事宁人，只好花钱打发。据介绍，每年到该区 300 多起采访中，3/4 的没有正式新闻记者证，主要是小报小刊和网络媒体“记者”，鱼目混珠，真假难辨。这些人有的来自行业协会、研究机构主办或代管的小报小刊，有的来自一些团体、公司甚至私人办的网站。特别是一些来路不明、五花八门的“法制网”、“反腐网”、“线索爆料网”的人员，四处出击、敲诈勒索，甚至一些打着国家机关内参旗号的网站，也是一次次前来进行所谓调查。

基层同志普遍表示，对于媒体合法采访，不管是正面报道还是舆论监督，都是欢迎支持的。但啥是真记者、啥是假记者，不好辨别。按现行规定，无论是报刊、通讯社还是广电记者采访，都要持新闻出版总署发放的“新闻记者证”，但也有一些新闻单位自己发放采访证，并不持版署记者证。到底按什么样的标准对记者真伪加以甄别，感到很难操作。一般网站工作人员没有记者证，也没有新闻采访资质，却以监督、反腐为名招摇撞骗，且相互勾连、买卖信息，严重败坏媒体形象。

我同事的建议是：1）下大力抓好对小报小刊和网络媒体从业人员的马克思主义新闻观教育和新闻职业道德教育，使其正确履行采编职责和社会责任。2）将所有类型的媒体进行统筹考虑，建立统一的记者证公开查验平台。针对郊区、县城、乡镇等高发地区，广泛介绍违规采访的特点、防范办法，增强人们的鉴别力。3）进一步完善打击新闻敲诈、治理有偿新闻的长效机制，对假报刊、假网站、假记者坚决清理取缔。

我的认识和体会是：

1．基层最薄弱。新闻出版管理有两大短板，一块是基层管理，我们没有腿，包括农家书屋，只能看着它自行发展，甚至有的自生自灭；一块是网络出版，我们没有从头进入，眼睁睁地使不上劲。这些情况充分证明了广西局黄健局长在讨论时所讲的，新闻出版管理，市县以下高位截瘫。假记者、假新闻、假网站最猖獗的地方，正是我们的新闻出版管理触角伸不到的地方，是管理的空白，3/4是一个触目惊心的数字。我们尽管有总队、支队、中队，但都和这最广大的基层对不上号，“四大公害”最终兴风作浪的正是这众多的空白地区。基础不牢，地动山摇。

2．管理不是万能。尤其是对于法律法规体系并不健全，执法守法意识并不普遍，法律法规实施环境并不理想的今天，我们周边，依法管理不容易，很艰难，甚至在不少场合下行不通。法规的约束总是和道德约束，和人的基本素质相辅相成的，不道德的行为心理，无知者无畏的人，总能找到法律的漏洞，所以，就会形成两个舆论场，冰火两重天，甚至无法无天。我们处在痛苦的社会转型期，经济的高速发展，留下了许多社会建设、政治建设、文化建设、生态文明建设跟不上去的空缺，管理的难度加大，范围加宽，复杂性加深，任务加重。

3．队伍是根本。讨论中大家都谈到了培训、补课、交流，要覆盖全员、全过程、全天候，提出了很多很好的建议。我想特别提醒两个方面，也是补充两个方面。管理部门，包括我们宣传和新闻出版管理部门，要充分理解报刊出版单位主编总编社长总经理的难处和苦衷：向市场讨生存，他们并不容易，发行份额、利润收入、成本核算每天搅得他们昏头昏脑；信息化、数字化的压力，让他们食不甘味，寝不安席，趋势前景很明显地摆着，但没有几家找到未来经营的模式和窗口；一方面是谋职困难，一方面是人才乏匮，员工走走来来，没有安生的日子，没有守家创业的雄心，他们真的不容易。再就是我们的社长、主编、总编们要充分理解自己的员工，理解自己的队伍，用制度留人、留住人，用心用感情留下人、暖住人心。我近距离观察过中央媒体单位的三位青年，分别在电视台、期刊社、出版社工作，三十大几了，不敢成家，月薪五千元，已经不低，但扣扣房租花费，几乎无法养家，更不要奢望拥有一间小房子，每年剩余一两万块钱，连一个房角都买不起。如何培养他们对事业的进取心、荣誉感，对社会对民众的责任心、忠诚感，如何让他们松一松拼命挣钱的弦，想一想文化繁荣、文化发展的事，有时想起来就是一个莫大的讽刺。就像他们小时候向父母亲提出的问题：那些饿着肚子的孩子们，为什么不吃巧克力呢！对事的管理最终还是要落脚到人上，对人的管理是个综合问题，有时候不是我们不想管，不是我们管不好，实在是我们管不了。我们管理队伍自身呢，也有不少新同事、新面孔，尽管是公务员考进来了，他们也有着同样的困境，职业的围城，人生的围城。

我是从省级新闻出版局岗位走过来的人，能够理解大家的苦衷，这几年的管理，尤其不容易，大部制以后的管理，将会更不容易。我们是凭着党员干部的责任心在坚守，在盯牢，更多的时候是凭良心，凭良知，凭职业操守，在兢兢业业、尽职尽责。我们可能在大的格局变化之中无所作为，无能为力；我们则可以在自己的职责范围内尽心尽力，量力而行。发言开始时，我谈到感动和感激，谈到了这种难解的情结和感受，我想，中国的出版业有今天，中国的报刊业有今天，正是因为有了在座的各位局长、处长在我们的事业中，在我们的大局中，当好了中流砥柱，稳定了报刊界的躁动，理顺了报刊业的秩序，把控了报刊业的导向，奠定了报刊业的发展。我们为大家工作欣慰，为大家的努力自豪，理所当然，也希望大家充满自信，充满自豪。谈了这么多看法，只是个人的一孔之见，请大家批评。也希望以后和各位保持联系，多听取大伙的教诲和指导。

文本之外

写于2013年2月23日晚9时至24日晨2时、24日早5时至6时，下午2时30分在全国报刊工作会议上发言。

开场敬辞：尊敬的国庆司长、新闻报刊司各位领导，尊敬的各省市区局局长、处长，各位同事，大家下午好！

还讲了这么一段话：昨天一进入会场，看到国庆司长吊着胳膊主持会议，心中就感到一股热流，一番感动，一种感激。一年来，总署国庆司长、泽青司长、立军司长，还有以前的以绣司长带领报刊司全体同志忘我工作、呕心沥血的情景历历在目。无论事业，无论企业，无论行政管理，无论改革发展，无论何等难题，他们就是这样和我们所有的省市区局、总政局兵团局的领导一样，披星戴月、废寝忘食、坚忍不拔地走过来。我知道迎接和学习贯彻十八大任务的繁重，我知道报刊业、新闻业管理的复杂，我知道在社会转型期，政府管理部门所承担责任的重大。我们要坚守，还要开拓创新；要引导，还要讲究方法；要服务繁荣，还要治理痼疾；要维护传统，还要应对数字化信息化的趋势。2012年，报刊出版没有给大局、全局添什么麻烦；2012年中国报刊业在世界同行列中继续发展，几乎是独树一帜，别具一格；2012年，报刊管理战线上的同事们在寻找共识，凝聚人心，上情下达，下情上达，在文化发展、社会发展包括五位一体的建设中立下的汗马功劳，有目共睹，可歌可泣。这一切和大家的辛勤努力，和大家的心血汗水，包括和我们吊着胳膊上讲台的国庆司长，和我们管理口的每一位局长、处长，每一位同志分不开、离不得。我们为大家的成就十分感动，对大家的努力非常感激，这种崇敬和谢忱是由衷的，是发自肺腑的，是自然而然的。所以，这里，我要特别向大家道一声辛苦，向大家致以热诚的敬意！

和金融出版界同事们的交流

一、关于责任感、使命感

讲三个小故事。

1）去年这个时节，我因为膝盖手术住院治疗，我们的领导同志到医院探望，对我说，你们出版这一块不容易呀，管了 9800 多种期刊，你们的头绪更复杂，事情更繁重，任务更艰巨，工作更辛苦。我说，我们只是联系，新闻出版总署和各部委（现在想来，当然也包括中国人民银行）、各地方在管理。领导同志说，那也不容易，期刊越来越发挥作用，专号专栏，深度报道，涉及面广泛，报道内容深刻，比报纸和电视更有分量。我当时只是以为领导同志安慰病中的我，关注、看重、强调你手头的工作，也是褒奖和肯定。

2）不想，去年年底，部务会议听取我们局的工作汇报，领导同志和各位负责同志再次提到报刊工作，尤其是期刊的重要作用，而且特别提到时政财政类金融类期刊，说他们功不可没，时效性强，分量足，信息完备，资讯丰富，观点犀利，而且文图并茂，说期刊的地位超过了流媒体、网络媒体。

3）今年春节，我的一位同事探亲回来，带了一篇很有分量的报告《试论各类媒体对基层农民群众的影响》，讲到老百姓对媒介的反映，其中认可度最高的，最让人信任的是报刊，其次是电视，最不信任的是网络。对于我们期刊，上面的重视和下面的认识都在变化，这是各位主编和编辑让刊说话的结果。

来到昆山，来到湖光水色之中，来到江南的春天里，来到总行的报刊主编培训班，我的第一个感觉就是总行对于报刊的特别重视。昨天罗主任说，好多年都没有开过这样的会了，没有办过这样的班。白处长说以前就没有举行过这种形式的培训，他们忙于新闻工作，忙于日常事务，顾不过来。我想，培训班的举行，至少说明，我们报刊工作，我们报刊的管理工作，摆到了总行的重要日程上来了。各位总编、主编以自己的工作业绩，以自己的努力奉献，把期刊工作、报纸工作，把出版培训，引入到行长们的视野中来。

事实上，随着海量信息的扑面而来，随着网络化、电子化的喧嚣和热闹，人们反而越来越感觉到报纸和期刊的金贵，刊社报社编辑选择的珍贵，白纸黑字眼见为实的珍贵，就像人们在虚拟经济中混久了，分外留恋实体经济一样。有模有样的纸介媒体，在潮水般涌来的虚拟媒体面前，反而更显其气质和价值。

感谢总行对报纸工作、新闻宣传和出版工作的重视，作为主管主办单位，你们履行职责、尽职尽责，你们操心、费心、用心，我们就放心、安心、舒心。总行这一块的报刊，历来都是不让我们费更大的心思的。在我的记忆中，好像从来没有为某刊某报出什么事，给总行管理部门打过电话。我想，这首先是各位总编、主编的把关尽心，审稿严谨，管理有方，措施得当，效果显著。包括这次培训，尽管时间短暂，但也是给各部委开了个好头。借此机会，我们向各报社刊社的总编、主编、主任，并通过你们向全体编辑出版工作者表示由衷的感谢和崇高的敬意，向总行领导、总行管理部门各位同事表示由衷感谢和崇高敬意。

说起感谢和崇敬，我们当然对整个中国金融界心存敬意和谢忱。2008 年美国的次贷危机引发世界金融危机以来，中国经济虽然受到巨大冲击和挫折，但仍然保持了平均 8% 的增长速度，中国金融业功不可没，中国金融界的各位同仁功不可没。以中国人民银行为核心的中国金融体系，完善中央银行体制、改革汇率形成机制、建立金融分业监管体制、推动国有金融机构改革，表现出了非凡的预见性、主动性，敢于担当，敢于应对，充分体现出强烈的责任感、使命感。

正因为此，上个月底，胡锦涛同志在金砖四国的对话中，提出四条建议，铿锵有力，落地即显金石声。第三条谈务实合作，强调加强财政金融部门磋商和合作，打造品牌项目；第四条谈推动全球经济治理，强调加强在国际经济、金融、贸易、发展领域的沟通协调。明显看出，其中无不涉及金融，同时也充分显示出大国首脑的持重和底气。因此，我想说，你们有理由得到全社会的敬重和称赞，金融体系的安全和健康发展，是我们经济社会能够长足发展、持续发展的重要基础，是我们政治社会能够稳定、能够和谐的重要保证。温家宝同志在不同场合多次提到，“我们避免了欧美在金融危机和实体经济两条战线作战的情况。我们没有拿财政的钱去补金融的窟窿，相反，金融为经济建设提供了大量贷款，对经济发展提供了强有力的支持”。

我想说，在这种强有力的支持中，我们的报纸、我们的期刊，及时传播正确信息，及时打牢坚定信念，及时分析研判形势，及时把握大众心理，及时为中央地方战略决策提供智力支持、提供理论支撑，及时为全社会提供自信自强的理由，我们的付出是有目共睹的。多赖于大家的努力和心血，各家刊社报社的鼎力支持、无私奉献，我们中国金融业的发展也才有今天，我们的社会稳定才有今天。所以，我们的感谢和敬意是由衷的，是发自肺腑的。当然，你们再编稿子的时候，一定会感到身后有无数只眼睛，全国人民在盯住你，责任感和使命感油然而生。

二、关于成就感、荣誉感

对于金融报刊的浮浅认识，产生于在上海财大读研时期。当时，在座的不少刊物，耳熟能详，那时候的期盼，是能在这些刊物上发表个豆腐块的文章，就很满足。尽管我们天天也在做模型，推导函数，却不敢奢望，把自己的论文登上各位的大雅之堂。这次来班上，想恶补一下对金融期刊的了解，有人告诉我一个好办法，读一读核心期刊的主编寄语，于是我有了与中国金融魏革军主编的网上会面，有了对 2011 年度魏主编寄语的仔细学习。

魏主编教导说：金融是经济的命脉。我原来只知道毛泽东讲过，水利是农业的命脉。魏主编形容得好，还解释道：一个健康的经济体离不开健康的金融；同样地，一个健康的金融体系，有赖于健康的经济。二者是唇舌相依，血脉相连的关系。这是谈价值。谈诚信：是文化现象、道德现象、制度现象、市场经济基石。谈改革：应时刻保持清醒的头脑，坚持市场化改革方向，坚持包容性的改革发展战略。谈视角：要善于三看，向左向右看，善于看未来，善于看当下。谈金融文化：总结为信、稳、精、新、义。归纳出金融主流文化：忧患与责任、包容与开放、渐进与稳健。我恍惚感到这不是在讲金融，而是在讲逻辑，讲哲学。

我还到《金融博览》“咖啡时光”里稍坐片刻。

史顺利在《边走边悟》中教导说：用正确的方法做不正确的事，和用不正确的方法做正确的事，结果是一样的。这让我想起，在财大的第一节课上，老师讲管理学的要旨，用正确的方法做正确的事情。史顺利还说过，“所谓梦想，不是你睡觉时梦到了什么，而是想到了什么令你激动得睡不着觉”。这一句话，我要用在后面介绍《未来是什么样子》的视频短片之后。

还有，刘齐的《八王寺汽水》，果的，葡的，真正是清清爽爽，让人流连，让人回味。戴俊敏《因我而变》中，那份为达目的不轻言放弃的执著与坚韧，和始终保持对事物的独立看法及处理问题鲜明个性的态度，一直顽强地撞击着我。我想这是金融人无坚不摧、攻坚克难的奥秘所在。卿红的《尊重》，不急于求成，真诚而执著地做每一件事，赢得世界的信任和尊重。用真诚和执著换取人民的依靠和信赖。董行的《寂静》，于无声处听惊雷，恰好与陈云和习近平同志倡导的“踱方步”呼应。“闭门即是深山，读书随处净土”。培训就是想求得心中那一方宁静。

这些心灵鸡汤，好温馨、好动人，能写出这等境界、这等文字的人，肯定能做出大事业，至少也会做出优秀业绩。向学、向善、向诚，是一种精神美德，更是金融人的自觉行动。我想说，罗主任，我们的杂志已经办得很好了，有责任意识，有道德高标，又有深邃意境，有机会请我们的主编、编辑包括行业的作者到我们那儿讲课。

出版业和金融业有点相似，金融经济不是实体经济本身，出版者编辑和出版工作不是作者作品本身，但是我们有专攻的术业、技术和特长，让实体经济壮大，让好作品好作家走出来，是我们共同的责任。从这一层面上讲，我们都是服务业，服务这个社会把经济建设走实，服务这个社会把文化建设走好，让民众无论从物质上还是从精神上多得实惠，多多受益，真正是异曲同工。

我想套用前面魏主任的话，一个健康的出版业，离不开健康的文化社会；一个健康的文化社会的形成，有赖于健康的出版业。

各位总编、主编、主任，大家是在以健康的出版、健康的金融，服务于健康的文化社会，服务于健康的经济社会，或者说是服务于文化社会的健康，服务于经济社会的健康。双重使命，双重压力；双重担子，双重光荣。你们得到的是社会的双重认可、双重看重。

三、关于紧迫感、危机感

我准备的第三部分是，落实六中全会精神、迎接十八大有紧迫感，面对市场化、数字化、国际化趋势有危机感。分了三个层面。第一个层面：宏观看形势和任务。第二个层面：微观看数字化发展。第三个层面：客观看报刊的坚守与拓展。

第一个层面的稿子，昨天劳驾会务组的同事们，已打印出来，放到各位面前。这些归纳是否科学，是否合适，是否正确，供大家参考，请大家批评（略）。在这一块中，我只举一个例子，从对深化改革的认识看我们的主题宣传和舆论引导。

关于深化改革的主题宣传和舆论引导——

1．总的要求

稳定鼓劲，正面宣传，稳中求进，回应社会关切，澄清模糊认识。①继续推进经济体制、政治体制、文化体制、社会体制改革创新。②着力解决影响经济社会后期健康发展的体制性、结构性矛盾。③力求在一些重点领域和关键环节取得新突破。④努力把稳增长、控物价、调结构、惠民生、抓改革、促和谐更好结合。

2．成就宣传

①财税、金融、价格、国企、农村和各项社会事业重大进展。②社会民主政治建设更大成就。③社会保障，收入分配，社会管理，加快进展。④医改、教育科技体制改革，文化体制机制改革突出成效。⑤公共文化服务、文化产业建设、文化科学发展巨大进步。

3．重要性

①党领导人民进行的体制革命；②决定当代中国命运，关键抉择；③社会发展民族复兴必由之路。

4．紧迫性

①世情国情党情发生深刻变化；②发展中不平行、不协调、不可持续问题；③制约科学发展的体制机制障碍依然存在；④必须把改革创新精神贯彻到治国理政各个环节。

5．改革重点

①转变政府职能，完善宏观调控，理顺政府与市场关系，发挥市场配置资源基础性作用；②推进财税体制改革，理顺中央地方分配关系，调动两个积极性；③深化土地户籍、公共服务改革，理顺城市与农村、工业化城镇化与农业现代化协调发展；④社会事业收入分配改革，理顺经济与发展社会的关系，保障社会公平正义；⑤依法行政社会管理创新，理顺政府与公民和社会组织的关系，建设服务、责任、法治、廉洁政府；⑥深化财税金融体制改革，推动多种所有制共同发展，深化价格改革、

收入分配制度改革，稳妥推进事业单位分类改革，加快政府改革；⑦文化体制改革，解放发展文化生产力，促进发展繁荣。

6. 两个毫不动摇

①毫不动摇地巩固和发展公有制经济：坚持和巩固公有制主体地位，坚持公有资产在社会总资产中占优势；坚持国有经济控制国民经济命脉，对经济发展起领导作用；坚持优化国有经济布局和结构，不断增强国有经济活力、控制力、影响力。②毫不动摇地鼓励、支持和引导非公有制经济发展。宣传中央有关鼓励和引导民间投资健康发展的重大部署；宣传推进国有经济战略性调整，完善国有资本有进有退，合理流动机制的具体措施；宣传有关方面放活民间资本，促进非公有制经济发展，营造各类所有制经济公平竞争，共同发展的环境的做法。

7. 处理好改革、发展、稳定三者关系

①改革是动力，发展是目的，稳定是前提。②不改革，无法走出中国特色社会主义道路，不发展，不能实现现代化保持长治久安。③倡导改革的力度、发展的速度、社会可承受的程度相统一。④把不断改善人民生活作为处理改革和发展、稳定关系的重要结合点。⑤在社会稳定中推进改革发展，通过改革发展促进社会和谐稳定。

8. 报刊出版的任务

①刊发理论文章。②做好政策解读。③加强成就宣传。④积极引导热点：如政府体制改革、垄断行业改革议题；如改革停滞倒退，改革导致两极分化，改革成果被集团侵占等错误观点；如经济民生热点，增幅放缓，物价调控，地方债务、教育、就业、医疗、社保，收入分配引导等。⑤开展对外报道。⑥加强网络宣传。

9. 对改革再说几句话

魏主编去年就说过了：人们对改革有着更多的期望和目标，期待着通过攻坚克难，在一些重要环节有所突破，解决长期困扰科学发展的体制机制问题，实现经济转型，实现公平与效率的统一，实现社会与经济的良性互动。然而，改革的道路注定是不平坦的。要实现预期的改革目标需要更加缜密的思维、逻辑和规划。新的改革如同“旧城改造”，比建一座新城更为复杂，面临更多的较量和博弈。如果采用简单化做法，把改革仅仅看作一般性行政决定或者公权力运用，必然招致激烈争议。人们对改革透明度的诉求日益强烈，改革是一项系统工程，应当以更深、更高、更远的标准推进改革。要善于把握各种因素的交互影响，不能按下葫芦起了瓢。要勇于打破局部利益的束缚，树立宽阔的视野，减少非理性博弈。要有战略眼光，善于把握国内国外两个大局、两个市场。要把握改革时机，善于在关键环节和领域取得突破。这些提醒，非常精辟、非常重要。

第二个层面，也有写出来的稿子，原计划是细讲的，路上听罗主任他们讲好像大家对这方面的兴趣不是很集中，故简单介绍一下。（略）

第三个层面本来就是几句话，点到为止。（略）

我仍然希望留更多的时间与大家交流，包括改革中的问题，有什么疑问，尽管提出来，解答不了带回去，问清楚再回告大家。

文本之外

稿子写于昆山东方云鼎温泉度假酒店，据说酒店是在风景秀丽的阳澄湖畔。当然，所谓温泉也好，度假也好，湖光水色也好，一切均与我无关。2012 年 4 月 5 日晚 11 时入住酒店，即开始写作，2012 年 4 月 6 日早上 4 时写完，休息两个小时，起床再改，8 时到会场调试音响，8 时 30 分至 10 时 45 分在培训班发言，然后直接去机场。没吃早饭，头一天的晚饭和第二天的午饭都是在飞机上对付。

开场敬辞：尊敬的罗强主任、王毅司长、白力处长、徐利处长，总行各位同事，尊敬的刊属各报刊社总编、主编、主任，大家早上好！会后有不少主编提出改革的问题，没有时间一一作答，真的是带了回去。

理解、体贴和支持比什么都重要

昨天王秦丰同志讲话中，结合他自己曾经是下乡知青和做农村工作的经历，谈得十分感人，十分深刻。刚才合成司长介绍的驻村七天的不凡经历，感悟良多，终生受益，我有同感，也引起我的联想。十五年前，陈奎元书记、李克强省长要求我们到农村去，我在一个缺水少路的贫困山村驻村 400 天，当一个普通村民，虽然也是下乡知青出身，但驻村中所受到的震撼和教育，依然刻骨铭心。只有在乡亲们中间生活下去，把根扎下去，和他们融为一体，才能真正了解和知道最底层的民情国情。中央电视台为此拍了专题片，还播到海外去，现在看了依然激动不已。

开班仪式上，我们学习了李源潮同志的讲话，聆听了王秦丰同志的报告，使我对政治局常委会为什么把 2012 年定为党的基层组织建设年有了更进一步的认识，对中组部、中直工委、国家工委组织的基层党组织书记示范培训班有了更深一层的理解，尤其是对我们这个班——中央和国家机关基层党组织书记示范专班有了更为贴切、更加深刻、更有触动的体会。只谈两点。

第一，我们这个班是在对中央和国家机关党组织建设状况的宏观把握、微观掌握、客观分析的基础上举办的。两个讲话系统分析了党情、民情、国情、世情的变化，分析和研究了中央和国家机关党组织建设所面对的各种背景，分析和研究了我们机关干部队伍的实际状况；分析和研究了做好基层党组织建设工作的紧迫性、重要性；分析和研究了基层支部书记如何在做好思想建设、组织建设、作风建设、廉政建设工作中的历史使命和政治责任。把8000多万名党员队伍中的701万党员干部、386万个党支部的建设列入中央工作的重要议事日程，对所有的党支部书记系统培训，这项工作的开展恰逢其时，恰到好处，恰如其分。刚才小波同志讲，基层不稳，山摇地动。保持党的先进性，保持党的纯洁性，巩固执政党的地位，提高党的执政能力和执政质量，必须从基层抓起，基层党组织建设工作是重中之重。做好基层党的建设，提高党员队伍和党员干部队伍的基本素质，下大气力，练基本功，做基础工作，是抓住了事情的根本。基层党支部是我们党的最基本的细胞，让每一个细胞都充满活力，都有内生动力，都在不同的环境中健康运动、发挥作用，那么党的肌体就一定强壮，党的事业就一定兴盛，党的宗旨和理想就一定能够更好地落实和实现。

第二，李源潮同志对基层党组织书记的四点要求：对党负责，为民服务；办事公道，让群众满意；不怕吃亏，甘于奉献；注意学习，提升素质。王秦丰同志的四个抓：抓好思想政治建设，抓好学习型组织建设，抓好机关作风建设，抓好党风廉政建设；以及对支部书记提出的具体要求，加强学习，淡泊名利，勇于创新，使我们明白了新时期一个党的最基层组织的支部书记应当怎样思考、怎样学习、怎样工作、怎样团结带领党员队伍，为完成责任使命而努力。源潮、秦丰同志的讲话既充满了对我们基层支部书记的深切理解，“真正重视，真情关怀，真心爱护”，一岗双责，既要抓业务，又要管党建，还要带队伍，让我们深受感动；又寄予对基层支部书记的殷殷期望，政治责任、历史使命、学习表率、人格魅力、开拓进取，让我们倍受激励。我们深深感到，作为386万分子之一，支部书记这个岗位既平凡、普通，又责任重大；既艰苦繁重，又十分光荣。作为中央机关的基层党支部，更因为它的服务中心、带好队伍的特殊工作方式，凸显出工作的复杂性，任务的艰巨性，作用的非同一般。多年的工作经历，使我深深体会到，中央领导同志、中组部、中直工委、国家工委对于我们这些支部书记们的理解、关心、爱护和支持，让我们倍感温暖，倍觉激励，倍受鼓舞。我们在基层默默无闻地工作，也许没有事业上的更多建树，也许没有职务晋升中的更多便利，也许没有个人利益上的更多关照，我们都认了，许多这样那样的困难和问题，我们完全可以不在话下，我们最需要、最缺少的，是理解、了解、信任和支持，是让组织上知道，第一线、最基层、最前头，有我们在。干部队伍的思想建设、素质提升，有我们在攻坚克难，有我们在排忧解惑；单位的作风建设、廉政建设，有我们在现场，有我们在顶住，有我们在确立标杆；中央和国家机关的正常运转，有我们在坚守，有我们在润滑、铺路、垫底。如此这般，如此而已，我们会继续努力。上次，马勇明部长去调研，听到过我们基层支部书记的心声。

我们十分感谢这个培训班的组织和实施，精致的课程，精心的安排，精当的训练，精细的照护。恰值春天，也让我们真正感到了春天的温暖，感到了花香四溢的季节，感到了中组部、中直工委、国家工委——支部书记之家的亲切、体贴、温馨。来自中央和国家各部委的支部书记们，来自全国各地的工委干部和书记们，也在这个短暂的学习之中相互砥砺、相互学习，同时展示自己的风貌和精神状态。就像昨天下午的拓展训练，它证明了我们的支部书记，最懂得协同一致，最知道齐心合力，最理解宽容包容，最容易拧成一股绳，形成一股劲，做成一件事，做成每一件事。我们的心血不会白费，我们的汗水不会白流，相信我们以后会做得更好。

文本之外

中央国家机关党支部书记示范培训班开班当天晚上，临时通知，第二天晚上要有一个座谈会，每人 5 分钟的发言，谈对两位领导同志讲话的认识。写于 2012 年 4 月 17 日早上 6 时至 7 时。

我们小组我们班

好不容易我们四组的人终于坐在了一起。是第一次，也是最后一次。让人欣慰，让人自豪；也让人沮丧，让人伤感。

我们组是最好的。拓展训练，我认为，我们是做得最好的，只不过是击鼓多击了两下；由捆绑移动向击鼓托球转型时，多少愣了一会儿神；其余的勾肩搭背、击掌按摩、障碍行走，我们都团结得像一个人一样，叫好的呼喊声也响彻云霄。在前天晚间的“临时发言”中，我再三强调，捆绑行走我们最懂得协同一致；击鼓托球，我们最知道齐心合力；对待最后的成绩，我们最通情达理，最知道宽容包容。一个拓展训练，一不小心把我们各位支部书记的本色精致亮相，而且是光彩照人。两位召集人的尽心，张颖的抛球细心，梅哲的精心，笑非大姐的热心，大马大哥的开心，让我受到感染，受到鼓舞。不管怎么着，名字可以对不上号，但混了个脸熟；我生性愚钝，不记人，不记名，健忘人名，上下课的路上，去回饭堂的道边，嗨！打个招呼，就凭着脸热，知道我们是一个组的。

我们也有遗憾。马上要分手了，至今，我还没有拜访过对门邻居、隔壁邻居、侧门邻居。几次报告会，我都被当成“填充物”，前一组多出了个位置，我去填空，于是和三组的人混了透熟；还有一次，天知道，竟然混到了第一排贵宾席，在那儿填补空位，和办会的几位老师为伍；好不容易，昨天晚上的报告会，回到了四组，有了一个“同桌的你”，谁知道，从开场到终场也没有见到孟娜现身，最后连她桌上的材料都是我帮助收起的。

我们组是最棒的。四组是整个示范培训班上十二个组的发言大户。且不说明天上午，组长还要代表全组做大会发言；且不说周二晚上，我和另外十五个同学还参加了一个临时座谈会，也是谈到深夜十点钟，我们叫“临时发言”，不在学员手册上临时加上的；就说昨天的专题报告，嚯，总共 7 个人，李瑞英（央视）、郭文山（人音社），是从外面请来的，剩下的 5 位我们组占了仨。虽然学习小组是个临时组织，这也有不少的荣光。你看，黄庭满的志满意得，化学反应，洋洋洒洒，饱满充实，加上的话不在少数，稿上的字一个都不少念；黄冲的主题意识，特色运作，规范规矩，严谨细致，切丝合缝，透露出上海做事的严谨；童水仙的语调虽然都在一个声部上，喃喃细语，波澜不惊，但全面透彻，面面俱到，一网打尽。7∶3 也好，5∶3 也好，3∶2 也好，我们是最终的赢家，无与伦比、无法超越的赢家。

我们还是有遗憾。遗憾的是根本就没有给张颖时间，为大家安排一场现代化的电影观摩，比如看看 3D 的《泰坦尼克号》，或者用心欣赏一下战争片《战马》；没有能到新华网参观一次，让黄庭满当一回真正的地主；没有让孙笑非做一次音乐讲座，请诸位畅游流行音乐的星海之中。这些开眼界的事都来不及，就连请大马组织一个乒乓球队和周边的小组一决胜负也不能够。时间太短了，当然，我们有郭伟早就准备好江西的森林在等待大家，那是后话。

我并不知道今天上午小组召集人张春旺、黄庭满的精心安排，没有考虑到中午的小组聚餐竟然会如此热烈、如此难忘。以上是早晨起来没有中午的故事时的一些想法。

写完这些文字不久，就到了上午课的时候，因为内容太多，上课时间已改为早上 8:30。文建明、霍宪峰、陈慧芬，一个比一个讲得精彩。课间，召集人传递出一张激动人心的字条，下课后到大门口集合；怕我们不解，第二回又专门叮嘱午饭前；还不放心，第三回字条又回来是让我们每一个人在上面一一签字。原来，早几天两位召集人就谋划，而且实地考察了很多地方，要组织小组聚餐，让大家实现一下都不敢奢望却都抱着的一丝期望——在一起说说话。原来想，只有下午的小组讨论时，彼此可以一吐衷肠，想不到召集人如此体谅。那一会儿，尽管陈慧芬的报告十分精彩、十分耐听，但陈礼东的心里还是盼着早一点结束，陈心飞扬，我们大家也都一样。

离培训班不太远的一处苹果园中，花树正盛，绿叶白蕾，粉色争艳，农家乐就在绿树白花的掩映之中。大家喝酒不多（喝酒的人不多），吃饭不多（只顾争着说话，没怎么吃东西），说话最多（几乎是抢着说）。知心的话儿飞出心窝窝，一发而不可收，滔滔不绝，涓流成河，然后都融入一阵接着一阵的笑声之中。每个人介绍籍贯、出生地，于是就有了各等各类的认老乡。介绍自己的岗位，工委书记少一些，支部书记大家都是。然后就是年龄，50后、60后、70后，最年长的两位是童水仙、秦兆为，分别为女一号、男一号。女依次：孙笑非、梅哲、华春玫、张颖、孟娜；男依次：马根跃（大马）、王新建、刘建生、黄冲、郭伟、张春旺、黄庭满、陈礼东。不说不知道，一说吓一跳，这时奇迹出现了，女二号、男三号竟然都是1955年11月11日出生！聚会出现高潮，众人要求，必须喝交杯酒，两人大大方方完成。各个年龄段生人相互敬酒，年龄段之间的人相互敬酒。黄庭满不失时机，“投机取巧”，单独向所有女士敬了一把酒。大家还突然发现，陈礼东仍单身一个，于是各位自告奋勇，要当红娘。一个中午，意犹未尽，合影留念，泪眼相望，已把晌午当黄昏，花色朦胧，树影婆娑。

下午的讨论继续精彩。在主持人一再要求下，大家几乎是把话题压了又压，仍然说之不尽。别组的讨论早早结束，我们组却直接到六点还多，快到晚饭的时候了，好不容易散场。最后，黄庭满组长以新华社记者的眼光，对大家的发言作了归纳，把每个人的特点都捕捉到了。

大致特点是：我们单位的严格管理每一位党员；中国科协的亮牌承诺；央广音乐台大众化公益化传播中施加影响；广电影科所的学习季、

数字化互动平台；新华社政文部的对外宣传与党建；央视海外中心的海德学吧平台；国际中广的人才成为党员、党员成为人才；黑龙江工委的分类激活内在动力活力；龙江狱政的关心关爱；上海工委的三感：感悟、感动、感谢和三力：涵盖力、渗透力、推动力；上海民政的社会组织培育；江西林厅的现身说法、当好"五个人"；江西工委的党建即做人和做人的工作。大家一致推荐张春旺组长代表全组发言。

晚餐继续延续中午的余兴。大家不在一个桌上。黄冲在主1桌，两位召集人在主2桌，小组大部分在9桌，还有一部分在10桌。恰好王新建、孙笑非同庚二人又分配在一起，石萍处长（中直工委组织部）为9桌桌长，也正好见识了我们四组。大家去四组成员所在各桌敬酒，好不热闹。

余兴未尽，组长再联系学校安排卡拉OK。因有人来约谈，未能参加，想必更为热烈，据说唱罢，二位同庚人驾车而去，明天笑非还要有运动会参加。

次日，组长发言，总结很全面，很有滋味。发言最后引用了华春玫的格言。

合格党员与业务骨干的不同：仅兢兢业业不够，需精益求精；只勤勤恳恳不行，需推陈出新；光自说自话不够，需群策群力；只独善其身不行，需众志成城。

爱工作，也爱生活：不期盼一蹴而就的荣耀／只相信滴水石穿的坚韧／喜欢天马行空，也愿意脚踏实地／我们没有穿越，我们努力超越／我们和你们不一样／我们拥有不同的岗位／我们和你们一样／中共党员是我们共同的名字

文本之外

本文是小组会上的部分发言和笔记，时间为2012年4月19日晚间。

2012年4月6日至20日，中央组织部、中央直属机关工委、中央国家机关工委在中直党校联合举办中央和国家机关党支部书记示范培训专班，单位要我参加，的确是一个极好的学习机会。我的培训学习汇报如下：

经部领导批准，机关党委安排我和党建杂志社支部苗遂奇同志参加中央国家机关支部书记示范培训学习一周。现将有关情况报告如下。

培训班基本情况 总体情况：按照中央政治局常委会“党的基层组织建设年”部署，本着“选优训强”原则，中组部、中直机关工委、国家机关工委拟组织五个班次，示范培训全国的基层党支部书记，分别是农村、社区、中小学、机关、高校、文化、科研单位、国企、非公企业和社会组织。本班次情况：名称为“中央国家机关基层党组织书记示范培训班”，参加人数197人，包括中直机关、国家机关各部委和各省（市区）选派的基层党支部书记，各省（市区）党委直属工委书记。

培训基本内容 领导讲话：李源潮同志在整个培训启动时发表重要讲话；王秦丰、赵凯、俞贵麟同志在本次培训开班、结业和专题经验交流会议上讲话。专题讲座：中央党校张希贤《保持党的纯洁性》，中央政法委段农根《加强和创新基层社会管理》。大型经验交流：机关基层组织建设经验交流，机关干部下基层经验交流，地方基层组织建设经验交流，计26场。座谈讨论：各小组分组讨论，全班专题讨论，计7场。我单位机关党委黄永生同志向培训班全体学员作了《深入群众，感受基层，努力提高服务基层的能力水平》经验介绍，受到充分肯定和高度评价；单位机关党委负责同志分别出席开班仪式、听取主题报告和经验交流专题会议。

培训班的几个特点 一是时机好，党的十八大召开之前，基层组织建设年活动之中；二是内容好，高层讲话、专题报告、典型经验各有侧重，相互补充；三是形式好，听课、交流、拓展训练丰富多彩，专题片、PPT、影像资料不拘一格；四是组织好，计划周密，材料完备，门类齐全，现场感强；五是效果好，中央机关、国家机关，中央、地方，相互启发，交流交友，有悟有得。

培训主要收获 一是分析形势，明确任务。阐述党建工作重大背景，基层组织建设重要意义，支部书记光荣使命。二是找准定位，强化责任。中央国家机关党支部的工作集中在两条，服务中心，建设队伍；支部书记一岗两责，一肩双挑，有苦有累，甘于奉献。三是扩展视野，拓宽思路。基层支部建设，山外有山，天外有天；不同行业，不同地域，不同环境，精彩纷呈；润物无声，落地有声，重在过程；各有千秋，各有路数，各有高招；看到差距，看到不同，也看到方向。四是提升能力，增强信心。更新观念，求新求变，创造性工作；认识上高度，工作加力度，效果求深度；党建工作有共性，开展路径有个性。

参加培训的体会 真切感悟：党建，基层组织是关键；支部建设，书记自身建设是关键；要长思不足、自我加压，要见微知著、防患未然，要带头学习、拓宽领域，要俯仰无愧、公道正派。真心感动：领导同志讲话语言平实，言简意赅，深入浅出，语重心长；专题报告切中问题，有的放矢，分析透彻，点拨到位；经验介绍内容丰富，举一反三，刻意创新，精神可嘉；组内交流一发而不可收，经验同享，感情共鸣，倾吐心声；组外活动齐心协力，团结一致，亲如手足，友情厚重。真诚感谢：学习环境优越，培训内容难得，相互交流充沛，提供的机会弥足珍贵。

科技期刊编辑的责任担当

每次面对青年编辑的讨论，我都感到是一次心灵的对话。因为，希望总在你们身上，心思也总在你们身上。

前天，我们单位征求意见的座谈会上，我谈了形式主义风气中，大话、空话、套话、熟话、官话连篇，就是不说心里话的问题。并初步查找原因，一是不愿说心里话，二是不会说心里话，三是久而久之，根本就没有了心里话。

我认为，我们要交流的所有内容所有话语，如果不是从心灵中流淌出来的话，就是对我们的事业、我们的未来、我们的社会极不负责任。因此，在观察和讨论科技、学术刊物以及诸多社会问题，经济、文化乃至政治问题时，我不希望强塞给大家一些莫名其妙的结论，或者用一些粉饰太平的优美字眼，只希望能够给予大家观察问题的视角、分析问题的立足点，无数小道理小环境之外的大道理大环境。

我羡慕年轻人的单纯和热情，做出版、做编辑应当永远保持这份纯真和执著。但社会是个复杂的构成，这个物质世界和精神世界的要素是多元的，它们之间的相互作用、相互影响也是瞬息万变、气象万千。我们的观察和分析，可以单纯但不能幼稚；我们的研究和把握，可以理性但不能掉书袋；我们的结论和成果，可以精专但不能偏颇。既然科技期刊，我们所有的期刊，毫不例外都处于现在进行时的状态，那么，我们不同角度的观察，不同层面的分析，不同类别的研究，显然不是多余，显然很有必要。

所以，我把今天对话的题目命名为：认知，想象与选择——科技期刊编辑的责任担当，或者叫作青年编辑如何面对未来。

一、关于认知

作为一个青年，在一个社会的一个时段中生活，叫大一点是时代，要接触这个社会，接触这个时代，形成正确的认知；要有观察整个社会的视野或者世界视野，全面深入看问题；要有时代的高度，俯瞰这个时代的诸多元素。这次群众路线教育活动，部长给我们上党课，讲了好几个生动的故事，不妨转述一下，与大家共享。

部长到印度考察。印度是我们的邻国，至今还与我们有边界纠纷。但在西方世界看来，印度是世界上第一大（人口最多）民主国家。印度1947年独立，我们是1949年建立新中国。半个多世纪以来，无形之中，中印之间，实际是在竞赛之中，大家可以看到的事实是我们遥遥领先。但作为两个相邻的大国，印度对我们的心态很复杂，边界问题，达赖问题，不断给我们找一些麻烦。20世纪60年代中印交战，据边境的同志讲，这仗打得很突然。印度打败以后，尼赫鲁（当时的总理）为此抑郁终生，直到现在印度人还在为这件事情纠结，怎么一打就败了呢。

部长一行到了新德里，发现街上除了人之外，牛、羊、蛇、猴，满街都是，到了外交部，猴子就在楼道里跑着玩儿，要说也是文化决定生态，人与动物共处，这里真正是和谐。同行的人开玩笑，与其这样，训练几个猴子搞情报肯定不错。

孟买是他们的大城市，人口和上海差不多。按世界标准，贫困线以下人口占60%～70%。孟买人很少到中国访问，不了解中国上海和北京的发展。他们的官员经常说，工作要抓紧，再不抓紧，上海就要赶上来了。对中国一点也不了解，印度到处充满这种情绪。

一般人的感觉印度比中国至少要落后15年以上。世界银行组织2010年曾经公布两国之间的2、4、6、10、20几个数字。

我们国家粮食产量是其2倍（他们土地都控制在地主手上），经济规模是其4倍，外汇储备、电视机等产量是其6倍，人均寿命高出10岁，外国游客数量是其20倍。人权方面，印度种姓制度十分严格，种姓之间不平等，差距极大；建设方面，速度极慢，一个立交桥没有七八年时间是建不好的；文化习惯当然没法挑剔，但也应当一提，城市里街面上乱哄哄，脏哄哄的。家庭中都比较干净，印度教奉行的是只要家里干净就行，脏东西扔到窗外就是。

部长问我们，这其中发展的差距难道与制度没有关系吗？起码要说，我们的道路、制度、模式比较符合我们国情。

再看看美国。二百年来，美国的制度、美国梦的确促进了美国的发展，使它成为世界上独一无二的超级大国。美国的发展和强大自有它的道理，但也绝不是人们想象中的尽善尽美。

第一，美国看起来是由两大党在轮流坐庄，其实他们的后台老板只有一个，就是由几大家族（世代家族）组成的经合会，通过控制美联储，把整个美国经济控制在他们手上。民主、自由、人权，爱怎么闹就怎么闹去吧，美国经济，包括世界经济，经合会抓得紧紧的，总是不撒手的。

第二，平等也是表象，是没有遇到问题。比如，抗议枪杀黑人马丁的警察无罪；连奥巴马都承认，很少有非洲裔的男子没有受过不公正的待遇；所谓网络自由，管网的法律比任何地方都多；斯诺登事件披露，美国当局以棱镜计划监视全世界包括他们的盟友，对谁都不放心。

谈到美国的表面强大，内心脆弱，部长讲了几个亲身体会的故事。

2011年美国副总统拜登到中国访问，专门提出要到四川访问，说要到川大演讲，到灾区看看。看灾区时，拜登一行打了折扣。青城山有个中学，灾后十个亿建设起来的，与NBA有个联谊活动。拜登去了，很想秀一把，结果在球场上大煞风景，连投了七个球都没进，最后播出来的进球，是另补上的。映秀是重灾区，离这个中学也就十七八分钟路程，早已安排好，可拜登说啥也不去。本来时间很充足，他宁愿下午四点半就回宾馆歇着，也不愿去映秀。问外交部怎么回事，回答说他们不想去；又问为什么不想去，说他们知道那边建得很好；再问，好为什么不去，说正因为建得太好了，他们不去。再追问为什么，说美国2004年飓风26万户居民无家可归，几年过去救灾还没救完，若拜登带了如此庞大的媒体队伍，去映秀一看，建得这么好，救灾这么彻底，媒体一播，奥巴马政府就会很被动。一个发展中国家救灾好了一些，超级大国就不敢看了。不想让媒体去，自己也只好不去。

中国汶川地震，这么大的灾难，美国政府只捐了区区50万美元，而且还兴师动众，赖斯国务卿来了，说小布什总统也要来。赖斯去都江堰看一个幸福小村，打前站的人讲，赖斯要当场（秀一把）表示爱心，说会到村上的小卖部拿一张美元买瓶矿泉水，不让找钱，要表示一下支援救灾。结果到了板房小卖部，赖斯先是掏出一张美元，一看是100的，又赶快装回去，换成了一张20的，递给商店老板，让人看了真的要发笑。

日本地震引起大海啸，救灾救了两年多，废墟还没有清完，坂城30万户居民的安置，大约还要七八年甚至十年才能完成。不是他们没钱，是他们有钱也做不到。联合国到四川开现场会，向全世界推广四川的做法。让部长——当时的省委书记介绍，部长心里很明白，你想学也学不到。四川灾后重建的关键不是原样复制，是脱胎换骨，是一步跨越二十年。最漂亮的是民居，最坚固的是学校，最现代的是医院，最满意的是群众。走到哪里，老百姓都喊共产党好、社会主义好。

部长讲了这些故事，叮嘱我们，要守住理想信念的主线，守住为民服务的命线（生命线），守住道德操守的底线。这是他所讲的“有守”。接下来讲了“有为”，有强烈进取精神，积极作为，主动作为，不断实现超越，讲了三个字，实（言必责实，行必责实，工必责实）、新（创新）、高（高标准、高质量），最后是“有担当”。在大是大非面前敢于担当，在急事难事面前敢于担当，在日常工作中敢于担当。归纳出“有守有为有担当”，才是做人的品格养成。要大家以此共勉，共同努力。

我想，从这些角度认知做人、认知处世、认知社会，对大家会有些补益的。网上有篇文章，叫《请不要辜负这个时代》，可找来一读，作者从个人的角度，提供了一些客观的认知社会的不同视角。

二、关于想象

中国人不乏想象。现在，人家都在讨论中国梦，梦也是一种想象。中国梦是对理想目标想象的一种比较形象的说法，通俗的说法，让老百姓好说好懂好记的说法。总书记讲得好：“我以为，实现中华民族伟大复兴，就是中华民族近代以来最伟大的梦想”。“历史告诉我们，每个人的前途命运都与国家和民族的前途命运紧密相连。国家好，民族好，大家才会好”。那么国家好、民族好又与什么相连呢？与世界的多元、多变、多极、多向发展相连。作为一个科技期刊青年编辑，恐怕最关注的还是这个世界上科学技术的发展变化的总趋势、总规律、总面貌。

昨天和希彤老师、延文社长交流，为什么美国强大，工业革命、科学技术革命走得比我们早，进行得彻底，形成系统的工业化，形成巨大的经济实力，然后才有政治和意识形态上的强劲辐射，才有军事上的国际警察，文化上的导出输出，也才有科学技术上的再发展再突破。这其中当然也有文化理念问题，比如，中国的杞人忧天，美国的异想天开。

说到做梦，我也有过想象。比如在街上堵车的时候，马路上的汽车长蛇一般，每台车总有成吨十数吨的重量吧，想象它们对路面产生的压强，形成某种势能，总应当可以通过科学的方法转化为动能，形成新的动力和能源。当然这只是空想。但是，专家们认为这种想象是有道理的，新一轮工业革命的热点，也涉及这个问题，它不是要把堵车变为一种能量的生产方式，而是追求每个家庭、每个建筑（难道不能包括马路吗）不再是单纯的能源消费者和消耗者，而且也能够成为能源的生产者和输出者。如果真的有这一天，我要申请发明专利，一笑。

美国趋势学家杰里米·里夫金2011年就出版了《第三次工业革命》一书，预言一种建立在互联网和新能源结合基础上的新经济即将到来，很多人赞许这一观点。英国《经济学家》杂志甚至认为其标志性产品是3D打印机，这一点倒不是大家的共识。

当然，我还是比较欣赏中国科学院院长白春礼先生的观点：两种驱动，现代化进程和社会强大需求驱动，知识与技术体系内在矛盾的驱动。两次科学革命，16、17世纪天文学、物理学等领域的科学革命（伽利略、哥白尼、牛顿等）；20世纪初，进化论、相对论、量子论等自然科学理论技术变革形成的科学革命。三次技术革命，蒸汽机、电、信息网络。因此，他的结论是，我们这个时代，正处于第六次科技革命的前夜。

前夜有三个热点——信息技术、新能源、智能化。能源的生产和消费要有重大变革；云计算、大数据、虚拟现实、移动互联网、物联网会形成信息技术应用模式变革；智能化则是除了上面说过的家庭和建筑产生新的能源地之外，还有材料的精确设计，制造过程的智能化和柔性化，以及高效、清洁、可循环。

作为科技期刊编辑，我们该想象点什么？专家建议：1）重视战略高技术的前瞻部署，抢占未来竞争制高点；2）加强技术预测，提高战略与技术发展的预见性；3）聚焦信息产业、生物技术、新能源等可能发生变革的领域，出台技术和产业路线图，制定各阶段量化标准。我想，我们各学科各专业期刊的考虑和谋划应当更细致更具体。

我还关注到，未来这次工业革命，将会形成的三个特点：1）产业边界模糊化，这一点，延文社长已深有体会；2）大规模生产向定制化生产，工厂化生产向社会化生产发展；3）依靠新的产业群和经济增长点，重塑全球产业体系。与之相呼应，IBM负责人认为：“新一代信息系统将从以过程为中心计算，转向以信息为中心具有自学能力的认知计算；未来的创新，将不能只在实验室独立研发，而是要走向市场、走向各行各业的实际应用场景、走向问题的发生处，通过跨行业的开放融合，以及系统整合的方式来创新。信息科技的突破性变化，将集中在如何与其他行业实现更深度的整合上。”

7月28日，延文在沈阳召开的会是不是正好体现了这些特点。我希望，作为青委会主任，延文不仅要到各大学去讲，而且要在我们这样的会议上，多介绍介绍自己的心得体会。（如果真能实现，我们将建议总局，给大家算双倍的学分，以解决类似刚才会场上出现的学分纠纷。）

那么，话说回来，我们的科技期刊，想象到这些变化了吗？把握着这些趋势了吗？科技创新要求我们更个性化、专业化，同时又要求我们更集合、整合、融合、聚合，我们该怎样去想象。

三、关于选择

我们在认知部分讲了大势大局的认知，高层面的认知，实际上也是在说选择。历史在这一个阶段选择了这样一个社会制度，这样一种文化方式，这样一类生活场景，也让我们有了这样一套谋生与服务的本领，这是选择的结果，这是立事之基、立身之本。

我们在想象部分讲了对第三次工业革命，或者说第六次科技革命的憧憬，这也是一种选择，我们将选择更有利于人类生活的方式为发展路径，为理想蓝图，为未来所在，也正是在这种大趋势、大变化、大革新之中，我们延续、拓展自己在科学技术方面的求索和探讨。这是立志之标、立业之本。

我还想谈谈对于我们科技期刊编辑更重要的选择，这是我们做出版工作、做编辑工作的核心理念、核心竞争力、核心价值所在，我们的所谓立事立身立志立业都要通过“选择”，通过这样的“选择”来具体呈现。

最近，关于科技期刊的发展，中国科协给党中央写了一份报告，领导同志做了批示，话是这样讲的：

科技期刊是国家创新体系的重要组成部分，是科技创新成果交流传播的主要载体，是培养科技创新人才的重要园地，是争夺国际科技创新知识产权的重要平台。中国科协实施精品科技期刊工程和优秀国际期刊项目取得积极成果，很受科技界人才欢迎、赞成，在财政部支持下，由中国科协牵头，联合教育部、科学院、工程院和有关部门，从今年开始实施科技期刊国际影响力提升计划。努力使我国科技期刊在国际学科排名有显著提升，初步形成一批在国际上有较强影响的一流科技期刊品牌，进而争取到 2020 年，形成名列学科前列的国际顶级科技期刊群。

中央领导同志要求：

支持精品科技期刊工程，努力办出更多优秀科技期刊。

科协报告提出的基本思路是“整体规划、分类实施、激励引导、扶优扶强，重点支持，奖励进步，协同创新，合力推进”。计划每年创办 10 种代表我国前沿学科，填补学科空白的高水平期刊。

我想，要完成这样的任务，实现这样的目标，最重要的还是我们做编辑的“选择”功夫。如何在林林总总的各项研究、各类报告、各种成果中选择出来能够形成科技创新的文章和见解来。

昨天和延文社长谈过之后，我十分明确地感到，我们的选择，除了保持内容的先进性、前沿性、创新价值之外，还要在传播方式，在传播所形成的更广泛的效果方面做出更多的选择，真正把科技信息服务做成全方位、全媒体，做在产业发展技术发展的全过程。我们无法安居于过去的案头工作，还要走出去，联合一切可以联合的要素，利用一切可以利用的因素，开掘促进我们长足发展持续发展的更多元素，做大做强我们的信息服务、信息传递、信息支撑，做大做强我们的科技应用、科技普及、科技服务、科技延伸。上次和延文社长聊时，他们的纸本之外的服务收益接近 30%，而如今已经超过 40%。当然，我知道，这与爱思唯尔 86%的数字化信息服务的比例还有不小的距离，但他们的增长，让我看到了希望，看到了曙光。

于是，我们的“选择”，就有了这么多的内涵——主题，对内容的选择，同时对内容形成方式的选择；主业，对服务的选择，对服务方式种种的选择；主打，以我们的知识提炼提升影响整个产业，影响整个经济社会，乃至于影响和改造整个精神文化社会。

期刊是不朽的。因为我们的选择，它们存活于纸介媒体之中；因为我们的选择，它们在数字介质中重生；因为我们的选择，它们在更多的服务之中，把我们选择的结果放大、扩展，产生更多的效用和效益。期刊编辑将在这不断的选择之中，永葆锐气，永远持续，永远年青。

如果说，坚定的理想信念来自于对科学理论的理性认同，来自于对历史规律的正确认识，来自于对基本国情、世情的准确把握的话，那么，下一步的顶层设计、统筹谋划，将会指导我们牢牢把握科技革命和产业变革可能发生的方向和重点；将会帮助我们客观研判可能发生变革的技术和产业，出台创新战略，完善战略布局；将会带动我们提高自主创新能力，培育竞争“内核”，迈入科技强国的行列。

正如美国副总统戈尔所讲的，“我认为中国已给世界留下深刻印象，甚至远远超出人们的期望。中国曾经是世界上最大的经济体，但在欧洲和美国陆续经历工业革命之后，西方国家利用新工业领域和科学领域的技术革新，开始占据了世界主导地位。互联网时代，信息在全世界得到了更加广泛的分享，我们正在经历数学上所称的‘回归平均数’。简单来说，就是我们正在回归到过去的主导模式——世界上拥有最多人才的国家会拥有更多的经济实力。谁也不能预言中国的未来将会怎样”。“但是，如果人们的才能、创造力和追求公正的欲望都得到尊重，在这样的前提下，中国的未来看起来非常光明”。

早餐时，有幸和我们军医大学的老师、她的母亲和孩子同桌，听她讲了学报的“日子”，第一次有了绩效工资，生活过得还可以，只是担心不可持续。我希望这种日子能够延续，也希望在这样的延续之中，大家能够像延文社长的团队那样，不断开拓，不断升华，找到自己长足发展的契机和窗口。

关于改革，还想再多说几句。看到昨天的报道，习近平同志前天在湖北讲：应对当前我国发展面临的一系列矛盾和挑战，关键在于全面深化改革。必须从纷繁复杂的事物表象中把准改革脉搏，把握全面深化改革的内在规律，特别是要把握全面深化改革的重大关系，处理好解放思想和实事求是的关系，整体推进和重点突破的关系，顶层设计和摸着石头过河的关系，胆子要大和步子要稳的关系，改革、发展、稳定之间的关系。

期刊改革，昨天公布的数字是已经有3363种完成改革任务或基本完成，所有期刊总数是9884种，目前的量占了足足三分之一。对于学术期刊、学报的改革，有可能是以后在数字化的背景下的另外一种整合。大家要向自己的数字化变革要出路、要效益、要生存。时间到了，原谅我不再展开。

如果说年轻人一定要有担当，科技期刊编辑一定要有担当，我想，这责任、这担当将会在才能、创造力、公正等诸多优势一一展现之中，得到圆满和精彩的实现！

谢谢各位年轻的同事，希望永远属于你们！

文本之外

发言于2013年7月27日上午，科技期刊青年编辑讨论会。会议开始时还有一次简短致辞：尊敬的大力处长、亨君理事长、希彤秘书长、王强理事长，尊敬的中国知网和爱思唯尔嘉宾，尊敬的延文主任，延刚、方梅、宏伟等各位副主任，尊敬的各位与会编辑、各位嘉宾，大家上午好！

非常高兴，又回到期刊青年编辑中间。尽管年龄不可逆转，容颜必须老去，步履不再矫健，但一颗年青和执著的心可以长久保存、长久拥有。

所以，我们仍有对话的可能、对话的基础、对话的机会。愿大家永远年轻，把青春的活力、把不懈的追求、把坚忍的毅力保持到永远。

感谢青委会让我回来，来到内蒙古凉爽的夏天，来到聚集呼市的各位年轻同事中间。预祝会议圆满成功！祝大家在草原愉快！也请大家代我问候同行的老人、爱人和孩子，真诚祝福他们！

百福日的蛇足

《三联生活周刊》老总朱伟先生的《微说节气》中记载，我们今天开会的日子，农历腊月十二，两个十二相遇，是“百福日”——殃销祸散百福并，千禄百福，便子孙千亿呢。在我们的会议开始时，我提到了这一节。但还有一段话没有引出。

有关十二，有趣在这个说法。天有四时，以制十二月。人亦有四肢，以使十二节。首之属：顶、面、颐；身之属：肩、脊、尻；足之属：股、胫、足。

这使我联想到我们的学习。我们以前的阅读和聆听，大约是入目、入耳。而我们这一次的深度阅读、充分讨论、反复切磋、精细研究、经验交流、联系实际，分明是分别作用于首之属——入脑，作用于身之属——入心，作用于足之属——入行。

入脑、入心、入行，古人讲天人合一，人有了精神，可以作用于四肢、十二节，当然也影响到四时、作用于天。这也是一种天人合一。

会议开始时，我说过，来到这里，大家都是老师，大家都是学生，十八大精神是我们的教材，八个主题词是我们的课程。现在可以这样说了，在座的二十四位老师都很辛苦、很努力；在座的二十四位学生都很用功、很勤奋；十六个课时的研究、探讨，都进行得非常精彩、非常扎实。我们达到了预期目的。

我们是一个短平快的研修班，但也有一些深度；我们是一个畅所欲言的微型论坛，但也有一些广度；我们是一次坐而论道的聚会，但也有不少实际操作；我们是一个交流沟通、彼此了解的小小平台，当然，今天只是把纽带拉上，更多的还是在以后的工作中维系、束紧。

尽管刚才桂明总编的发言中，已经有了很精辟的总结的味道，课间休息时在走廊上，毅敏处长也有很精彩的归纳，我还是要再啰嗦几句：学习领会方面，认识有延展，理解有深化；贯彻落实方面，经验有交流，效果有共享；媒体传播方面，方法有研究，方式有切磋；改革发展方面，探索有收获，建议有提出。

谈一点我个人的感受。

1. 学习无止境，探索无止境，研究无止境

1）我国社会主义还处在初级阶段，我们还面临很多没有弄清楚的问题和待解的难题，对许多重大问题的认识和处理都还处在不断深化的过程之中。世界上没有放之四海而皆准的发展道路和发展模式，也没有一成不变的发展道路和发展模式。我们的事业越前进、越发展，新情况、新问题就会越多，面临的风险和挑战就会越多，面对的不可预料的事情就会越多。

2）我们必须增强忧患意识，做到居安思危，懂就是懂，不懂就是不懂；懂了的就努力创造条件去做，不懂得就要抓紧学习研究弄懂，来不得半点含糊。也就是孔老夫子所言："知之为知之，不知为不知，是知也。"

3）清醒认识世情、国情、党情的变和不变，永远要有逢山开路、遇河架桥的精神，锐意进取，大胆探索，敢于和善于分析回答现实生活中和群众思想上迫切需要解决的问题，不断深化改革开放，不断有所发现、有所创造、有所前进，不断推进理论创新、实践创新、制度创新。

2. 提高理论创新能力，提高从容应对能力，提高传播影响能力

1）不断创新。一方面是要打破陈规陋习，挑战潜规则，破除老规矩，另一方面探索新规律，形成新规则，建立新规矩。我们都在读《旧制度与大革命》一书，只有冲破旧制度的羁绊，才能推动社会进步、文化进步，推动一个时代的进步。这其中理论进步是基础。

2）应对自如。充分考虑受多元文化的影响，意识形态管理方面的十分复杂性。突发事件应变，要始终保持理智、理性、清醒，既要及时、准确，又要得体适度、不卑不亢、不节外生枝。这里，需要强调的是，对于党的基本政治路线、重大原则问题、重要方针政策的宣传引导，要按照中央的要求，一定要有正确的立场、鲜明的观点、坚定的态度，绝不能似是而非、模棱两可，更不能沉默失语、没有声音。我们不能曲解不争论的要求，更不能把让错误思想观点横行误认为是包容，政治上的旗帜鲜明是我们工作的最基本要求。

3）扩大影响。期刊的市场拓展、品牌擦亮、受众扩大、口碑建立、偏好适应等一系列工作，都有赖于正在进行的体制机制改革，有赖于政策和人文生态环境的改善，有赖于刊社内生动力的激发。期刊扩大影响，最根本的在于自身的质量和分量，在于自己对外部信息的精心选择，在于自己在信息服务方面的创新和重组，在于编辑记者自己的观察能力、分析能力、识辨能力和表达能力。这是所有刊社的核心竞争力所在。

提升综合能力，取决于高视点（立足点高）、大视野（眼界开阔）、长镜头（长远、前瞻、历史）、深谋虑（深层次文章、深度报道来自深刻观察、深入思考、深层把握）。

3. 管理也是服务，主管主办、协会学会、总编主编对整个队伍而言，最基本的工作是服务

1）在编辑记者团队中，力求形成更多的共识，力求大道理上的共识，力求基本原则上的共识，在珍爱珍视珍重自己品牌上达成共识，在生存饭碗、立足之地、献身事业上达成共识。

2）带队伍，首先是爱队伍。人都是有血性和感性的，管理者要善于从一线编辑记者身上，从他们的言谈举止中获得感动；对队伍的指导和引导，要善于在身体力行中融入深情。不爱士兵的将军，不是好将军。这种爱，有时也表现为一种“恨”，一种严格、严肃、严谨，但更多的是包容，是宽容。用平视的目光、平等的对话、平起平坐的讨论、平心

静气的交流，建立起信任和共识。让队伍中的每一个人体面地、有尊严地，在不断的追求中，找到晋升的台阶，找到事业的归属，找到理想的寄托，找到成就感和荣誉感的维系。

做文化，做出版，做期刊，成为物质和金钱的大富翁不大可能，成为精神富翁，事业大成就，至少专业大长进，完全有可能。那些视编辑记者为草芥，招之即来、挥之即去的心理，那种始终认为刊社是铁打的营盘流水的兵的看法，是办不好刊社的，是办不出大刊名刊的。你要员工忠诚，你必须对员工厚道、厚实、厚重，给予他们所需要的，回应他们所盼望的，帮助他们所欠缺的，着急他们所紧迫的，想着他们所不曾想到的。

其次是练队伍。大家各有高招，我不啰嗦。

再次是壮队伍。招兵买马，招精兵，买骏马。

几句寄语。

期刊是经济、政治、文化、社会和生态文明建设的主阵地，是大众传播的主要媒体，在座的各刊社，各位所属所联系的刊社，是建成小康社会的主力军。使命重大，责任重大，任重道远。

刚才杨博士自谦把自己的发言比作狗尾续貂，有点过于谦虚。不过，即将到来的新的一年是农历蛇年，乡下一向把蛇叫做小龙，所以，也可以套用龙马精神、龙飞凤舞、龙腾虎跃等等。我不敢奢望变蛇为龙，大家的研究和讨论已经这么好，我只希望，自己的这些话不是画蛇添足，如此而已。

谢谢大家！给各位拜年，祈祝万事胜意，阖家幸福，身体健康！

文本之外

2013 年 1 月 21 日至 23 日，在八大处培训中心，举行新闻时政类期刊主编和主管主办部门负责同志研讨班，此为结束时的发言。

东 篱

教我如何不想她

让图书“长”出声音

敢向台湖问世界

阅读的位置和意义

影画新境界：书的厚重与狂舞

时代与书画艺术同行

教我如何不想她

中国人心目中，神的概念是复杂的、多元的、丰富的。为了应对大自然的变幻万千、千头万绪，有多少元素和物质，我们就有多少神；有多少事情和想象，我们就有多少造神的活动。女娲补天是其中隽永和精彩的传说之一。读了《耳蜗》一书，我的第一感觉就是，那些拯救孩子们——拯救失聪者、听障人，或者叫聋哑人——脱离无声世界苦海的人们，无论是科学家、企业家、政治家，还是大夫、老师、家长和无数热心人士，他们都是当今社会上的神，是当今时代补天、弥补自然之缺、塑造天人完美的神，是我们现实生活中，我们日常岁月中可闻、可见、可触、可嗅的真正女娲。当催人泪下的文字演绎成扣人心弦的声音在耳边响起，当感人肺腑的叙述勾勒出激动人心的画面在眼前呈现，当爱与善的心迹写进人们脑际的星空轨道，写进意识形态之上和之下的境界，我的眼帘模糊得迷茫，我的耳际清晰得寂静，我的心底幸福得酸楚。我仿佛是和那些孩子们一起，第一次享用人世间、自然界的天籁，并由此而震撼，而陶醉，而眩晕，而舞之蹈之。说真的，面对如此炼就补天的五彩石子的女娲们，教我如何不想她！

古代的神，都是个人英雄主义者。他们神通广大，功能强悍；他们手眼遮天，法力无边；他们保佑四方，回生有术。如今的神，都是集体英雄主义者。我面前的女娲们，是一个完整的不容分割、不可分离的整体，爱和善的纽带，情和真的桥梁，扛和担的臂膀，把他们牢牢焊接，牢牢维系，牢牢挽起。在这个拯救链上，少不了任何一个环扣，少不了任何一种部件，少不了任何一点细枝末节。于是才有了施惠于聋哑世界的大恩大德，驰骋于无声世界的有声战役，弥补于痛苦缺憾的贴切相助。不，从某种角度讲，患儿，受惠者，爱抚与拯救的受体，孩子们、失聪人本身，也是这链条中最不可或缺的部分。没有他们，爱心无以寄托，真情无法施展，善事无法成立。应当说，是他们让我们成就了为了人、帮助人、施惠人的事业，同时也成就我们弥补自己不够完整、不够鲜明、不够真善美的人生。假如我们能真正读懂这部力透纸背的《耳蜗》的话，我们同样深深感激每一位患者，正是他们的恩德和赐予，使我们的故事真正成立，使我们的社会由不幸走向有幸，使我们的世界由残缺逼近完美。如果一定要说拯救的话，是他们的存在，拯救了我们现实世界中残缺的文明、文化，残缺的心灵、心理，残缺的道德、规则，残缺的人际关系、人情世故。他们是这个女娲集体中最重要的成员之一。他们让人世间的文明救赎成为可能、成为现实，让理想、让梦想、让幻想屡屡成真。平心而论，他们对这个世界的帮助，比我们每一个健全人的贡献更为宏大、更为艰巨、更为深刻。说真的，面对如此成就道德施受、规则重建、文明复兴、人伦人性苏醒的患者们，教我如何不想她！

自然界永远是一个奥秘无穷、神奇无尽、魅力无边的地方。人体世界同样体现出大自然的所有特征，让人们探索不止、追求不息、感叹不已，让补天的女娲们形成自己的组合，形成自己的发明和创造，形成一个又一个人间奇迹。我们钦佩于克拉克的发明，钦佩于韩德民的执著，钦佩于王永庆的慈善，钦佩于崔玮兰的坚韧。总之，《耳蜗》书里书外所涉及的任何人物，都让我崇敬、仰慕；他们任何一个微小的细节、举止，都让我怦然心动。我因此而感激用文字语言去塑造、去真实记述这些女娲补天故事的文勤主编，感激记述妙笔生花，叙写栩栩如生，复原故事场景波澜壮阔的丁冬、章江红作者。我们同样感谢编辑、出版、推广了这么一部大书的肖占鹏、张云峰、甘以雯以及各位同事同仁，他们以出版者的良知，以编辑家的匠心，以传播人的操守，为我们时代放歌，为我们社会注释、解读、矫正，为我们的作者和读者提供如此亲切缜密的穿针引线，如此呕心沥血的精良服务，如此脍炙人口的上乘佳作。如果说是社会、时代造就了今日之神女娲的话，那么，是他们和作者、编者一起组成了女娲脚下延展至蓝色天际的铺路石。面对他们的奉献、劳作、辛苦，面对他们的热情、热心、热望，教我如何不想她！

谨以此文献给《耳蜗》，献给耳蜗事业，献给所有的当代女娲们！

文本之外

副题为“《耳蜗》读后”。写于2012年6月7日早3时，改于2012年6月9日晚6时。

关于本书的内容提要：点燃爱的火炬，传递生命感动，倾诉人间真情。作家历时数年采访创作、出版社精心打造的长篇纪实文学《耳蜗》，全景展现了人工耳蜗在我国近20年的发展历程，诗意盎然地讲述了成千上万聋儿回归有声世界的真实感人故事。体现出党和政府对残障人的深切关怀，对社会福利事业的巨大投入，体现了社会各界关爱失聪者、救助残障人的善举，是洋溢着时代精神和民族美德的大爱交响曲。随着科技进步和经济社会的全面发展，我国有能力帮助更多残障人士享受高科技福祉，回归自然和完美，赢得社会尊严和正常人的健康生活。全书处处闪烁着高尚的人性光辉，是对我国人权现状的正面展现，是对建设和谐世界的有力宣示。《耳蜗》市场旺销，两个月内达38000册；引发媒体热评，形成一道令人怦然心动的文化风景线。

百花社甘以雯老师的盛情邀请，无法谢绝，遂以书评相送，不想引出许多故事。据说央视著名播音员在座谈会上，声情并茂朗读完这篇短文后，全场引起掌声。十分钦佩甘老师的敬业精神。

让图书“长”出声音

刚才听了宁丰社长、权胜主任的介绍，听了子忠台长、建恒老总的致辞，观看了视频化的报道剧片段，让我浮想联翩。我们会议的主题叫“飞天颂”，是因为我们实现了飞天梦，我们把航天人称作寻梦者。我想，这些都是与人类的梦想和理想有关。

理想实现　前不久，有机会和航天科技集团的同志交流，共同回忆了我们这一代人，在初中、高中时期反复吟诵过的，伟人毛泽东“可上九天揽月，可下五洋捉鳖”的瑰丽诗篇。当时，我们十分感叹诗人豪迈、阔大的心胸，乐观的革命浪漫主义精神，领袖总是能够撰写出伟大的理想，描画出绚丽的蓝图，激励我们、鼓舞我们、鞭策我们去创造，去探索，去叙写新的篇章。到读大学、读研究生的时候，自以为看破红尘的我们已经很现实了，现实到能够理解西方作家昆德拉“理想在别处”的道理，似乎理想成了永远可望而不可即的地平线。虽然，我们没有放弃脚下的努力，但心中的理想目标已经不是那么光彩夺人、新鲜无比，不是那么牢靠、具体和实际。

如今，面对神舟九号翩然升空、天宫一号欣迎来客、空间交会即成现实、中国航天史将翻开新的一页之际，面对深海蛟龙，把下潜刻度定在7000米以下，“飞流直下三千尺”之时，我们可以真诚地宣布，伟人的预言，老一代的梦想，我们实现了，我们做到了！远大理想、辉煌理想的实现就在当下，就在今天，就是近在咫尺的明天。中国人，中国的科学家，中国的航天人、探海人，把九天揽月、五洋捉鳖真正写进了中华民族兴盛复苏的历史之中，写进中国进入世界先进前列的历史之中，写入了中国人无愧、无憾、无上光荣的历史之中。中国应当对人类有更大的贡献。中华五千年不曾中断的文化和历史，举世无双；中国人创造的经济奇迹、科技奇迹、文化奇迹乃至于政治奇迹——中国模式、中国道路、中国崛起，同样举世无双！当然，航天探海的成就远不止物质层面这些内容。

凝神聚气　驾鲲鹏，缚蛟龙。理想与现实在此刻交汇，历史与今天在这里碰撞，精神和物质在科学探索过程中共同升华。中国航天取得重大物质成果的同时，更在中华文化史册中重笔浓墨，增添上光照千秋的航天精神。这笔宝贵的精神财富将与飞天揽月实践一起，成为中华民族团结奋进、再创辉煌的内生动力，化作人们躬身事业、创造奇迹的附体之魂。中国航天科技集团、中国宇航出版社推出的长篇纪实文学作品《天魂》，就是讴歌航天事业崇高精神，记叙航天人感人故事，描写无数追梦人壮丽人生的佳作、精品。

航天人、航天事业中一个重要组成部分——本书的作者、编者和出版单位，以数理逻辑的缜密思维捕捉形象思维的蛛丝马迹，把一篇篇航天故事写得气壮山河、栩栩如生，把一个个航天人的英武形象刻画得个性鲜明、活灵活现，把一幅幅航天场景叙述得淋漓尽致，让人流连忘返，把深深渗透着的特别能吃苦、特别能战斗、特别能攻关、特别能奉献的“四能”精神，立此存照，永载史册。

《天魂》丰富多彩，是一部问天、读天、叙天、聊天的大书；《天魂》凝神聚气，是一座写人、记人、颂人、立人的丰碑；《天魂》力透纸背，体现出的人文精神，是一种跨地域、跨历史、跨意识形态、跨时空的永恒精神。只要有了书中渲染和挥发的“四能”，一切人间奇迹都能创造出来，美好的未来和理想，永远在逐步实现之中。感叹我们的创作团队、编辑出版团队，用如椽的历史大笔，摹状如此神奇的航天佳话，让崇高精神铸造的灵魂，在字里行间闪烁、生辉、光照人间。《天魂》是一本难得的好书，是有着更多开掘、拓展、延伸价值的文化富矿。

强强联手　我曾经和不少出版界的友人多次讨论过中国出版业的不

足，天生的不足。其中之一就是出版者和出版家们忙于营造传统的纸介媒体、平面媒体，常常忽略流媒体，忽略音频媒体、视觉媒体。我们重视于抱一本书一气读完的忘我境界，那种沉湎于书中的孤芳自赏，不能说不是一种境界。但是，出版人不应当忘记在人们五官感知的接受之中，还有更重要的视觉和听觉的享受，还有声音惠顾的美好感觉，声音的激荡，同样可以让人热血沸腾，心海如潮。

航天科技集团不仅用航天精神去组织《天魂》的编辑出版，而且，把航天精神中的“大力协同”用到了极致，他们敢于打破传统界限，联手中央人民广播电台，为好的故事、好的情节、好的作品、好的内容找到了更好、更多、更丰富、更精彩的表达方式和传播方式。中央人民广播电台的同行们不负使命，精心打造出这样一部大型广播纪实报道剧《天魂》，让航天精神在播音艺术家们的声波之中复活，活出更多精彩，传送更大动静，播放更广世界。

历时两个多月的日日夜夜，我无法一一叙述广播电台的同事们如何以自己职业的天分和特长，如何以自己敬业的忠诚与执著，重新创造有声《天魂》的故事；无法一一描写电台的记者、编辑、播音员们如何以航天精神采写、编辑、制作《天魂》广播剧。但我知道，正是他们的再创作、再创造，让文字流动起来，让描写鲜活起来，让记叙空灵起来。他们通过无形的电波，把精神有形化，把人物具象化，他们以声调的抑扬顿挫，以音色的浑厚圆润，以语气的声情并茂，以现场的真实动静，让报道有声有色，让讲解先声夺人，让描述情景交融。他们把心血融入声波和电波之中，让故事走进千家万户，写进天地间的每一方寸，充溢岁月的每时每刻。航天精神因此更加抖擞，更加显赫，更加普及；航天文化因此更加丰富，更加动人，更加深入。图书版的《天魂》长出声音来，飞出翅膀来，真正应合了古人的“落霞与孤鹜齐飞，秋水共长天一色”，强强联合，形成的是一种至真、至臻、至高、至美的境界。此刻我真的有点迫不及待，想瞬间领受完 37 集报道剧之中的无限精彩、无穷魅力、无上幸福。

感谢航天人，你们创造了奇迹，创造了可歌可泣的精神，有了你们的故事，才有了我们的图书和节目；

感谢航天出版人，有了你们出版的《天魂》，才有了故事的传颂和阅读；

感谢广播事业人，你们的再创造，为作品和人物添光加彩，为故事传达的精神鼓翼展翅；

感谢所有的作者、读者、听众，大家在接受之际、在感动之际、在陶醉和陶冶之际，正是要在这催人奋进的鼓点角之中再接再厉、再创辉煌！

文本之外

写于2012年6月13日晨4时至6时。7时半，宁丰社长接我赴会。发言于9时半开始的、两家联办的“飞天颂”——37集广播纪实报道剧《天魂》首播仪式。

开场敬辞：尊敬的孙家栋院士，尊敬的国资委、国防科工局、中央人民广播电台、航天科技集团、长城集团、宇航出版社各位领导、各位同事，尊敬的科技界、航天界、出版界、广播界以及媒体界各位同仁、各位朋友，大家早上好！首先请允许我向在座的各位航天人、出版人、广播人、媒体人和各位管理者致以深深的敬意！大家辛苦了！

最后，孙院士的寄语语重心长、耐人寻味。他说，我就是一个科技工作者，没有准备，没有稿子，不会讲那么多华丽的词汇，不会赋。我想说，中国航天事业的成就是大家共同努力的结果，是几代人共同努力的结果。我个人只不过是在其中做了自己应当做的一些事情。如果说，航天界与广播界的合作，东方红一号卫星上天之后，所传颂的五个小节的音符，地面上的一般音频接收器是收不到的，我们的特殊设备接收之后，是靠了广播电台把它传遍千家万户的，那是我们最早的合作。朴实的语言和事实，让我听了耳热心跳。科学大家，一言一行、一举一动都是楷模。

敢向台湖问世界

秋天是北京最美好的季节。秋天是自然界植物、生物成熟的季节，也是文化界、出版界收获成果、展示丰收的季节，所以我们都叫做金秋。

金秋时节，北京发行集团承办的台湖国际教育图书展隆重开幕，新闻出版总署，北京市委、市政府领导莅临，各界朋友嘉宾光顾，名家咸集，群英荟萃，佳作琳琅满目，精品汗牛充栋，让这个季节显得更加丰满、丰盛、丰富。

刚才，世界杰出的出版公司美国圣智学习出版集团董事女士，用了“很好”“最好”等字眼来形容北发——北京发行集团的服务，形容台湖——北发的门户和窗口的价值和意义。我想，这也正是晓宏署长、鲁炜部长特别乐意听到的，特别希望看到的，特别期冀做到的。我对此的理解是——

台湖是读书人心仪的天堂。五大洲上百万种图书在这里来来往往，既凝结着作者的心血．又寄托着出版者的希望，最终唤起读书人的梦想。

刚才，京西国际学校校长杰夫·安德鲁斯则表达了“主办方应将这样的国际教育图书展办成每年一届中外教材交流展销平台”的迫切愿望。我想，这正是台湖人所不懈努力和争取的方向，阅读是我们共同的服务目标，发行和销售是我们共同运作的路径。我对此的评价是——

台湖是出版人、教书人实现理想的桥梁。没有无数发行和销售工作者的辛苦，任何图书都不会长出翅膀。无论是渠道的养护，无论是零售终端的服务，只有通过这座桥梁，阅读才成为可能，教书、读书、育人才成为可能，文化的融合、发展和繁荣才成为可能。

刚才，北发集团郑总经理讲到了文化的碰撞与融合，不同的文化选择，都可以在这里找到知音和同伴，找到精神的寄托和理想，这首先是因为这里体现了文化的多维、多向、多样，国际化、多元化在这里得到充分张扬。我对此的认识是——

台湖是文化链接的纽带。国际教育图书展是台湖人实实在在走向世界，实实在在服务不同国家、不同民族、不同地区、不同读者的实际行动。文化事业无边界，教育事业无鸿沟，出版事业无止境。友谊使者不分你我、彼此，大家因为一个共同目标走到一起来手挽手、心贴心、情融情，让这关系更亲近，让这纽带更紧密。

在国际化、现代化、市场化、数字化向中国出版业走来之际，我们越来越认识到服务也是产品，传播就是硬道理，合作是永远不朽的话题，和平与发展是我们的最终目的。北京发行集团，台湖人，以自己优良的服务，履行文化传播使者的神圣使命，会把合作的事情做得更好，会把促进世界和平发展的事业发展得更为兴盛。

台湖国际教育书展将成为中外文化交流与合作事业中一块亮丽的品牌。让台湖这座品牌联结五湖四海，走遍四海五洲。预祝台湖国际教育书展圆满成功！

文本之外

开场敬辞：尊敬的阎晓宏署长、鲁炜部长，女士们、先生们、朋友们，大家上午好！

会议的有关报道。

由北京发行集团主办，北京市图书进出口有限公司、北京台湖出版物会展贸易中心承办的“北京台湖国际教育图书展”，8月30日在北京台湖出版物会展贸易中心开幕。这是国内首次举办的专场外文原版教材教辅图书书展。众多国际知名教育出版机构的出版商代表和国内 30 余个省市地区的 150 多个国际学校以及公立学校国际部的上千名教师、外教专家学者和外语爱好者参加了书展开幕式。

书展重点陈列来自英、美等国的 48 家国际出版集团、380 家国际出版社的 4 万余种进口外文原版出版物，特别邀请英国培生教育集团、美国斯科拉斯提克教育出版集团、美国圣智学习出版集团、英国牛津大学出版社、美国麦格劳－希尔集团、美国霍顿米夫林国际有限公司、英国 ITA 教育代理集团、英国莱特出版社、英国卡尼特出版社、英国霍德教育出版社、英国新星出版社、新加坡 WMG 出版集团等 12 家国际最知名的教育类出版集团设立专区展示展销最新版教育类图书。本次书展现场展出的教材全部都是与国外教学同步的小学、初中和高中各个级别的最新出版的全品种读物，还为学校老师配套展出了国外丰富的教学辅助材料作为课件配套体系，如：教师手册、习题解答、题库、课堂教学光盘、学习指南、教学录像等。

前来参加本次书展的耀中国际学校校长韦恩理·查德森深有感触地说：“此次会展为解决国际学校和国际出版社的供需提供了很好的平台，解决了学校以往在采购教材时遇到的采购教材品种单一、与国外教材不能实时同步等困境和难题，校方可以根据需求选择到最适合的教材。”京西国际学校校长杰夫·安德鲁斯则表达了“主办方应将本次国际教育图书展办成每年一届中外教材交流展销品牌活动”的迫切愿望。开幕仪式上，来自国际学校的外籍学生还进行了颇具异国情调的现场表演。

阅读的位置和意义

刚才王总经理讲到，北京地坛中国国际图书节刚刚谢幕，大家今天来到台湖，分明是在做一个总结和回顾；我还想说，宁夏银川全国书市即将开幕，大家到台湖来，是在为书市热身，台湖在为中国书业一年一度的嘉年华暖场。

四月、五月、六月，注定是中国读书人、出版人、发行人、图书馆人的盛大节日。四月的阅读日，五月的图书节，六月的全国书市，一波接一波，书潮逐浪高。环顾书业书潮，台湖分外妖娆。台湖是中国书业的缩影，台湖是中国书业的凝结点、蓄水池、聚宝盆，是中国书业的标志性品牌和最优层次的集散地。台湖已经成为中国文化发展、文化建设一道亮丽的风景线，成为中国文化人心目中的一块风水宝地。通过台湖的桥梁、渠道和枢纽，通过各家图书馆各位老师们的精心选择、采购、订货，通过各出版发行单位各位行家里手的介绍、推荐、导购，中国的出版人与中国的读书人有了完美的链接，中国书业经过各位的双手和辛劳，在这里接地气，在这里续人缘，在这里会朋友，在这里走近十三亿民众，挥发文化繁荣文化发展带来的巨大的内生动力。

无论怎样评价台湖对于中国出版、中国文化建设的作用和功效都不为过。当新华书店总店的历史角色、重要中盘暗淡之后，台湖和几个省市的新华书店的“长子们”衔命而生、荷担而起、应运而兴，出版行业的流水线没有断裂，文化传递的链条保持了完整，千万读者的心愿继续迅速实现。今天，大家到台湖来，不是来看书、续约、选购、供货，而是在续写中国文化的厚重历史，延展源远流长的文化传承，是在用出版物的传递、交流打通文脉、复兴文化、振兴中华。

我曾亲眼目睹，昔日沈从文先生笔下的边城中，前些年有一位失学少年，在凤凰县图书馆陪伴下，一边打工一边阅读，成为国内著名、世界知名作家的历程；我曾亲耳聆听，国家领导人，中央政治局常委，回忆大学读书时，为同学抢占图书馆内座位的故事——据说，这样的故事在今天的大学里依然屡见不鲜；我曾经在伦敦大英博物馆图书馆寻找马克思的座位不见而沉思，设想他是如何将身边的一册册巨著、经典化为一种科学的理论，让人们为之奋斗一个世纪；就在昨天的电视里，人们告诉我，《闯关东》的编剧之所以写出上乘佳作，是因为他跑遍了东北和山东等省的所有图书馆。尽管有了互联网，尽管有了数据库，尽管有了资源信息集成平台，我依然想说：到图书馆来吧，到书店来吧，到台湖来吧，那儿永远是知识的宝库，是人们生命的驿站，是使人们生存可以更为精彩、更趋丰富、更加别致的新的起点。阅读可以改变人生，可以改变社会，出版社、图书馆、书店是人类文明文化的永远的标识、永远的明灯，是人们精神食粮可持续供给的永远加油站。

我当过多年的出版社编辑和社长，我知道，作为一个出版人，最幸福的莫过于看到各图书馆、新华书店、民营书店的采购员在订单上，千册万册画下订购的记号；看到心爱的顾客，把我们精心打扮的图书从书店展架上取出来，放进购书的小推车之中；看到一个个读者，从图书馆管理员手中借到心仪的图书，如饥似渴贪婪地阅读。我们的心血，作者的心血，终于有了出处；我们的选择，编辑的选择，终于得到了社会的认可；我们的书，我们的出版物，终于可以最及时、最顺畅地送到读书人的手中，发挥效用。正是这样，我们赖以生存的书业、产业，从这一笔一画、一选一放、一借一还中，有了生机、有了希望、有了价值、有了基础。书业与阅览与阅读，出版社与图书馆与书店，永远是生息相通、唇齿相依、情趣相投的亲兄弟，我们的目标是一致的，我们的服务是一样的，大家是天生天然、不离不弃的永恒伙伴。从这一角度去看问题，读者的挑剔，采购员的挑剔，营业员的挑剔，不正是教导我们出版人：你的选择要更加精细，你的营造要更加别致，你的产品要更加出彩，你的事业才能更为红火。

毫无疑问，我们要走向未来，走向未来的前提是面向未来。面向未来，我们是有着充分的准备的。也许多少年以后，台湖的运作方式会有改变，中国书业的经营形式会有改变，全民阅读的方式会有可能改变。但是，我相信，台湖所形成的“汇聚出版精华、助推馆藏建设”的精神不会变，台湖人服务于出版、服务于图书馆事业、服务于广大读者的理念不会变。无论是走向全国市场，还是走上国际舞台，发行人、出版人、图书馆人和读书人凝聚起的文化链条永远不会断裂，正是在这种凝聚、不变和不断之中，明天更美好，未来更辉煌，民族更昌盛，中国更富强。预祝采购订货会圆满成功！

现在，我接受北京台湖出版物会展贸易中心、全国高校图书馆学会的授权，郑重宣布：2012 年全国图书馆台湖采购订货会隆重开幕！

谢谢大家！

文本之外

开场敬辞：尊敬的台湖的领导——杨局长、拥军院长、王部长，市局、研究院和区、镇各位领导，尊敬的台湖的主人——徐董事长、王总经理，郑总、杨总、丁总北京发行集团各位领导、同事，台湖图书贸易中心的各位同仁，尊敬的台湖的贵宾——全国各图书馆馆长、馆员，全国各出版社的同事，圣智出版同行及各位外国朋友，尊敬的各位嘉宾、各位代表，各位媒体界的朋友，大家上午好！

时间为 2012 年 5 月 30 日。

影画新境界：书的厚重与狂舞

受单位官景辉秘书长的委托，我和瑞宏处长参加《360° 看中国》一书的首发式。首先向本书的作者、著名摄影家宋举浦将军表示祝贺，向浙江摄影出版社的各位同事表示祝贺！宋将军的巨著，浙摄社的出版，是向党的十八大奉献了厚礼、大礼、重礼。

厚礼，厚重之精品。素以丹霞红、盐池白、海岛蓝、火山黑著称的摄影家宋举浦将军，一改摄影作品天长纸短、情长景短、气长画短的局限，全方位、全视角、大气魄、大调度、大写意状摹自然生态和人文世界，成就了业界罕见的全景式摄影作品，广阔而厚重，深远且悠长。举浦的摄影千山万水入画来，千景万物入镜来，千姿百态入眼来。不仅如此，举浦的作品更有人文内涵、历史烟尘和知识积淀，千军万马任汝裁，千年万载烙心头，千苦万难尽辉煌。画上有景、画中有意、画外有声，情景交融，声情并茂，夺人心魄，摄人魂灵，令人震撼。

《360° 看中国》是一部具象化的《沁园春 · 雪》，是国家意识、民族精神、历史流年，通过疆土风貌、山水景物的反复揣摩、反复提炼的重新凝结，是时代印痕、岁月沧桑、热土人情、家国情怀，通过摄影镜头、时空画面的不断调度、不断创新的精彩集合。

举浦的足迹踏遍祖国的山山水水、天涯海角，甚至踏遍祖国海疆的所有县级岛屿，镜头之间早有盘古开天、抗争风云、山乡民俗，早有西沙、南沙的记忆，统揽尽揽自然遗产和人文遗产，不能不是一个奇迹。

举浦的作品立足高瞻，非有高度而无法广远；审视深邃，非有人文关怀的内涵而无法伸展延长画面；意味悠长，非有精妙的审美造诣而无法余音绕梁三日不绝。只有把山水走遍，只有把世界看透，只有把历史洞穿，才有这样的大师体验、大作集成，才有这样的大象无形、大音希声。

*大礼，磅礴之集成。*成立于1984年的浙江摄影出版社是我国少有的摄影专业出版社，全国百佳出版社。近30年来有不少大作佳作推出，如《中国摄影50年》，“摄影大师系列”、《家国书》、《中国丹霞》等，体现了一贯的“高品格、高品位、高品质”的追求理念。

《360°看中国》这本书在内容创新求异的同时，更注重了形式美、形体美，力求平面作品的立体效果、多维效果。尤其是这种长卷叠放式的设置，事实上让阅读者、欣赏者自觉不自觉地融入四折页所形成的半圆形立体图片的氛围之中，左顾右盼，驰目骋怀，人在画中读，神在画中游。活生生的是看宽银幕、立体银幕、全景式银幕电影的感觉；活脱脱地身临其境，融入山水，壮怀激烈。视觉所至，眼际周边的好山好水，美不胜收，似乎景物可触可摸，给读者以新体验、新感觉、新领会，如小平同志故居一帧，恰如住进深宅老院一般。整个图书装帧大气稳重，用纸考究，设计新颖，浑然一体，除个别地方的印刷稍有差池外，整体也是美轮美奂，是一本恢宏景象、经典雅致、风格迥异的上乘之作。

*重礼，珍贵之宝藏。*优秀的摄影作品是无声的语言，此时无声胜有声；是无边的叙写，不尽长江滚滚来；是无穷的旋律，大珠小珠落玉盘。我们的摄影师努力做到了这些，我们的出版同行努力呈现了这些，难能可贵，弥足珍贵，让人感动，让人钦佩。举浦的好作品找到了好婆家，真正是好马配好鞍，好事须做好，好书更有好出版。

龙头垛口，白浪卷起千堆雪；万里长城，引领群山舞翩跹。让我们再一次埋头沉湎于360°全景式大写意的画面之中，陶醉于摄影家、出版家提供给我们的精神盛宴、艺术大餐之中！

文本之外

写于 2012 年 9 月 19 日中午，发言于当天下午。

开场敬辞：尊敬的白主席、张总长、宋署长、李书记，尊敬的各位领导、各位将军、各位嘉宾，尊敬的作者宋举浦将军、各位出版界同行、各位媒体界朋友，大家下午好！

时代与书画艺术同行

金秋十月，我们来到秀美的凤凰岭山庄，庆祝海淀旅游书画节开幕，庆祝西山画院隆重开张！能和这么多书画大家、业界朋友、乡里乡亲齐聚一堂，观摩书画佳作，品评书画艺术，聆听专家们的教诲和指点，观摩书法家、画家对美、对自然界、对人文社会的形象诠释，感到分外亲切，分外荣幸！

过去是见画如闻其声，睹画如见其人，今天是又看作品，又听声音，又有交流和互动，机会难得，对每一位爱好者和受众来讲，是达到了一种极其珍贵的佳美境界。向各位书画大家问好、致敬，表示由衷钦佩！

我们要向海淀区的各位领导和实创集团的领导表示感谢！你们对文化产业的重视和支持，给政策，给资源，给条件，充分体现出对中央关于文化建设方针的贯彻和落实，体现了为文化发展繁荣做实事、做好事、做大事的前瞻思维、精心谋划和深远考虑。

我们感谢陈延华院长、各位理事、各位朋友！在大家的厚爱、关心和投入的大力扶持下，画院隆重开张，其间，凝聚着各位的付出和心血，寄托着各位的理想和梦想，相信，有这种坚忍不拔、孜孜不倦、通力合作的精神，画院的事业一定会蓬蓬勃勃、兴旺发达，预祝画院运行成功！

如果一定要表达我此刻的心情，应当是：赏秋、阅画、读大家，写景、融情、抒心扉；乡亲、乡党、乡音重，醉眼、醉人、醉京北。

书法是无声的语言，此时无声胜有声；绘画是尺寸天地，不着一字尽得风流。书画大家的形成，恰如王国维所言：古今成大事业、大学问者，一般经历三重境界，昨夜西风凋碧树，独上高楼，望尽天涯路；衣带渐宽终不悔，为伊消得人憔悴；梦里寻他千百度，蓦然回首，那人却在灯火阑珊处。愿以此三种境界，与西山画院共勉。

1826 年，第一幅摄影图片问世，尤其是 1837 年摄影技术成熟之后，真人真景，全写实，全记录，形神毕肖。有人断言，绘画没有了存在的空间。殊不知，发展到今天，绘画作品的价值不降反升，绘画艺术不仅延续下来，而且更为发达。一幅画动辄数万、十万、百万，甚至身价过亿，成为无价之宝。这正是因为，这门技术更是一门艺术，虽然仅仅是线条和色泽，却含意隽永，承载无限，包揽千山万水，饱含千岁万年。艺术无止境，艺术生命常青。

1889 年电影出现，尤其是 1926 年电视技术成熟之后，远景，近景，特写，广角，360°，精美且活动的画面尽收眼底，绘画艺术又受到冲击。多少年过去了，绘画艺术的永恒再次得到了印证，摄影、摄像永远替代不了书画大家的匠心和选择，替代不了用墨、着笔、构图、留白，反而把绘画艺术和书法艺术衬托得更加金贵，更加稀罕。我思故我在，大道尚自然。

在互联网时代，在数字化精准模仿惟妙惟肖的时代，人们依然会在对书画艺术的欣赏和被书画艺术陶冶中返璞归真，找到自我；书画家会在泼墨、运笔之间，逃脱高新技术所形成的枷锁，自得其乐；书者和观众都会在充分展示自己意志和思想的空间任尔驰骋，各得其所。运墨天地间，叙写千百年，把历史，把风光，把利益，把体悟，把心灵，直抒纸面，浑然天成，成为永恒。

从这个意义讲，西山画院的成立，眼光长远，意义非凡。我们祝福西山画院办得红红火火，成为人们精神和文化享受中一道亮丽的风景线，海淀，北京，乃至中国的文化大繁荣、大发展，这里也是起点。

祈祝各位老师、各位方家中秋快乐，创作幸福，生活美满！

文本之外

发言于2012年10月13日西山画院成立会议上。由于前面的发言都很短，我只念了前半篇。开场敬辞是：尊敬的张校长、李总经理、井君主任、文祥局长、成法秘书长，尊敬的黄主任、蔡若炎理事长、陈延华院长、康万山总经理，尊敬的刘老师、郭老师、孟老师各位专家、各位大师，尊敬的各位来宾、各位朋友、各位乡亲，大家上午好！

南 山

接地气·赶时节·破难题

阳春三月，国家体育总局举行首届全国体育文化优秀论文报告会，诚邀各路英豪，咸集古都西安，体坛放言，华山论剑，文以载道，别开生面。我反复揣摩，至少有三重含义：一是接地气；二是赶时节；三是解难题。

先说接地气。“江山如此多娇，引无数英雄竞折腰”。西安、陕西，是中华民族五千年文化、三千五百年文明历史的浓缩版、凝聚地，无论古代、近代、现代，乃至当代，八百里秦川，每一个皱褶里，都承载着丰富的文化内涵；西安周边，秦皇汉武、唐宗宋祖，演绎过多少中国历史上的宏大逆转、巨大变迁。体育文化首先是根植于中华民族历史的沃壤厚土，根植于中华传统文化的古老血脉，接西安的地气就是接中华民族文化的根，接中国传统历史的气。

博大精深，源远流长，厚物载道，我在田教授的回顾与展望中看到这种接地气，在卢教授的中西对比中看到这种接地气，在任教授的基因研究中看到这种接地气，更在第六组作者的优秀论文中看到这种接地气，甲骨文体，唐朝马球，汉魏游艺，宋代体育，古代冰雪，雕塑写意、寒食体育、晚清跑马、传统太极，乃至于藏钩游戏、康巴体育、津门民俗、岭南技艺等等，真正是无事无所不包容的延绵历史，无处无时不存在的浓郁地气。

我想，拿这些研究到秦文化、汉文化、唐文化的起始和终结之地西安来讨论，的确是别出心裁、别有新意。根植于中国传统文化中的中国体育文化，具有任何一个民族、任何一个国家和地区都难以比拟、难以企及的历史高峰，这种文化自信，是我们文化自觉的本原，是我们文化自强的基础，是我们当代文化发展、文化繁荣的重要起点。体育旺，国势强；体育盛，国力硬；体育长，国家兴；体育壮，国运祥。这是我的第一层体会。

再说赶时节。“好雨知时节，当春乃发生”。三秦大地的春天是什么样的景象？麦苗返青，杏花吐蕊，杨柳扮绿，山川叠翠。其实，体育文化的发展、体育文化的研究，也是正好赶上了时代的春天、社会的春天。十七届六中全会之后，全社会从来都没有像今天这样重视文化的发展，前天，我在飞机上看到最新一期的《中国体育报》，头版头条就是体育文化巡礼系列报道。

认识文化的重要，权衡文化的分量，评估文化的价值，释放文化的潜力，是社会发展到现阶段、现时期的一种清醒和冷静。有了文化建设的春天，才有可能使经济建设一马平川，一往无前；才有可能使政治建设底蕴丰富，大厦崛起；才有可能使社会建设根基牢固，平稳舒缓；才有可能使生态环境建设，不吃过头饭，不走回头路。文化是综合国力的重要组成部分，文化是国家软实力的基本体现，文化繁荣是国家强大的象征和标志。在文化苏醒和萌动的季节中，体育文化又怎么能不是赶到了吐蕊发芽的春天？

体育是文化事业的重要组成部分，体育文化同样是国民经济、国计民生、国家战略、国富民强的重要支撑。现在，我们强调的是科学发展、全面协调持续发展，我们已经在逐渐回避跨越式发展。因为，任何事物的发展都有其内在的规律，一时跨越过去，回过头来还要补课，还要热夹生饭。体育的发展是这样，体育文化的发展也是这样，当我们一时疏忽忘掉了或者回避了某一个生命过程、生态细节的时候，那么，历史的惩罚正在前面等着，它会毫不客气地要求你，必须弥补，从头再来。

体育文化的发展赶上了春回大地的好时候，更要珍惜时节，珍爱机会，抓着机遇，乘势而上。体育文化研究支撑着体育事业的健康发展，支撑着体育事业的全面进步，也支撑着整个国家的文化建设和文化发展，没有体育文化的繁盛，不可能有大文化的整体进步。体育文化研究屡屡出新，屡屡创新，才有可能迎来体育事业、体育建设的美好春天，无论是竞技体育、群众体育，还是体育经济、体育教育、体育管理，都需要体育文化研究的滋润和浇灌。这是我的第二层体会。

最后是解难题。“众里寻她千百度，蓦然回首，那人却在灯火阑珊处”。昨天，从机场到住地55公里的路程中，我和体育文化导刊的卢潇同志讨论起体育文化的概念。据卢编辑介绍，这一个时期网上的帖子不少，好像大家比较关注体育文化的概念，可惜我未能拜读。曹主任、覃主任也向我介绍了大光主任发表于4月4日《光明日报》和总书记种树报道登在同一版的重要文章，讨论体育文化、体育精神，回去后一定好好拜读。

我认为，体育文化，不是体育和文化的简单交叉和重合，甚至根本不能理解为二者的交叉和重合，文化是体育的应有之义，体育是文化的具体体现，或者说体育文化就是文化自身。体育是文明进化的重要成果，体育是人类认识社会、认识自然、适应社会、适应自然的一种科学选择，一种智慧选择，一种文明选择。体育是文化的一个重要组成部分，从这一层面讲，德、智、体，才是文化最本质的内核，最本质的属性，最基础的组成。以德、智、体三位一体去理解和把握文化，才不至于迷失于文化的外在形式，不至于形成文化只有广电、新闻出版、文学艺术的小文化、小小文化的理解。

从文化层面看体育，体育强人体魄、益人心智、健人神魂，无论哪一个方面都体现的是地地道道的文化属性。竞技体育开发人的潜能，提升人的素质，是国家综合实力的体现；群众体育，强身健体，是强国之路径，国家软实力的保证。体育背后更重要的所在是它体现出的体育精神，坚忍不拔、坚持不懈、坚强不屈；体现出的体育智慧，出奇制胜、齐心协力、密切配合；体现出的体育效果，群体反应、情绪激励、凝神聚气。这一切的一切都是地地道道的文化意识、文化行为、文化理念。体育的竞争性、技术性、群体性、娱乐性、场效应等等，真正做到了文化人心、文化人的行为，文而化之。体育的科学属性、教育属性都是文化属性的集中反映，是人类进入文明社会中的文化选择、智慧选择。体育文化研究，应当在大文化的范畴中更好地明确自己的定位，在政治、经济、文化、社会的分野中，在道德、精神、体能、智能的分野中，在形而上和形而下的分野中，找到自己的定位，确立自己的内涵与外延，形成自己的规范和框架，把握自己的特点和规律。这是我的第三层体会。

祝贺体育文化研究报告会的召开！大家在第一线，辛苦、辛劳、辛勤之际，求知、向学、思考的品质尤其值得我学习。我们的报告会，是交流的大会，是火花碰撞的论坛，是不断提升的台阶。有了首届，就一定要有二届、三届，一直延续下去。我们热切期待体育文化的研究更加深入、更进一步拓展，承担自己使命和责任，承载历史和社会赋予的厚望和期待。祝在座的各位专家、学者，各位老师、作者，有更多的成果奉献于我们的报告会，奉献于我们的时代、我们的社会。让体育文化的奇葩在中华文化乃至世界文化的大花园中绽放出绚丽多姿的光彩。

文本之外

开场敬辞：尊敬的全国体育界德高望重的田麦久主任、卢元镇教授、任海教授，各位专家，各位作者，尊敬的国家体育总局覃燕庆主任、曹康主任、马宣建主编，体育文化发展中心、体育文化导刊各位同仁，尊敬的西安体育学院苏明理院长、周里院长、史进馆长，各位老师，各位同学，各位与会嘉宾、各位同事，大家早上好！

结束语：祝报告会圆满成功，祝各位与会者在西安研讨愉快！谢谢大家！

写于2012年4月8日晚11时至4月9日早3时50分，西安西荷丰润大酒店1311房间。发言于当天上午首届全国体育文化优秀论文报告会，西安体育学院教学楼一楼报告厅。

认识西安体院图书馆长史进教授，并参观他的红色体育文化产业园项目规划。王新民、全玉玲赶往体院和机场送行，并讨论王诠工作的事情。航班晚点4个小时。出发时濛子和同学把我从人民大会堂直接送到机场。

春天里的三个故事

欢迎大家在北京最好的季节里出席我们的教辅类报纸管理工作会议。

这些年来，北京多半是没有春天的。要么沙尘暴，黄风滚滚，呼一口气都能吐出沙子来；要么阴霾天，天低云暗，沉闷得让人喘不过气来。今年是有了真正的春天，风和日丽，百花盛开，天蓝草绿，晓风吹拂，难得的四季分明。我想这是环境治理的结果，尽管道路上的拥堵还让人心烦，但毕竟在严寒和酷热之间有了季节的过渡，有了明显的界限，有了春天的滋味。看起来治理和不治理就是不一样，科学发展，理性地改变环境，做一些根本性的调整，是会带来生态环境的巨大变化。当然，对北京的气候，的确不敢过多恭维，好话不能说得过头。

整个教辅读物的市场，教辅类报纸的生态环境，和北京的气候一样。这些年来，经过政府部门的科学管理，尤其是新闻出版总署报刊司的尽心尽力，尤其是在座的各省市局各位处长和我们各报社的共同努力，在教育部门、学校、家长以及其他管理部门的密切配合下，生态环境有了很大的改善，杂、乱、差的现象得到了有效遏制，规制、秩序和方方面面的协调基本上路。虽然还没有达到眉目清楚、朗爽宜人、井然有序的地步，虽然摊派负重、杂乱无章、怨声责问还没有得到彻底治理，但毕竟在一步一步走向理性，至少能够让人换一口气，抬起头来，摘下口罩，品尝一下空气的清新，知道“春天”原来可以是这么一个模样。

谢谢大家的努力工作，谢谢大家的殚精竭虑，谢谢大家的无私奉献！有大家的共同付出，我们有理由相信，教辅读物出版、教辅类报纸出版的真正“春天”一定会到来，一定会延续下去。我们从刚才泽清司长通报的情况治理中看到了希望，从国庆司长关于质量综合评估介绍和下一步工作措施中看到了希望，从玉明所长关于评估体系的说明中看到了希望，也从大家的仔细聆听和暗下决心中看到了希望，教辅类报纸出版的明天会更美好。

最近一个时期，参加总署的全国报刊工作会议，了解面上的整体情况；与天津、湖北局以及当地业界的同事有过密切接触，与人民银行系统、军队系统各刊社的同行有过充分交流，了解到报刊改革发展中的一些状况，听到了当事人——管理者、出版者、经营者的真实想法和意见、建议，对于我们做好自己的工作大有教益。

这几年，我们的报刊管理工作是两个“两手抓”。第一个“两手抓”是一手抓改革，一手抓发展。改革是为了发展，发展的需求带动改革。重点是通过体制机制改革，培育强大的市场主体，建立适应现代社会进程、现代科技发展的市场体制，建立和完善法人治理结构、现代企业制度，最大限度地形成文化生产力。另一个“两手抓”是一手抓管理，一手抓服务。加大对报刊市场秩序的治理力度，维护良好的报刊运营环境，加大中央财政和各级地方财政对报刊建设的投入，尤其是对转企改制报刊企业、对报刊业的高新技术改造的投入，以更加具体的支持提高报刊的生产能力和传播能力，把市场机制焕发的活力、制度解放迸发出的潜力和出版单位内生动力有机结合起来，共同营造文化的繁荣和发展。

今天的会议正是在这个大背景下举行的，是一个专题会议，专门研究教辅类报纸发展问题。我完全赞同王司长、张司长和冯老师的报告，希望各省市局的同志回去之后，要把有关情况向省委宣传部出版处通报，大家一起，有效、主动推动好、协调好教辅类读物、教辅类报刊的出版管理工作。

会议开到现在，已经是中午时分，是各位听会者感到乏累的时候，我不想耽误大家更多的时间，只想讲三个小故事，活跃一下气氛，传递一点我个人的感受。

我的第一个故事。1999 年，我——曾经和教辅读物有过密切接触的我，对教辅读物既恨得咬牙切齿，又爱得如胶似漆。作为一个出版社的社长，不得不把教辅读物作为经济增长点，经营出大把大把的银子。同时又因为盗版教辅的铺天盖地，给孩子们、家长们带来摊派灾难而恨之入骨。1999 年暑期，我们在五个省十多个县做了深入调研，写了一篇报告：《教辅的昨天、今天和明天》。对教辅读物试图作一个系统分析和前瞻预见。今天，我把这篇文章也带来了，时间关系不详细介绍，其中的观点有无科学性，大家可以判断。我想讲的是后面的故事。

这篇文章发表不久，就有了一次和美国出版界的“教师爷”罗伯特——至今他每年还在培训我们的编辑出版工作者，美国最大的少儿社的总编以及另一位出版权威的对话。他们对我们的教辅读物感到十分新奇，教辅练习册、单元测试、习题库、试卷集，中国竟然还有这样的好东西。我们原以为发达国家的发达教育，师资课程都是发达的，他们不需要这些。谁知道，他们像发现新大陆一样，把我们所有的教辅品种都要了一套过去，如获至宝。第三年又见面时，他们告诉说，美国中小学也有了教辅读物，他们的试验和推广效果极佳，学生、教师和家长都高兴得不得了，而且出版社大赚其钱。

这个故事有什么启示？我想说的是，教辅读物发生、发展的历史说明，这一事物的出现暗合了自然规律、教育规律中的某些道理，尽管我们对它的肆意发展到处泛滥嗤之以鼻、不屑一顾，但是我们始终不怀疑它出现和传播的科学性、实用性所在。也许未来时代教辅读物会完全消亡，随着人们获取知识、掌握知识、巩固知识的方式方法改变，教辅会完成自己的历史使命，退出历史舞台，但此时、此刻、此际，存在就有道理，存在就是硬道理。我们只有理性引导、科学管理，促进它的良性发展，才有可能顺应自然规律，顺应时代发展，顺应社会需求，做出事半功倍的效果来。因此，一味地批判和扼杀，只会窒息有生命力的东西，或者抽刀断水水更流，我不赞成一些人视之为洪水猛兽的看法，不赞成他们一以贯之的棒杀。

至于教辅发行引起的学生负担，引起的管理部门的腐败，引起的群雄逐利等等，那是社会原因，是体制机制原因，不能怪罪教辅本身，不能弃本责末，不能像狗熊那样，苍蝇飞到主人脸上，一个巴掌打过去，把苍蝇打跑了，把主人也掴死了。

我的第二个故事。2009 年——上述事情的十年之后，但相互之间没有任何关联——某一个月中间，我们的出版系统、媒体系统中推出了 60 多种阅读终端、手持阅读器。读书的、读报的、读刊的、读网的好不热闹，真正是百“花”齐放、各领风骚。可是，一旦人们花几百元几千元买回来之后，感到这些东西几乎无法使用，大都成了摆设。于是人们开始体会到手持终端和手持阅读器是个死胡同、死玩艺，做这些努力是死路一条。可是一年之后，一个苹果平板电脑出世，闭月羞花，一花开来百花杀，手持机竟可以如此精致美妙，如此功能丰富，如此方便宜人，如此容量巨大。喧嚣一时的汉王沉寂了，60 多种手持机一时间全都鸦雀无声。随后亚马逊品牌、安卓系统的平板产品陆续登台，把一个手持终端的市场重新搅热，红火得不得了。

分析苹果平板系列成功的因素有多个方面，最重要的一点是质量取胜。黄山看罢不看山，曾经沧海难为水，一个苹果和它后面巨大的服务平台，真正是让受众开了眼界，长了见识，一览众山小。而积聚这个优质资源和服务平台，苹果背后坐了多少年的冷板凳，有了多少人的冷思考，下了多少方面的硬功夫。我们的 60 多种手持机的失败就在于只图热闹，不图门道；只求喧嚣一时，不求真诚服务；只求聊胜于无、填补空白，不考虑垃圾产品，有反而不如无。有了质量，苹果就站出来立标准，顺我者昌，入我者盛，逆我者亡，弃我者慌。

临渊羡鱼，不如退而结网。当我们的教辅类报纸市场上没有出现一家巨无霸，强盛到垄断并且推广其质量标准的时候，新闻出版总署适时推出报刊的定性评价、定量分析、分类评估的综合质量评价体系，就是要让我们有一个冷思考的过程，是为我们整个行业立标准、起规矩、卡流程、上质量。开展质量评估，倡导以质量取胜，是任何出版行为要达到自己服务目的的必由路径。评价为我们的质量追求、质量提升、质量取胜提供了目标和参照物，提供了努力的方向和赶超的秩序。评价标准的出台，将使我们的政府管理行政管理更趋于科学化、规范化、经常化。刚才通报评价结果，就是对整个教辅报刊市场廓清和规范的一个重要举措。赶巧的是，这个体系所形成的基本判断，“教辅类报纸整体质量呈稳步上升趋势”，正好和我们的季节气候相对应。尽管这个标准和体系还有待于在以后的实践中完善、丰富，变得更为实用，但至少是一个很好的开端，为培育出中国教辅类报纸的苹果品牌迈开了坚实一步。

最后一个故事。1996 年，我国科学家张景中先生研究的几何定理机器证明问世，这一成果用实践证明了 20 年前大数学家吴文俊先生对机器证明的理性推断。在机器几何证明方面，先是笛卡尔发明坐标系，莱布尼兹设想推理机器，希尔伯特提出几何命题机械化定理，完成了猜想和设想阶段。计算机问世，使数学机械化有了可能。20 世纪 50 年代塔斯基的几何机械证明，60 年代斯拉格和莫色斯的符号积分出现，格兰特几何推理机，克林特的改进，进一步接近了问题的实质。但直到 1975 年，几何定理机器证明仍然遥遥无期。1976 年，吴文俊方法的提出使这种进展缓慢渐趋冷落的猜想重新焕发勃勃生机。1996 年张景中使这种猜想成为现实，解决了美国人 38 年以来孜孜以求试图攻关而最终被关在门外的重大课题。

后来，我曾当面咨询过张景中院士。几何定理机器证明实现以后，所有的几何命题都可以通过计算机解决，孩子们还有必要学习和掌握几何定理及其应用吗？院士回答，美国的教育界对这一问题也是分为两大派。一派主张孩子们不必从头学起，只要会用机器就行，像我们现在使用各类软件，只用其功能不问其产生。一派主张最基本的东西，孩子们还是要掌握，就像建筑大厦的一砖一瓦，没有对砖和瓦的体验，没有对砌砖和布瓦的尝试，就只能是一个大厦的概念，就只能是知其然而不知其所以然，就无法在基本理论、基本技能之上延伸出新的发明创造。

我们不去理会这种争论，但至少可以看出，各位的教辅类报纸如果有涉及中小学几何教学方面的问题，一定要知道，在几何证明这一教学环节中，计算机已经能够胜任一切命题。教辅类报纸是教辅读物出版中的领头羊、方向标和定海神针，教辅类报纸的定位高不高，视野宽不宽，功底深不深，直接影响到教辅读物的整体，直接关乎教育效果的好坏和教学质量的高低。我们希望所有的教辅类报纸要有高远的视野，要有前瞻思维，要有对科学的各行各业的深入把握，要有对所有门类发展前沿的详细了解，要有对教学趋势、科学发展的准确预测，要真正走到教学辅导的前面去，走到教学内容、教学方法的前面去。这样我们的报纸才有生命力，才有自身的价值，才有引导、辅导、开导的理由，才有开启民智、服务教育的实际效果。从这一点讲，无论是一类二类三类四类教辅类报纸都任重道远，都有自己努力争取和发展的广阔天地，都有自己施展手脚的用武之地。

这只是问题的一个方面。问题的另一个方面，我们教辅出版本身，一定要充分认识出版与高新科学技术融合的现实，充分认识出版自身所受到的新媒体、多媒体和资源信息平台的挑战，充分认识苹果等国外出版传媒大亨在方方面面的咄咄逼人。抢占科技先机，打好业态转型主动仗，是我们不得不考虑、不能不考虑、不会不考虑的大问题，是影响服务的最终实现形式、最终形成效果的大问题，是关乎我们生存、发展还是消亡、衰落的生死攸关的大问题。教辅报刊的最终选择，还在于与时俱进，在于择机行事，在于不断创新，在于凤凰涅槃。各位万不可掉以轻心。

我们希望在政府部门的科学管理下，在各位同仁同事的执著努力下，我们的教辅类报纸会一步一个脚印，再上新台阶，再创新成绩，再夺新胜利。我们相信，各位教辅报刊的掌舵人，一定不会辜负自己的历史使命和时代责任，一定会为学生、教师、家长服务得更加周到，更为精致，更臻完美。

文本之外

发言于2012年5月25日全国教辅类报纸管理工作会议，北京康源瑞廷酒店。写作于2012年5月25日晨4时至6时30分，北京马连道家中。

开场敬辞：尊敬的王司长、张司长、丁司长、冯所长，总署报刊司各位同事，尊敬的各省市新闻出版局报刊处负责同志，尊敬的各报社总编、社长，各位同行，大家上午好！

感动于那份执著坚守

向长江部长报告，和刚才发言的总署曹宏遂司长一样，回到扫黄办的专题会议上，有一点的小激动，我们都有一种熟悉感、亲切感。

十三年前，我也在一个省的新闻出版局分管“扫黄打非”工作，和在座的宝印局长、新会局长相似，与“扫黄打非”工作一线的公安、海关、工商、交通等部门的同事们摸爬滚打在一起。

当时我的身边就有炸不烂的王兹松，有扭不断的朱金杰，我们对“扫黄打非”战线上的先进人物从来不叫模范，不叫先进个人，都是叫英雄。

来到今天的会场上，我看到十多年来这些老英雄还依然坚守在这里。比如，各省市区中资格最老的专职副主任黄煜同志，您还坚守在“扫黄打非”第一线，让我钦佩。

十多年前就是我们的一线处长，山东的洪焕金同志，如今已经当上局长，也是一位老资格的“扫黄打非”英雄，十几年如一日，让我感动。

前不久，我们局全体同志，分别到“扫黄打非”海关第一线，北京海关检查区学习参观，到“扫黄打非”公安第一线，首都机场派出所警区学习参观，很受教育，很有心得。

这一次来会上，看到各部门、各省市的工作材料，看到对先进集体和先进个人的表彰，很受激励，很受感动。

“扫黄打非”，这座政治的国门、社会的国门、文化的国门、意识形态的国门，在我们各位的精心努力、艰苦工作、浴血奋战之下，更为坚实和厚重，更为安全和牢靠。耳闻目睹，我知道，这些年来，受体制机制变动的影响，你们工作得不容易。你们的工作更精细，专项行动更有力，打扫成就更辉煌，感人事迹更伟大。

“扫黄打非”是我们国家社会稳定、政治安全、经济发展、文化繁荣极为重要的无形防线，“扫黄打非”的队伍是我们各条战线上一支最能打硬仗、最能攻坚克难、最能经受考验的铁军，“扫黄打非”事业是我们坚持社会主义制度、建设社会主义强国的基本保证、重要保证。

作为一位早早退出这条战线的老兵，在这里向大家，并通过大家向全战线的同志表示热忱的问候，致以崇高敬意！

受领导同志委托，我就沟通情况、分析形势、明确任务谈几点体会。

1．新态势、新动向。（略）

2．抓好工作的五个环节。（略）

3．向长江部长、建国署长表个态。一定要加强部署安排、协调配合、落实责任、督导检查，落实好会议精神。

湖南、长沙，还有这个普瑞酒店，历来是见证我们“扫黄打非”重要会议、重要部署的地方。

2004 年，桂晓风副署长和柳斌杰副署长“扫黄打非”交接班的会就在这里召开，当时建国部长，我们都参加和见证了这次会议。

今天，长江部长、建国署长又要对我们的队伍、对我们的工作做出部署和发布指示。

相信，借湖南得天独厚的地气，我们会更加努力，不辜负领导同志们的要求，不辜负人民群众的期望，把工作做得更好！

文本之外

突然接到命令，苏州转战长沙，参加另一个会议。好在还有工作余热，还有行当熟人，金杰同志几个电话和短信过来，让我有了底气。

时间为2012年3月23日下午，湖南长沙望城普瑞酒店，全国各省市区“扫黄打非”办公室主任会议。

开场敬辞：尊敬的长江部长、建国署长，尊敬的慧琳专职副主任和各位副主任，总署、各部委领导、同事，尊敬的建纲局长和各省市区与会领导、同行，大家下午好！

永远年轻的诀窍

刚才从住地来会场的路上，打听路径的时候，连宾馆的服务员说起我们青年会议来，都是朝气逼人，喜滋滋、乐洋洋的。到会场有一段路，我看汤森路透的凝碧女士进来时，身上的衣服都湿透了，尽管如此，一路看了风景、风光，草木森森，花树繁盛，尽收眼底。如果大家还是感到炎热，尽可以读一读我背后的诗词：北国风光，千里冰封……

感谢安徽医科大学附院、出版中心的地主们，把我们引导到这么一个草长莺飞、花香水甜的好地方，让我们知道了合肥还有这么一个闹中取静的好去处，有一个开坛演说、研讨问题、碰撞火花的好会场。

又一次回到科技期刊青年编辑的盛会上，又一次感受到亲切、质朴、热情和执著，最重要的一点是年轻。我的年轻的概念是复调的，意指多个方面。素有歌唱家美名的大力处长应当记得，有一首歌曲名字叫做《革命人永远是年轻》。大家都处在转企改制的风口浪尖上，有领导说，转企改制就是一场革命，所以大家都在革命中，都是革命者。革命，就会热血冲动，就年轻。还有，出版业期刊也正在经历数字化的痛苦转型，有学者说，数字化就是出版业的一场彻底革命，于是大家又都陷入数字化的困境之中，同享水深火热中的革命，成了地地道道的革命者，所以大家年轻。

其实，不革命也年轻。有一种年轻叫成熟，叫少年老成，叫淡定，叫沉稳，叫泰山压顶不弯腰，这是一种心态的年轻，是一种理性的年轻，是一种更有希望的年轻。接受新思想，接受新概念，接受新事物，但是，不改初衷，不失目标，执著前行，哪怕是孤独前行。这是保持年轻的最好选择，也是社会发展最有价值的年轻。革命太多了，也容易衰老；革命不好，反而会成为折腾。折腾最催人老，制造夹生饭，制造反反复复、反复无常，也制造神神道道、啰里啰唆、文不对题、迟钝反映、老态龙钟。

好，还是回到正经的话上来。三句话：

祝贺我们青年编辑学会的又一次聚会；

这一次的期刊改革不在十八大前要完成的改革任务之列；

所谓把所有学术期刊都转成为内部资料之说纯属谣言。

文本之外

开场敬辞：尊敬的大力处长、姚希彤老师、潘云涛老师、颜帅老师、任胜利老师、方梅老师、李红伟老师、各位专家，尊敬的黄河胜主任和承办会议的各位地主，尊敬的栗延文主任、任延刚副主任和各位副主任，各位委员，尊敬的各刊社主编、主任，各位编辑、各位同事、各位同行，大家上午好！

会议通知：根据中国科学技术期刊编辑学会青年工作委员会2012年的工作计划安排，由中国科学技术期刊编辑学会主办、青年工作委员会承办的“第12届中国科技期刊青年编辑学术研讨会”暨“转型中的青年编辑论坛”拟定于2012年7月21日至24日在安徽省合肥市稻香楼宾馆举行。

会议征文：（1）国内外科技期刊最新发展趋势及启示；（2）科技期刊转制以及工作创新的经验、体会与展望；(3)转型期青年编辑的使命、机遇与挑战；（4）转型期科技期刊的经营管理；（5）科技期刊青年编辑的培养、编辑部管理、质量管理、选题策划、新技术应用等方面的经验；（6）科技期刊品牌建设与学术诚信建设等。

会上发言：在开幕式后面的讲座上，主要谈了三个方面的问题：一是科技动力；二是数字化；三是数字出版。

中国梦、美丽中国随想

10月8日，2012年，距中国共产党十八大召开正好一个月的时间，美国《纽约时报》专栏作家托马斯·费里德曼，也是著名畅销书《世界是平的》的作者，专门撰写文章《要中国梦，不要美国梦》，指出如果中国新的领导人带给中国的憧憬与美国梦一样，那么人类将需要再有一个地球。其实更早一些时间，9月份，费里德曼自己在中国的杭州就讲过，“中国人需要自己的中国梦”，“世界也需要”。

十八大政治报告中，胡锦涛同志谈到生态文明建设时，专门指出“努力建设美丽中国，实现中华民族永续发展”，将生态文明建设融入经济、政治、文化、社会建设各方面和全过程，“美丽中国”概念的提出，显示出中国梦的冰山一角。

新一届中央政治局常委会见中外记者时，习近平同志正面描述了中国梦具象化的愿景：我们的人民热爱生活，期盼有更好的教育，更稳定的工作，更满意的收入，更可靠的社会保障，更高水平的医疗卫生服务，更舒适的居住条件，更优美的环境，期盼孩子们能成长得更好，工作得更好，生活得更好。平实的语言，娓娓道来，如叙家常，朴实诚恳。

在部署十八大精神学习贯彻工作时，习近平同志归纳了中国梦的特征：人民富裕，国家强盛，民族振兴。可谓点睛之笔。

其实，真正意义上正面回应世界关切，是在常委们第一次集体外出活动中。参观“复兴之路展览”时，习近平同志讲了几句话：“大家都在讨论中国梦，我以为实现中华民族伟大复兴，就是中华民族近代以来最伟大的梦想”，“每个人都有理想和追求，每个人都有梦想”，但是，只有“国家好，民族好，大家才会好”。习近平同志以两个一百年为时间标志，以全面建成小康社会和建成富强、民主、文明、和谐的社会主义现代化国家的双重目标，勾画出中华民族伟大复兴的真实梦想。为了实现这一梦想，新的领导班子给了斩钉截铁的八个字，“空谈误国，实干兴邦”，铿锵有力，掷地有声。

我想到了什么——

由中国梦我想到了世界各国的梦想，比如美国梦，想到了美国梦的真正含义。细究起来，它并不是像托马斯·费里德曼所说的 “两部汽车，四口之家，一栋大房子”，以及现在已升级到炫耀性消费，像那些娱乐界名媛（如金·卡戴珊）所体现的。

美国梦更重要的是一种精神。在英国对美国的殖民时期，美国梦很简单：独立自由。1776 年美利坚合众国成立以来，美国梦、美国精神的含义在历史进程中逐渐改变。开始时只是一种简单的信仰，相信只要经过努力，不懈的奋斗，便能在美国获得更好生活。亦即人们必须通过自己的工作、勤奋、勇气、创意和信心迈向富裕，而非依赖于特殊社会阶级和他人援助。仔细品味，这些已经有点不简单，劳有所获，是需要一定的制度作保障。

继而，美国精神包含了自由、民主、博爱和自律、包容，甚至加入了节俭等元素。具体而言，单纯指运用能力，通过参加社会和经济活动，为每个人的发展和成长提供可能。人人都可以健康成长，可以拥有良好的教育与就业机会。人人可以自主选择，而没有阶级、种姓、宗教、民族和地域的限制。这种梦想已经十分具备现代意识和现代精神，需要更加成熟的制度保证。

奥巴马再次当选之后的演说中，也讲到了上学、就业、技术领先，消弭贫富悬殊和恐怖威胁、环境保护等种种愿景。同时又专门讲到，美国是全球拥有最多财富的国家，但这并不是美国人民富有的真正原因；

美国拥有最强大的军队，但这并不是他们国家坚不可摧的真正原因；美国拥有最优秀的高等教育和文化成果，但这并不是吸引世界各国人民涌向美国的真正原因。

他说，美国之所以与众不同，是因为能够用包容多元文化的纽带将大家联系在一起，是因为相信彼此拥有共同的命运。同时，也因为大家相信，只有在肯为他人付出、人与人之间相互协助的情况下才能实现国家的进步，并为后代创造更美好的未来。“维护这些，需要责任与权力的结合，也需要爱、宽容、责任感及爱国感情的结合”。他演讲的名字叫做《为了永远的美国梦》。如果说“中国梦、美丽中国”也要寻找内涵与外延的话，我想这点可以借鉴。

我想到了什么——

有德国梦吗？我知道，冷战结束之际，德国梦就是东西德统一，这是已经实现了的梦想。还有吗？

2009 年的一天，我有机会和法兰克福书展局主席尤根·博思先生，在莱比锡市政厅楼下的老咖啡馆聊天，这儿的著名在于是当年歌德常来喝咖啡的地方，非常温馨，但其实简陋得如同我们任何一家大排档。长条板凳三四个人挤着坐。我问到博思先生的梦想，他回答很简单，没有梦想，只有忧患。几番碰杯之后，博思一吐胸中之块垒：德国本土六十年没打过仗了，他忧虑战争会随时发生。在过往的历史中，德国没有连续三十年平静过，可如今平静了六十年。他担心，即使自己赶不上，自己的孩子也可能会赶上战争的。理由是，现在的贫富差距越来越大，他家在慕尼黑，妻子也有工作，即便是像他这样身份的人，每年的收入供养家庭生活和孩子的教育，也力不胜支、难以为继，由此可见一般民众过的日子。这样发展下去，就有可能导致战争。他认为，最大的问题，稳定是一个社会的基石，真正的中产阶级目前在减少，人们的生活艰难程度在加剧，社会矛盾在激化，战争的可能性与时俱增。这一代看不到，下一代肯定会遇到，哪里奢谈梦想，只盼没有战争。

我想到了什么——

那么有韩国梦吗？韩国总统朴槿惠前不久来访中国时提出韩国梦。她所勾画的“新韩半岛”愿景是“实现和平，落实南北成员自由来往，为创造安定、富饶的新亚洲作出贡献”。

朴槿惠在清华大学演讲中专门说道，韩国梦和中国梦是相通的。之前，朴槿惠指出，韩国和中国的江水在同一个大海上相会。中国的江从西向东流，而韩国的江自东向西流，最终在海上汇合。目前，中国在习近平主席的领导下，向着中国梦奋力前进。韩国也向着国民幸福时代和为人类和平作出贡献的韩半岛的韩国梦迈进，韩国和中国正朝着“国民幸福”、“人民幸福”这一目标携手并进，中国梦与韩国梦是一致的。两个国家的江水在同一海域汇合，中国梦和韩国梦也紧密相连。她相信，如果韩国梦和中国梦共同实现的话，新的东北亚之梦也可以实现。同时，韩国与中国的共同梦想是美好的，韩国和中国共同的未来也一定是光明的。

这大约是对中国梦与世界各国的梦想相通的比较好的注脚。

我想到了什么——

让我倍感惊奇的是中国著名诗人、著名画家严阵老先生，在他斑驳陆离的油画《中国梦》中，在他力透纸背的诗篇《中国梦》中，以画家、诗人、艺术家独有的敏感和犀利，把弗里德曼的担心、奥巴马的鼓动、博思的忧患和朴槿惠的贯通，全部融汇了进去，把中国新领导描述的梦想、期盼和希望也全写进去了。而且就写在十八大召开的前两天，11 月 6 日。诗很长，原谅我不能一一诵读。

严阵老人说：我们需要一个新的中国梦。幸福不是有了一间房，一辆车，一块地，美丽不是修了眉染了发整了容。我们过去，幸福是因为在狂风暴雨里，炮火硝烟里，雷鸣电闪里，惊涛骇浪里，有过经历、穿越、承受和战胜，我们在跋涉、奋斗、奉献和胜利中感受幸福。我们过去的美丽，是因为心脏里有坚定的信仰，血管里有坚定的信念，微笑里有流露的爱心，灵魂里有固有的精神。但是，任何时候都不要沾沾自喜、自我满足。

美国人四十年前就登上月球了，不要感觉良好，以为自己完美无缺，面对现代世界，我们不少地方还是荒漠。

他说，新的中国梦，不是一把打开房门、车门的钥匙，是要有一把打开太阳、月亮、星星大门的钥匙。新的中国梦，不是面容姣好的美，更需要关注的是国家的美，民族的美，时代的美，历史的美，我们需要的是那种胜过所有外在美的美，那种在全世界面前，站得住、立得稳的美，人格之美，人性之美，人生之美。新的中国梦，是中华民族到了最危险的时候，因为胜利成功的时候，就是最危险的时候，危险是那种冷漠、那种忘却、那种麻木，是那些浮躁、那些盲目、那些自误、那些自腐。现在，依然需要用我们的血肉筑起新的长城，我们今天的长城——中国模式的胜利、成功、幸福、美丽。长诗真正是振聋发聩、发人深省。

我想到了什么——

我还想到了另外一位中国人，在台湾长大的湖南人龙应台所描述的中国梦，她希望的中国梦是以文明崛起为基础。

龙应台说，如何衡量文明？她愿意跟大家分享她自己衡量文明的一把尺，它不太难。看一个城市的文明程度，就看这个城市怎样对待它的精神病人，安排残障者的服务做到什么程度，它对鳏寡孤独的照顾到什么程度，她看这个城市怎样对待所谓的盲流民工。对她而言，这是非常具体的文明尺度。

她说，我深深盼望见到的，是一个用文明尺度来检验自己的中国，这样的中国，因为自信，所以开阔，所以包容；因为包容，所以它的力量更柔韧、更长远。当它文明的力量柔韧长远的时候，它对整个人类的和平都会有关键的贡献。

套用这种格式，我们也说一句：因为自觉，所以自省；因为自省，所以自律；因为自律，所以它自身的发展可以持续，可以延绵持久、源远流长。

针对台湾的情况，龙应台讲到，在争取自由时，不知道什么是自律；

追求权力时，不懂得尊重他人的权利。台湾的进步可能有限。

我还想到了什么——

我们不能忘记，我们新的中国梦，是在这样的情况下起步的：11月30日，河南郑州最低气温降到零度，38岁的开封杞县务工人员刘红卫在一座立交桥下躺了20多天后猝死，身上带着一封因患关节炎需要救助的乞救信。12月2日，郑州再次发生露宿街头农民工死亡事件，一周口民工靠电线杆坐了两天而死。12月5日，黑龙江省鹤岗46岁农民工吴常和，在大连解放广场附近被发现死亡，死时身上只有数十元钱。

我们不能忘记，我们新的中国梦是要在这样的背景下实现的：最美司机吴斌事件发生前后，8月24日，乌鲁木齐68路司机吐尔逊；9月5日福建泉州16路司机冯永平；10月9日，广东顺德304路司机张志华；11月6日，广东江门鹤山101路司机刘建平；11月21日，四川都江堰13路司机高洪明……他们统统倒在岗位上！他们的确是伟大的，生命的最后一刻，依然挣扎着把旅客放置在安全位置上。他们又是不幸的，年纪轻轻，过劳而死，让人久久遗憾。

我们的中国梦，当然不仅仅是自然生态文明。我们的美丽中国，当然不仅仅是要有青山秀水，我们更需要制度、法律、伦理、道德的尽善尽美，需要政治、经济、文化、社会建设方面的完整无缺，我们需要补课，需要一步一步把经济跨越时留下的所有空缺都弥补起来，所有遗憾都弥补起来，新的中国梦不能破碎，不能散乱，不能杂芜，不能有种种漏洞和缺憾。

我还想到了什么——

让我们欣慰的是，新的中国梦是建立在科学发展理论指导下的全面提升，整体推进，持续发展的理想，是建立在对社会发展阶段的科学判断之后，确立了一百年初级阶段的把握之下的理想，是以稳中求进为总基调逐步实现的理想；是中央再三强调忧患意识、危机意识、风险意识的反复提醒、清醒认识之下的理想；是积累了中国一百多年来现代化进程的历史，世界数百年来变革的历史，吸取其中的经验和教训，借鉴过往不同模式、不同道路、不同制度、不同状态所形成的有中国特色的理想；是中国社会不断向现代化转型，步入更加文明民主、繁荣昌盛之路时的美好理想。

由此我想到了 19 世纪末 20 世纪初，也就是美国梦正式形成之际，学者们提出的理性资本主义的理念，包括他们的新教伦理学说，这些理论指导了资本主义社会的转型，并且以官僚制度、法律体系和公民社会的强大支撑，一定程度上防止了资本主义的腐朽和没落。于是，才有美国及一些发达国家的今天。资本主义社会后期形成的代偿和补偿机制，以及理性思考和警示，现在看来仍然是行之有效的。对于坚持社会主义道路的我们依然有启发，新的中国梦的实现需要统筹考虑，整体推进，全面振兴。

由此，我想到了十八大精神中的新思想，新观点，新学说：①科学发展，成为指导思想之一；②经济、政治、社会文化和生态文明建设五位一体；③社会主义初级阶段的总依据；④稳中求进的总基调；⑤全面建成小康总任务；⑥ 24 字归纳的核心价值体系；⑦两个百年的目标；⑧八个坚持。这是实现中国梦的时间表、路线图、任务书，这是实现中国梦理性认识的回归。我们只能一步一步走，扎扎实实走，弥补一切不足和欠缺，才能实现复苏、复兴的梦想。

回到今天发言的开头，弗里德曼说美国梦时回避了美国梦的核心内容，只用一种形式概念来套中国的情况，这当然是片面、偏颇，以偏概全，不足为取。但他同时还说过几句话是很有意义的。

“作为老板，要改变领导方式，要学会在大众中找到更多的火花，培育自下而上的创新，这样会让世界变得越来越聪明。

“作为员工，如果有思想火花，要勇于找更多的渠道把自己的想法得以分享和实现，让每个中国人都有渠道和机会，实现他们的潜能。”

我们讨论文化创意产业与中国梦的关系，与美丽中国的关系，我想这一点提醒还是很有价值的。

谢谢大家!

文本之外

开场敬辞:尊敬的各位专家、各位嘉宾、各位老师,尊敬的各位同学、各位同事,大家下午好!

发言于中国科技会堂,中国人民大学文化创意产业研究生班年度座谈会,关于中国梦和美丽中国的话题。2012 年 12 月 7 日下午。

转型·生态·数字化及其思考

关于社会转型问题

我们常讲战略机遇期问题，挑战与机遇同时存在。中央一再提醒，要有危机意识、风险意识、忧患意识。十八大文献和之后的一些领导同志讲话，多次重申初期阶段问题，甚至划出一百年的时间段。

认识社会主义初级阶段，我认为，很重要的问题是要把握住这个阶段中的社会转型。当资本和财富达到一定水平，经济发展到一定地步时，要考虑社会诸元素，包括政治、经济、文化、社会、生态诸元素的同步发展、协同推进，社会发展各要素的互补、协调，齐头并进，比单一的经济发展更重要。对此，我们必须保持一个理性的清醒的认识。

稍微关注和研究一下资本主义社会发展的历史，就会发现，在完成资本积累，实现经济振兴之后，很快理性资本主义精神应运而生，并且主导了整个社会成功转型。主张“西化”的理论，总是认为，西方的成功是制度优胜，保持可持续也是体制原因，其实最基本的一点，是理性的社会精神的影响，是理论创新的结果。官僚体制、法治精神与公民社会的三位一体，是主导原始资本主义从封建主义窠臼中脱颖而出的重要原因。看一下英国和德国的历史，很能说明这一问题。当然，他们又有后来的问题和现在的问题。

出版兼有经济、文化、政治、社会建设的多重使命，社会转型对出版的影响，异常复杂，异常深刻，异常剧烈。出版一方面要应对社会转型，另一方面要完成自己的转型。社会转型包括，社会精神意识的转型，马克思主义与中国变化着的社会实践相结合的最新成果的推出，社会形态转型，工业化、现代化（包括城市化）的转型，社会经济增长方式转变，消费结构、内生动力结构转型等等。出版自身转型包括，市场化转型，数字化、信息化转型，业态结构性转型，出版方式转型，读者消费方式转型，出版服务转型等。从这些方面理解稳中求进的方针，就会感到，这不仅仅是工作方式方法问题，而且是战略思维、战略谋划、战略布局的大框架。

关于生态平衡问题

把生态文明建设与政治、文化、社会、经济建设的全过程结合起来，很有启发意义。政治生态、文化生态、社会生态、经济生态，各种建设都有一个生态体系、生态平衡、生态发展问题。生态文明绝不仅仅是自然生态问题，人文生态的考虑，将使人们对社会发展的认识，有一个历史过程，有一个整体把握，有一个趋势前瞻，人文生态与自然生态同等重要。

由文化生态联想到出版生态，尤其是期刊业的改革，业界不少专家一再提醒，要我们关注两个基本点。第一，长远效应问题；第二，正态分布问题。当自然生态调整达不到预期目的的时候，其他手段的调整一定要考虑生态平衡中的这两个效应。由平衡到不平衡，循环往复，这是个常态、动态，问题是人们的实际操作，应当把握这种不断变换的过程，有一个明晰的思考和正确的引导路径。不逆势而动，不违背规律。

关于数字化问题

技术改造、技术转型具有双重性，数字化也是双刃剑。数字化有推动社会转型进步的一面、优化社会环境的一面；也有劣化社会环境，麻痹人们积极的创造性的思维，弱化人们研究问题的能动性，包括记忆能力和思辨问题能力的一面。

对于传播和接受来说，有时候信息的多元、多置、多发，事实上阻碍了正常信息的输出与输入，当信息成为潮涌泛滥，人人都是发布者时，人人都会束手无策，无从选择淹没了人们直接把握正确信息的恰当机会和便捷路径。大量的精力和时间消弭于抉择的痛苦之中，消耗在无谓的信息了解之中。信息处理不当，更多的时候产生的不是正能量，而是负能量。

这些现象提醒我们：1）出版所形成的必要的灌输比过去更为重要；2）出版选择的核心价值比以往更凸显；3）出版直达路径的选择比过去更关键；4）出版更便捷、更充分、更全面的服务本身，会弱化、弱智化、毒化信息受体，形成适得其反的效果；5）对于数字化的推动必须清醒、冷静；6）纸介媒体被完全取代几乎是不可能的。

关于我们的工作思考

1．工作方式方法的改进与创新

去年、前年，尝试了与期刊主编恳谈的方式直接接触，到现场走访，面对面交流，收到较好效果，与办刊人成为朋友，交心、贴心、知心，有想法及时沟通，选题拿不准听听参考意见。认识的趋同，心灵的融洽，不是管理者与被管理者之间的对立，而是作为同事、同行，作为朋友相处。有很多时候，也有看面子的因素，不给大局找麻烦；当然，也有不够朋友的，那是另外一种情况。我们的初衷是，管在事前，让一线人员把关，让问题在萌芽中结束，我们的事情就会少一点，粗放管理所带来的负面效应就会减弱。改变了过去事后管理、兴师动众、矛盾加深、壁垒抬高的被动情形，改变了过去拼个你死我活、剑拔弩张，或者故意找麻烦、麻烦不断的不利局面。

在形式创新方面，搞了一些深度的学习交流问题讨论座谈会，以会代训。比如，事先把60多个口径的题目作为问题分给每一位与会者，让他们思考，在会上发言，按自己的理解，讨论这些问题如何把握，然后大家集思广益，在交流和沟通中达成共识。与会者谈得好，谈得精彩，就画龙点睛，或者补充一点；谈得不好，准备不足，就多引导和介绍一些，形成彼此互动。不谈不知道，一谈吓一跳，还发现现成口径中有不少问题，有些谈得更丰富更精彩，是很好的补充和发挥。变灌输式、被动式为服务式，启发主动思考、主动进入，效果出奇得好。受到领导同志的充分肯定。

2. 改革问题中的坚守与变化

1）原则：关于出资人问题。针对现实情况，强调国家授权本身就形成了无形资产最大的出资人，最根本的出资人。对于连续出版物来说，出资人不是拿了多少现金投入开张的人，而是获得国家授权、准生证的人。解决了业界一直对期刊资产混淆不清的认识，引入无形资产、专有出版权的概念，引导和解答了文资办、改革办和总署关于这些方面的顾虑、疑惑，同时维护了期刊部门的基本权益。

2）变化：针对某报业集团接收某刊、政府部门放弃某刊主管等问题，在上级的指导下，既有坚持，又有变通，保证了刊物的主管主办部门履行职责，也为他们加强管理创造了条件。体会是处理问题要抓龙头、抓根本、抓关键。

3）应对：针对编辑部改革的文件引起的波动，利用一切机会解释、引导，避免形成业界动荡，避免形成焦点、热点。做这项工作是有难度的，本着稳中求进的原则，稳定军心，稳牢阵脚，稳住情绪。解释文件出台的背景和初衷，也明确讲清，按中央要求，分类指导，循序而行，不出乱子，不做夹生饭，不激化矛盾。

3. 重点难点问题的协同效应

在部门首长直接领导下，协同不同处室很好地处理了某期刊的有关问题。此事虽小，但涉及好几个部门，开成了工作协调会议，使这件事情妥善解决，没有产生任何负面效应。也确实体现了单位本身协调各部门方面有经验、有路子，协调有方。

负责联系处室的工作：①各位同事卖力；②形成整体合力。戴老师取邮局专用信箱刊物每天坚持，十分辛苦。瑞宏的主题宣传，震林的期刊改革，倪轶的刊业管理，有声有色，成效显著，出光彩出经验，开N次通气会，无一纰漏。

文本之外

发言于2013年初单位民主生活会。

踏着雷锋的足迹前进

参加《永恒的丰碑——雷锋日记和雷锋故事集》一书的出版座谈会，让我感慨良多。雷锋是一个时代的象征，一个时代的楷模，也是一代人和几代人追求的目标、崇拜的偶像。

五十年前，我们响应毛泽东主席的号召，学习雷锋，用少年儿童那颗童稚的心：睡梦中还在背诵学雷锋的演讲稿；抢着打扫教室里的卫生；为困难同学交学费；省下自己的馍馍送给饿着肚子的同桌；周日在马路上一站一天，帮人推车上坡；端着冲了白糖的茶水，到街上去送给行走的路人、干活的师傅（那时的白糖十分金贵，一年到头还舍不得吃一点）；等等。如果说还有一些年代的特征的话，那就是帮着路上的老大娘背上包袱、送她到家之后，还不会忘记问问大娘的出身和成份。因为雷锋说过，要爱憎分明。

四十年前，我们“上山下乡”，体验雷锋，体会雷锋当年当农民、做工人时的生活场景，用初涉社会的青涩目光：真正认识了劳累，知道了腰酸腿痛；认识了人生的艰辛，知道了不仅仅是粒粒皆辛苦；认识社会的复杂，知道了在黑与白之间还有灰色；认识了大千世界，也知道了一切财富来之不易，但是一切皆有可能。帮助同伴们洗衣服，帮助老乡们修电路，照护生病的战友。那时的人就像一直不停旋转的陀螺，因为有雷锋精神的鼓舞，从来不感到疲倦、困苦，或者说，是再苦再累心也甜。“积极分子”、“先进代表”自然都是我们应有的身份。我们也常常记起雷锋的话，不骄不躁，再接再厉。

三十年前，我们到大学读书，正是长大了的雷锋那般年纪，学雷锋，见行动，学做人，学做好人，做好人生，做好每一件平凡的事情，用年轻人的热血、热望和热情：读书勤奋，上课用功，成绩优异；社会服务、劳动、公益活动争先；去街道、医院、幼儿园和小学当志愿者、辅导员；假期来往，关心照顾旅途顾客；深入乡村帮助老百姓夏收和秋收；去献血点捐献鲜血；等等。把对学习机会和好日子的珍惜，无限度地化作对整个社会的回报，于是在同学之间有了“活雷锋”的口碑，直至最后被光荣推举成为一名共产党员，收获了整个四年大学读书全年级只发展两名党员政治关照。成为党员，好像离雷锋更亲了一层，更近了一步。

二十年前，已经在事业、人生奋斗了若干年头，已经有了自己的岗位和事业，还负有不大不小的责任，对雷锋精神的体悟更多的是把荣誉和机会让给别人，用渐入中年的积淀和成熟：于是，在我们的队伍中，带出了全国百佳优秀人才、全国先进工作者；在我们的成果中，有了荣获国家级最高奖项产品；在我们的事业中，有了业界交口赞誉和上级充分肯定的赫然业绩；在我们的单位中，有了团队的亲密无间和无私合作；等等。雷锋依然是旗帜，他很早就预料到，跟他走，可能会有小小的成功，早早告诫你，如何对待人民给你的一切；提醒你，应当怎样正确对待自己。

十年前，我们真的做了雷锋没有做过的事情，用对雷锋精神的体悟、感受和延伸：在上山驻村、扶贫济困、解决纠纷、稳定基层的日子里，我们扎根在老百姓住家旁边的破屋子里，没水、缺电、少青菜、无肉蛋，经常是咸菜就馍头、白水煮面条，盛夏酷暑，寒冬腊月，一住四百天。我们深夜调解干群矛盾，半道安抚上访群众，化剑拔弩张为心平气静，解二十年结怨为握手言和；我们修吃水井，送民生电，筑水泥路，架卫星电视，办文化活动室；我们把鳏寡孤独、老弱病残时刻放在心上，踏破了残疾人的门槛，给癌症患者送去临终关怀；我们主持公道，为受欺凌、受侮辱的弱势群体伸张正义；我们为村里制定长远规划，指导大家养殖种植，联系外出打工，彻底改变人均年收入只有五百元的经济困窘；我们为小学校开办了第一堂计算机课、第一堂音乐课、第一堂美术课，用自己的工资，请来了大城市里的裁缝，为孩子们制作了整齐的校服；等等。老百姓流着眼泪，拉住我们的手，说什么也不让走，他们不再叫我们雷锋，也不再称我们为好人，而是用了另外一个让我们怎么也不敢受用的称呼“青天”。闻讯赶来的央视记者连连抱怨，他们至少应当安排五个十个机位，遗憾怎么也拍不尽老百姓泪流满面的感人场面，因为十里八村的老乡们蜂拥而来，因为泪水首先模糊了他们自己的视线。于是，成了四万、八万、十二万名驻村干部的标兵，有一点像雷锋当年，给几千人作报告、谈体会。

五年前，我们的人生走过半个世纪，时光匆匆，工作匆匆，用该为我们的岗位留下点什么、该为我们的时代再奉献些什么的思维：我们在想，雷锋要活到今天，他会怎么办？价值观，核心价值观，雷锋精神在今天的体现，就不仅仅是做好事、做好人，是要在为人民服务的宗旨下，形成全民共识的价值观，全社会共同实践的核心价值观。我们在想，雷锋要在我们的岗位上，他会怎么办？忠于职守，敬岗爱业，勤勤恳恳，这是本分；以自己的身体力行，去践行高尚情操、完美道德、进取精神、纯粹境界，促进整个社会的道德自觉、道德自信、道德自强，才是溯源。我们在实现道路、理论、制度自信和自觉的同时，岂不更需要道德方面的完善和建树？雷锋精神在我们的时代中升华，是由于它自身的永久光辉的原因；雷锋精神的潜质，决定了它的生命之树常青，决定了它在不同时代、不同环境下的新的呈现、新的启示、新的教诲，我们自然要有新的实践。

一年前，我们仍然在平凡的岗位上，做着平凡的事情，用平凡的目光去看英雄，远远仰视他们的伟大。突然，一天，我竟然有幸坐在当代雷锋郭明义身边观看电影《郭明义》，我悄悄观察到了郭明义脸上闪烁的泪花，热泪长流，手掌擦不尽，纸巾也不济事。我，亲眼目睹了他内心的巨大感动。我们为郭明义的雷锋思想、雷锋行为、雷锋团队所震撼，为雷锋精神在今天，在我们这个时代里，在我们身边的社会上，大兴新风、大放光彩、大为传播所感动。郭明义让我们感到，学了半辈子雷锋，赶了半辈子雷锋，做了半辈子雷锋，离真正的雷锋还相差很远很远，还要终生努力。学习永远无止境，榜样永远在前头。

雷锋是我们生命中的组成部分，雷锋精神是时代精神的精华和财富，是文明社会的重要标识和表征。重读雷锋日记，重听雷锋故事，我们依然感到了亲切，感到了热忱，感到了深情，也感到了新的激励和鼓舞。踏着雷锋的足迹，我们走了五十年，还要继续走下去。我们也希望，后来人能够把这足迹同样刻在脑海里，溶化在血液中，落实到行动上。如果是这样，由总政组织部编著、解放军出版社出版的这部大书《永恒的丰碑——雷锋日记和雷锋故事集》，这部别致新颖、内涵丰富、形式出彩的大书，一定会常出常在，一定会常销畅销，永远拥有读者，永远拥有受众，永远拥有人们心目中的崇敬信仰和顶礼膜拜！

衷心感谢本书的作者、组织者、编者、出版者、印制者和发行者！谢谢大家！

文本之外

2013 年 2 月 28 日在总政组织部、解放军出版社召开的《永恒的丰碑——雷锋日记和雷锋故事集》出版发行座谈会上的发言。写于早上 7 时 20 分至 8 时 50 分。

开场敬辞：尊敬的总政组织部、宣传部、解放军出版社各位负责同志，尊敬的教育部、新闻出版总署、团中央各位负责同志，尊敬的军事科学院、国防大学、解放军报社、军事博物馆各位代表，尊敬的远道而来的湖南、沈阳、北京军区的各位专家、各方代表，尊敬的各位媒体界的朋友，各位同事，大家下午好！

另外，还说了两层意思，一是解放军出版社五十年前出版的《雷锋日记》，影响了一代人和几代人，至今还非同凡响。一是非常高兴参加这样的座谈会，坐在军人们中间，感到非常幸福和温暖，因为我从小就羡慕当兵人，羡慕当兵人是因为雷锋，雷锋是个兵，是个部队里的班长，尽管这个愿望一直没有实现。

新年话唠

延阳

新年第一天，大家聚在一起，机会难得。谈一谈各自的变化，还有在工作中的感慨，对业界的展望，随意而谈，不受局限。

新豪

1. 毕业十年左右，仍经常回味在学校（上海财大MBA读书）的时光，入学时我们在岗位上都是骨干，最大的收获是思维方式，像总裁那样思考，像秘书那样工作。在职脱产学习，收获非常大，工作中遇到的困难和难题，让我们带着问题去思考去学习。那时候，大家都比较努力，比较善于思考，比较爱钻研问题，财大时光是大家的终身财富。

2. 同学之间的情谊。大范围聚会不多，能有这样的机会，在一起沟通感情、交流信息，让人非常看重。

3. 出版界近几年面临很大机遇和挑战，尤其是数字化出版、网络出版的冲击。多数出版社还是传统出版，河南数字出版这一块比较弱。数字出版对传统出版的冲击和影响，尤其表现在数字网络出版的内容提供上。但是从目前的情况看，传统出版不会改变审批制。如果改变，对整个出版体系将会是一个巨大冲击。这几年学生的电子书包研制，上海已有部分区域推广，是不是会成为发展趋势，还有待于观察。经常想，有一些想不明白的问题，形势、政策变化对产业的影响会非常大。到底怎样面对，需要宏观眼光。

乔辉

1. 新介入报业。上半年社庆，印象很深的是庆典活动，延阳和建生两兄长去得最早，让我很受感动。学兄们这些年对我们的影响，一个是思维方式，一个是工作方式。成立30周年，参加会议1100人，十分隆重，社庆总结会时，把学兄的讲话印发各部门一份，“飞得更高，飞得更好”成为我们的口号。

2. 我们报纸的性质属教辅版。最好时发行1500万份，去年才发到100万份，经过一个片一个片地做工作，今年发行可达到800万份。教辅报纸同质化严重，我们是300人的规模，各版的内容全部是原创，可好多私人报纸，把我们的东西拿来，剪刀加糨糊，很快就粘贴出来，反过来和我们抢市场，竞争十分激烈。去年到各省去考察学习，针对全国市场制定发展战略。目前，香港地区的合作有了，台湾地区也要合作。但是，内地各级教委控制得比较厉害；国家政策控制越来越严；教材多样化，达到200多个品种。一个地区就用几十种教材，教辅报纸应对，只有多出版本，目前是利润微薄、微利经营。

3. 数字出版。正在找王晓社长合作。报社成立至今30年，报纸不好保存，资料易变质。数字出版这一块投入太大，若申报项目，整个做下来，还是有意义的。目前，我们是全科，从小学到高中100多个版本，最全，发行量居全国第三。经过半年研究，“中国学生学习网”已经注册运行。数字出版发行还没有找到很好的路径。

李勇

一直困惑。

1. 传统出版这一块，正像新豪讲的情况，的确是与外部的差距越来越大。经营管理的压力，外部竞争的压力，都感到超过了以前。这几年出版选题规划，以及每月的选题补报，明显缺乏战略布局。虽然提出以教育出版为主体，但又都挤到教材教辅。前几年的调整形成很大损失，力求资源整合，没有起到多大效果。国家宏观政策出台，授权资质，有的社投入上千万希望规模突破，反而进入一个泥潭，恶性循环。目前，各社的分工协作不够，各社专长没有显示出来。从全国来看，大环境对出版专业提升、编辑职业建树不是形成正能量，而是杀鸡取卵，对这一块比较忧心。

2. 规模扩张厉害。河南出版这几年要上规模，销售收入各社分指标，是有一点饮鸩止渴。省级优秀图书奖，各社申报推荐的图书到局里，很大一部分不合格，万字差错达到五六处，可见其他产品质量。大中专教材有比较稳定的市场，利润是一般图书的两三倍，退货少，风险小。但如何控制，在扩张的同时，如何守住出版的职业操守和底线，完全向效益和利益去看，形成什么后果，承担什么责任，通盘考虑不够。

3. 新困惑是数字出版。想和韩冰、王晓交流，他们实在是忙。与出版社编辑交流，他们有这方面的危机意识。很多报纸已经不出纸质的，对于图书也是一个警醒。数字出版在做的过程中，存在各自为政、资源分散状态，音像社中教网，大象社资源平台、电子书包、教育数据库，都有进展，但也有一个整合问题。打基础的过程中有底气，因为有财政各方面支持。再往下走，这种分散方式就显得没有力量。硬件、软件分散，资源、市场分散，编辑成本与效益无法达到原来的预期和目标。还有省新华书店的全媒体中心，做得好的项目在推广，在揽货源，普通项目还没有这样的待遇。传统向数字转换，是不是要从头再来，还有服务能不能打动读者，机关事业单位有无基础货源、长期资源，还没有把握。出版社这一块，把数字版权签下来，缺乏版权经营的价值，价值高的，作者不授权，维护自身权益，是社会进步，但也同时出现了对出版单位的限制和制约，如何谈判对接。由于我们自身的分散，内部又出现竞争，数字出版确实有很长的路子要走。

永军

1．个人的经历。时间过得比较快，学兄学姐学弟学妹，这样的聚会应当多一些。参加工作 22 年，一直做财务。2003 年上海上学，2005 年回来后到集团驻北京的公司，2007 年北京回来后，到理论处当编辑，现在当到处长。有一个希望，大家来轮流做东，经常聚聚聊聊。总的感觉，上学收获很多，收益很大，我们要很好地利用这一块资源。

2．对出版的认识。李勇困惑的第一条，也是我的困惑。当时当编辑是想换换岗位，编辑几部书稿。现在的感觉是，出版很有做头，不感觉到是夕阳产业，做进来以后，上手比较快。和国外相比，贝塔斯曼，我们所有的经营数字加起来不抵它的零头；以色列人年均阅读 63 本书，我们是 2.6 本书。我们的书，种数不少，单个品种多，每个品种发行量少，印数只有几百本。我们和新闻媒体不同，新闻媒体传播的是社会信息，我们传播的是知识。我这一块，去年出书 39 种（28 个书号），如果数字媒体发展快，出版很有希望。现在感到，当年读的书不是太多而是太少。以后如何做，学兄学弟学姐学妹们要思考，出版还是有出路的。

3．对管理的认识。支科卡波，德克士公司总裁，解决问题的思路，“管理是钓鱼，不是陷到具体事务中”，管理的对象是定位，是人才。

4．现实情况。集团这一块要集中。市场资源外流，不是我们造成的，是制度造成的，拦不住外省。如“十八大辅导读本”和“党章”，外省、外地把市场占去了。环境在这儿放着，要适应。

云照

新年第一天，大家聚在一起，很有意义。我的工作情况，前段在大象社，一直做教材，后来跟王晓做数字出版，目前仍做教育出版，在这些方面有些认识。

1．教育图书目前是快餐式信息消费，教材、教辅市场的情况并不景气，电子书包各个方面，网络平台，局限性大，技术设施还没达到，个人手持终端如何推广，设备是大问题。

2．习惯也是问题，网络与电子书包：①不统一；②不适用。设计很丰富，“人教网”，“数字校园”，设计很好，“汉王”在常州小学校做服务，信息教育教师平台，简单互动，运用非常好。

3．数字出版停留在快餐式信息消费的阶段而不是知识的消费，同时也找不到很好的营利模式。

（王晓：云照和我参加教育部电子书包课题，一年多时间，一次会议不落；总署电子书包标准化课题组，我们也是成员单位。有很多信息，尤其是与工信部的争夺，标准的建立也是处于弱势。）

（王晓：云照是电子书的操盘手，反应速度快，在读者之前。“汉王”受“苹果”冲击，安稳撤出，转到电子书包战场，值得关注。）

4．李勇讲的，重复建设确实有，内部竞争让人伤悲。“天文”书的资源整合，很有感受，希望国家出台相关政策。

（胡宜峰：海燕社的数字出版有了一些，但还是比较初步的，营利模式还有待强化。）

广照

今天特别有意义。参加工作以来，也是有生以来第一次在元旦这一天谈工作、谈学习，发出一连串的天问，理念上的，知识上的，专业上的，社会发展上的。韩冰、朱琳的发言，都说到在学校上课时，第一届、第二届，论文做得特精致，“老革命”封延阳的论文都成了示范的样本，让我们受益不浅。我的工作最早在科技社，后来到大象社做发行跑市场，又去行政办公室，目前到集团，在人力资源部。做发行时，经常出差，也训练酒量。

宜峰

做发行是真辛苦，24 小时不关机，随时应答。

1．强和大，不是体量大就强，是一块出现的。李勇讲的数量与质量的关系很重要。双百亿，我们有人口优势，万分之一的产品扩充，就不是一个小数。但是，量大，是不是质量就上去、获奖的把握就大，也不一定。

2．数字出版与传统出版的关系，一直萦绕在我的脑海。微博算不算数字出版，还有网络出版的管理问题。过分投入数字出版，忽视传统出版，结果会两边都落空。

3．同步整合与非同步整合问题。整合无解，市场提高不是简单的加法。教辅对于出版业，怎么强调也不为过。出版单位要特别关注政策，要有敏感性。

迎辉

好久没见面，听大家说说，很亲切。这一段，工作上比较困惑。

数字出版我们进入比较早，工作中涉及比较多。在处理传统的原创作品时，我们主动考虑到电子版权问题、数字出版问题，尽管不知以后有无可能做成数字的，但在传统的合同上，我们还是坚持提到这一点。数字版权，我们查了很多规定，没有来自国家、政府层面的法律阐述，电子版权确认。作者要求这个权利，国家管理部门是否对有些方面及时作出规定。社里出书，数字版权保护的说法，无处可查，无据可依。一切都在探索，调研很多，网络媒体我也关注不少。

朱琳

新年开了这么好的会，过去交流不够，沉湎于琐碎的具体事务。我一直从事国际贸易，先在出版外贸公司，去年到了物资集团公司，这里有进出口经营权，是专门成立的版贸资源部门。

半年的工作中，最大感觉，出版是一个大行业，这个平台非常好，不是一般外贸公司可以比拟的。角度不同，资源狭窄，有一定规模，符合方式转变的大趋势。如果是以出版业的服务为主，物质供应的作用是什么，简单讲就是进和出。对应的供应商，单一对应，原始操作，形成好的客户资源。目前台商、港商都来合作，他们看重什么，看重这个平台，平台的作用也是一种贵重资源。国外的订单客户，到国内来寻找供应商，产品价格，链条透明，其实网上也能够做到。我们的最大作用，是针对他们不可能与每家供应商一一对应，产品质量、规格、信誉，所有事务和资讯，我们全部掌握。我们所起到的作用，是形成自己的核心竞争力，进口出口，上升到一个规模上，就不是单一的进和出。进口合作，进口开证这一块可以有资金优势，有信誉保证，使对方没有太大风险。授信模式，原来在外贸只是小单子，做不到这些。我们的平台辐射所有环节，里外合作，这个平台就成了客户交易不可或缺的枢纽。与国外客户联系多，视野和市场更开阔，通过他们把国内资源，把剩余生产力利用起来。我们把价格、规模都做了起来，半年不到，出口产品达到 3000 多万美元，进出口最重要的是有规模。（乔辉：去年省里，物资集团成为文化出口示范基地，进入全国联合体。图书这一块，出口书做得非常好，书——玩具，把书当成工艺品加工，成为免税外联主打业务。进口设备、纸张，做好自己的平台，且不担风险。）

韩冰

1. 感触。同学情是黄面情、黄土情之外的沪上情、浦江情、财大情，情谊无价，这种感情的积极意义是其他方面的融合难以比拟的。

2. 工作一段后，读书学习，很珍贵。又赶上文化体制改革，至 2012 年，未见分晓，尚待下文。①我从教材中心副主任到出版业务部副主任，承担数字出版转型任务，待岗不待业。②目前谋划中原报刊集团，社会报刊整顿，赵部长希望十八大以后规范报刊整合。③是集团上市公司信息化建设工作小组召集人，与大川广泛调研，与上市公司领导沟通。在出版业务部，和李勇一起沟通比较多，业务上结合少。

3．数字出版方面，到出版业务部之后，参加全国数字出版年会，又去台湾考察数字出版，回来和王晓及书店、音像社其他负责人一起研究。

4．数字出版和传统出版，我同意刚才同学们的意见，不可割裂。

王晓

数字出版有两点感悟：

1．认同李勇讲的问题。出版产业，传统出版与数字出版，划分对比，好比工业化与信息化的对比，我们还差得远着呢。抽象讲，出版行业不是工业，它不用电，无法用工业指标衡量。电力，用电量，是衡量企业的重要工业指标。清华同方 2012 年达到 6 个亿，500 多号人，6 个亿都是新增量，它的工业化趋势就比较明显，在线数据 300T，没有电就泡汤。全国每年出书 37 万种，完全数字化，用电量就不是个小数。

2．信息化的发展。①技术不是工具，体制是个堡垒，没有资质冲破的阶梯，没有完全自由开放领域，实现信息化很难。②市场经济的资本运作，完全没有束缚，自由竞争，逐步垄断，像苹果和微软，建立自己的生态系统，巨型托拉斯，封闭环境，在这个领域跨过自由竞争，一下子进入垄断，开创新兴殖民地市场。恰如当年的鸦片战争，打破国门，长驱直入。从根本上讲，出版业不仅是数字转型问题，而且还面临中国文化的存亡问题。防火墙拦挡的封闭体制，随着时间推移，也会被无情打破。

宜峰

大伙讲了往事，很受激励和鼓舞，各位学员相互融洽，有了难得的机会。

毕业以后，发行、行政、编辑部走了一遍，一直在图书出版的基层岗位。据我观察，少儿图书与国外差别不大，相对而言，美国传统图书也不见少，美国家长不愿孩子从小接触电子书。不少公司有合作介绍，引进的机会比较多，但原创很艰难。

一般发行路径的排序是这样的：①书店；②网络；③馆配。相应地，一般图书发行的状况，在这三种渠道的表现是：①不好；②低幼还可以；③一般。

王豪

非常高兴和大家相聚，去美国住了一段，看望孩子。

工作中的思路和困扰有这么一些。

传统出版到底怎么走，我一直在编辑岗位，感到社领导这一层，经济压力比较大，每个职工的压力也大。经济压力之下，图书出版业追求经济效益，争取补贴出版，没有价值的书出来了，有学术分量的书出不来，编辑们很困惑。

延阳

想不到大家谈的是如此严肃的话题，小梁还有各位同学说得这么深入，钻研非常之深，大家探讨了一些问题，对我们共同思考这些问题都有帮助，是难得的思考成果。

1. 出版业面临的竞争，说到底，是一个社会制度的竞争。包括保护知识产权在内，立法的目的如果不在于保护权利而在于限制言论，宏观上不能解决问题，微观上也无能为力。如果独立产权拥有人不出现，改造、创新无法实现。我们面临的不是技术问题，而是需要更高层面解决社会生态问题，这个问题，相信我们会继续面对，而且会长期面对，甚至无解。（王晓：如果没有强有力的保护，长久看会是死路一条。）根本问题在于社会的法律体系、制度创新和产权保护。

2. 数字出版，上市公司将成立专门数字出版机构，独立出来，基本上负责人选已经落实，规划项目协调，探讨运行模式。我们面临的瓶颈问题很多，突破很艰难，希望能够在组织上做一个改进、探索。

建生

难得一聚。这次回来，是作为海燕社的老职工，应邀参加建社三十周年纪念活动而回来的。因为身体不好，不能和大家在餐桌边一聚，只好接受延阳、李勇的意见，接受新豪、王豪、永军和大伙的安排，聚在一起聊聊。大家谈了不少感受、看法、体会和建议，很深刻，很有见地，很发人深省，让我深受教益。

让我们回顾一下，大家都谈了些什么内容。

1．传统出版与数字出版。出版界要应对数字化的挑战。数字出版按兵不动、不理不睬不行，一哄而上、哗众取宠、装点门面、搞花架子更不行。

2．版权保护问题。实际上是对人的尊重，对创造的尊重，对劳动成果的尊重，也是一个民族生生不息、一个国家长治久安、一个社会持续发展的关键问题。

3．产品质量问题。实际上涉及编辑选择、编辑加工、编辑创新等等，涉及出版业的核心竞争力。

4．协调、协同、协作问题。出版业的发展不能回避资源整合，在数字化、信息化背景下，这种整合、联合、聚合，举足轻重，事关重大。

5．对出版物市场的判断、估计问题。销售码洋量大，主要体现在品种的个数多，实际上每个品种销量少，还有一个是定价走高，册数总量还是下滑的，不是过去所估计的，不是增量的空间缩小。

6．业界的市场补课仍不够，市场规范更不够。尽管这些与整个社会建设、文明进化、道德养成有关系，但出版物的市场毕竟是文化市场，除金钱、经济利益之外，更重要的是文化价值、文化体现。

7．管理定位问题。政府要管什么，可以管住什么，对此要有清醒的认识，眉毛胡子一把抓，则什么也管不住、管不好。

8．人力资源方面的挑战。比如缺乏既懂传统出版又懂数字出版的人才，既有高远视野又有实际操作能力的人才，既具备扎实的出版基本功底又对市场运作十分娴熟的人才。还有，编辑技术方面既要会线性编辑，又要会非线性编辑。

9．业务拓展问题。主要是视野拓展、思维拓展、认识拓展。

10．执行力问题。眼高手低、夸夸其谈、浮在面上不行；手中有箭、连称好箭、引而不发也不行。

11．分类市场问题。市场细分的结果，形成众多的小众市场，但是同时强化了市场服务对象的稳定性，小众市场的受众，或者叫消费者，一般都是铁杆。

12．过分的利润追求。极端的经济利益追求，造成了文化失衡、创新失衡、道德失衡等一系列问题。出版要与娱乐分开，让娱乐走人，另寻市场；要与新闻分开，克服短期行为，不追求实效与轰动，不满足于知道些什么，更侧重于为什么。

还可以归纳出来一些，大家谈的内容融会了政策的深度解读、国家政府思路、社会长远发展，以及对未来的前瞻考虑，所以有价值，有启发，有意义。

反复考虑，我把新年寄语归结为提高三种能力——政治识别能力、社会驾驭能力、人生反省能力。

1．政治识别能力方面：要掌握这些精神，1）六中全会；2）七中全会；3）十八大；4）十八大以来，中央主要领导同志的讲话，政治局集体学习的内容，中央有关会议精神。这些内容涉及新领导班子的思路，国内情况判断，国际形势分析，初级阶段概念，社会转型理论和实践，生态平衡理念，社会科学学说的位置，中国梦的内涵和价值，核心价值观，社会主义的历程，政党建设等。了解这些，有助于把自己手头的事情与全局联系，与整体联系。

最近读的几本书：马克斯·韦伯《新教伦理和资本主义精神》，托克维尔《旧制度与大革命》，尼古拉斯·卡尔《浅薄：互联网如何毒化了我们的大脑》，耿占春《书的挽歌与阅读的盛宴》等。延阳建议大家读读哈伊克的《通往奴役之路》，很有道理。我的体会是，要像哈佛、牛津、复旦那样，重视通识教育，我们缺少这一课，一定要想法补上。

2．社会驾驭能力方面：1）深思考，前观瞻，透环境；2）长计划，短安排，找规律；3）言必信，信必行，行必果；4）取决于众，取信于众，取力于众；5）用人不疑，用人得体，用人育人，量才使用，任人唯贤，给每个人一天地、一舞台、一事业；6）卧薪尝胆，屈伸自如，从善如流。

3．人生反省能力方面：天地再广阔，也是睡觉一张床，就餐一碗饭，止渴几杯水。1）自己做到了什么，哪些事情能够做到却没有做到，还想做些什么，还能做些什么；2）不懒惰，肯学习，勤思考，善钻研，常琢磨，多创新；3）打破自己的思维惯式和知识瓶颈，得体、准确、正确地安置自己；4）低姿态，高视角，耐得住寂寞，经得起磨炼，受得了煎熬；5）看自己的角度很重要，俗话说，狗眼看人低，其实是错的，狗眼看人，是仰视，应当看到的人高大、威猛，天眼看人低才是事实，芸芸众生，蚂蚁一般，自己只是其中一微尘，“人们一思考，上帝就发笑”。

希望以后能有机会和大家多交流，只要有这样的活动，我随叫随到。

文本之外

座谈于 2012 年元旦 9 时至 13 时，河南人民出版社二楼会议室，参加人员，上海财大出版 MBA 班各届河南籍学生。

飞　鸟

数字化趋势不容回避的几个问题

我看数字出版

信息科学技术的两重性

但闻楼梯响　更要佳人来

我深深理解……

春风已度玉门关

有感于出版业的产学研体系共建

出版业数字化转型：我们要准备什么？

九层之台　起于累土

经济增长变缓背景下的出版业态升级

再接再厉　力争圆满

数字化趋势不容回避的几个问题

昨天夜晚到达后，穆总不辞劳苦专门给我介绍了龙源 15 年来尤其是这 8 年来的进取、变化和收获，让我感到欢欣鼓舞。深夜，我又仔细翻阅了龙源的白皮书，竟是如此含蕴厚重、分量沉重、总揽庄重。白皮书是 3200 家期刊进行网络传播线下十分努力的写照，也是龙源人含辛茹苦、勤奋工作、呕心沥血的写照。排行榜上榜下，所有的人都付出了无数的心血和汗水，大家都不容易，付出这样艰辛的努力不容易，做出这样的成就实在不容易。

待会儿玉山院长会对 TOP100 进行解读，分门别类地详细解读，大家更会听出一些名堂。传统出版诸多门类，别的门类都在滑坡，唯有期刊是整体上升的，这是最不容易的。我想，这就是社会阅读、社会发展大环境对我们最好的评价和褒奖。

从医院里偷偷溜出来，参加一年一度的龙源发布会，是因为对龙源一步一个脚印非凡走过 15 年的感动；是因为对龙源 8 年来一年一度的 TOP 发布情有独钟；是因为对中国期刊业的转型与未来发展的焦虑期盼，劳心劳神，忐忑不安，希望能够杀出一条路径来；是因为出版服务于五位一体（政治、经济、文化、社会和生态文明）建设，服务于整个社会的创新、进步、和谐、文明，责任重大，举足轻重，任重而道远。

每年的发布会，龙源总要让我们看到一些新面孔，TOP 排行榜的不断组合、不断洗礼之后的重新展示，老品牌锦上添花，新品牌黑马荣威；总让我们看到一些新面貌、新起色、新亮点，不同的角度，不俗的分类，不拘一格地创造，像万花筒，颠过来倒过去，花光月影、五彩缤纷、引人入胜；总让我们看到一些新启迪、新探索、新造诣，文化的规律、出版的规律、市场的规律、阅读和接受的规律，乃至于办刊、编辑的规律，循序渐进，宏大叙事，别有洞天。

我把龙源的效用归纳为十大功能。评价功能：桃李不言，下自成蹊；拓展功能：鲲鹏展翅，跨界运行；转型功能：潜移默化，无缝链接；探索功能：长路漫远，上下求索；回溯功能：历史存照，唤醒回忆；协同功能：同声相应，同气相求；引领功能：刊业风尚，制导制航；长尾功能：不弃弱小，各有其位；营收功能：N 次营销，集腋成裘；培育功能：不枉园丁累，无意也成荫。

龙源是阅读趋势、阅读取向、阅读价值的晴雨表，是期刊走出去的集结站，是各路刊社精英亮相、展艺的竞技场，是读者不可或缺的生存乃至生命的伙伴。如果说期刊阅读是一种享受、一种奢侈的话，龙源硬是把这种奢侈品做成了人们生活的必需品，须臾不可离开的伙伴。比如，调研发现，基础教育领域教师阅读的 TOP100 期刊，人文社会科学、医药保健类期刊位列前茅，证实了龙源逐步实现的拓展阅读功能，中小学教师不是从中找教材、教学类的东西，而是要看到更多人文和社会科学的知识、医疗保健和健身知识，拓展自己的知识面，满足自己的更多需求。

大家来到龙源发布会上，除了聆听各类排行榜的总发布，除了了解各类刊物发展趋势分析，除了拿到自己刊物的年度报告之外，我想，大家还会有更多的感受、更多的体会、更多的心得要交流，要诉说，要沟通。我们处于期刊业发展的转型关口，处在期刊业改革的关键时段，社会在变，阅读在变，技术日新月异、需求五花八门，我们的期刊服务、出版服务，我们的文化建设应当怎么走，还需要继续探索，继续研究，还需要继续创造，继续履新。

既然来到发布会上，我也想把自己的疑问、自己思考的一些问题，向大家和盘托出，求教于各位方家、各位同事、各位朋友。归纳为五个方面。

第一，2012年12月24日至28日，按照全国人大会议议程，要研究、讨论、修改并通过有关网络管理的法律规定，这是基于保证公民基本权益——著作权、阅读权、表达权、知情权，维护网络正常秩序，促进网络良性运行，更好地服务于社会的一次重要立法，是以法律形式，以制度保障，规范我们的互联网运行和服务。那么，在保护知识产权的前提下，我们的传统出版、现代出版，如何更仔细和认真地保护好著作者的权益？要知道，无论传统期刊还是网络期刊，我们都不是作品的直接创造者，不是版权最早所有者和基本拥有者，我们如何在充分保障著作权人的基本权益之下，开展我们的服务和经营？如何在维护好作者的创造、创新的内生动力，维护好公民接触和接受优秀产品的所有权益的同时，积累资源和资本，实现我们的经济收益和组织扩大再生产？

第二，IT供应商、网络运营商，对于出版的服务已经全面进入，几乎不留空白。但是，目前期刊界、出版界从这种网络服务中可以直接获取的利益依然比较微薄，有些几乎是不足挂齿。那么，一旦出现网络形式替代书本形式，纸媒体趋向衰落之际，传统期刊、传统出版赖以生存的基础如何建立？没有传统出版产品的存在，网上的品牌阅读、优质和优化阅读又如何支撑？传统出版依靠网络传播的手段，丰富自己的服务项目，拓展自己的生存空间，实现足量的市场营收，不能不摆到正式议程上来。网络传播要帮助传统出版找到更为厚实、更为丰富的盈利空间，找到转型发展、长足发展、持续发展的经营空间。

第三，我赞成龙源目前的判断，内容产业“内容为王”的规律再次得到印证。一是网络传播必须选择以纸介原刊和精品内容为基础；二是期刊的网络传播不仅不会影响纸介原刊的发行，而且，借助新的传播技术和媒体渠道，会扩大纸介原刊的知名度和影响力，进一步延伸传统期刊的市场辐射力和品牌价值。我认为，龙源这一体会十分重要，实际上是道明了出版业，包括期刊业的核心竞争力所在，那就是出版人、编辑们、美装人员对内容的选择，对形式的选择，对渠道的选择，当然也包括审读把关，包括修改加工，包括策划宣传。但是，网络传播对纸媒的传播总是要有替代效应的，图书已经出现了不可逆转的下滑趋势。我的问题是：我们有没有可能，在传统出版与高新技术及数字化信息化融合之中，把传统出版的核心价值及其实现模式，移植于网络传播，而又用网络传播反过来丰富传统出版的表达方式，在新的服务起点上，形成新的混合营利模式和新的经济增长点？

第四，当网络信息泛滥成灾、鱼龙混杂、泥沙俱下之际，我们以传统出版的清纯、清醒和清爽，涤荡网络传播的污泥浊水，沉淀网络传播的浮躁和虚伪。就像龙源已经证明了的，大家阅读指向，还是期许品牌期刊、老牌期刊、名牌期刊和新品期刊中的优质内容，经过筛选、甄别、化解、组合之后的优质内容和产品。这是对传统出版的尊敬、礼赞和认可，更重要的是对一个社会的正气、正派、正义、正直的守护、崇尚和呼唤。我们不能因为社会对著作权的保护和尊重，而损害编辑选择的神圣义务和责任——不可替代的义务与责任；维护著作权人的权益，更要维护阅读者不读烂品、不读赝品、不读毒品的权益；更要维护阅读者被必要的推荐、助读、引导，包括必要的灌输，所形成的接近经典、接触优质读物、接受系统知识诸多机会和渠道的权益；更要维护阅读者方便接触精品，远离网络陷阱和毒化信息的责任；更要维护阅读者、使用者不因网络的过度服务而丧失主观思维、能动探索、钻研问题和解决问题的能力。那么，在这些方面，我们不论网络传播者还是传统出版者，都将有些什么样的考虑？

第五，当互联网、高新技术迅速向我们走来之际，目前，相当多一些传统出版社、期刊社的反应仍然让人感到茫然，有束手无策、坐以待毙论，也有装点门面、哗众取宠、聊胜于无的做法，还有盲目投资、扩大地盘，以期占山为王，更多的是随波逐流、听天由命。面对种种选择，我们应当有必要的清醒，无论是网络传播，还是纸媒服务，我们都是为人作嫁。为人作嫁有两种含义：一则无名无誉，当然有利，裁缝是一门挣钱的手艺。二则我们永远不是新嫁娘，新郎也不是。我们是借助写作者的创造、创新来形成自己的经营，尽管不少时候我们也策划组合，甚至动手亲自操作，但永远不要忘记我们的身份，这是一个基本定位，是一个方面。另一方面，尽管网络化、数字化降低了所谓发表、出版的门槛，人人都是出版社、电台、电视台，人人都是新闻、文艺和其他内容的制造者和发布者。但是，切莫忘记我们这把做裁缝的刀剪，这根缝缝补补的针线是从孔子那儿就开始使用起来的，这门传家手艺不能丢，也不会丢，永远有价值。我们不越俎代庖，自命不凡，试图代替作家、理论家、诗人包打天下。同时，我们也不要把自己的饭碗稀里糊涂让别人端走，把自己的裁缝摊子稀里糊涂让别人踢掉。在这一点上网络传播者和传统出版者是同路人，要一条心，一个主意，相互依存、相互促动、相互提携。我们需要考虑的问题是：如何使传统出版的内容更丰富地呈现，更久远地传播，更广泛地推广，并在展现、传播和推广当中形成自己更强大的生存和发展基础?

回过头来，面对这些问题与困惑，我们不能不再一次倡导龙源实践中所体现出来的一种精神，倡导龙源的国际视野，倡导龙源的探索意识，倡导龙源善于把自己的心得、体会贡献出来形成整个业界的共识，又善于把这种共识转化为知识经济的经营和运作，倡导龙源的共赢方针，偕同所有业界同仁共同步入期刊业、出版业的美丽愿景。

因此，我们乐见龙源的拓展和发展，乐见龙源产品的广泛和丰富，乐见龙源的影响与日俱增、与时俱进，乐见3200家人文社会科学期刊走入龙源的平台，携手奋进，携手共进，各展美好，各显其能。我们更希望这种代表新趋势、新方向，产生新价值、新服务的融合，能够不断提升，不断加强，不断创新，在新的层面上形成更强有力的市场经营主体、社会服务主体、文化建设主体，成为知识积累和传播的主体。我们相信，只要方向选正，路子选对，措施选好，只要不懈努力，在实现十八大提出的中国梦的憧憬下，我们一定会有更大的收益、更多的贡献，我们自己也会有更好的生存、更快的发展！

谢谢大家，谢谢龙源！

文本之外

开场敬辞：尊敬的各位与会嘉宾、各位专家、各位领导，尊敬的各刊社主编、主任、总编辑，各位同事同行，尊敬的汤潮总裁、穆广菊总编辑，大家早上好！

写于2012年12月19日夜至20日晨。

开场时还有另外几句话，谈了谈也在会场上的党建杂志社的老总刘汉俊主编。

我看数字出版

刚才主持人讲到盛夏酷暑、群贤毕至、高朋满座，我充分感觉到了这个氛围。正值北京最热的时间，一千多人齐聚一堂，大家满怀热情和热望出席我们的数字出版年会，聆听寿山署长的主旨报告，分享数字出版发轫、发展中的成果、喜悦、经验和体会，研讨业界转型、持续发展、长足发展中的风险、困难、障阻和问题，充分说明，比季节更热烈的是我们对数字出版的关注和投入。这种关切，比酷暑气候更焦心，比三伏炎热更急迫，比骄阳如炭更火爆。

我能够充分理解各位的心情，充分理解出版业、IT 业，数据和网络服务商、技术支持支撑部门的热切期望和期盼。如果说数字出版是一场文化与科学技术短兵相接的遭遇战的话，那么，目前的胶着状态、目前的相持阶段，是最熬人、最艰涩、最困苦的时候。看着明明有路，却总是走不出山谷；人人都跃跃欲试，个个都争先恐后，但不知道从哪个地方下棋，不知道从哪个方面出手。

如果用望洋兴叹、束手无策来描述，是有些过分。这次年会上，我们会发现有不少挺立潮头的弄潮儿敢于尝试，敢问路在何方，有了一些可喜的进展，有了不少可圈可点的地方。但从整体看，我们的进展还不尽如人意，国家层面出手不够强劲，战略决策不够明晰，战术措施落实不力；社会层面行动不尽如人意，决心没有下，步子不够大，观望、迟疑、久久徘徊，方向不明朗。应当说，就整个出版业而言，数字出版和数字化的局面没有完全打开，传统出版转型的全面启动还有待于强力推行。

因此，在这么一个关口，这样一个关键时刻，我们的年会真正是恰逢其时，举足轻重。年会事关全局，事关长远，事关主动权、控制权，事关出版业的真正变革、彻底改观，从另外一个角度说，也事关整个行业的生存和发展，尤其是长足发展、持续发展。

一、把数字出版放在文化与科技融合的大背景下思考

一个社会的进步和成长与一个人的经历是一样的，任何时期、任何阶段出现、存在和消逝都不会白白过去，都会留下痕迹，都会留下经验或教训。在我们对数字出版不断拓展认识、加深理解的时候，我们看到整个社会对于文化与科技关系的认识更进一步深入，更进一步深刻，更进一步深邃。把数字出版放在文化与科技交叉点上去分析，更有助于我们从全局、大局、宏观角度去认识，认识我们眼下探索、努力、奋斗的价值和意义。权且把这一段传达学习的中央精神归纳为如下几点。

*第一，从社会历史发展的进程来看。*文化与科技如影随形，科学技术的每一次重大进步，都会给文化的发展样式、传播方式、表现形式带来革命性的变化。而文化与科技的融合，又会对整个经济社会的发展进步产生深远的影响。科学技术不断孕育和催生的重大突破，使新技术应用日新月异、层出不穷。抓住科学进步发展的难得机遇，加快推进文化与科技的融合，提高文化发展的科技含量与科技水平，是增强综合国力和可持续发展的能力，建设创新型国家、建设文化强国的必由之路。

*第二，从促进文化又好又快发展来看。*高新技术的发展和独特的方式不断为文化发展注入新的内涵、新的动力。高新技术过去是、现在是、将来也必然是撬动文化发展的强大杠杆。只有加快科技应用步伐，才能提升文化发展层次，转变文化发展方式，打造文化发展的新平台，拓展文化发展的广阔空间，提高文化发展的质量效益；才能优化文化发展结构，增强文化发展后劲，让文化借助科技的翅膀飞得更高更远。

*第三，从满足文化群众多样化的文化需求看。*现代科技的发展和应用，

打通了通信、传媒、娱乐多个领域，推动了网络视频、电子书刊、手机阅读等文化新样式的兴起，增加了人们的文化选择和文化享受，也极大地激发了全民文化创造活力。以科学技术的应用来创新文化业态，增强文化的表现力、感染力，才能不断丰富人们的文化生活，满足人们的文化需求，实现人们对文化产品的多样化、多元化选择。

第四，从掌握国际文化竞争主动权来看。现代科学技术的迅猛发展，正在带来全球文化竞争格局的重大调整。各国都在谋求借助高新技术，增强自身文化软实力，科技已经成为文化核心竞争力的重要方面。从一定意义上讲，谁拥有了高新技术的优势，谁的应用和融合步伐快，谁就占据了文化发展的制高点，掌握文化发展的主动权。现在我们在国际文化竞争中所面临的压力，一个重要方面，就是与西方发达国家之间的科技差距，包括科技创新的差距，也包括科技应用的差距。只有加快高新技术的开发和应用，才能不断提升中华文化的传播力、感染力、影响力，培育我们的文化优势，拓展我们的文化利益，维护我们的文化安全。

我想，从文化与科技融合的层面来看数字出版，大家的探索研究与尝试，包括大家的忧虑、犹豫和举棋不定所表现出的充分慎重，都是十分有价值、十分有意义的。从历史发展，从出版主旨，从社会需求，从文化安全不同角度，反窥数字出版的变革，我们会更进一步增加责任感和使命感，更进一步理解发展数字出版在历史进程和文化发展中的重要位置和重要价值。

二、把数字出版放到数字化的特殊氛围中研究

第一，数学乃至数字化的动力效用。科学家告诉我们，数学是一切科学之本，或者说是一切成熟的科学学科之本。正如马克思所说："一门科学只有达到成功地应用数学的时候，才算真正发展了。"应当说，文化科学、出版科学的发展也不例外。

考察现代科学技术发展的五次革命，无不与数学研究的推进息

相关。比如，微积分对近代物理学诞生的影响，促成了第一次科技革命；微分方程对蒸汽机和机械革命的影响，促成了第二次科技革命；偏微分方程对于电器和运输革命的影响，促成了第三次科技革命；群论、Riemann几何、概率、算子、特征值等数学理论和方法对相对论和量子论革命的影响，促成了第四次科技革命；哥德尔的可计算理论与递归论以及图灵、香农数学方式方法对于电子和信息革命的影响，促成了第五次科技革命。数学为一切科学技术的创造和发展铺平了道路。

数字出版所立足的数字化背景，首先体现了数学学科的基本特征：高度的抽象性和严谨的逻辑性，应用的广泛性与描述的精确性，并以此基本特征推动出版业的应用和发展。

第二，数字化给社会带来的重要变化。随便可以看到几个方面，不妨作一简单归纳。

1）精准性。一丝不苟，毫厘不差。体现了数理逻辑的严谨缜密，体现了数字描述的精细准确。

2）便捷性。瞬时同现，随时获取。输出和输入两便。

3）丰富性。立体呈现，多维多元发布，绘形绘色，音形义、视频音频和图片一起上。声情并茂，真切感人。

4）开放性。包容万事万物，包容各种体裁题材，包容各种形式和途径。

5）可塑性。既有碎片重组，又有无成本条件下的无限复制。

6）虚拟性。非物质形态，看不见、摸不着。借助各类介质，又看得见、摸得着。

7）普适性。适用于一切文化形态，重组、再造、重生。

8）交互性。人机对话、人人对话，随时随地，交流无障碍，沟通无瓶颈，反馈无限制。

9）关联性。以各种各类事物的内在联系、逻辑关系为依据，找出关联点，找出同类项，找出新单元，形成各种需求之下的索引、搜寻和拼接。

10）智能性。记忆储存，简单分析，逻辑推理，拟音、拟画，模拟思维。

数字化改变社会的方面远不止这些。数字化使数字出版具备这些潜质，显然会从本质上改变传统出版的面貌，多方接驳，活灵活现，形成更丰富的文化传播，更厚重的文化积累，更别致的文化创新，形成出版对文化、科技、教育，对整个经济社会更为全面、深刻的反哺。

第三，当然，数字化也有短板和问题。

1）周期短，生长期短，生命力弱。譬如，以对印刷技术的改造为例，雕版印刷绵延了1200年，活字印刷800年，铅活字200年，告别铅与火的激光照排20年不到，如今，数字印刷已经开始让我们告别激光照排，创新周期短得几乎让人喘不过气来。再如，现在的年轻人，很少知道，在音频和视频呈现方面，我们曾经有过磁记录的时代，竟是如此短暂，如白驹过隙。到了任何技术和形式存活得十分短暂的极限时代，人们会不会厌倦自己的发明和创造，再返璞归真，再钻木求火，再……无法想象。

2）容量大，无处“放”，无处“藏”。云计算固然很好，坐守云端，所有资源资讯尽收眼底，所有信息材料任你裁取，所有精致服务按需索要。但是，云太大太多了，包括你个人搜索的痕迹也都成了云的一个组成部分之后，把它们放在什么地方？谁来承载和托存？一家搜索网站服务器的电费就达到一亿元人民币；一个大的医学资讯平台，一年电费超过一亿美元；一个很小的音像社网站，年耗电200万元人民币之上。该用多大的能量来弥补和支撑这样的资源集纳、生成和使用？任何发明创造，任何科学技术，在某一方面、某一时段，都应当是有边界的，我们只能因时制宜，因事制宜，量力而行。推行数字化，我们更需要辩证地看问题。

三、数字出版要在更广泛的环境中建构

几年来，数字出版的推进，我们已经有了不少共识。比如，数字出版不是传统出版的照相和扫描；比如，数字出版是传统分工各部门之间的融合，但不会相互替代，谁也吃不掉谁，只有充分承认各自的存在和价值，开展知根知底、托心托肺的合作，才有可能实现共赢；比如，技

术至上，内容至上，渠道至上，都是相对的，不会是绝对的；比如，数字出版需要大思维，大战略，大手笔，大投入，大平台，大伦理，也需要小精尖特，需要细节，需要锦心绣口，需要巨大的长尾效应；等等。这里我想从其他角度，补充说明三点。

第一，数字出版不会淹没在信息服务的汪洋大海之中。有人认为，数字出版与利用互联网、文本资源数字化多元化，渠道网络化、电子商务化结缘，这些和信息服务业没有两样，压根就是信息服务业的组成部分，数字出版是信息服务的整体回归。猛一听，有一些道理，数字出版运营是一个涉及信息传输、信息生产、信息分布与供给众多领域的行业，其价值链包括用户、运营商、制造商、开发商、内容提供商等众多环节，这都不错，但也不完全是这些。

既然是出版，无论传统出版还是数字出版，最根本的使命是文化的积累和文化的传播，而且这种积累和传播与一般的信息处理不一样的地方，在于选择，在于精心选择。不仅仅是要选择正确，淘汰错误，而且是通过选择创造创新。通过选择，倡导和培育创造创新，选择文化的生机和活力，选择有生命力的信息文本和信息载体。出版的信息生产与传递，包括信息接受者的再创造再运用，都是文化生成、文化产品形成效应的生动过程，与一般的信息服务有质的区别。

第二，数字出版不是一时之热。有人认为，数字出版长久不了，有几个人应付就足够了。这种看法也不正确。结绳记事是一个划时代的创造，有了语言文字图画记号之后，它就成为一种历史。“登高而招，臂非加长也，而见者远；顺风而呼，声非加疾也，而闻者彰。假舆马者，非利足也，而致千里；假舟楫者，非能水也，而绝江河。君子生非异也，善假于物也。”数字出版让我们乘上马车，登高疾呼，渡江渡海。数字化肯定是人类社会进步的大趋势。它的特点，它对于人们生存状态文化行为的改造，肯定会彻头彻尾，是一种不可逆转的文化选择。出版被数字化，甚至完全数字化，只是不远的将来。每一个编辑、每一个出版工作者都必须融入其中，善假于物。

出一两本电子出版物，不能叫数字出版；有一个数字技术公司，也只能是个开端；办一家网站，放一些资料进去，不是出版数字化的全部。数字出版，出版数字化，必须真正融入出版主业中去，融入传统出版的方方面面中去，必须完成对传统出版所有环节的彻底改造，必须全员投入，全体参与，全方位进发。我们目前确实遇到旧体制造成的不少难题，举步维艰，但这并不是说数字化只能够装点门面。机不可失，时不再来。把握不好，我们以后都会给国际出版托拉斯打工，成为他们数字出版中的一个奴隶，或者失业。这绝不是危言耸听。

第三，数字出版必须全社会动员，政府和市场双重推进。有人认为，数字出版是市场化的产物，靠市场调节就行，优胜劣汰，国家政府层面不必过多考虑，市场自然会创造新的格局。这种看法也不正确。应当承认，世界范畴内的数字出版主业的形成，不是某个国家、某一政府给予大力提携、支持和支撑的结果。但是我们同时还要说另外一句话，他们的成功，恰好是一个国家、一个社会、一种制度、一类市场模式长期支持、支撑、支援的结果。他们面对的市场，是完全的市场经济，他们在文化产品的创造、生产、营销中有了相当可观的积累，他们的体制机制便于企业的决策、转型，前瞻思维，抢占先机。他们丰厚的资本基础，可以让他们一掷千金；他们丰富的资本运作经验，可以让他们决策于十年、二十年、三十年之前，延续于三十年、二十年、十年之后形成效用。相比之下，我们的弱小，我们的短期行为，我们的不完全市场化，当然会相形见绌，会在这样的进攻和进入之下不堪一击。

应当看到，制度创新的优势和高新科学技术的同一起跑线，包括经济的长足发展，可以让我们迎头赶上，或者说让我们具备了迎头赶上的条件和可能。但是，至少目前还不行。我们还不是较量的对手，必须依靠政府和市场双重效应，才能形成数字出版新局面、新格局、新路径。只有随着制度创新的深化、改革的深化，政府的手才能渐渐离开，但眼下不行。

比较有意思的是，当意识到数字出版的短板之后，美国政府也开始打破过去的范式，直接投资建立了美国国会图书馆所属的医学资源信息服务平台，让医院里的每一位大夫诊治病员时，都可以在手中的终端上，一一呈现病情资料和各种处置过程，让我们耳目一新。是物极必反，还是偶有所得，还是幡然悔悟，不得而知。总之，对于数字出版，政府这只手还是要更有力一些，更给力，更推动，更有作为。

在我们数字出版年会正式开场之前，我敲一些边缘鼓点，以便于清清场子，大家姑妄听之，姑妄弃之。真正的主旨报告，还是请我们寿山署长隆重出场，开始盛大演讲。让我们侧耳倾听!

文本之外

开场敬辞：尊敬的寿山署长，各位嘉宾，各位同事，各位同仁，大家早上好!

写于 2012 年 7 月 18 日夜，发言于次日上午在国家会议中心举行的 2012 数字出版年会。

信息科学技术的两重性

梅宏院士的讲座高屋建瓴，既有宏观整体把握，又有前瞻战略思维；既有历史发展轨迹描述，又有科学规律理性归纳。短短一堂课，让人受益匪浅。信息科学技术的发展推动了人类社会的进步，所形成的巨大的物质文明成果和精神文明成果不言而喻。但是任何事物都有两重性，正如院士所指出的，信息科学技术，包括互联网等的发展，也会带来一些负面效应。比如：形成人们对海量信息识辨困难的盲目，对信息选择随波逐流的盲从，对强势信息蛊惑人心的盲动，以至于造成信息偏颇，甚至社会灾难。再比如，由于技术的高度发达，人们乐享其成。于是，过于便捷、周到、贴切的服务所造成的幼稚，大量一般化、概念化、口号化内容所形成的浅薄，对网络和服务的过分依赖所出现的懒惰，都会带来创新思维的枯竭，基本素质的削弱。所以，在信息技术日益发展的趋势下，更应当强调技术发展和使用的文化导向，信息泛滥中的出版选择，保证正当、正确、正面知识和信息的充分灌输和强化影响，保证人们自由的网络选择始终依循正确的方向和轨道，保证在对技术环境条件的驾驭之中，以人为本，全面发展、科学发展。

文本之外

2012 年第 9 期（总第 41 期）中央国家机关“强素质，做表率”主题读书讲坛感言。新闻出版总署大厦二层报告厅，2012 年 9 月。

但闻楼梯响　更要佳人来

非常感谢这次圆桌会议。这是以具体行动，应对传统书业的萧条和整个社会阅读能力的减弱，应对传统书业、传统发行业向现代书业、现代发行业转型之际的困惑和阵痛，应对新阅读、浅阅读、泛阅读的喧嚣和泡沫所带来的实体书店所受到的巨大冲击。冀望各位专家、各位老师、各位同行能集思广益，畅所欲言，献计献策，为我们书业面对的社会现象把脉问诊，调理疏通，以求固本守正，兴业旺市，以便于大家共同做好文化建设方面的事情。

我的分析主要有三个层面。

一个是实体书店倒闭是一个偶发情况，还是一个必然问题？就像图书之受惠于、施惠于社会，是一以贯之，还是可以时断时续？一个是图书 PK 于数字产品，是互补现象还是替代甚至完全替代？这是不是产品形式根子上的一个问题？一个是这个社会的病态阅读，或者说不看书不看刊不看报，是与经济社会高速发展相匹配，致使终究抛弃掉深度阅读、仔细阅读、反复阅读，还是终究要回过头来，补上跨越式发展所越过的不能够、不应当越过的一切层次、细节和过程，必须重新补课，从头再来，重温历史与世故？我想，如果能够把这些问题捉摸透，至少会对当下的种种社会现象有一个清醒的看法。

我省略掉冗长的论述过程，只把自己的结论得出。

1）实体书店倒闭是偶然现象，也有其必然性，根子在于一个社会的浮躁，在于对阅读的懈怠。2）数字产品形成的对图书阅读的替代是一个短暂的过程，替代走向互补是必然的，到后来，是平起平坐，你代替不了我，我也代替不了你，共赢天下，握手言和。3）拒绝阅读的社会、拒绝图书的社会形态是短命的，文化的延续远比经济发展、社会建设的延续更有韧性和生命力，拒绝文化、拒绝阅读很可能是一个时代、一种生活生存形态结束的信号。

第三点上，不妨展开一下。中国历史上的秦始皇，统一中国，功不可没，焚书坑儒，决定了朝代的短命；世界历史上的希特勒，盛极一时，强大帝国，焚书坑儒，违背人类公理，自取灭亡。不读书、少读书，对于人类文明进化的成果和积累，对于人类社会的创新和发明，不是如饥似渴地攫取和索求，不是敬畏敬重敬仰、景行行止的话，不是充满热情、积极进取、奋发不已的话，那么，这种社会形态便是无土之根，无根之木，无源之流，无本之末。

我的建议也有三个层面。

一个是政策层面。前天刚刚结束的“两会”上，已经讨论得沸沸扬扬，我们的委员代表竞相发言，我们的行业管理部门领导敢于触及，大家的一致意见是减免税收，削弱租金，给实体书店一个发展的空间。希望这些政策建议不是空中楼阁，尽早落到实地上去。我看个别省市的社区发展中，为书店问题，在新建小区中列入整体规划，也卓有成效。

事实上，税收、房租是一个不小的经济问题。按说改革了，我们所有的出版发行单位都应当享受税收的优惠政策。但据我所知，仅北京市新华书店系统去年（2011年间）所交的税收就达到9800多万元，如果只拿出4900万元补救北京市的实体书店的话，肯定不会形成现在的局面。我看过地安门、平安大道上的几个书店，说勉为其力、说难以为继一点也不过分。我们把教材教辅的利润克扣再克扣，以为是减轻了学生负担，但是，想没想过在林州市姚村镇近八万人口的现代小镇，近一万中小学生，包括一个大专，竟然只有40多平方米的书店，无缘于书，只有泡吧，泡无聊的电视剧，与电视为伍，与浮躁做伴。

政策的制定包括税收优惠制度，必须落脚到实处，让基层得实惠，让从业部门受照顾，让执业人员有补益，让行业发展有干头。而且，制度不要临时状态，要持续，要延长，要形成永久的规范。

一个是技术层面。这里有两点，恕我不展开。

第一，既然电子商务已经为我们所有信息流、物流、现金流打开了路径，实体书店就不能拒绝技术武装，实体书店的后台应当有丰富的网络武装。

第二，既然终端阅读已经成为挥之不去的现实，替代也好，互补也好，实体书店也要把这一块做起来。

巴诺书店的数字出版去年增长是 37.1%，为纸介读物销售的缺口做了很大的弥补，已经在今年关闭 12 家分店之后，开始遏制住倒闭的浪潮。以电子书数字出版读物的销售开始进而延伸其他服务，把书做到极致，把书的事做到尽头，我们的立足之地才有可能坚实，我们的服务才成为受众十足依赖、须臾不可分离的要素。

一个是实体书店个体层面。我们广东省版协组织了书业同仁到美国去参观，回来的报告有一个观点十分明确：巴诺书店在美国之所以不倒，很大因素在于他们的每家书店都开有咖啡店，图书 + 咖啡，一本又一本，一杯又一杯，好像是咖啡提神之后读书更多。我们的三联书店，也弄了咖啡 + 图书，由过去每年亏损四五百万到扭亏为平，扭亏增盈。看起来，咖啡是个好东西。

其实，我想说的是，任何实体店，都要给自己在现代社会立足的充分理由，要么你是特精尖，相对垄断，唯我独有；要么你的靠山硬，背靠大树好乘凉，西方不亮东方亮；要么你互联网，用内在组合把书店织成网状结构，牵一发动全局。一个书店不够，几十个书店形成主体服务；一种模式不行，十八般武艺全上。一旦一个个独体书店的珍珠都连成了一串串金光闪闪的项链，内在价值一定会抬升很高。有一句话叫作集团不行集群行不行，反正是集成、集约与协同效应，常常会有出人意料的效果。

从西方发达国家看，尤其是阅读圣土德国，正是无数个看似弱小的实体书店，实则内在有各种松散紧密连接的网络，为无数个这样有种种联系联姻的小店，形成了文化多元化，形成了书店多元化，形成了共生共荣，形成了巨大的长尾效应。它们的不灭永生，正是在于自身的不断创新，顺应潮流，改变自己，寻找缝隙，扎根成长。一个书香社会的形成，没有这些星罗棋布的小店，没有它们去满足分众化市场，满足不同层次和需求的受众，“书香”只能是但闻楼梯响，不见佳人来，仅仅是空头理想，“社会”也不成其为持续社会。

希望能够领略到大家更多的启迪和教诲，在淄博过招，盘点，回去之后，重整旗鼓，重新出发。祝大家一路顺利，迈过这道坎，前景是美好的！

文本之外

这原本是为中国书刊发行业协会组织的专题讨论准备的话题，结果没有参加会议，只在会外写了一半的稿子。恰好志鸿的会议用上，而且会场上的座位刚好还是在吴修书秘书长旁边。没有休息，于会议开始前，在会场上完成稿子。发言时间为2012年3月16日下午2时10分。

我深深理解……

王部长给我们大家提供了一个宽松的环境，可以不穿西装，不打领带，这样的环境，更有利于大家激发思维，论坛碰撞，闪烁理性思维的光芒和火花，我特别拥护。

部长的讲话已经把大道理讲得很透彻，我只从个人的角度谈一些体会。从我个人来讲，来到这个论坛，走了整整三年。经过三年的努力，终于走到了万方的驰名品牌“三亚论坛”上来。

勇青老总告诉我，你应当去看一看我们的队伍，看一看那些年青而又事业有成的面孔，看一看那热情洋溢、热火朝天的局面，看看万方事业热气升腾、热焰扑面的氛围，这些堪与三亚、与海南乃至全国的春天相媲美。

秀梅主编说，从第一年的 100 人开始，三亚论坛今年群贤咸集，已经是 300 多号人了，个人业绩也由 30 万元营收飙升到 100 万元，这些应当是与三亚这片活土，与全国数字出版的如火如荼息息相关。

接站的司机告诉我，明年要准备 400 人的大会，会场要由亚龙湾向海棠湾的超五星进发。

的确，从走出飞机舱门领受惠风吹拂的那一刻开始，我就感受到了这非同一般的热烈、和畅，超一流的队伍，超一流的业绩，超一流的水平，超一流的事业。三亚的草木情深，记载着我们迈步的印痕，万方的筚路蓝缕，万方的群贤毕至，万方的战略宏图，三亚知道，三亚论坛有写照，有回声，有影像。到三亚集结，再从三亚出发，万方的事业如沐春雨，如坐春风，如春日东升。正像广告所说，沾了三亚的地气，人有精神气，企业有蓬勃劲，事业有新创举。

我们期待着万方的新突破、新进展，期待着万方的持续发展、长足发展，引领我们时代的信息服务，引领我们社会的数字出版，把信息化、数字化进行到底，把国际化、市场化进行到底。我们拭目以待，我们翘首企足，我们热切期望！

昨晚，我有机会拜读了勇青、广印、苏宁、胜海几位论坛坛主和专家嘉宾的报告提纲，所谓的大背景、大趋势、大前提，所谓的大思路、大战略、大谋划，都让他们充分估计到、分析到、把握到了。

我深深理解，万方建立在全球信息服务业变化和数字出版运行趋势之上的发展思路，总经理勇青先生的良苦用心，分析耐人寻味，思考让人感悟，举措催人奋进。所能建言的是，作为领头羊，万方还要有新拓展、新开掘，思路永远不应有定局，理想永远在前头，创新无止境，万方也要勇于和善于打破自己的发展瓶颈。此外，还有一点提醒，要把万方的发展思路列入国家纲要、国家战略的大盘子，成为国家规划的重点，成为其中的组成部分。当然，也不排除利用国家财力和实力做大我们的事业，做强我们的核心竞争能力，做活我们的市场。

我深深理解，董事长关于云服务的分析和设想。与云俱进和与时俱进一样，同样有感染力和号召力。云和网是相辅相成的，有网才有云，有云必有网。只有百川汇大海，微尘聚高山，跬步积万里，云才可以从天而降。我欣赏广印先生大师级的云谋划。所能建言的是，集纳云层，堆积云块，酝酿云意，汇聚云朵，总之，只有集大成，才能够云起云落，风起云涌，云涌星驰。开放、包容、互助、共赢，是成就云的基础。数字出版的特征就是互为云朵，互为云层，互为云端。

我深深理解，苏宁社长紧锁眉头上的重重忧虑。风险、危机常常与发展与挑战与机遇相伴，不得不承载内忧与外患。我们的小而弱，多而散，乱而乏；我们不断对社会的变革寄予期望，又总会有些失望；我们总想脱俗，在广袤的云端单纯地生活，又总是难以免俗，非常俗气地为着生存和发展，在现实的市场中抗争。这毫不奇怪，所谓的弱化，所谓的异化，投入不足，评价缺失，诚信泯灭，体制障碍，话语失权失音，规则制定缺位，等等，等等。我想说，这一切的一切都是发展中的阵痛，我们必须硬着头皮走过这么一段痛苦、泥泞、崎岖不平的路程。所能建言的话，苏宁先生自己已经说出来了：阳光总在风雨后。

我深深理解，胜海总工系统介绍的万方业务的新跃升，是对万方知识服务的又一次盘点和归总。万方产品由单一品种向多元开发，体现了知识经济时代综合服务全面服务的基本特征。基于知识元的服务，的确有赖于社会的文化自觉，有赖于所有人类精神和文化创造，都能够被我们及时标识、掌握，最大限度地发挥效用。然而，这种众人拣柴火焰高的拣柴、打柴、理柴活动，则有赖于每一个知识元素制造者和知识元素运用者的全身心投入，在于一个个最基本出版单位以自己的内容和形式，打造一个个丰富多彩的知识元，形成广印先生笔下的云元素。所能建言的是，云元素的建立形成，依然在于大众的启蒙和启迪程度，在于全社会的进入、拥护和参与。数字出版从一开始就不能回避，从基础元素做起，从每一家出版单位，从每一个出版个人，从每一位作者、研究者、创意人做起。万方已经提供了载事、载物、载人之舟，我们的责任是要把更多的内容、更多的使用、更多的人拉到船上来，一起扬帆起航，一起横渡沧海。

最后，还是要对我们市场推广的年轻后生们说几句话。事业无止境，既然我们选择了信息服务、数字出版这一最有生机活力、最时髦时尚的事业，既然我们选择万方团队这一我们赖以生存、发展、成就的集体，我们的未来同样充满诱惑，充满魅力，充满希望！如果我们以自己的不懈努力，使我们整个社会的科技更发达，知识更普及，文化更昌盛，文明更进步，那么，我们的生命也将会在这常青的绿树丛中得以延续和永生。你们的前程一定远大，是万里鹏程；你们的未来一定敞亮，是金碧辉煌。

明天更美好，来年一定会是各位事业上的超五星。

预祝论坛圆满成功！

文本之外

开场敬辞：尊敬的王部长、尊敬的贺所长、朱会长，尊敬的各位与会专家、各位嘉宾，尊敬的万方团队每一位成员，大家早上好！

写于 2012 年 3 月 30 日晨 2 时 30 分。

春风已度玉门关

这次来中国知网参观学习，首先想表示由衷的感激之情。从期刊内容集成来讲，你们是涵盖面最广、辐射量最大、影响度最深的期刊网络平台。正因为此，你们做到了捕捉期刊信息最全面，了解期刊动态最及时，维护文化安全最主动。这种感激之情，是无法用语言和文字来表达的。看到七十多岁的丁老师，就像看到我们古老的长城一般，巍巍然，赫赫然，强固和庄严；看到龚婷和她的同事们，如同看到你们产业园区茂密的花园，绿树和花草不仅仅是装点繁盛，更是净化和滋润，勤谨且无言。你们以自己的勤奋工作，告诉我们，什么是无形的防线，什么是出版的责任，什么叫文化自觉。我也更明白，这里为什么是我们一直心仪的文化公司、出版单位、集成平台。

上次来知网调研，当时只有400多人，销售额刚一个亿，利润很少。现在销售超过七个亿，利润接近一个亿，能有这样的规模着实不容易，你们付出了很多艰辛和努力。当然，给我印象最深、震动最大的还是这么几个意料之外。一是你们的系统工程和平台集成如此向纵深发展，全方位、多纬度地推进，其拓展方面之大，进步幅度之快，出乎我意料。二是整体规模和实力的提升，两千多名员工，数万平方米的工作空间，不同方向的服务模式，遍布海内外的营销渠道，出乎我意料。三是公司规划的战略思考、前瞻谋划，完整呈现，立意高远，眼界开阔，结构合理，布局周到，措施有力，出乎我意料。四是你们的知识元分析与应用，有进展，有创新，有突破，有成效，出乎我意料。五是员工的敬业精神，企业的文化气氛，无处不是热情感人、热气逼人，出乎我意料。真正是今非昔比，面貌大变，你们已经走得很快，走得很好，让人刮目相看。

你们对我们职责的理解可能有偏差，以为我们只是把关，只是管政治方向，其实我们同样关注，并且不遗余力促进、推动整个出版业发展繁荣，这同样是我们工作和服务的大局、大方向。我们的老局长、现任副署长邬书林同志，不止一次交代我们，要多支持同方，多关心知网，他们会在出版业的大发展中做出大动静的。你们确实做出了大动作，产生了大动静。

刚才丁总编、汪社长和各位老师同事的介绍，让我们知道，你们现在是按预期目标做系统工程，进入了多方位、多纬度、向纵深发展的系统建设阶段。你们已经形成全面增长的态势，形成了自己不可替代的优势，形成了别人不可媲美的内部运作机制，形成了富有个性和特色的业界知名品牌。我只是对公司今后的发展谈点建议。

1. 背靠大树好乘凉，众人拾柴火焰高

出版业包括期刊业的业态升级，是投资浩大、任务艰巨、涉及面广、影响深远、时间紧迫的重点工程。数字出版对传统出版的改造，是全方位、全流程、全系统的创新和革命，除了编辑选择的核心能力不变之外，几乎从生产到设计，从产品到营销，从市场到受众，都会有一个彻底的改变。认清这场变革的紧迫性、彻底性、复杂性，十分重要。把清华同方所有的工作纳入国家的期刊业、出版业的大盘子来考虑问题，纳入高新科学技术与新出版业态的高度融合境界去思考问题非常重要。要在国家经济发展、文化建设、政治进步、社会管理的轨道上安置我们的事业，让中国知网成为国家文化产业的重点工程，成为国家重点扶持和依靠的工程，成为国家综合实力、文化软实力不断增长的重要组成部分。

随着版权意识的逐渐增强，数据库的进口，出版资源的集成，向国内外版权所有者支付的版权费用等，对公司而言是一种很大的成本和支出，仅仅依靠一家企业的力量是不够的，在社会公平交易的背景下，需要各家单位抱团取暖，众人拾柴火焰高；需要依靠国家的强力支持，背靠大树好乘凉。我看了你们的网络设备房间，与爱思唯尔资源库、数据库设备相比，你们的设备比较落后，至少容量方面就是小巫见大巫，爱思唯尔在美国租用服务器的设备、场地，仅用电一年就要花费 1 个亿，我们要赶上这些大家的水平和规模，路途还比较遥远。你们要争取科技部、教育部、出版总署、财政部、发改委的资金支持项目，把自己的小规划列入国家的大计划，争取国家投资，争取国家项目，争取国家政策，包括资源数据库的建设也可以依靠国家力量的整合资源，依靠同行业的联手扩大资源，依靠产学研一体化的体制机制优势得天独厚，共同打造出版业的高耸云端。

2. 曾经沧海难为水，除却巫山不是云

我们除了期刊和论文资源的拥有之外，还要发展图书等各种各类全文文献资源，发展各语种、各门类的文本文献资源。爱思唯尔每年要出版 20000 多部学术专著（书林署长引用的资料）、2200 种学术期刊，另外它收录了全世界 34%的顶尖级学术论文。爱思唯尔在中国个人用户一年一个人卖 6 万元，而且不断涨价，但是用户用上了，就离不开了，涨价了也还要买。机构和单位用户一年至少 40 万元，高的达到数百万元，按对象用户多少下价。它拥有个性化服务，可进行个性化定制，它的平台操作是最方便的，资源是最丰富的，服务质量是最上乘的。爱思唯尔产品做得确实好，文字、音频、视频结合得天衣无缝，可以通过它观看世界级教授的科普讲座，可以参观顶尖级医生的手术过程，通过视频、音频和文字给你全方位的服务和体验。我们可以学习爱思唯尔的运作模式，调整我们的服务，整个大中国区的“云”做成以后，我们的销售收入绝对不止七八亿元，而应当也和他们一样问鼎 100 亿元。爱思唯尔现在已开始做中文平台，深度开发中国市场，并且做得很好。我们也要建立全语种、全方位的服务，英文语种、其他语种都要做。学科方面，社会科学、自然科学，都要形成阵势，让我们的受众也深深感觉到，有了知网，用上知网，靠着知网，就可以一通百通，曾经沧海难为水，除却巫山不是云。

3．借问酒家何处有，牧童遥指杏花村

刚刚看到我们的录入、校对、审编系统均已完备，我的直觉是，一定要把这些程序推展到我们整个出版业中来，把我们的车间化解到全国每一家期刊社编辑工位，和他们同时进入各个出版环节，实现标准前置、系统统摄、一气呵成；要向资源上游提供共生平台和服务，让元数据具备多类产品开发的基本元素；要把所有的期刊社融入这么一套标准的数字出版系统中去，尽早实现期刊出版形态的数字化，实现期刊营销的电子化，实现期刊出版服务的集成化。全球知名的连锁书店巴诺书店一度面临生存困境，后来他们采取了卖纸版书同时出售电子版的策略，一举扭转败局，9 元钱卖纸版书，0.9 元卖电子版，书店销售情况开始好转。我们的期刊产品也需要这样的转身，需要这种改造，在数字化背景下，力求做更全面、更周到、更精准的服务。我们也可以依靠国家项目，改造期刊出版社，硬件国家配，软件系统嵌入我们的，在飞腾等印刷制版系统中嵌入我们自己的软件，达到转化、自动标引、音视频接口等一次生成，形成纸质文本的同时形成标准电子版文本。这就为彻底解决近万家期刊出版的数字化业态升级打下坚实基础。

同方经营什么？经营集合，经营集成，经营选择，经营搜索，经营查询，说到底，是经营路径。作者奉献的是内容，期刊社做内容选择，我们做的是路径选择。知识元概念的建立和拓展，实在是太好了，要找什么观点、什么言论（有时候，受众需要的也就是那么一点点），我们给你指明方向，指清道路，不劳你再费心费力，书买不买、刊买不买、文章买不买，看中了再说。你们现在以专业类分，把各类文献集中在一起，本身也是一种路径选择，合并同类项，减少阅读者的巨大麻烦。文字知识元、图形知识元，还可以扩展到音频知识元、视频知识元，实现视频、语音、语言、语意元数据同步搜索，你们的天地该有多么广阔。

提供路径服务，省时省力，内容让读者到著作权人那儿买，服务路径由我们来收费。我们不是卖资源，是卖路径，是卖服务，贴心贴肺的服务，入情入理的关怀，全方位、全媒体、全天候的忠实伺候。我们重在服务，既不抢作者的饭碗，也不抢出版社饭碗，大家是分工合作的关系，是共赢的关系。即使是相同行当，也不是你替代我，或者我替代你，不是你吃掉我，我吃掉你，依然是“竞合”“共赢”的关系，错位发展，各显其优，各得其所。一定要有包容合作理念，要有大度宽厚情怀，要有共生共荣愿望，要有向前看、向远看、向纵深拓展的眼光和毅力，共同创造美好未来。

此外，注重现有成果和架构的多向拓展，实现效用多发多显多途。比如，做现有工作的时候，把其他能做的事也一块做了，将各类查找元素注入现有生产流程，将查重效果扩大为更多元素的评价，将内容审读向编校质量检查（查错别字、标点符号错误、海量检查）延展，将再阅读所形成的效果往激励机制建立方面靠拢，自动形成对期刊质量层次评估等。

文本之外

2012 年 2 月 17 日下午，访问中国知网（清华同方）北领地，先参观公司各部门，后在东升科技园 A2 楼 4 层会议室座谈。知网产业本部副总经理、副社长汪新红主持会议，总编辑丁慎训老师介绍总体情况，总编室审读与互联网监测中心主任龚婷介绍审读工作情况，副社长王鹏演示公司产品。此为在座谈会上的即席发言，2012 年 2 月 26 日整理。纪局、付彦和期刊处各位同事先后发言，龚婷主任用心作了整理。

郭瑞宏：此次调研，深刻感受到数字出版发展的前景。知网公司所做的工作，对期刊管理和人才培养等方面都具有重大意义。我本人比较关注期刊舆情工作，看到审读室介绍的分类体系，分得很细，也已经形成了一套审读的标准，这是利于开展审读工作的。可以看出是对长期审读工作宝贵经验的积累。以后可以多多交流。

杨震林：传统出版提供了丰富的内容产品，但是却只分得很少的一部分利益，传统出版面临着较大的困境，在内容的上游生产部门与数字出版之间建立一种怎样的利益分享机制是我比较关注的。

戴齐鸣：学术不端用于管理将发挥重大作用，虽然目前尚未把学术不端作为正式条款列入法规，但以后在法规制定中应考虑增加这一内容。个别刊物文章有问题，目的在于颠覆历史。从你们的审读可以看出，连犄角旮旯的文章都能够发现，说明审读的范围很全面。以后我们多多联系，及时交流发现的问题，加强沟通，共同把握。

付　彦：这次来调研收获很大，知网每年有700多万篇的文献更新量，每天有2万多篇的更新，提供的学术资源服务品种很多。如何确保这么多的信息不被遗漏，我们看到你们已建立有样本主题系统，有审读标准，是否还有一些技术上的手段。以后可多加强出版物舆情的沟通。除了关注时政导向，我们也关注期刊的质量，希望知网可以把期刊质量优劣的一些检测和评价信息提供给我们。

纪存双：这次来，看到知网事业做得这么好，值得学习。大家对事业的崇敬和奉献精神十分可贵。你们的工作标准与责任感，企业管理的责任与社会责任相统一，让我感觉与别的出版机构、网络出版单位大不一样。公司内部监审机构设置完善，企业的社会担当与追求、对文化的使命和工作的主动积极，让我很受感动。你们的团队精神状态很好，热情、团结，企业发展潜力很大。治理学术不端和集成创新工作都很重要，给社会提供了标准和方便。惩治学术不端是要树立健康的学术风尚，你们做的不仅是文化事业，也是国家、社会事业，要不断与有关部门沟通，发挥更大的作用。

有感于出版业的产学研体系共建

非常感慨，业界这么多精英齐聚“出版产学研高端论坛”，贤者云集，学者、专家、企业家济济一堂；非常感动，《中国图书商报》七年来，对于出版产学研模式、机制孜孜不倦的执著追求，矢志不移；非常感谢，山西出版集团富有前瞻意识的创举，把产学研体系建设支持到底、进行到底。

科技创新，产学研体系共建，是党中央倡导科学发展观，推进科教兴国战略，落实科学技术是第一生产力要求的一贯主张。在上一届政治局的集体学习中，至少有四次是专门讨论科技推动问题，再三强调着力增强自主创新能力，完善以企业为主体，市场为导向，产学研相结合的技术创新体系，强化企业技术创新能力建设和产业创新支撑体系建设。十八大政治报告中重申这一战略安排，再次表明科技推动、科技创新、科技应用，是一个国家一个民族兴旺发达的重要标志，是促进社会整体向现代化转型的关键路径，是系统、全面、协调、可持续发展的政治主张。

和世界出版发展趋势相同，中国出版业在高新科学技术飞速发展的大背景下，正处于重大转变、逐步深化和根本转型之中。出版、文化与科技的融合，越来越显现出巨大的改革、改造和改组效应。高新科学技术的引入和应用，为出版生产力形成、出版行业服务、出版长足发展提供新的契机，提供新的动力，提供新的变革。中国出版业发展的历史，几乎就是一部科技推动的发展史。当代王选先生对出版业的科学技术发明和改造，使出版生产告别铅与火，走向光与电，完成脱胎换骨的实质性进步，就是产学研机制的巨大成功，是产学研体系向产业、向社会展示其价值的最好证明。因此，在出版行业，实施科技创新旗帜下的产学研体系共建，是抓到了问题的关键，是好雨知时节，是打铁趁火候。出版业改革发展到今天，尽快利用三结合创新体系，完善相关机制，推进战略实施，显得尤为重要和紧迫。

产学研结合是一个联动体系、联动机制。如果对技术需求不迫切，对追求技术进步不积极，产学研结合就缺乏动力；同样，如果科技创新成果、高新科学技术不能及时在市场主体的运用中产生效应，发挥作用，形成模式，学习和研发的积极性就无法形成可持续。只有高等院校发挥基础和生力军作用，科研机构发挥骨干引领作用，企业发挥市场主体作用，只有产学研密切结合，才有可能完成我们的业态转型，实现出版业借助高新科学技术成果的历史跨越，实现最大的社会效益和经济效益，改变传统出版业的经营模式和服务方式，更广范围、更深程度、更大力度地施惠于民。

我们祝贺论坛开坛，同时也希望产学研各个方面积极行动起来，投身于出版业的科技改造、科技推动、科学发展之中，迎头赶上信息化、数字化、市场化发展的浪潮，迎头赶上世界现代出版飞速前进的步伐，不负时代，不负人民，为文化建设和社会的整体发展做出更大的贡献。

预祝论坛圆满成功！谢谢大家！

文本之外

写于 2013 年 1 月 10 日早 3 时至 4 时，发言于下午 1 时北京出版集团会议室。

出版业数字化转型：我们要准备什么？

寿山副署长（不，是总局副局长）不能到会，俊旗司长宣读了他的报告。寿山同志关于出版业数字化的报告，这不是第一次。但是，具体地讲一个方面，讲技术层面的问题，并做出有针对性的细致安排和部署，这是第一次。

为了中国出版业的稳健转型，为了数字化信息化在出版行业全面落地，寿山副局长和总局的同志们，尤其是毅君司长率领的团队，煞费苦心，绞尽脑汁，更可以用呕心沥血来形容。没有他们的努力，没有他们的前瞻思维，没有他们从大局着眼，从小事做起，不分昼夜，不拒细微，咬定青山不放松，任尔东南西北风，我们出版行业的数字化业态升级能够走到今天是不可能的。

中国出版业的数字化进程历练了我们的队伍，也锤炼了我们新闻出版业的管理层。我们的指导方针，我们的顶层设计，我们的战略方策，我们的筹谋计划，在数字化的实践中不断被敲打，被充实，被加强，被提升。

当然，近二十年来，栉风沐雨，我们也有探索中的挫折，也有推进中的苦恼，也有障阻面前的徘徊。然而，我们更多的是攻坚战役之后的再接再厉，是撕开突破口之后的急速行进，是争取努力奋斗中的坚忍不拔。

寿山副局长的报告也是中央开展群众路线实践教育活动以来的新气象和新变化，鼓实劲、做实事、创实绩，从今天做起，从自己做起，从一点一滴做起，扎实推动各项工作，反“四风”，立竿见影，真实写照。

尽管主题报告是小切口、小引入，但大道理却讲得十分透彻、十分完备。我的发言，只想从另外一个角度，介绍一点背景性的情况，以提振士气、鼓舞信心。我们一直在讲道路自信、理论自信、制度自信，做出版工作，写千年青史，也要有自信。自信人生二百年，会当击水三千里；会当凌绝顶，一览众山小。

我把这些意思，凝聚成两个瞬间和三位人物，希望给大家的感觉不是太枯燥和抽象。

两个瞬间

第一个瞬间是二十天前，寿山同志出席一次按中央领导同志要求召开的高层会议，当讨论网络文学的管理问题时，主持会议的同志当场宣布，网络文学的编辑审读，包括事前事中事后管理交新闻出版广电总局负责，当即请寿山同志表态。我不想赘述，寿山同志代表我们整个出版系统做了怎样的应答。我想说，尽管当时我不在场，但却深深地铭记下这么一个瞬间。总局要管网，管网上的文学，管网络出版，要管理好，管理到位。

如果还一定有什么细节和相关信息来补充这个瞬间的重要转变，那么，我还可以说：

第一，在中央召开的媒体法人微博管理视频工作会上，人民日报、新华社、中央电视台多家中央媒体的老总们，异口同声介绍了一条最基本的经验，管好法人微博最重要的一条，是把微博内容按照出版物的审读程序进行：选择百里挑一，编辑一丝不苟，把关严肃认真。他们认为，微博、博客、数字出版与传统出版在内容处置方面，是一回事，没有任何特殊理由可以回避或减少这些环节。

第二，前不久，我们举办的全国青年编辑骨干培训班上，有关领导同志再次谈到，新闻很重要，但是它的时效性极强，生命力极弱，时过境迁，大家再也不会去理睬什么斯诺登，什么穆尔西。出版不同，出版是整个文化的载体，对社会的影响既厚重久远又深刻广泛。新闻是一时的热闹和喧嚣，出版是长久的浸润，是永远的熏陶，是根深蒂固的教化。

第三，如果一定要说新闻的话，还可以介绍一点新情况，在上周末的一次会议上，领导同志再次明确要求，新闻出版广电总局要把网络编辑这一块管起来，包括资格认定、系统培训、日常管理。我认为这是网络出版管理的科学决策，是网络科学管理、制度和机制管理的理性回归。我们一定要抓住这个机遇，不辜负希望和重托。

话说回来，承担网络出版、数字出版的重任，我们管理的抓手在哪里？新业态发展的关键点在哪里？出版发展路子还长，数字化出版任重道远，我们准备好了吗？

第二个瞬间是在一个星期之前，上周二下午，财政部的同事们约我去座谈，谈到出版业转型和出版单位技术改造的现状，我如实道出我们各位出版同仁共同的烦恼：市场模式、技术成本、技术问题。王家新常务副主任、高书生副主任犀利地指出，要从根本做起，要从基础抓起，要从数字化改造的细枝末节做起。家新主任还仔细将其对长尾理论、长尾效应的理解介绍给我，断言：随着高新科学技术的推进，出版业 80% 的中小出版单位，将会因为数字化转型和个性化的特点，咸鱼翻身，成为出版业的主力。（大家一定会注意到，法国国际出版咨询公司吕迪格 · 魏申巴特的《2013 全球出版业 50 强收入排名报告》日前发布，中国出版集团 8.35 亿欧元，第 22 位；凤凰出版传媒集团 8.14 亿欧元，第 23 位；中国教育出版传媒集团 5.31 亿欧元，第 30 位。这是中国出版业首次有 3 家企业入选全球出版业 50 强。这是没有教材和教辅的出版主业排序。）两位主任当即决定，今年先资助 50 家中央部委出版单位转型，明年争取全面铺开。要给每一家出版单位装备数字化改造的整套技术，要运用 ISDL / MPR 标准化系统标示每一种数字生产要素。

数字出版，我们有过不少设想，甚至憧憬过打造中国的爱思唯尔、亚马逊。但是，美好的理想总是被现实中这样那样的困扰消解。没有传统出版介入，没有出版元素和要素最直接的转变，没有规划和标准，是做不成事的。没有好的汽车，高速公路再漂亮又有什么用处？我们需要的是全行业的转型，全生产要素的转型，所有的生产环节、全生产过程的转型，整个出版行业所有的从业人员，从思想认识、从业理念到行为方式、工作模式的根本转型。爱思唯尔这个巨人不是一天长成的，从上个世纪60年代开始，他们坚定不移，一口一口地吃饭，一步一步地迈进，一点一滴地成长，才走出来今天的巨人。

这三年来，中央财政对我们出版业的数字化改造给予了大力支持，毅君司长他们的项目库中至少有一大半的工程设想是与数字化转型密切相关的，也有不少项目获得出版基金、文化发展基金和其他方面的资助。但是，我们仍然感到资本乏力。

我们明白，如果单靠一个个小小的出版单位去一步一步走到爱思唯尔的今天，那几乎是不太可能。即使是一个个出版集团，我们依然不具备那样的要素和实力。依靠中央财政和地方财政的力量，帮助我们跨过数字化转型这道门槛，在资本支持方面，不仅仅是可能，而且是必须。没有这个后盾，我们的转型只能是局部的，某一些方面的，或者是肤浅的，形成不了真正的变革与改造。

基于上述原因，我同样看重第二个瞬间。当然，中央财政的钱往产业里投并不是常规和常项，机会并不多，机遇弥足珍贵。如何用好这些投入，如何把一分钱掰成两半花，产生溢出效应，产生基础效用，产生更大更多的增值，我们准备好了吗？

三个人物

少年时代，在队旗下宣誓，辅导员总是爱问：准备好了吗？我们的回答也总是：时刻准备着！我们这一代人准备了什么？正当学习掌握知识的准备季节，我们赶上了“文化大革命”；正当青春年华，奉献社会的准备时期，我们赶上了“上山下乡”。据说，美国大学生的论文中，就有课题是论述中国的知识青年下乡运动对当代中国领导人执政理念的影响。我不知道他们是如何想起来这么细致、曲折，也有点刁钻的题目，也不知道他们能做出什么样的论文。

总之，不管你准备不准备，时刻不时刻，社会变革、技术进步的大趋势依然会排山倒海般过来，出版业的数字化转型，自然有其不可抗拒、不可逆转的力量。我们要准备什么？除了技术层面，除了规划蓝图，除了融合其他产业的渠道和路径，我想我们更应当的是精神层面的准备，敢于创新的精神，敢于实践的精神，敢于坚守的精神。寿山副局长的报告使我想谈一谈这些精神。承载这种精神的有大人物还有小角色，他们以自己的思想和行为，或多或少影响着数字化改革的进程，有的大家很熟悉，有的大家并不了解。

一是王选和创新精神。这是一个大人物，划时代的大人物，没有王选先生的出现，也许我们的数字化进程根本无从考虑。

中华文化中的汉字不同于任何拼音文字，象形、指示、会意、形声、假借、转注，古人的六种造字法（用字法），使我们的文字成为世界上最有特色、最有个性的方块字，也使汉字进入西方发明的计算机系统发生最意想不到的困难。王选先生大胆地选择技术上的跨越，发明了高分辨率字形的高倍率信息压缩技术和高速复原技术，在世界上首次使用“参数描述方法”描述笔画特性，成功解决了汉字进入计算机系统问题，使我们出版从铅字排版直接进入激光照排，仅用短短数年时间，走完了西方几十年才完成的技术改造道路，为汉字印刷告别铅与火打下基础。

我和王选先生的接触，是在他早已成为举世闻名的“当代毕昇”十年之后，为了在整个出版行业推进计算机技术和网络改造技术，他指示自己的团队，到我所在的出版社（我很高兴，今天我们的社长和他的领导、他的同事也坐在下面）创建出版单位局域网，以实现四色胶片直接出社进厂的技术改造目标。

我不再叙述王选先生一条一段地写作、修订我们的技改方案，一字一句地叮嘱他的团队。他派了由十位博士组成的攻关小组，后来增加到12位，没日没夜地驻扎在工地现场，一个一个地解决操作与磨合中的难题。我只引用在评价我们的计算机改造工程时，他写过的一段话：

这是一份完善的出版社系统计算机改造解决方案，从软件和硬件方面，反映了相当的先进性和实用性。把出版社的管理与生产、制作、发行，集成在一个完整的计算机网络环境中，是现代出版业发展的方向。尤其是其中的电子出版物部分的集成，既充分利用了投资，又开展了一个新的出版领域，走在了全国出版业的前列，反映了当今出版业的大趋势。我认为这一方案在思路上是正确的和领先的，在技术上是成熟的和可行的。1996 年 11 月 28 日。

18 年过去，再看看王选先生为我们出版社数字化改造规定的方向，尽管互联网技术有了极大的发展，微博、微信新产品和形式不断涌现，王选先生的出版社数字化定制仍不失其先进性、完整性、系统性，大家、大师的前瞻意识、洞察能力、预见远见永远有其不可比拟的魅力。18 年中，我们跳一跳，够一够，完全可以实现的行业升级，行业全面改造，也因为这样那样的原因延迟了，我们与世界先进出版实体的差距不是在缩小而是在加大。假若，我们能更早一步实现王选先生对出版社的设计，那么，今天，就不会有王家新先生对出版这一块有路没有车的忧虑。

18 年来为了王选先生的这个目标，王选夫人陈堃袭教授一直在努力，她不止一次地呼吁中央领导同志关注出版业的整体转型，关注和支持出版数字化的复合技术。这其中有我另外要介绍的一个小人物，一个大家都不曾熟悉和认识的人物，陈源蒸老师。那是下面的话题。

回头看看王选先生的另外一段话：

我想，真正的成功，还是要有积累和有绝招。我一直鼓励这些年轻人，需要长期的积累和绝招。在年轻的时候，就需要一种非常刻苦的精神，而且丝毫不能够急功近利。我当年做的，根本没有想到金钱上的报酬、名誉上的这种荣誉，这个当时没有想到。

所以我始终有这么一种看法：没有长时间的积累，没有好的洞察力和执著的精神，形成巨大事业还是有困难的。

王选先生体现的创新精神意味着什么？创新就是不墨守成规，不故步自封，不形式主义；创新就是有大局思维，有前瞻意识，有开拓进取；创新就是要舍弃名誉，舍弃功利，舍弃现有的盆盆罐罐，义无反顾地走下去！数字化转型，从高新科学技术角度看，已经不是什么稀罕事，但是，从脑袋瓜层面来看，创新思维必须建立，必须强化。

二是陈源蒸和实践精神。如果以后一定要有颁奖辞的话，对陈源蒸老师的评价应当是：面对互联网的铺天盖地，面对数字化、信息化对出版行业的冲击，陈源蒸老师以自己的敏锐观察、渊博学养和对规律的娴熟把握，以勇于实践、善于实践、乐于实践的精神，进行了几乎无人知晓，几乎只有一个人的跋涉和远征。

当国家的数字出版复合工程因为一些意外的原因搁浅之后，陈源蒸老师自己组织了一个团队，坚持复合出版技术的实践，保证数字技术、网络技术在出版行业的实际改造中能够完全融合，能够浑然一体，能够形成效用。在这个小小团队最困难的时候，陈老师拿出自己的退休津贴和闺女孝敬的养老钱，为实验组的小伙子们发工资；在身体遭受病痛困扰时，陈老师一手掂着药罐，一手握着鼠标，坚持工作。陈老师用自己独特的方式，琢磨技术将会给出版业带来的任何细微变化，倡导行业必不可少的应对和转变。他身体力行，先变革之痛而痛，先行业之苦而苦，先天下之忧而忧。

成熟技术运用于一个行业，运用于整个出版系统，运用于某一出版单位，也绝不是一件容易的事。出版的个性化生产，出版的编辑选择的核心能力，出版产品的多样化呈现，都对数字化技术提出各自不同的要求。陈老师和团队的思路，是通过数字化改造，让出版单位走上一条全方位进入、多媒体呈现、全员参与、全过程保护、全天候运营的道路，自立自主，标准统一，拥有版权，兼容开放，互联互通，社会营销的生产和发布。

陈老师已经是70多岁的老人，每每看到他掂一个布兜，出入出版社的大门，循循教导编辑人员，我的心底是热的。中国老一代出版人，为了我们出版业的未来，就是这样在时刻准备着。

我从陈老师的博客里，找到一张他和夫人的图片，想起他夫人半是称赞半是批评的埋怨：老陈把退休金和孩子们寄的钱都拿去做实验了。

陈老师讲过这样一段话：

网友对我《从“数字复合出版工程”的概念说起》评论说，复合出版over了，老先生何去何从？还说，没有国家政策的强力支持，复合出版概念也就只能驻留在“说起”了。我当时答复说：复合出版是出版业发展的必然，有政府支持要做，没有政府支持也要做。10多年来，有不少人一直在做。他们的目的不是做生意，而是一种追求。

现在可以对这位网友说，我们的努力最近有了一定进展，正在进行冲刺。虽然有困难，但我们都很有信心，会取得预期成果。不用太多时间，就会有好的消息。这位网友如果有兴趣，可以来看看。有什么想法，也可帮我们能做得更好。

陈源蒸老师体现的实践精神意味着什么？就是从实际出发，在实际中操作，应用于实际之中。实践精神，不是浅尝辄止，不是形式主义，是扑下身子干事情，不到地垄边上不回头；是脚踏实地，扎扎实实从一件事情一件事情做起，全身心、全力以赴；是中国古训所言，不积跬步，无以至千里，不拒微尘，方能成高山。

三是李政放和坚守精神。这个人物是今天会场上的主角。如果把李政放总经理十年一贯制的坚守，用一个词概括，那就是执著。今天，我们看到的已经基本成熟的ISDL / MPR底层技术，是李总和他的天朗团队多年对数字产品精心研究、不断开拓创新的结晶，能够完成MPR的行业运用，用十年一剑、矢志不移来形容，一点都不夸张。

李政放总经理以中国出版人的情怀，从事高新科学技术的研究开发推广工作，志在为出版单位数字化改造整体方案保驾护航。李总认为：第一，内容是出版单位的核心产品，是体现出版核心竞争能力所在，无论纸介、网络介质和其他介质出版，无论运用数字化、信息化、网络化的哪一种技术，拥有核心出版权是出版单位的生命之门。第二，数字化资源无论以什么样的形态呈现，都应当有统一的标识，有后台备案，有对知识产权应用的实时监督和检验。第三，出版业实现数字化改造，首先要在底层支持技术上下功夫，要符合统一标准，要有多种形式呈现的基础，要有面对全球化、全媒体化、全载体形态的竞争准备。我们今天论坛集中讨论的 MPR 整体解决技术，就是这一思路的具体体现，也将是我们下一步全面推进出版单位数字化改造的基础之一。

我问李总的部下讨要了两张照片，都不清楚。在网上搜了两张，其中有一张很有意思，可以命名为：数字出版底层技术与文化大国顶层设计者。

我清晰地记得李总讲过的一句话：

完全融于 MPR 复合数字出版整体方案中的 ISDL 产业应用，可以满足数字出版的全部功能需求。我相信 MPR 码的推广和应用，将会使我们出版业的数字化进程更迅速，更完整，更能发挥持久效用。

我们也不会忘记李总的提醒：

未来的时代，是信息内容产业和信息技术产业同领域、各独立、互支撑、共发展的时代。传统出版业丧失了数字化产品生产和运行的主动权，就没有自身的持续发展，甚至没有自身生存的基础空间。

各种电子阅读产品不能在各类网络平台通用，是对消费者的不公；内容被不同门户分裂、割据、绑架或据为己有，是对内容提供商杀鸡取蛋似的戕伐；网络运营商的割据式服务，结果是套牢自己，谁也做不大，谁也做不强，谁都无法涵养文化源头和出版资源。

坚守精神是什么？坚守本分，淡泊明志，宁静致远，拒绝一时热闹，拒绝及时行乐，反对享乐主义，反对出版的娱乐化、泡沫化。坚守战壕，寸土不让；坚持立场，守住底线。很多媒体评价，李总是放弃了出版，投身于 IT 行业，我不这样认为，李总分明是“潜伏”于 IT 产业，坚守出版人的立场，坚守出版业的底线，坚守业内出版人无法做出的对出版业的奉献。他不仅仅是在保护和发展出版，而且是在保护、发展我们民族的创新能力，保护、发展我们民族文化的内生动力和青春活力，保护、发展我们文化前进的方向不至于在市场的喧嚣中迷失，不至于在金钱的诱惑下丧生，不至于在技术的冲突中转向。

听了寿山副局长的书面报告，我有很多感想，拉拉杂杂讲出了这么多感受。

回头看看，所谓的上级重视，所谓的中央财政支持，不正是我们数字化转型的“天时”？天上有风，天上打雷，天上一定会下雨，好雨知时节，润物细无声。

而三种精神、三位人物和他们的创造，不正是我们的“地利”吗?技术不是万能，离开技术万万不能；技术是人创造、掌握和应用的，离开人万万不能；人是会思考的精神载体，离开人的精气神万万不能。

“人和”，要算上我们在座的各位了。我们全行业的同事达成共识，我们相关行业的同仁达成共识，携手连心，还有什么困难能在话下？人心齐泰山移。

如此“天时地利人和”，我们完全可以应答数字化转型对出版业的挑战。还是那句老话：“准备好了吗？”“时刻准备着！”出版业全面数字化的未来并不遥远!

文本之外

写于 2013 年 7 月 7 日下午，琉璃河。发言于 7 月 9 日下午的数博会

MPR 论坛。

陈源蒸老师看过发言稿后，写来电子邮件：你的发言很好，只是关于我的那一段，最好不要讲。因为有一些同志对这件事有不同看法的，可能效果不好。

九层之台　起于累土

刚才，毅君司长说他心情不平静，第一次遇到这种情况。作为一个做了近三十年编辑工作，干了近二十年出版社社长的老出版人，来参加今天这样的会议，参加中央财政部门、中央文化国资办专门为我们出版单位召开的这样的专题会议，参加专门讨论研究中央文化出版企业整体推进业态转型、技术升级的会议，心情更是不平静的。

感谢文资办各位同事的前瞻思维、大局意识、统筹考虑，为我们出版业的持续发展、长足发展，包括基本生存，谋战略、找出路、开门扉、筹大计。同时，我还要感谢中央机关和国家机关各部委对于本部门本系统出版单位的关心、支持和领导。正因为这个大背景，中央所属出版单位，成为中国出版业的主力军、生力军；正因为这个原因，文资办、中央财政关于数字化基础项目工作的部署，更具有开拓意义、指导意义、带动意义。

如果还要说更大的背景，还要说我们这项工作更强劲的东风的话，那就是前天举行的全国宣传工作会议，那就是在会上习近平总书记关于宣传思想文化工作的重要讲话。家新主任是与会正式代表，我和书生主任列席会议。我们共同听取了近平、云山、奇葆三位中央领导同志的讲话。

近平同志讲话坦诚介绍了新一届中央领导班子对于全国宣传文化工作的总思路、总布局，是指导今后宣传文化工作的总纲领、总要求。

总书记的报告中讲到西方的文化强势问题，讲到了一个国家的硬实力与软实力建设问题；讲到了宣传文化的阵地意识，讲到了网络上的斗争，讲到了国有企业首先应当是党和政府发声的坚强堡垒，恶风恶浪来袭时要敢于应对，唱足唱好对台戏；讲到了如何利用新的媒体形态，如何机动灵活、针锋相对，专门指出网络的领导体系将来要统筹起来；讲到了要利用新技术新应用创新媒体传播方式，特别指出技术创新重在基层，九层之台起于累土，要重视在基层充实力量，要在技术推进中有明显改观；讲到最好的宣传，是让被宣传对象沿着宣传者的导向走，同时又看成是自己选择的方向，达到这种效果的关键是什么？我的理解是文化，是润物细无声的文化；讲到了文化传播的话语方式，方便快捷，又让人耳熟能详、津津乐道，专门指出传播方式的创新和改变，我们不去做，别人绝不会帮我们做，宣传口要解决好怎么传播问题；讲到宣传文化口的干部要成为新技术的行家里手，要解决不想抓、不会抓、不敢抓的问题，管理部门领导干部不能爱惜羽毛，怕工作做不好，丢分，这种态度万万要不得，干部要敢于担当，要敢于负责，所有的干部都不能是旁观者，说了错话，没什么，但必须敢说话，说出话来；讲到文化体制改革无论怎么改，阵地不能丢，要守得牢，守得住；讲到了做工作要从每一件具体事情抓起，长期不懈，久久为功。

接下来，云山同志的报告中，具体讲了我们在现代传播技术方面面临的挑战，没有话语优势，自身不适应，文化传播的深度、广度、拓展方面的不适应等。在提升国家文化软实力，建设文化强国方面，专门提到了传统文化产业的转型升级，要求提高生产能力、传播能力，满足行业发展公益性、基本性、便利性、均等化。在提高驾驭能力，开拓宣传文化工作新局面中，专门提出加快推进传统媒体的战略转移，运用新技术新应用改变我们的传播模式，使网络空间清朗起来。谈到增强创造性时，专门指出要运用新科技，构建新平台，实现方法创新，手段创新，实现现代技术综合运用，多种手段呈现，虚功实做。在部署抓基层、打基础、夯实宣传文化工作根基时，专门强调要把文化设施改造、平台建设、网络发展的重点放到基层去，让有限的资金发挥基础效应。提出解决文化传播后劲不足、实力不足、分量不足、厚重不足问题。专门要求财政税收部门采取有效措施，给予大力支持。

当天下午，奇葆同志在布置安排宣传文化口工作时，特别强调了做大做强宣传文化事业，尤其要增强各类媒体的话语权和传播力。特别要求，针对互联网运用深刻变革、传统媒体受到空前挑战的现实，必须大力推进传统媒体与新媒体的融合发展，增强传统媒体的生产活力、公信力、判断力、影响力。认为传统媒体和现代媒体不是此消彼长的完全替代，而是此长彼长的相互补充，融合发展是必然趋势。特别要求，要像政府提供基础教育、基础卫生服务的方式一样，提供对文化行业的基础性服务、标准化服务。特别强调，尤其在文化行业业态升级方面，要扶植骨干企业，扶植小微企业，实现高新技术的基本改造。特别谈到目前数字出版大亨、大托拉斯的贝塔斯曼，销售额相当于我们全国一年的总销量。在敢于担当、奋发有为的要求下，特别强调注重新技术、新应用中的创新，解决有想法、没办法的问题，拿出实际举措来。特别强调，要当战士不当绅士，言必责实，行必责实，功必责实。特别提到，基层设施配备建设，政府要花的钱必须花，必须花好、用好。

我想，从中央领导同志的讲话中，可以掂量出我们这个项目工程的分量和意义，我们还可以换不同角度来看这件事情。

和国民经济发展的增幅趋缓不同，我们传统书业、传统书报刊、传统出版业是处于总量下滑、负增长的趋势。人们在对数字媒体的选择和对纸介媒体的选择中，出现了大量的替代效应，因为人的精力和时间是有限度的，要在最有限的时间内形成最有效的阅读，最有质量的信息选择，而数字出版、网络出版恰好提供了这样的方便和条件。传统媒介与现代媒介的融合是总趋势，但现代媒体进入时的平分秋色、平起平坐，将改变我们目前的生产格局、市场格局，同时也直接改变我们的经营格局、收益格局，乃至生存格局，改变我们赖以发展、延续的经济基础。当纸本的图书期刊，不再能够支撑我们的基本生存、生产条件时，我们如何从数字出版中杀出一条生路来，是每一个出版单位负责人必须考虑的问题。

和整个社会进步与发展的大格局相同。科学技术的进步，推动经济社会的基本发展；经济强大，带来了文化强盛，带来了话语权、传播力影响和辐射能力扩大，所以就有了美国和西方的文化强势。这种强势又因为高新技术的进一步武装更显得咄咄逼人，不仅仅是咄咄逼人，而且是仗势欺人，是文化侵略，是赤裸裸的进攻、侵占，肢解、分割，强霸我们的文化消费市场、文化资源空间，干预我们年青一代人生观、世界观、价值观的形成，把本来弱势的文化变成被奴役的文化，世界不少国家和地区的情况证明了这一事实，教训十分惨痛。我们的国家要强大，民族要振兴，人民要富庶，就不能不针锋相对，不能对这种无声无息的侵袭默不作声，不能熟视无睹、采取鸵鸟政策，不能在文化对峙中放弃阵地丢盔撂甲、溃不成军。

和一个国家的政治、经济、文化、社会包括生态文明建设相比，科学技术的研发、普及与推广是一个慢功夫，不经常表现出对抗性的特征，可一旦在关键的时候，在长期的过程中，在久久为功的博弈中，科技呈现的政治性、社会性、经济性，会是最根本的、最顽强的、最基础的因素。大则可以形成一个国家一个民族繁盛或衰落、强大或消亡，小的则会让一个企业如日中天、功德圆满，也会让它自生自灭、一蹶不振，甚至销声匿迹。当技术、当科学成为政治问题、社会问题时，甚至可以回到哈姆雷特的经典诘问，是生存下去，还是选择死亡，成为生死攸关的根本问题。那种搞数字出版是找死、不搞数字出版是等死的提醒，从另外一个角度讲， 不是空穴来风。

和经济战线上所有的产业部门相同又不同。中国的出版产业弱小、幼稚、体量不大，再生能力不强，资源有限，管理制度和模式都不具备先进性。迎接高新技术改造升级，我们自身的确是实力乏匮、底气不足。事实证明，光有勇气是不够的，光有一个自己的努力是不够的，因为数字出版、云服务、大数据本身就是以资源集成、信息集中、服务集约为基础的综合产品与服务，单打、单挑会因为身单力薄，不胜战役，败下阵来，这就是所谓的“找死”。近年来，我们在数字出版上的屡屡尝试，屡战屡败，或者只有小的效益，也正说明了这些。我们需要国家政府的后盾，需要政府的统一策划、统一行动，需要政府财政施以援手，给予强力支持和支撑。

和文化行业其他经营部门相似。中国出版业拥有众多的中小出版单位，形成了中国出版的长尾效应。尽管这些出版单位，从数字上看 80% 的单位只有 20% 的市场份额和效益，但在文化多元，在繁荣市场，在出版个性化呈现上，它们是大众，是众多，是不可忽略和忽视的群体。从另外一个角度讲，它们又是整个出版业最有后劲的潜力股，一旦条件具备、时机成熟，它们会反转整个产业结构，反转整个产业格局，形成长尾的聚合与裂变，问鼎 80% 的市场和消费。文资办的项目支持，正是体现了对于明天市场上各位社长、各家出版单位超长发展的预测和判断。

和各类企业自身的发展相同也不同。我们的转型升级项目的意旨，不是推产品，不是争市场，不是先干出个市场畅销品，让大家为之一惊。我们的着力点仍是在打基础，是为了以后的产品、效益效用打基础，打下坚实的基础。我们是在以点滴累土的方式建设习近平同志所说的九层之台，这些累土藏在最下面，谁也看不见，但绝不可少。政府有限财力的支持，只能是在各个竞争主体的基础建设中使动、攒劲、发力，而走市场自然是在座各位社长自己的事情。很多同志不理解，其实若干年来，我们的投入锦上添花，并没有因为一花开来引出百花盛开。我们现在的工作是上底肥，做基本支持，为未来的百花铺垫。对于尚未有任何动静的单位更是一个雪中送炭，或者是扫除空白。我们运用的是另外一个原理，木桶原理，一个行业的数字化水平，盛水的多少，取决于你木桶之上最短板的那一块，这是云山常委曾经引用的一个比喻。

打基础是一个比较寂寞的事情，天天累土，不见高台；事事积木，不见大厦；处处聚水，不见沧海。只有承受寂寞、忍耐，只有坚持不懈，才能够把事情做进去、做下来。1962 年荷兰的爱思唯尔开始以电子数据的形式集合出版资源，17 年前成为跨国公司的它，投资 6 亿英镑开始自己的资源集成，而且每年投 1 亿英镑，年年颗粒不收，直至 7 年前出现平台服务效益，第二年盈亏平衡，第三年……目前已达到 86% 的数字产品与服务，利润比例更是占到 90% 以上，综合收入达到 78 亿欧元。耐住寂寞，方能成大事。

宣传工作会议上，有一个共同的字眼，总书记、云山常委、奇葆部长都在用，那就是“敢于担当”。总书记强调不要爱惜羽毛，云山强调不要推卸责任，奇葆强调没有太平绅士。我想，无论出版部门无论管理部门，我们为中国出版业的根本变革，舍身一搏是值得的，是应当的。我们从长计议，我们为了事业，为了国家民族，为了文化，为了出版，同时也是为了我们自己，搏风击浪，虽有坎坷，虽有牺牲，义不容辞，在所不惜。

文本之外

写于 2013 年 8 月 20 日早 8 时至 10 时，8 月 21 日晨 2 时至 4 时 40 分。发言于当天上午。

开场敬辞：尊敬的家新主任、书生主任、德刚主任，毅君司长、俊旗司长，尊敬的中央和国家机关各部委局办主管部门负责同志、各出版单位负责人，大家上午好！

经济增长变缓背景下的出版业态升级

出版产业化的直接后果，是越来越与外部经济的变化息息相关。整个虚拟经济，包括金融业、证券市场的各种动向，由于上市、资本市场、衍生金融产品、期货等元素产生，直接影响着出版业的经营结构和经营模式。外部社会的实体经济，对传统出版业的经济容量、市场交易，乃至于发行渠道、运作方式都形成巨大冲击，最典型的，也是最重要的是经济增幅下行、物价上涨所形成的社会购买力下降，市场需求疲软，必需品购买的比重加大，直接影响到文化产品的购买力。一般预测，生活必需品价格上涨 2.4%，文化品的消费必然下降 3% ~ 5%。因为人们收入的增长，从目前情况看，远远赶不上物价上涨的幅度。

我们再扩大一些视野。

从国际上看，国际经济环境依然错综复杂，世界经济复苏动力不足甚至有可能减弱。有专家预测，这次金融危机之后的回归，很可能不是 U 形，而是 W 形，甚至会成为连续 W 形结构。

虽然美国经济复苏的迹象趋于明显，但复苏手段主要依赖过度宽松的货币投放和房地产支撑，不牢靠，也不稳定。货币投放这一点，有专家很早就提醒过我们，在美元控制的世界经济中，货币投放实质是在剥削挤榨所有直接与美元沟通的各国经济；美元贬值等于无偿地而且名正言顺地让各国老百姓为其买单。房地产支撑，已经让美国吃尽苦头，危机的伊始就是房地产起的事，能支撑多少，支撑多久，支撑的力度如何，很难把握。所以，美国经济不确定的风险仍然很大。

其他国家和地区也不乐观。日本经济在刺激中开始出现一定增长，安倍经济学似乎稍稍有一点眉目，但结构性的问题难有缓和。欧洲经济持续衰退，经济社会矛盾长期化已成定局。新兴市场国家经济明显减速，底气弱，抗灾能力差，经济恶化不断引发社会政治矛盾。有一个明显的信号是，国际货币基金组织和世界银行下调了对本年度世界经济增长的预测。

从国内看，经济增长幅度降至 7.6%之后，工业仍保持了 9.3% 的增长，农业夏粮丰收，十年保持，尚属不易。外需疲软后，内需还算争气，对经济增长贡献加大：社会消费品零售总额增长 12.7%，拉动经济增长 7.5%。由此可见，外需几乎是负增长，因为这 7.5% 中还有价格上涨因素。

从整体上看，需求下滑，经济下行压力仍存在，产能过剩问题更加突出，企业经营困难加剧；金融风险中的地方债务、影子银行规模扩大；财政收入增长缓慢，同比几乎是大跌眼镜，往年上半年增幅一般是 20% ~ 30%，今年上半年增幅是 8%。各级党政部门都在大幅度地削减开支，以缓解收支出现不平衡的矛盾。

近平同志在谈经济形势、经济工作时强调，我们仍处于可以大有所为的战略机遇期，但同时要清醒认识到，这个时期也是增长速度换挡期、结构调整阵痛期、前期刺激政策消化期，提醒我们下半年的形势有可能更加严峻，经济发展面临的困难之多、挑战之多、风险之多，必须高度关注。

出版业本来应当是一个相对封闭、相对保守、相对稳健的行业，尽管与市场需求中生活必需品相比，一般图书的销售力没有那么刚健，但教科书也和必需品一样坚挺，风雨如磐稳如山。但是，由于众多上市公司的出现，出版业随经济大盘的时起时伏已成定局。上市公司、房地产在我们不少集团的多元经营中，已成蜂拥之势。过去稳健的格局已被打破，连教科书的利润也不得不卷入其中，出版业的小农经济时代已经结束。

风雨飘摇也好，风雨洗涤也好，我们不去管它。上市了，就由市场定夺，就按市场规律，就要随行就市，政府再播种再扶植也是有限的，且不去说它。

整体出版业面对的迫切问题是：产业结构问题；数字化技术改造问题；承担的文化建设、文化积累和传播任务，乃至于文脉延续问题。

产业结构。从公布的数字看，数字或者叫网络出版已达到2000亿元，但实质的书报刊出版，仅占23亿元不到。在1.3万亿元或1.6万亿元的出版总量之中，百不挂一。分析数字出版业的内涵更让人打不起精神，包括网络游戏、手机短铃音乐、信息服务等。严格讲，不能算出版主业。这与国际上出版主业基本完成数字化改造，不少跨国公司早在十年二十年前开始产业结构调整，已达到80%的数字产品和服务的状态，很不一样。

现代出版业的产业结构有一个基本划线，传统出版的产品和服务，数字出版的产品和服务，这是第一层。第二层，传统出版产品生产中的数字化水平，包括生产过程的数字化，包括渠道发行的电子商务化，包括内部和外部系统的网络化。

我们生产手段的改造是拖结构调整后腿的一个重要方面。产能过剩，或者叫产品过剩也是严重问题。积压库存，除了正常比例外，仍大于一年生产图书的总码洋，这是一个很惊人的数字。这些图书以资产的形式计入我们的财务账簿，但实质是不能实现价值的虚资产。

产业结构调整，有两个不得不考虑的问题。

第一，生产资源的数字化问题，生产手段的数字化问题，生产产品的数字化问题，这三个层面似乎是连贯的，先有鸡后有蛋再有炒鸡蛋，实际上不是这样。生产资源也叫出版资源的数字化，是与整个信息化的产品和服务息息相关，它的目的不完全是炒鸡蛋，还可能是做面包、做蛋卷等等。出版资源的数字化将是整个社会进入信息化时代的重要选择、重要路径。

第二，出版业自身的持续发展、长足发展问题。一方面利用传统出版业的剩余价值，尽多尽早尽快地投入为再生产为新业态生产的铺垫中去。据一些专家估计，出版业目前形成的利润非常有限，用这些利润投入再生产，尤其是投入整个出版业的再生产，远远不够。但对于还有相当一些时段的传统出版业延续，早投总比晚投强，细水长流也胜过暴雨倾盆，更何况只有日积月累，才能使改变和变革更深入更全面更彻底。另一方面，还有一个最重要的投入，就是出版人的理念转变、技术手段转变和操作方式转变，这大约是无法用金钱来衡量的。而且，它所产生的无形价值也是无法用价格的尺度来表述。

数字化战略。出版单位的同志早有体会，数字化是烧钱的事。不搞数字化是等死，搞数字化是找死。从国外出版企业业态升级来看，没有一定的经济支持（花着），没有一定的时间长度（熬着），数字化仍然可能是喧嚣一阵，钱打水漂，“化”没着落。

在和财政部的同志谈论这一件事时，我提出的基本观点就是由国家出资，让所有出版单位迈过数字化基础改造这道门槛，即用数字化技术、网络技术装备所有的出版单位，用数字化的统一标准对现有出版资源（回溯性改造另行考虑）实施加工，在生产过程中转化为数字化出版资源，即在生产纸介出版物之际，同时做好数字标引、注脚、标识、知识元和信息元抓取等，放入数据库，以待以后生成各种不同的数字产品。财政部的同志赞成这种方案，于是有了今年的补充项目，首先资助 50 家出版单位试行数字化业态升级。

这个方案的特点是：1）全员动员、全体投入；2）所有产品生产过程进入，不留空白；3）不生成数字产品，不进入营销市场，只打基础，只做最原始的数据标引、数据库生成、数字资源储备。

但在操作过程中，出现了各种理解，有了各种意想不到的情况。1）是让有条件的社先做，走出路子来；2）是先促进成熟产品出现，引起业界注意，引导到这个路子上来；3）武装已有项目，把钱用在刀刃上。

他们忽略了这种设计的最基本的考虑：用政府的投入全方位地改变目前仍是纸介天下的局面，让全部资源、整个生产过程、全体人员进入数字化状态，让以后所有的出版资源数字化。

这种数字化战略是针对目前我们国家出版单位普遍弱小，而数字化改造并没有根本开展提出来的；这种数字化战略，是考虑到以后社会使用、市场需求的全部数字化模式的情况所布局的；这种数字化战略是临渊羡鱼不如退而结网的选择，是背水之战，是针对前一个时期数字大跃进、遍地小高炉的状态提出的打基础、稳根本、求改变的长远打算。但是，做起来如此艰难，让大家完全理解我们的思路如此艰难，是我所始料不及的。

数字化，一个最大的特点，是依靠宏大的资源背景，这个资源库的特点就是云，就是大数据，没有人往天空蒸发水分，没有人往大数据里添数据，一切的数字化都是空头支票。有人说，我的书不需要出数字版本，印几本就行了。其实，你的书正因为只印很少本，它的数据十分重要，它的使用扩大化十分重要；它的内涵可以让人方便查询，它的信息可以跨时代跨地域让人共享。

政府买单，在出版业的数字化改造方面，不是买产品不是买终端不是买节目，而是买过程买机制买程序买统一。这样才能更好地保证市场竞争的公平，保证锐意创新者脱颖而出，保证行业的持续发展、稳定发展。政府补贴是雪中送炭，不是锦上添花；是打基础、问根本、扶整体、为大家、求长远，而不是代替生产者参与市场竞争，帮助生产者扩大产品门类和提升眼前经济效益。

出版业发展中的矛盾。文化的可经营性迷惑了相当一部分人，梦想有一个强大的文化产业，梦想文化业可以成为国民经济的支柱产业，这种想法是美好的。从世界范围内可以看到，当文化业与娱乐业分野之后，娱乐业成为支柱产业，完全有可能。

事实证明，文化积累传播和传承的社会意义，远远大于文化作为产业做大做强的经济意义。文化，尤其是出版的有限经营性，将会因为过分过度产业化形成新的文化冲突，形成资本市场之后的文化沙漠和文化断层。这是当我们沉湎于房地产业带来的急速效应的同时，不能不、不得不冷静思考的问题。这是其一。

其二，如何保持出版行业的核心竞争力问题。我们的选择的科学性、连续性、准确性和普遍性，构成了对信息、对形式、对内容、对渠道、对流通的最优效果，保证了文脉延续、文化发展和科技发展。但是，自媒体出现以后，对出版的尊重，对编辑出版发行选择的尊重，本应当得到强化，却因为各种原因不断被削弱，而且越来越弱。我们希望这个社会永远不要忘记正是出版给人们带来福祉，正是我们的选择和不断选择，才创造了社会的文明成果和文化成果，创造了整个社会的科学、稳健发展，创造了社会秩序、社会理性、社会伦理。我们正努力在新的法律法规制定中，保护出版者的权益，保护出版行当的知识产权，尤其是我们的选择、淘汰、集约、聚合，应当得到整个社会的承认和尊重。

其三，在数字化的潮涌之中，在信息爆炸的背景下，出版人更应当以自己的努力，让社会看到出版是不朽的事业。出版的价值是一个社会提升自己的必然阶梯，出版是关乎时代进步、人类进化、文明演替的关键角色，出版是一切自然科学和社会科学健康发展的重要保证。

在和国务院法制办的同志谈这些事情中，他们理性上支持、拥护、赞成，而在实际操作中，又碍于各部门的利益束手束脚，畏缩不前，让我们感到了做工作的分外艰巨、繁重和困难。一个社会的觉醒，常常是吃了许多苦头之后。我们的苦头已经吃了不少，为什么总是醒不过来？

其四，我们看到领导层及社会各方面对出版认识的不断深化和提升。1）直接越过分工，要求出版行政管理部门把网络出版网络编辑管起来；2）请中央媒体在开设的法人微博中，把传统出版的选题、三审制、修改加工等环节嵌入进来；3）对网络期刊、网络出版、数字出版正式提出要求，进入国家法律法规规定之中；4）对网络文学的编辑队伍建设和管理，要求新闻出版行政部门管起来；5）数字出版的基础建设工作要在全国出版单位普及；6）过去看重新闻不看重出版，新闻有即时性，而出版更厚重，持久永远，每时每刻。

综合上述，在经济增幅下行的大背景下，我们不得不考虑文化和出版的发展路径选择，考虑出版业自身的持续发展和长期发展问题，考虑出版这一块在手段创新、服务创新和技术融合的紧迫问题，当然，首先是要让整个社会，在科学发展的大盘子中间，把出版的重要位置充分考虑进去，充分利用起来，充分重视起来。不然，我们的经济发展、社会进步、文明普及就会没有后劲，缺乏动力，不可持续，我们增强民众的向心力、凝聚力就会是一句空话。

文本之外

发言于2013年8月15日上午，上海财经大学新闻出版系统MBA高峰论坛第二单元。

再接再厉　力争圆满

出版单位的数字出版转型升级，具有很强的政治、社会意义，已经到了不得不做、不能不做、不可不做的地步。需要一艘破冰船，打破现在出版单位沉闷的状态。需要一座领航标，把业界从数字化升级小高炉林立、国外势力任意宰割、出版单位数字版权被廉价侵占的被动局面中引导出来。

昨天中央政治局召开会议，研究当前经济形势和下半年工作，提出坚定信心、奋发有为，努力做好经济社会发展各项工作，要求各地区各部门切实把思想和行动统一到中央对经济形势的分析判断和各项决策部署上来，齐心协力，真抓实干，确保经济社会发展各项工作取得更大成绩。任务有十条，与我们相关的是：

1．盘活存量，优化增量，着力提高财政资金使用效益，加大对实体经济的支持力度，把钱用在刀刃上。

2．进一步激发企业活力，加大对中小微企业的政策扶持和服务力度。

3．加快推进产业结构调整，强化创新驱动作用，推动传统产业转型升级，积极培育和发展战略性新兴产业，加快信息产业发展，推动新兴服务业和生活性服务业发展。

4．积极推进资源性产品和环境价格改革，抓好综合改革配套试点。

5．促进教育、文化、卫生、体育事业发展，加强和创新社会管理，保持社会和谐稳定。

十条中有五条与我们所做的事情挂上号，甚至是直接对号。科学技术创新、普及和推广，直接关乎经济社会，关乎政治社会。我是在这样一个大背景下来看方正技改方案的。

看了刚才的演示，各位专业人员作了详尽的介绍，感觉很振奋，看到了希望。

方案整体设计超前，理论逻辑清晰，设计思维流畅，兼顾方面周详，实用操作有一定基础，能为业界转型升级起到基础支撑作用。建议下一步：

1. 功能全面发挥

体现出全媒体、全方位、全过程的特点和优势，向立体化、多维化、多元化发展。在后期建设中，音频、视频也要以流畅的方式镶嵌进来。

2. 协同编纂效果

出版内部流程与外部流程的无缝衔接，比如社内、社外人员的数据包便捷传递，比如外部图片效果、音频、视频与社内加工互联，比如传递校样、异地印刷等问题，需要更进一步细化。

3. 用户体验方便

要让编辑感受到，使用系统操作比在纸介状态更方便，功能更丰富，效果更明显。形成完善的友好界面，给编辑带来更多的帮助。特别注重系统的易用性，操作的便捷性。

4. 流程设计简约

要让编辑切实感觉到，系统易学、易懂、易掌握。在推广时，要因地制宜，注意应用方式：是遵循原有的流程，还是创造新的流程？是让编辑学习全流程操作，全部由一个编辑使用，还是考虑按角色分工，分段培训编辑、按流程分段专人使用？当分则分，当合则合，满足不同层次的要求。

5. 资源的丰富性

要从编辑的角度，给予更丰富的支持和技术服务。例如，在系统中集成黑马和其他校对系统，将辞书、工具书等整合到系统中，方便编辑使用。系统提供英文标准对照表字库、词库，给编辑提供不同语言翻译和使用规范的帮助。

6. 各类规范和智能支持

帮助和提示编辑规范各种语言文字，将汉字要求、文字使用规范提前预置在系统中。尝试整合新的智能化工具和技术到系统中，例如，如果能从语音、语义上为编辑提供一些工具支撑，能给编辑带来很大的帮助。

系统会直接做成电子书，也可以先做到初步将内容存储到数据库中，不断完善和升级系统的内容管理与发布功能。

我们的目标是，保护精神文化产品的创新能力和再生能力，保护出版单位的核心竞争力，促进出版行业的科学发展和持续发展。

文本之外

此为2013年7月1日下午，讨论方正方案时的发言。此前，王钢对于方正方案以及我们电话上讨论的问题，提出了丰富的建议，并在讨论会上印发，内容如下。

看了电邮来的材料，主要关注了两个文件：《数字化转型项目申报方案》和《数字出版系统技术方案》（以下简称方案）。主要的想法已在电话里说了，但由于对具体的软件没有见过，同时，这些年，对电子出版关注不够，有些观点会不准确甚至错误。只是，看法中有些是有切肤教训的个人经验。时间比较紧，未能系统思考，想到哪写到哪，仅供参考。

一、总的考虑。方案在理论层面上是可以的，技术上也完全可以实现。但现实条件上，有难以逾越的障碍，主要是应用层面上的。

二、主要问题。《方案》试图将图书的全部工作，纳入一个系统：生产流程（包括图书、杂志）、生产管理、资源管理、销售。我觉得不太现实。

图书生产，原来的模式，本身就不完全在出版社内部，比如排版、印刷。当年我们在做系统的时候，曾试图把排版（印前）拉进来，最终只是实现了联网传递数据，没有本质地融进出版社的流程。现在方案又要把销售拉进来，自建销售平台，更不切实际。

三、关于生产流程。《方案》提出了“协同编纂”体系，让作者、文字编辑、美术编辑都在一个平台上工作。

使用同一个平台工作，首先必须制订详尽的技术要求规范，所有参与者必须严格遵守。（当年我们在海燕社，做过一个规范，太过简单。）举个最小的例子：一段文字，段头空两格，在Word中（《方案》把Word作为基础软件）有多种方式：1）系统自动给每个段头缩进两个字符；2）手动调整标尺，让段头缩进两个字的距离；3）手动加两个全角空格；4）手动加四个半角空格；等。每个人的习惯方式都不一样，不同的方式会影响到排版的结果，造成差错。类似的问题不少，所以要有细致规范。另一方面，不同审次的编辑的修改记录，高版本的Word已经很容易实现，但是，如果不是精通Word，则无法保证准确操作，甚至会因误操作丢失数据。乐观地说，40岁以下的编辑，经培训可以掌握。40岁以上者，难。此外还有外审，如果让外审也完全掌握这些软件高级功能的使用和出版社的编辑规范，不现实。

对于图表、图片较多的图书，更不容易实现。

协同编辑过程中，美术编辑的工作究竟是什么，《方案》的表述不清楚，只提到“利用方正书畅发布模板插件设计制作发布模板”。这样，是否还是要把编辑好的Word文件发给外部的排版服务商去排版，而美编只是给出一个版式呢？但方案中又有一个完整的“飞翔排版系统”，并且这个新的系统，还有图书元数据的标引加工的模块。这样的话，似乎排版又是在出版社内部完成的。就出版社的工作而言，美编只负责设计（文字的字体、字号、颜色和定位，图表的定位等），实现这些设计的，是制版公司的排版员，这是另一个专业，需要精通排版软件。如果放在出版社内部，则需要设立专门的排版岗位和人员。这要从经营核算层面考量，不同业务量的出版社会有不同的选择。有些杂志社，设立有排版岗位，或者让美编兼职排版。但一般来说，美编设计，是偏重于艺术的，而排版是偏重于技术的（许多工作是非常细微的具体活儿：以零点几毫米的精度去调整许多页的行、字距、图表位置等），让美编做这些工作也不尽合适。

传统出版社有极大的惰性。就连 ERP 管理系统，许多社虽然上了，但流于形式。不少出版社仍然 ERP 与原手工流程并行。连申报选题这样最基础的工作，也还同时走纸面签字和 ERP 流程审批。

那么，要想让所有的编辑、美编甚至社领导都走局域网，在电脑平台上编辑，精通编辑软件，难度可想而知。要知道，40 岁以上，不少人打个字都很慢。

四、元数据标引。这些年流行“元数据标引”、图书碎片化等概念。

其实，在图书领域，原来就有这些行为，各级的标题，就是元数据。不少图书，特别是国外出版社的习惯，都要在书后附索引，也是一种原数据标引。这些标引，在现在的排版软件甚至编辑软件（如 Word）都可以实现。

是否有必要再另加一套元数据标引体系，可以讨论。

1. 目的是什么？推广者认为：可以检索，在类似于知识点的层次上管理，重组，动态出版。我觉得，要看对象。对于杂志，是有意义的。对于特别门类的图书也是有用的，如工具书（百科、字词典）等；对于多数图书，没有意义。重组成另外一本书，是作者的事，不是出版社编辑的事，出版社在法律上也没有这个权限。多数的图书，不可能把一个章节、一个知识点单独拿出来卖。不像杂志，可以卖单篇。

2. 谁来标引？以传统的情况看，比如标题，是作者定义的。索引，哪些词列入索引，最好也是作者定义，作者知道在这本书里，哪些词是重点。这类似于现在的论文，都要求在篇首加简介和主题词，这是作者加的。编辑也可以吧。现在，许多做数据库的，是由录入员来做，简直笑话。还有一点很有意思，CIP 数据中也有类似于元数据的主题词，一般出版社是由总编室标引的，常常错误百出。

让作者或者编辑去做这项工作，就必定要有工作量，有成本。如果没有大的意义、效益的话，出版社不会去投入。

五、数字产品。以上侧重于传统的纸本图书生产本身。《方案》涉及的另一大方面是数字产品，数字图书。

数字产品可以分为两种类型，《方案》已经提到。具体说，一是内容、版式与纸本图书相同的数字图书。一是增强型，加入其他的媒体，声音、视频、交互等。

在技术上，实现起来并不难。特别是第一种类型的电子图书，只要原排版文件存在，转为电子版，都是举手之劳。转成 PDF，一本书就是几分钟的事。方正的方案也很完备，在排版软件上加个转换插件而已，便能生成方正版的 ceb 格式的电子书。

而如果要求与纸本图书的样式稍有不同，就要麻烦得多，即使不加入其他媒体。同样，技术上也并不是难事。麻烦的还是出版本身的工作：编辑、美术设计。举个例子：图书多是纵向开本，如果要做成苹果版的图书，一般习惯于横向阅读，那么就要美编、编辑重新设计，操作员重新排一下版。再如手机出版，移动要求手机版的图书有自己的封面，这必定要重新设计一个适合手机屏幕的封面，同时手机读物的版式，也要改变，即使技术上可以做成屏幕自适应的页面，遇有插图等因素，还是需要人工调整。而且，手机版可能还会要求对一本书的内容有所取舍、压缩，这又涉及文字编辑甚至作者的工作。所以，虽然技术上不是很难，出版社还是要付出相当的工作量。

那么，能否有收益，是问题的关键。如果没有收益，出版社就不积极，毕竟还要投入。

六、关于路和车。电话中关于路和车的问题，我回来又想了一下，还是认为，有收益不佳的问题。如果一本电子书能让我获得10万元的毛收益，我才愿意花8万元去做这本电子书。没有收益，是根本原因。

为什么出版社不积极？我个人的经验和想到的可能：

1．观念陈旧、信息闭塞。社长不知道电子书能赚钱。

2．许多电子书确实赚不到钱。计算机上软件产品的消费者习惯于免费。

3．版权保护问题。这一点，我非常悲观。目前做得比较好的，是使用专门设备。像亚马逊的Kindle，苹果iPad，无法拷贝传播。而更常用的PC系统的电脑，几乎没有可能。尽管《方案》提到DRM系统，有非常严格的完美的技术手段，但是，最简单的，无法阻止屏幕拷贝。我曾用过一个简单的小软件，叫ebookcopier，可以很方便地把方正的电子书用屏幕拷贝的方法，自动翻页，一页页拷贝下来，存成一个个图形，然后合成一个PDF。现在，OCR软件已很强大，把图形文件再转化为文字代码，又很简单。

版权的问题，我觉得甚至连法律都无可奈何。“窃书不算偷”，是国人根深蒂固的观念。只有待道德观念的改变了。

我习惯于用电子版的图书，有些书，甚至买来后自己扫描存成电子版，用起来、携带起来方便（主要是这些年买的民国旧书）。同时，在读秀等处，也弄下来不少电子书，包括2000年以后的图书。

所以，能卖的书，许多出版社不愿做成电子版。

七、MPR

文件中MPR似是另加进去的一个系统，看设备清单，在投资上也是一大头。

我觉得此事应慎重。几句话说不清，以后面谈。

我想说的，这也不是技术问题。技术层面也不复杂，主要是销售渠道问题。我在社里，用了一周的时间，从脚本，到录音，到印成书，做了8个品种，参加博览会，大概您见到了。可想而知，生产产品很容易，可是我要大批量生产出来，卖给谁呢？此事我专门跟一个专业做中小学生词典、卓有成效的出版商做过深度沟通，他随后做了深入的调查，最后跟我说，产品我全力支持你，但他的渠道销不了。

八、强调两个问题

1.数据产品的生产不难，要找到出版社没有积极性的根源，对症解决。

2.数字化过程中，图书与杂志有非常大的差异，从设计到销售，需要不同的解决方案。

匆匆不一，可能不少错字误句，来不及细看一遍。就此搁笔。

即颂夏安！

2013年7月31日晨

2013年8月1日，财政部来电，技改经费可以启动，由申报的1亿元，升至1.5亿元，请总局有关部门去领受任务。

欲 辩

从怎么看到怎么办

昨天下午，教峰秘书长和张凤局长与我同车到达，他们立即召开理事长会议。晚间，又召开各刊编辑部主任座谈会，马不停蹄，十分辛苦。从中也可以看出科学院、科技界的精神和作风，令人感动。正如教峰同志所说的，科技期刊的集约化和集成服务，的确是贴近了知识传播的本意，改革的大思路没有问题。改革是大势所趋，但改革不是目的。改革必须符合客观规律，必须适应发展趋势，必须坚持正确方向，必须采取有效措施。改革的目标是调动从业人员的积极性和创造性，改革的步骤要以此为推进路径。这些意思，基本上回答了大家所惦记的问题。我想退一步，从另外的角度阐述一下有关问题。

絮语：科技期刊的改革遭遇了什么

来卡萨商务酒店的路上，戴利华老师告诉我和潘秘书长、张局长，宾馆对面有一处新近正在开发建设的商业中心，工程做得很红火、很热闹。他记不起具体名字来，路过时，发现名叫“茂业天地”。当时，我并没有介意。等住下以后，听到那不绝于耳的工地打钻的声音，方才知道戴老师提醒的用意。

事实上，这种声音对于我来说，已经有点习惯。前两年，我们单位旧楼改造，每天充盈于耳的就是这种“砰砰砰”的声音，没完没了。后来楼建好了，挪进了新楼，正要谢天谢地告别噪音之际，隔壁的一个单位又开始了大兴土木，真真是钻地有声啊。

噪音盈耳，我们不以为然，司空见惯，习以为常。偏偏有一天，工地上的钻机出了毛病，没有了声音，大家突然感到不习惯，像少了许多什么。有一位五十多岁的老同志脱口叫道“机枪怎么不响了”，他用的是上个世纪 70 年代，一部比较热映的电影《奇袭》中的一句台词，语音未落，声音复起，大家方才释然，一颗挂起的心脏又回复原位。

在期刊业的建设和发展中，让人不够理解、不太顺心、不曾适应的事情屡有出现，已是常客。我们安然若素，见怪不怪，已经当成自然而然的事情。但这一次的异常，声音比较强大、嘹亮，有点与过去不大一样。前不久，在科技期刊青年编辑的聚会上，我们刚刚破了所谓“所有科技期刊都要转成内部资料”的谣言，我还振振有词地驳斥，举出很多例子说这是不可能的。结果，回单位上班不久，报纸、广播、电视还没看到，网络上悄然出现了取消报刊编辑部的实施办法。霎时间，电话、电子邮件、短信、信函，让我们应接不暇。炮轰的有，反对的有，批判的有，控诉的还有，异口同声说这是拉期刊发展的倒车，发声者义愤填膺，用词强烈。

我十分敬重的潘国琪老师，一向沉稳务实，这次说话的声音都变了调，“期刊转制的文件，像一颗原子弹，对高校学报，特别是高校中小学报，产生了强大的冲击波”。山东滨州学院的王海滨老师，以历史、传统、现实，大量事实，陈述学报不能撤的观点，字正腔圆，有理有据。郑州大学有着 26 年党龄的老主编辛世俊老师，对上级形成这个文件十分不理解，十分苦恼，把这一文件上纲上线做了剖析。在座的各位科技战线上的学术期刊编辑也许没有这么激动，高校学报的老师们的心情是不是可以用剧烈来描述，比如在座的许昌学院的李俊恒老师、王老师，韶关学院、新乡医学院的老师们，新疆大学学报的老师因为不涉及这次期刊改革可能影响不大。政策和策略是党的生命，我想说，越是在这样的情况下，越是要冷静、沉稳应对。我不想用太多的话语，去分析这些政策，只想说明情况正在发生变化。

前天下午，一个很重要的会议上，新闻出版总署分管改革和期刊的负责同志对报刊改革有了新的解释，解释完之后，他还说了一句话，对期刊改革和发展最了解情况的是新闻报刊司，他们的司长就在下面坐着，她是专家，我不过是人家写了稿子，我来念念而已，有什么问题，大家请教报刊司的负责同志。所以，今天，我要多留一些时间给到场的泽青司长。

总署领导的最新说法是：1）列入名单的期刊出版单位，十八大前要完成转企改制的任务。2）按照报刊改革的通知，推动编辑部改、并、转、停。原因是：我们期刊和报纸 65% 是编辑部，是一个单位的附属机构，没有独立的地位，与市场经济格格不入。四条出路：改：三种以上组成一个企业；并：并入出版传媒企业，如并入大学出版社；转：校报、行业报刊转为内部资料；停：指撤掉一批非法人编辑部。说最后一句话的声音比较小，但很清晰——对学术期刊、科技期刊是重点扶持，不采用这些政策（改并转停）。3）加大兼并力度，坚决停办一些资不抵债的出版企业。如某音像社就 20 人，亏 4000 万元。

这个最新说法，澄清了几个问题。1）部分不具备条件的科技期刊、学术期刊，又回到了“另行规定”的原点上；2）过去传说的学报的概念原来是只指校刊校报（领导举的例子中明示过）；3）改并转停并没有一个具体操作的路径和时间，真正解决问题，将在以后；4）科技期刊、学术期刊要重点扶持。

领导同志的讲话中举了几个例子，从中可以看出，这次下发通知的若干背景和思考：1）国外大的出版传媒集团，都是上千家期刊集成，像爱思唯尔，2000 多种；墨西哥那么落后，一个单位也出几百种刊物，中国平均只有 1.3 个。其实这其中有一个最大的不同，刊物的审批制和登记制，中科期刊集团也想做到千种两千种，但至少目前不具备这样的条件，拉哪一家刊社进来，都是一件比登天还难的事情。2）学校的学报可以并入学校出版社。问题是我们有 2000 多所全日制本科大学，只有 100 多一点的高校有出版社。况且，有些已经并入出版社的学报编辑部，貌合神离，最后干脆是出版社出钱，学报花钱，合不到一起去。3）编辑部存在，出版印刷发行另外整合到一起，很理想，很科学，很能体现集团经营。可事实上编印发和经营一个最重要的前提，是有经营的潜质，有营利的可能，本身就是亏损单位，再断了上面和左右的财路，如何维持下去？不给钱，谁来给你印制期刊？谁来发稿费？

学术期刊、科技期刊改革发展，事关整个国家创新、科技进步，事关经济发展和国家软实力。从某种角度讲，它比出版社更重要，更直接影响、更深刻影响和推动现实社会。问题不是科技期刊不能改、不要改、不必改，而是怎样改，改什么，如何改。在这些问题上只图一刀切，痛快是痛快了，最后还要走回头路，还要热剩饭，甚至连走回头路的机会都没有，把我们几十年的人才积累、经验积累包括体制积累的基础，一下子丢失，再找回来谈何容易。

所幸，我们还是看到了国家行政管理部门的及时解释，我们继续在分类指导、循序渐进上下功夫，继续总结既往的经验和教训，继续探索更为可行的路径和办法。总之，改革还是要继续的，日子也还是要继续的。

一、宏观看科技及文化

六中全会决议发布以后，科技期刊界的朋友和我谈到，感觉决议讲科学与科学技术太少，其实这个问题在全会上也有反映。所以，会议中间，领导同志又专门召集大家开了个短会，解释决议所涉及的文化概念，只是一个很小的范畴，只涵盖文化艺术、广播电视、新闻出版这么一小小块，既不是小文化的概念，也不是中文化的概念，更不是大文化的概念。事实上，不在大文化的范畴中讨论文化建设，是有很大局限性的，离开科技和教育谈文化繁荣与发展，只能是有限的、局部的，或者说是很狭窄的话语空间之中。

六中全会后，中央加大了对科技和科技创新工作的领导和指导。这就是7月6日至7日召开的全国科技创新大会，锦涛同志、家宝同志、延东同志在会上作了重要讲话。在此之前，7 月 2 日，党中央、国务院印发了《关于深化科技体制改革加快国家创新体系建设的意见》（9 月 23 日正式向社会公布）。再早一点，六中全会后不久，5 月 18 日，中央召开了文化与科技融合座谈会，云山同志也有一个重要讲话。

“意见”的公布，是科技工作的长远战略和总体考虑，应合业界关切，颁布发展纲领。共分 8 个部分，讲了重要性、紧迫性，讲了指导思想、原则目标，讲了创新主体（其中提到以数字化、网络化、智能化为重点，推进工业化和信息化深度融合），讲了创新体系、协同效应（其中讲到科技文献、科技数据与科技基础条件平台建设，加快建立、健全开放共享的运行服务管理模式和支持方式，以及制定相应的评价标准和监督奖惩办法，以及建立统一的数据库和统一科技报告制度，并向社会开放），讲到人才机制、激发人的积极性和创造性（其中有科技创新文化建设，发挥学术团体作用），讲到营造良好环境，讲到知识产权，最后是组织实施措施。

科技创新大会上，锦涛同志、家宝同志都有一个从国际看、从国内看、从科技本身看形势的分析。锦涛同志讲了六个“进一步”，家宝同志讲了如何具体落实。他们的讲话主要包括：①分析形势。②阐明机遇和挑战。③布置任务。要点有三：一是提出科技兴则民族兴，科技强则国力强的基本理念；二是科技自主创新能力决定发展主动权；三是科技在经济社会发展和转变发展方式中的关键地位。

这些内容体现了党和政府在科技发展和推动科技创新的宏观思考和宏观战略。科学院系统已经有了很好的学习、贯彻，我不啰嗦。希望大家要进一步掌握这些基本精神。

在深圳文博会上，中央召开了文化与科技融合的专门座谈会，云山同志在会上谈了六个方面的问题。一是加快高新技术在文化领域的运用，不断拓展文化与科技融合的广度深度；二是做大做强一批文化科技企业和基地，努力提高文化与科技融合的集约化水平；三是更加注重核心科技研发，积极抢占文化与科技融合的制高点；四是着力构建现代文化传播体系，在推动文化与科技融合中提升文化传播能力；五是加大文化科技人才培养力度，强化文化与科技融合发展的人才支撑；六是加强统筹协调和政策扶持，为文化与科技融合发展提供有力保障。

这些讲话，回答了文化繁荣与发展中的一个深层次问题，科技支撑、科技推动的问题，使文化发展的内涵更为充实、更为丰富，也更具有前瞻性和现代性，体现了广谱的文化建设、文化发展科学理念。在科学技术高度发展的今天，离开科技谈发展文化往往会变成一种虚拟的梦幻，而不能落到现实中去。有一个很典型的例子，美国电影，这次调整之后，分账进口的数额达到每年 34 部。原则定的不突破原来的 20 部，但又加上了用新技术，比如 3D，制作的高科技影片，不算 20 部之内，结果一个高科技加上了 14 部。去年国产 791 部电影，其中 600 多部因为这样那样的原因，根本就没有上映（只上映 154 部，占 19.47%）。内容上不去是主要原因，技术上的问题也不能回避，我们的片子就是没有美国大片的技术成熟。美国电影市场 200 亿美元，也是下滑趋势，现在就是千方百计想往外打，中国市场是他们海外最大的目标市场。去年国产与进口票房 131 亿元人民币，基本上各自持平，今年上半年急转直下，抗不住美国大片的侵入。这种高科技影片的引入形成了上半年 80% 的票房都花落美国大片。这些从另外一个角度证明，科技在有些时候更决定文化的影响和走向。

二、微观看文化与科技

1. 科技对文化的影响

1）从历史方位看：文化与科技如影随形，科学技术的每一次重大进步，都会给文化的发展样式、传播方式、表现形式带来革命性的变化。科技与文化的融合是推动经济社会发展的动力。

2）从文化自身看：高新科学技术以独特的方式不断为文化发展注入

新的内涵、新的动力，成为撬动文化发展的强大杠杆。借助科技的翅膀，文化得以腾飞。

3）从当下民众需求看：科学技术的广泛应用，打通了通讯、传媒娱乐不同领域，推动影视动漫、网络视频、电子书刊等各类文化样式兴起，增添了人们的文化选择，拓展了人们的文化享受。

来到山西，我们不能不想起一个人，生活在 19 世纪下半叶 20 世纪上半叶太原城的英国传教士李根摩太。他在 1902 年，120 年前创建的山西大学堂，就是今天山西大学的前身。大家都知道，他建立了 1891 年至 1915 年间中国最大的出版机构，而且出版 2000 多种图书，十几种报刊。那时候也没有书号、刊号的限制，他的机构便成为当时在中国行销最广影响最大的图书出版社、报刊出版社。还有一点鲜为人知，就是他自费购买科技图书、科学实验设备，自修科学技术理论与实践知识，向中国的官绅们宣讲哥白尼学说，演绎化学的奥秘，讲述蒸汽机带给人类的福利，演示电力形成的奇迹，自觉以传播科普知识为己任。昨天散步到学府公园，在李根摩太的塑像前久久深思，一个外国人为了中国人民的事业，如此肝脑涂地，如此尽心尽力，他太白求恩了，太共产党人了，而且他把科技与文化与教育完美无缺地融合在一起。今天在座的各位都应当是 21 世纪的中国土生土长的李根摩太。

2．互为因果和条件

科技与文化互为因果、互为支撑、互为条件、相得益彰。

1）科技的进步带来文化的繁荣：技术改造推动文化形式改变，新的业态带来思维方式改变，数理逻辑使文化的科学性提升，工具、生产方式、受众方式的变化，带来文化创造、文化服务、文化消费的变化和质量提升。

2）技术的个性化特征和集聚化、规模化效应：技术的个性化——特色，技术的规定性——规范，技术对文化形态的复制——再现、深化，技术影响文化背景、文化传播、文化传承——拓展。

3）科学技术的历史与文化的历史齐头并进、相映生辉：科技对社会的推动、对经济的推动、对政治的推动、对文化的推动，彼此之间又有互动和反向推动。

4）科学技术是人类文化、文明的重要组成部分，是文化文明的结果：智慧的凝结，创造的成果，革新的效用；以智化扫除愚昧，以智化文化社会；一个活力社会应当是科学与文化两翼齐飞。

5）文化的发展推动科技提升：滋润人心，提供知识普及，水涨船高；鼓励创造，提供科研条件，自由舒展思维；推动创新，提供伦理规范，保护知识产权。

3. 科技与出版

这里应当是一个有声有色的故事（略）。

科学技术发展到一定水平，有了纸张和印刷，使文化的积累和传播有了更合适的路径；再往前发展，有了成熟的印刷术，使贵族、宫廷欣赏的东西，一下子变成了大众的阅读。麦克卢汉感叹：印刷术把浩如烟海的信息传输给个体的人，甚至认为“西方机械文化的一切方面都是由印刷术塑造的”。原有的雕版印刷、手抄本、羊皮书，随着印刷机的运转走进历史，快速化、规模化的印刷书呈现在大众面前，改写着人类的文明史。

这些细节，非常雷同于当今时代数字化对于传统出版业的改造。事实又一次说明，科学技术改变文化形态、文化生态，进而改变社会和时代。

三、辩证看科学技术的影响

1. 关于市场问题

毫无疑问，科学技术为生产和消费的集团化、规模化打通了渠道，而集团化生产，规模化运营，正是市场化所需要的两个重要条件。市场化无疑是一个经济社会长足发展、持续发展的不二选择。

但是，问题来了，科学技术背景之下的市场化给文化带来的是什么？有繁荣，有发展，还有什么？文化无度地趋向于商品化、商业化，最后那还是文化吗？文化为了占有更大规模的市场，而形成的娱乐化、庸俗化，那还称其为文化吗？文化被市场的谋利行为折腾出诚信缺失、道德沦丧，那里还有文化的本质属性吗？况且文化的个性化，文化的创新和创造，本身就与集团与规模有抵触、有过节，雷同、千篇一律、同质化，要窒息的正是文化的生机勃勃，要取消的正是文化的动力与活力。

一位学者讲得好："如何处理好商业化与文化的关系，是检验一个出版人是否优秀的试金石。优秀的出版人总是以文化追求作为出版活动的终极目标，商业价值仅仅是实现文化目的的手段；优秀的出版人大都能够以独特的眼光，将商业价值与文化目的巧妙地融合在一起；当二者发生矛盾不能兼顾时，他们又会不约而同地选择文化。"

文化的市场经营是有限度的，有止境的。那种一定要把文化的积累和传播——出版做成国民经济 CDP 柱石的思路，成就的不是真正的文化。如果真是如此，那一定是异化了的文化。或者说成就的是文化的娱乐化和世俗化。

2．关于技术问题

关于工具的麻木效应——泛技术化带来的后果，尼尔拉斯·卡尔（美国知名科技作家）曾举过一个例子。战士把望远镜放在眼前的时候，他能看到的只有镜头允许他看到的东西，他的视野变远了，却对近处的景象视而不见了。卡尔归纳道："工具用得越多，工具的形式和功能对我们本身的影响就越大。"另一位学者约翰·卡尔金，1967 年就说过："我们塑造工具，然后工具塑造我们。"

机器耕地，使农民失去了对土壤的感觉；开着汽车，让我们失去了步行者跟大地的亲密接触；为了利用技术的力量，人们付出的代价是疏离。技术让人们对它所增强的那种能力麻木，智力工具增强的同时，也麻痹了人们自然能力中最本质、最人性化的部分——用于推理、领悟、记忆和情感的能力。信息越多，知识越少，我们给计算机编程序，计算机给我们编程序，软件越聪明，用户越愚蠢。现代技术所形成的麻木效应，应当引起我们的警惕。当我们说市场不是万能的时候，还应当说一句话——技术永远是有缺陷的。

3. 关于智能问题

这只是一个例子。当计算机机器几何证明一举形成突破之后，在世界上形成不同凡响，苦苦钻研了38年的美国人，终于领略了解决这一难题，原来可以如此容易。于是，对于美国的中学生教育就形成了势不两立的两种观点：一种是中学几何课，尽管用计算机程序好了，不必再教学生们繁琐的公式推导；一种是最基本智能和技术训练必不可少，中学生一定要从熟记、运用几何公式做起。至今已经20年过去，据从美国回来的人讲，中学课堂上照旧演算几何例题、做大量练习。

跋语：从怎么看到怎么办

这本来是最近一本畅销书的名字，据说要发行400万册。

1. 怎么看

今天介绍的所有内容，包括说到的期刊改革、文化科技融合，都有一个怎么看的问题，我的体会是：

1）高视点：站得高才能看得远，一览众山小，立足于事物之上，去回眸，去俯视。这就需要宏观大视野，从大局着眼，从全局出发。

2）前后看：历史地把握一个事物的过去、现在和未来，便于找到规律性的东西，从线性过程去发掘问题，以非线性思维去研究问题，比如技术对出版的改变，历史不会重现，只不过是在一个更高层面、更新阶段出现新的螺旋、新的回还。

3）里外看：看事物的内涵，也观照它的外涵，它最本质的属性是什么，它所涉及和覆盖的方方面面有哪些，内和外有相关性，有相联结点，有内在因果。

4）正反看：辩证看，一分为二，事情常常是双刃剑。学术期刊是可以经营的，但经营是有限的；发展中的事物，发展的极限在哪里？

5）虚实看：理性分析，实践检验。

五看有没有用处，不知道。

2．怎么办

1）保持文化追求的初衷，科学无止境，人类探索无止境，文化也不例外；学习无止境，学术研究无止境，出版也不例外。

2）永远立足科技前沿，知道学术前进的步点，知道学科发展的边界，知道学术顶端的风景。

3）选择是出版的核心竞争力所在，是编辑的生命价值所在。

文本之外

本文写作于2012年8月26日凌晨0点15分，发言于当天上午中国科学院科技期刊研究会年会。

开场敬辞：尊敬的夏建白院士、张泽青司长，尊敬的潘教峰秘书长、张凤局长、戴利华馆长、姚希彤秘书长，尊敬的各刊社主编、主任，各位老师、各位编辑，大家上午好！

第一小节：首先祝贺中国科学院自然科学期刊编辑研究会四届理事会第一次会议召开！祝贺编辑研究会第22次学术研讨会召开！

泽青司长对引用李根摩太的例子很感慨，说有机会一定带我去看看她的母校——山西大学。

不同侧面看科技期刊改革与发展

科学院的主编班，历来办得比较严谨，课程安排体现了科学性，不仅满满当当，更是有条有理，政策、趋势、法律法规、期刊评价、基础知识、技术培训以及实地考察，把我们主编工作所要涉及的问题、涉及的方面都触摸到了。这种精心设计，不仅保证了我们培训的质量，更是保证了科学院所属各类期刊的质量。如果说大家结束之际一定要拿到一个证书的话，这证书也是沉甸甸的。当然，大家牺牲休息日，一坐一整天地刻苦学习，付出的代价还是很高的，首先向大家的精神致敬。坚持不断学习的过程，本身就是职业素养、敬业精神、出版境界不断提升的过程。一周的学习与思考，一周时间坐冷板凳，相信一定会对工作和编辑出版业务大有补益，对以出版服务于科学技术会大有裨益，对个人的业务造诣会大有帮助。

和其他讲课的老师有所不同，我今天的内容是要和大家一起讨论一些问题，交流一些个人体会，很不成熟的个人见解，听一听大家的反馈，邀请大家共同参与这些问题的探讨。因为，在第一线工作的各位主编、主任你们最有发言权。班上给的题目是科技期刊的改革与发展，我把它具化为两个小题目：关于编辑部，关于学术刊物的发展。

一、关于编辑部

命名这个题目，是因为最近关于编辑部改革沸沸扬扬，科技期刊、学术期刊反应强烈。我们大家不能不冷静下来，对编辑部体制琢磨和研究一番。

1．**编辑部是一个时代的产物，是一种管理体制下的工作模式**。无论是战争年代还是计划经济时代，编辑部的应运而生，一个最大的特点是不考虑经济运营问题，需要多少钱，有关方面拨下来就是，刊物出来了，组织包发行，自然也不需要讨价还价，命令式、发行式，而不是销售式、服务式。进入改革开放时期，这种编辑部的形式延续下来，主要是因为我们的审批制，专有出版权的审批制始终没有改变，这块最大的出版资源——资格资源，是国家控制和配给的，尽管个别地方、个别时段、个别部门有一些异化，无价的刊号书号版号资源，变相地进入有价交易、市场交易，但在整个期刊方面还是微乎其微的。刊号的主权在编辑部，形成了一种真正的公共资源的控制和垄断。这种方式的优点在于体现了政府的保护，体现了资源分布的均衡，当然也带来了小、散、弱，带来了同质化、一般化等问题。

2．**编辑部是一个业务范畴的概念，是出淤泥而不染的文化选择**。编辑部的人员不去考虑经营问题，专心致志研究学问，研究科技发展，研究学术前沿，做一个老学究、老夫子，客观上保证了学术刊物不被市场诱惑，不被金钱绑架，不被趋利行为利用，对于编辑个人的专业精进、学识养成、道德判断应当说是有裨益的。心无旁骛，才能一心只读圣贤书，一门心思当编辑，才能有一些客观标准、客观选择。不考虑工资、福利、待遇，不考虑发行、销售、利润，不考虑市场、受众分类、读者心理，这当然是再好不过了。只是外部环境变化太快，人成了社会人不说，市场经济无孔不入，无处不钻，一种玻璃罩内、恒温箱中的生存环境被打破了，人、编辑、主编们必须面对现实，适应现实。

3．**编辑部仍然是出版环节构成的重要元素，是一个不能抛弃、不能回避、不能没有的客观存在**。事实上，在泛市场化的大出版托拉斯内部，编辑部的净土仍然是一种客观存在。即便是我们已经转了企的出版社，各类刊物，包括一些赚了大钱的刊物，依然是以编辑部的形态存在着，这也是不争的事实。它们不是独立法人，没有自主财权、人权、物权，只顾耕耘，不问金银收成。所以说改革的症结所在，不是编辑部这种形式上的障碍，而是当出版行为完全市场化、商业化，出版产品一定要成为商品进行市场交换，要充分考虑消费者的消费取向时，编辑部只顾生产不问市场、不问经营的方式，受到巨大冲击，尤其是政事政企分离，事企分离，出现了供给和补贴丧失的偏差之后，编辑部的问题凸现出来，被晾在了雨地里。于是，所谓关于编辑部的笼统考虑应运而生。所以说，制定出编辑部关停并转的政策不足为奇，有现实性，有其道理。要进入市场竞争，要走向国际交流，没有经营权和经营意识，不成为市场主体是不可想象的，也是不可能的。无论是联手抗敌，无论是并入出版媒体，无论是独立经营，无论是销声匿迹，它首先体现的是这么一种市场化的选择、集约化的路子，为做大做强铺平道路。

如果一定要为这种政策找到理论依据的话，那就是耕者有其田，有编辑权、出版权，更有经营权，有期刊社各类资产的拥有权、支配权，包括经济运作中的自主权和分配权。把期刊做成市场主体，当然会带来市场调配资源、市场方式选择等种种便利，有条件的话，这当然是上策。问题在于下面这一点。

4. *编辑部的去留问题不能一刀切，编辑部演化为市场主体有一个渐变过程，有一部分不变，也会成为一种客观存在。*达到改革的理想境界是一回事，比如做大做强；面对改革的现实性又是另一回事，比如学报编辑部。仔细分析卓众公司的经验，卓众的确卓尔不凡、众口称道。但不少人包括泽林社长都说过，卓众之路不可照搬，原话是“无法复制”，我们能够理解这句话的意思。当然，卓众无中生有、有中做大、大中增强、不拘一格的开拓方式，敢作敢为的创新精神，独辟蹊径的市场选择，还是非常值得我们学习和传播的。有走市场的条件，迎难而上；没有走市场的条件，创造条件迎难而上。每个刊物都可以从中得到启发。我们说卓众的迎难而上，走到今天不容易，还有另外一个方面，体制的约束。

比如，按他们发展的设想，需要创办二三十种刊物，也确实有这个能力拓展事业、打通行业、积聚专业、弘大主业，但是，客观上谁能一下子给它这么多刊号资源，购买是买不起的。所以，我们只好眼睁睁地看着它成不了中国的爱思唯尔。

那么另外一种现实是什么？隶属于学校和科研单位的专业学术性期刊，需要单位补贴，需要单位发工资、人头费、劳保福利的编辑部，高校的学报尤为突出。相当多的科研院所所属刊物也有这样的情况。我们到一个大学调研，主编们苦不堪言，说我们没有出版社也没有其他传媒企业，归到哪儿去呢？问题是固定投入谁给，工资福利谁发，办公场所谁解决。我们也真为他们担心和着急，无法执行关停并转。应当说明，事实上，停也停不下来，任何学校、任何院所，一般都不会采用停办的选项，日子还要过下去，事情还得慢慢做，那只好就不执行。可是这些情况也带来了我们另外的一层忧虑，类似的情况，他们究竟该如何改革？从大趋势上考虑市场主体、结构调整、出版走出去，又当如何实现？我们当时也把问题抛了回去，不关停并转，你们自己也要考虑该怎么办，总要顺应市场化、信息化、国际化的路子往前走啊。

我们当然不是为改革而改革，那样做没有任何意义，没有任何道理。问题是为社会变化、社会需求所追，改革是我们为形势所迫为发展所逼。尤其是下一步数字化趋势，我们的服务方式没有根本改变的话，小而散，很容易就被淘汰。连生存的价值都成为问题，即使有良好的供应保障又能起什么作用，因为你失去了刊物存在的本来意义。

5．编辑部的去留，最后还是取决于你的核心能力、核心竞争力。编辑部的形式存在是无可非议的，但具体到某一个编辑部是否应存在，的确要看你这个刊物的质量、影响，看你选择的水平和刊物本身的价值。我们的优胜劣汰还没有进入一个科学有序的状态，比如评价体系，尤其是科学的权威的评价体系没有建立起来，更无法与国际接轨。我们目前的若干种核心期刊的运作，有其合理的部分，也有杂乱无章的成分。我们的制度创新还没有达到完全自主、自由的状态，我们有了文化自觉和自信，要走到自强、自主、自由环节的过程必不可少，比如刊物的生死存亡完全自然化，审批制完全放开为登记制，现在还走不到那一步。失去政府保护，所有的期刊都会受到空前的挑战，那种重新洗牌的日子、重新洗牌的痛苦，各位面临的风险和危机会远比今天更“风暴”，会比此刻更倍受煎熬。我们只有利用一切机会，练好内功，让刊物过硬，让编辑队伍过硬，让内部机制过硬。虽然是保护之下，但也要及时引进、利用和适应市场条件，为刊社的长远、持续发展打基础，为刊物的继续存在、生存下去打基础。

二、关于学术期刊的发展

从上面的分析看，有更多市场运作价值的刊物，一定要尽早选择成为市场主体，在市场运作中，自主经营，自我发展，做大做强，像卓众那样，像国外大的出版传媒托拉斯那样，你一旦在市场环境中得心应手，那么一定会前途无量。我这里主要是想和暂时不能成为市场主体的刊社聊一聊发展问题。

前不久，和布鲁斯·阿尔伯茨谋面，有机会听了他一堂课。布鲁斯是美国旧金山加利福尼亚大学《科学》杂志的主编，他所在的刊物是非营利机构，创刊于1848年，刊登所有科学领域的论文和报道，以“促进科学发展，服务社会”为宗旨，支持科学、交流和探讨科学与社会事务，而且还涉及国内国外科学理论、教育及外交。

刊物特点：①独立周刊。②付费订户11万。③出版内容包括新闻、评论、论坛、研究和专题、招聘职位等。④研究生论文12个月内有偿阅读，12个月后免费阅读，大量内容（包括科学职位、科技前沿、社论、推荐论文、有关专题等）免费阅读。⑤编辑部本身，人少而精，十几个人。

资金来源：①基金会。②自主营收。③活动。④会议。⑤移动阅读免费，但有广告收益。

保证刊物权威性的措施：①科学选择审稿人。②规定审稿伦理指南。③创新奖励机制。④ 1000 名专家参与评价。⑤对已经发表的论文，另有 1000 名专家再次选择与推荐。⑥挑战影响因子。

不断创新一些小动作：①每 3 个月刊登 50 篇由青年科学家撰写的小随笔，让刊物亲民。 ②向阅读终端免费提供新闻与时评。

对于科技期刊、学术期刊的发展，我想做一个不全面的归纳。

1．科学语言是无界的语言。科学技术本身没有意识形态属性，没有地域性和民族性，科学语言是大家共同、共通的语言。科学无疆界，事实上打通了各类社会相亲相融的通道，一个苹果技术联结了各色人等，一个互联网科学发明让所有的人受益无穷。作为科技与学术期刊，因为科学语言的特征，本身就有国际属性，具备了交流无障碍的前提。因此，科学技术期刊内容的进入与输出，都是很寻常的事情，不应当有什么固定的框框，除了为了国家、民族的利益需要保密的内容以外。科学知识的普及也是无疆界的。

2．科学技术是不断创新的产物。科学技术的任何成果都是不断创新的结果。创新是科学技术的生命所在，也是科学技术期刊天然的、基本的特征。科技期刊、学术期刊的使命和责任首先在于创新，内容创新，形式创新，传播创新，有创新才有内生动力，才有生命活力，才有存在的价值和意义。创新的深度、高度如何，决定你刊物的生命力、生存状况、进取能力。了解科技前沿、知识前沿，分析发展前景、发展趋势，掌握科学技术研究、使用、传播的内在规律，是保证科技期刊不断创新的基础。

3．科学技术的巨大基础和作用。这个基础不仅是指科学技术本身的科学理念、科学思维、科学知识，还源自于历史、哲学、艺术、教育等人文环境和文化创造。科学与文化相辅相成，相互支撑，相互补益，相互作用；科学与其他门类的人文社会科学同样相互作用。科学技术本身又形成推动整个人类社会进步、改观，从一个阶段向更高一个阶段、一个层次向更高一个层次迈进的动力。科学技术改变人类文明社会的基本面貌。科技期刊不仅要关注前沿，更要关注全面，关注整体，没有坚实的基础背景，没有宏观的整体把握，就没有尖端和前沿可言。科技期刊所承担的知识教育与传递，同样需要全面、深刻，既有针对性又有普及性、综合性、灌输性，让发明创造创新的群体更为广大，让新成果、新进展成为山峦之上的巅峰，让群山举起托起的能力更为强大。

4. *科学技术对期刊编辑出版自身的改造*。这些改造包括：编辑环节，信息收集整理选择；出版环节，信息加工、整合、再造；发行环节，高新技术的利用和推广；等等。科学技术改造出版的生态环境，支撑出版的不断跃升，支持传播的不断拓展，支使出版不断形成新形态、新服务、新面孔，支配和改善人们的阅读状态、阅读深度、阅读质量。数字化、信息化为期刊服务提供的无穷方便、显示的无限前景，这里不再赘述。

5. *科学技术不拘一格的影响能力*。科学技术的推广与传播决定了科技期刊一定是多样化、多元化、多向化的服务方式，从我们前面介绍的《科学》杂志的所作所为就可以看出，正是服务方式的多向拓展，奠定了《科学》杂志的经济基础和服务社会、服务世界的能力，奠定了布鲁斯可以不远万里免费来中国讲学，无偿推广他的科学理论和办刊理念。我们的刊物循规蹈矩，论文就是论文，哪有什么新闻打搅，连个幽默、插科打诨的余地都没有。记得在英国出席论坛，每个人上来就是先抖包袱，抖完才开始演讲，有的甚至把通篇演讲论文做成了一个巨大包袱，然后和盘推出。我们的期刊面孔单一，内容单一，却不乏雷同、同质，看似整齐划一，实则让人望而生厌、望而生畏、避而远之。我不赞成把刊物办成杂货铺，但决不赞成目前所谓的整齐划一。

从刊社外部来讲，期刊业乃至整个出版业的改革发展，目的是提取文化生产力，提高文化服务能力，提升国家软实力。其实，无论是国家软实力还是硬实力的提高，科技期刊、学术期刊都有着举足轻重的位置。从刊社内部来讲，改革的作用和效果在于调动全员的积极性、主动性、创造性，有良好的内部激励机制，有强大的内生动力。从期刊本身的运作来讲，就是要适应市场化、数字化的背景，适应期刊作为一种文化形态长期存在、长期发展的需求。

无论改革还是发展，科技期刊、学术期刊都有自己的优势，也有自己的特点，因此每一个刊社的带头人都有一个对生产方式、服务方式、工作方式不断选择的过程，冷暖自知，最适合的路径是要自己亲自走过来。在这些方面，不强求雷同，不强求整齐划一很重要。因此，期刊改革的原则就是分类指导，循序渐进，因事因时因地制宜。希望大家能够牢牢地把握主动权，在改革和发展的大动作中找到自己的位置，找准自己的方向，找好自己的路径，争取最优选择，创造出版业绩，创造社会业绩。

文本之外

在中国科学院2012年科技期刊主编岗位培训班上的发言。2012年9月18日下午，中科院图书馆七楼。

科技期刊改革的几个问题

第一次参加四个直辖市科技期刊社长、主编的研讨会，和同时举行的西部科技期刊发展论坛。从机场过来的路程中，看到沿路的高楼大厦一直不断，和中心城市完全连接在一起，北京的机场到市中心，路上还是有一些乡间的过渡带，这儿完全看不到了。2011 年末，我国的城市化率已经达到 51.27%，超过乡村的比率，结束了中国社会以乡村为主体的时代。进入城市化社会，直辖市和超大城市的带动效应就会更加明显。

四个直辖市的期刊研讨已经是第十七届，大家从中一定受益匪浅；西部论坛与四市社长、主编研讨会联袂召开，一定会相互补益，相互融合。在应对市场化、数字化、国际化大趋势的背景下，期刊的这种跨地域跨界的合作与交流，十分有价值十分有意义。预祝研讨会和论坛圆满成功！

我们的会议和论坛请了行业主管部门总署的领导，请了布鲁斯 · 艾伯特先生，请了任胜利老师，赵大良老师，汪新红社长，彭金良总经理，陈常青主编，吴一迁主任，陈敏老师讲学，他们在不同方面各有建树，几个讲座的角度涉及面广、互补性强，勾勒了科技期刊改革发展的方方面面，一定会对大家的工作有帮助有启发有促进。

我还一一浏览了大会交流的四篇论文，无论是经验介绍，还是特色研究，还是问题分析和品牌创造，都是大家多年来孜孜以求的心血酿就，是来自期刊第一线的真知灼见，是衔接地气的好做法、思考良策。三才公司的编辑技术又一次以新面目出现，真正做到了日日创新，时时创新。相信大家的自由发言与讨论也一定会碰撞出火花，会形成更多的共识，会找到更广泛的合作范围，会发现更好的改革和发展路径，携手并肩创未来，前程看好。

几乎是用了一个通宵的时间研读了会议上的其他论文，整体感觉让人耳目一新。大家对科技期刊的改革发展，对科技期刊如何适应社会需要、如何提高服务水平、如何提高经营水平都说出了很多心里话。这些见解让我喜出望外，充分说明大家在自己的工作实践中，已经开创出一条条新路，已经进行了一个方面又一个方面的尝试，也取得了一个又一个成果。

科技期刊的团队是我们整个出版业期刊业中最有生气、最具活力的队伍，科技期刊的创新也是我们整个期刊业界创新最可圈可点的重要方面。相信只要我们不懈努力，不倦探索，不断深化认识和实践，中国的科技期刊一定会走出一条适合中国国情、适应市场变化、适应国际竞争需要、适应数字化发展趋势、适应科学发展大业的崭新路子来，走出一条发展自我、完善服务、推动创新、运用高新科学技术武装、提高质量和水平、进入世界前列的路子来。我相信随着改革的深入，在我们的队伍中不断会有新经验、新探索、新举措涌现出来。实践是最鲜活的课堂，人是最有内生动力的元素，在现实工作中，把人的主动性、积极性、创造性充分调动起来，我们就无往而不胜。

结合学习大家的交流材料，我说一些不成熟的意见，仅供参考。

科技期刊改革是在整个文化体制改革的大背景下通盘考虑的，主要面对的是市场化、国际化的大背景。面对高新科学技术进入所形成的信息化、数字化的现实，一方面要解决科技期刊的软、小、散问题，另一方面要提高科技期刊的内生动力，贴近和服务科学技术发展。但是，由于我们在基本制度创新方面还没有更大的突破，比如期刊出版的审批制度，比如期刊管理的主管主办制度等，基本上是不突破的。所以，我们的改革还是有限度的改革，是有保护背景和政策背景的改革。

政府推进科技期刊的改革，尤其是学术期刊的改革，一直保持了一个审慎的态度，十分谨慎地考虑占半壁江山的科技期刊、学术期刊的不同分类和不同情况。比如，整个期刊改革文件制定时，专门提出的科技期刊、学术期刊另行制定办法；比如，这次编辑部实施办法中提出的“条件不成熟的重点科技期刊和学术期刊编辑部，可暂时保留”；比如，前不久分管改革分管期刊的署领导又在会议上正式谈到，对科技期刊和学术期刊改革的原则仍然是重点扶持，加大支持力度，不套用“转、改、并、停”四种办法。

市场化当然不能回避集团化的问题，而且数字化和信息化过程中集团发展也是硬道理。无论是横向联合、抱团取暖、资源整合，还是纵向延展、完善内部产业链、内涵式发展，企业化，进入市场交易和市场运作，运用市场规律推动产业发展，运用市场规则调配和优化资源，都是必不可少的。那么转企改制，又成为一道门槛，不是市场主体，你就无法参与下一步的流程再造、结构调整和业界重组；不是市场主体，你走出国门，辐射和携手国外同行业也是一句空话。所以转为企业，实行公司制、股份制改造又成为必选课题。这就是我们的编辑部改革措施出台的背景。

但是，目前对于相当一些科技期刊尤其是学术类期刊来讲，转企谈何容易？改制又从哪谈起？比如，大学学报编辑部的问题，明显的，经费学校给，人员学校供养，办公条件学校提供，如果离开这三个方面，一下子转为市场主体，在市场经营中讨营生，那就像把一条鱼从水中捞出来晾在地上，不久就会死去。对于相当一些科研院所创办的学术类期刊，三五人，一个院士领着，独立出来，还要有出纳会计管理人员配备，建立完全符合现代企业制度诸元素，即使仍有财源供应，也是不可想象的。还有更难的一些操作，比如编辑部之间的相互融合、兼并、重组，由于主管主办单位的地域、行业和性质不同，资产的属性不同，几乎不具备可操作性，部门资产的门槛会把许多刊社挡在门外。所以说，当我们力主市场化、集团化之际，一定要面对现实，因地制宜、因事制宜，实事求是地根据不同类别、不同情况，操作各项改革的方向、动作，选择自己的改革路径。千万不要把自己推向尴尬的地步，进也不是退也不是。

话说回来，我们是不是可以考虑放弃审批制和主管主办制度，给大家更广阔的天地，更多方面的选择，更自由的制度环境。在目前情况下，这种制度调整的实现也不具备条件，如果刊号、书号、报号完全放开，你自己拥有的刊号资源就失去了资源的价值，就没有了保护；如果把主管主办取消，很多专业性学术期刊恐怕马上就会来了衣食之虞，生存都成为问题。改革也是双刃剑，甘蔗没有两头甜，政府管理方面的小心谨慎，是充分考虑到期刊社不同于出版社，充分考虑到期刊改革、出版改革不同于制造业和服务业的改革，有其特殊性，有其阶段性，有其自身的规律和局限。

有条件转企改制的刊社，当然发展的空间是巨大的，像我们会上要介绍的北京卓众，像重庆中国药房，像天津中草药，等等。政府的支持有如下方面，一是税费优惠，一免五年，再免五年；二是国家文化基金项目和其他科技支撑、业态转型项目，加大财政投资力度，而且重点对转企改制之后的文化企业、出版企业；三是原有的政府和社会支持渠道不变；四是社保优惠政策的出台，解决人员劳保、医保等后顾之忧；五是支持多元开发，多向发展，在资源配置方面优先照顾；六是支持社会力量进入，如上市融资，如跨界联合等；七是引导尽早开展数字化改造，提高文化生产力和社会服务能力。这些有力措施使有条件转企改制的单位受益匪浅，比如卓众。

随着改革的深化，我们又不得不回到一些问题的原点上重新考虑和谋划。

1. 关于学报和学术期刊。我不赞成把编辑部的取消和保留作为改革的一个标识。许多成功的期刊，如三联生活周刊，至今还是一个内设的编辑部，财务人事都不完全独立。学报和学术刊社，不改企的话下一步如何走，并入出版社，三合一成立刊社公司，有的有条件有的没有条件，问题还是在于合了以后也离不开学校发工资、给办公条件、给经费。那么这一类的单位究竟需要怎么改，如何操作，消失是不可能的。学报和纯学术期刊如何解决同质化、小而全、小而散、小而软的问题？有一条路子，就是无形资产、数字资源的整合，像目前一些数据公司对我们期刊内容资源所做的那样，当然不是廉价卖身于国外大的媒体公司，还有别的路子吗？

2．关于资产。按照过去的审批原则，我们所有刊社都是国有资产，但实际操作的结果，刊社与之对应的资产，又都是具体在一个个部门、单位之中，成为部门资产。那么，如何明确这部分资产，明晰产权？如果转企，如果改制，这些资产的身份如何确认？又何去何从？资产中还有一块最不好描述、不好派用的是无形资产、品牌资产。我们还没有一个社会承认、大家公认的评价机制、中介机构。无形资产怎么说，在资本运营中，在市场交易中，算不算资产？如何体现其价值？国外大的出版公司都是通过市场运作而卖出的或买来的，我们如何操作转企改制之后的各等市场主体的赎买和转让？

3．关于社保。按照在北京的中央出版单位目前的情况看，社保都有了比较好的着落、比较好的归宿。但在各直辖市之间，社保的安排也不平衡，政策不一，如何把转企之后的员工社保有效地做下来非常重要。要不要有一个统一的硬性规定，把社保问题固定下来？还有企业年薪制度、年金设置，如何完善？

4．关于分配。自主权是否都给了文化企业自身？完全授权之后又有哪些调控和制约措施？分配是最重要的激励机制，分配做不好，员工的积极性就调动不起来，组织再生产也没有后劲。

5．关于税费优惠。据对上海市的调查，有150多家文化企业，包括出版期刊单位，没有享受改革后的税费优惠政策，占2/3还多。一方面是企业自身不清楚；另一方面是各地执行得不平衡，而且企业自身获得这种政策支持的途径太乱，手续太复杂，或者根本办不成。

6．关于财政支持。目前各类支持文化产业的资金投入渠道不断涌现，各部委、各方面都有加大文化投入的打算。问题是：第一，公开公平公正不够，盲目性大；第二，信息不畅通，旱涝不均；第三，投入和产出情况缺乏监督和审查机制，投资效益评估不成体系。这些一方面影响到支持的质和量，另一方面也会影响到实际效果。

7. 关于多元化运营。一业多元，主业带动，是企业内涵式发展的必然选择，政策支持、环境条件创造、必要的政策保护明显不够。出版单位、期刊单位要适应于自己找营生的环境，比如一些刊社拓展会展业。社会环境、政府政策也要包容刊社的“不务正业”，比如投资证券业。多元发展是文化企业的必然选择，但经营好主业，经营好自身品牌，则是基础的基础。

从社会发展、文化发展来讲，应当说我们科技期刊是赶上了好时候。尤其是科学技术，一方面社会创新不断涌现，科技前沿日新月异；另一方面科学技术应用也不断冲击和改变我们的生产业态、生存形态、生活状态，文化服务的方式、受众接受的方式都受到高新科学技术的空前挑战。

对每一家刊社来讲，对每一位社长、主编来讲，如何应对，如何选择好自己的路径，如何创出自己的模式来，都是不小的挑战和考验。我十分清晰地看到了各位的努力和付出，大家在坚守、坚持，也在创造、在发现，这种探索和努力不亚于科学技术的创造和发明。管理创新、管理艺术的至高境界永远高不可攀，各位因时、因地、因事制宜的选择，事实上成就了我们刊社事业的一座座高峰。各位当家人、主事人，大家辛苦了！我们由衷地感谢各位付出的心血和劳作，没有你们，科技的发展和进步都是一句空话，愿你们取得更大的成绩，争取更辉煌的未来！

文本之外

本文写作于重庆市两江丽景酒店（重庆市渝中区黄花园双钢路3号），2012 年 9 月 15 日夜至 16 日晨，发言于当天上午。

开场敬辞：尊敬的局长、会长、理事长，各位专家、各位嘉宾，尊敬的各位同事、各位同行，大家早上好！

科技期刊改革发展中的三重忧虑

我们的期刊大会，是科技期刊和部分人文期刊的盛会，是名副其实的期刊界体量最大、人气最旺、热情最高的聚会，今年开到了第十届。宋培元老师和各位同仁把十年聚会的地点选在了湖南长沙，这个点选得好。这里是文化机制体制改革的旗帜飘扬最精彩的地方，这里是文化产业繁荣发展最兴旺发达的地方。湖南的别有洞天，别出心裁，别领风骚，大家在考察行程中一定会有更多感悟。

十年一个旬头，不容易。昨天不少老师评价是十年磨一剑，磨出了期刊大会这个铮铮闪亮的著名品牌，磨出了业界各方融合交流奋进的强大气场，磨出了洗涤尘嚣、深入思考、共话未来的美好愿景。

回溯十年历程，我们在期刊大会的招牌下，一年年应声集合，一年年鼓角相闻，一年年擦枪磨刀。同时，也一年年看社会风云变幻，一年年看先进层出不穷；一年年听有心得者的真知灼见，一年年共庆出版胜利、共话期刊桑麻。

期刊大会是校场点兵，点数科技期刊的精兵强将；期刊大会是熔炉冶炼，敲打出科技期刊的崭新理念和先进思维；期刊大会是学习课堂，讲不完的新知识、新趋势、新事物，更有同行、同事的切磋、碰撞、激励和激荡。

我们有资格、有基础、有条件为自己的大会叫好，为我们期刊人自己的大会鼓噪。相信各位会非常珍惜我们这个品牌，会把期刊大会的形式一届一届延续下去，让十年前开创的事业传递下去，越办越好！

和戴其鸣老师受邀请参加如此盛会，又正赶上十年之聚，我们同样激动，同样感慨。十年来，年轻人长大，我们变老，大家对事业的忠诚和投入一直在激励我们、鼓舞我们，我们会一如既往投入到科技期刊的长足发展中，从大家的实践中吸取经验，从大家的交流碰撞中增长见识，从大家的意见和建议中得到指教、受到启发，找到更好服务的机会、渠道和着力点。

庆贺和欢欣之际，面对现实，或者说回到现实中来，我们不能回避我们所面对的问题。我给今天的发言命了一个很不合时宜的题目："科技期刊改革中的三重忧虑"。是不是有点杀风景？是不是晾了大家的热情？但是事到如今，有些话题毕竟是如鲠在喉，还是吐之为快。当然，这都是我个人的观点，对与否请大家批评。

一、关于政策的忧虑

感谢国家出版行业行政管理部门给了我们这么一个机会。前不久的2012年9号文件，给了大家激烈反应的机会，也给我们沉静思考、深入调研的机会。系统地研究科技期刊、学术期刊的改革问题，成为当下不能不考虑、不得不考虑的不二选择；也感谢管理部门领导及时听取吸纳业界意见，对于科技期刊、学术期刊改革政策调整及时发声。

我要感谢大家对于这个政策出台的充分关注，不仅收到大量的电话、短信和信函建议，而且注意到大家还关注了前天邦国同志对中纪委几家刊社和出版单位的走访。其实，我们自己单位也有刊物，有学术刊物并不并的问题。我的忧虑不在于编辑部的去向，一个政策、一句话就可以定方向，也可以改方向，这不奇怪。那么，执行不了就不执行，这也是常态。我忧虑的是：为什么我们的政策出台，会有这么大的反弹？为什么我们明确规定的操作办法总是和现实情况有很大的距离？怎么样才能有一个切实可行、实事求是的任务书、路线图、时间表？

我到宁夏大学期刊中心做了调研，他们的马主任和各位编辑倒不是那么激愤，但我看到的情况让我知道9号文件的落实，必须打折扣，必须变通，或者说必须不套用。占地数千亩的宁夏大学没有出版社和传媒机构，学报无法并入。全国高校出版社108家，但有2000多所全日制本科高等院校，绝大多数是找不到婆家的。宁大期刊中心倒是有四个刊物，四个刊物组合成一个企业，符合三个以上的政策。但是，如果把事业编制注销，人员的工资、福利立刻就没有，留住人留不住且不说，马上编辑们就生计困难。学校给了400平方米的一层办公楼，每年给60万元的办刊费用，如果要交房租、水电费，要中断拨款，刊物立马停转。校长只好表示说，不要立马三刻地把枷锁往自己头上套，要想明白、想透彻再去操作，事实上，他们的体制暂时无法改变。

基层的同志们教育我，政策和策略是党的生命，是执政党的生命。如果我们的政策和策略，老是中看不中用，老是束之高阁无法实行，那么，我们执政的质量何在？执政的基础何在？

当然，我希望大家还是冷静下来，既不要匆匆忙忙出手，开始破冰之旅，也不要急急忙忙全面否定、炮轰，颠覆文本，不时有些同志提出要求收回文本。我们要仔细分析一下这个文件出台的初衷和意图，从理解的角度去体谅一下，决策的制定者究竟希望形成一个什么样的局面，如果这么个目的或者目标，是代表了先进性，是制度创新，是真的有利于发展文化生产力的话，我们该如何操作，如何制定办法才能一一实现。如果它不合适，或者不能操作，那么症结在哪里，不要一下子就扣个大帽子，一下子把自己弄得太情绪化，具体道理却讲不出来。

二、关于改革的忧虑

大家无法接受7月6日下发的文件政策，领导同志又把这件事归零拨回原点，那么科技期刊、学术期刊究竟要不要改，究竟怎么改，大家一定要说话。

我收到这么一个短信，上海期刊协会会长芦根祥发来的：中国期刊划分目前是以时政和非时政类为界线。他以为把期刊划分为商业期刊和公益类期刊更为科学。商业期刊——特征主要是：1）发行市场化；2）经营自负盈亏；3）受众是普通民众。如普及类的财经刊物（如上海的《理财周刊》）、文化艺术类期刊（如《收获》、《故事会》）、科普类期刊（如《大众医学》、《科学画报》、《飞碟》）、时尚消费生活类（《伊周》、《时尚》、《租售情报》）、文摘类（《读者》、《特别关注》）以及一部分面向大众的时政教育类期刊（如《小康》、《支部生活》）。公益类期刊——特征是：1）突出公益性；2）强调社会效益，经济效益次之；3）一般来说受众有限或较专业。如理论性较强的党刊，高校学报，纯科学、纯学术期刊，专业技术类期刊。当然也有交叉和两栖类，如某些专业期刊专业性很强但经营也不错。不成熟的想法，供参考。我是这么回的：有道理。但实践中，商业期刊的公益性，公益期刊的经营性，都是客观存在的，如何更为妥善地安置，需要考虑。

昨晚，我仔细研究了宋老师的当门炮——收在我们大会文集中的第一篇文章，《科技期刊应属公益性文化事业》。这篇文章是集大成，一一叙说了党和政府对科技期刊的历来重视，如数家珍，有些资料很珍贵。其中不少观照，也是宋老师他们当年主持科技期刊管理事务时，千辛万苦努力的结果。但是看了之后，我仍然感到忧虑，眼下关于科技期刊、学术期刊改革的政策，究竟怎么改好？改什么？怎么改？我赞成宋老师他们提出的三个坚持。但是，后面的政策建议三条，第一条是虚的，好说。后两条一个“减税”，一个“收费”，又把我们推到企业上去，不是企业纳什么税，减免什么税；不是企业，任何收费和花费都失去了法理依据。事业单位，公益性事业的定性，收支两条线，经营必转企，如何协调？算来算去，宋老师倡导的还应当是事业单位企业管理的模式。我也认为，这是最好的模式，但现实中走不通。

除了加大投入，除了减税和收费，我们在科技期刊、学术期刊的改革方面，还有哪些切实可用的建言？不转企，不自负盈亏，可以，但是不是维持现状就可以实现持续发展、长足发展、跨越式发展，圆满完成科技期刊的历史使命。

昨天，在路上，有老师提醒我，北京开了科技创新大会，很好。不知道大家注意到没有，会上有一个世界组织抽样调查的情况，在10个超大城市中，北京科技创新能力综合评价得分值为56.39分，而纽约是100分，伦敦是95.53分，东京是89.88分。从具体评价依据可以看到，北京的专利数、科技公司指数、科技园区三项创新能力单项指标均属前列（排名不是第二就是第三），但创新收益方面，当了尾巴，倒数第一，拉下了整体得分。

科技创新能力中游偏下，科技创新收益得分最低，有没有我们科技期刊质量和效益跟不上的原因？我说的效益是社会效益。关于改革的忧虑，和大家的疑虑一致，主要是路径问题，保持原貌，不思进取，不现实；如何改变，如何操作，心中没底。所以，希望大家要主动考虑，积极考虑，处心积虑。我认为，在会议文集第20页，《对科技期刊转企改制的思索》一文，有十分积极的意义，可供大家参考。

三、关于发展的忧虑

我想集中说说数字化。

文集中第28页，《数字化出版的探讨》一文比较全面，后面的建议尤其是资金投入的建议，与我的看法几乎是不谋而合。文章还提出了风投，思考比较前卫，更进了一步。还有另外几篇关于数字化出版的，包括王胜海总工程师的《数媒时代期刊数字出版浅论》，读后受益匪浅。

我的忧虑是另外一个方面。

第一，数字化变革中，编辑做什么，怎么做。

前不久，红学大师周汝昌先生去世，95岁高龄，著作等身。周先生一生中写了很多书，但大家最认可、最彰显他的成就的是《红楼梦新证》，而最体现《红楼梦新证》的理念和实践的，是他的《石头记会真》，对13种《红楼梦》古抄本的认定、纠偏、点读和考证。但是谁能想到，20年前，当他和他四哥周祜昌想出版这套大书，1000多万字，竖排、繁体本时，编校的能力都没有了。四哥祜昌先生不久辞世，汝昌先生要用三个放大镜、四个放大镜摞在一起才能看字。而书稿的原迹，杂乱无章，字叠字，句错句，连汝昌的助手女儿周伦玲都无法辨认，你做编辑的怎么从这些无厘头中间挣扎出来？更有甚者，汝昌先生辩讹、考证在气头上，情绪化的语言，甚至骂人的话常常出现，你编辑不冷静、不审慎、不处理行吗？整整十年，出版社组织了最强有力的编辑班子，请了业界专家级顾问，编辑坐了十年冷板凳，硬是埋头苦苦干了十年，成就了一个千万字的《石头记会真》版本。这种功夫，数字化、信息化时代的做派能替代吗？

在我们文集中获一等奖的十五篇文章的第一篇，许昌淦老师引用的几段话值得我们深思。顺便说一句，正是在这一页上，力克浮躁的“躁”被印成噪音的“噪”，淡泊名利的“淡”，误刊为“谈”。我们也有浮躁呀，我们也不能光是清谈。

一段是爱因斯坦的话：

科学地决定事实的职权大大地扩展了。理论知识在每一个科学部门都变得非常深奥。但是，人们的智力和同化能力是，并且依然是极其有限的。因此，情况不可避免的是，每一个研究者的活动被局限在人类知识的越来越小的片断内。更糟糕的是，作为这种专业化的结果，甚至要粗略地一般把握一下作为整体的科学正在变得越加困难，而没有这样的把握，为保持与进步同步的真正的探索精神必然受到妨碍。情况正发展得类似《圣经》中巴别通天塔的故事所象征描述的那样，每一个严肃的科学工作者都痛苦地意识到，不自觉地被放逐到永远窄小的知识圈子内，这正在构成一种威胁，它剥夺了研究者的广阔视野，并使他沦为一个工匠的水平。

一段是普赖斯的话：

可以指出，科学的专门化是可以衡量的。如果以任何可行的方法去衡量，结果会发现它是十年左右翻一番。随着知识的增长，每一个人在前沿所涉猎的部分必然会越来越小。这也不是一个不受限制的过程。终于有一天，会因为过于专业化所带来的不利事情太突出，从而达到一个无法再继续下去的地步。每个领域之间的交流减少，导致科学效用下降。科学前沿更快的移动，导致越来越多的专家留在一些孤立的据点内消磨他们衰退的余年。

一段是森伯格的话：

科学用智慧交换知识，并在某种程度上用知识交换信息。不用说，科学必须通过继续养育和改进它的个别学科变得强大起来，我们也需要这些学科提供专门的知识。但是，学科同时必须通过它与其他知识的关联变得更加聪明，它必须能够把它的智慧以最有效的方式传达给社会。

一段是莫兰的话：

学科知识的超级专业化，今后使学科知识化为零散的碎片。它们的统一将只能在形式化很高的层次进行。因此，所有跨越几个学科的整体性概念将在这些学科间被捣碎或被撕裂，而绝不会被跨学科的企图所重建。

科学家、科学发明者、科学论文的写作者可以孤立、孤独，可以专门化，可以钻牛角尖，可以走极端。编辑则不同，编辑必须超越科学门类，超越科学专属领域，成为通才，成为通识之才，成为全才，成为全方位的行家里手。这就是数字化之前之中之后编辑的价值所在。我的忧虑是，分工越细，编辑越要有综合选择的能力，我们具备吗？

第二，数字化趋势中的读者引导。

我最近在读一本书尼古拉斯·卡尔写于2009年的一本书《浅薄——互联网如何毒化了我们的大脑》。其中讲了一个骇人听闻的细节，有证据表明，我们的大脑细胞确实是用进废退，所有的行为都会在神经组织上留下永久印记，而人脑，尤其是神经元之间的接触屏障，会因为人的经验而改变。

我的忧虑是什么？当我们的数字化服务尽善尽美，十分便捷，十分周密，十分精致，十分到家之日，会不会就是我们的思维能力、创新能力、大脑细胞死亡之日？云服务固然很好，漫天漫地都是云的话，人们还会思考吗？尤其是人工智能化、人机交互更进一步成为现实的话。

我个人的体验是，从来记不住家人的手机号码，因为它们都在手机里存着，可是有一天，我把手机落在家中，或者手机临时没电，又急于和家人联系，突然发现，我根本无法进行这件事情——没有号码。

当人们脑际的沟回完全形成了后数字化的笔直的通道时，当大脑把过去基本练习的记忆抹平之后，我们还能计算最基本的数学题吗？如果人类的进化和愚化与数字化同时进行、同步进行的话，究竟最后是谁要战胜谁？

我仔细研究过张秀梅老师的医学信息数字化平台，的确能帮我们解决许多许多的问题，让人爱不释手。我也发现有不少研究生离不了爱思唯尔的科学向导平台。那么，如果我们的出版、我们的期刊真的完完全全成了信息服务的配角的话，如果我们的读者已经完全沉溺于衣来伸手、饭来张口的精细、贴切服务中间之后，他们还能进行基础研究、基本探索和积极思考吗？到那时候，在文化创新、科技创造的行列中还能找到我们的位置吗？

所以，当美国人知道了计算机机械几何证明完成成功之后，依然果断地要求中小学生必须熟记每一个几何定理，掌握每一条运算公式，必须远离机器，把平面、解析、立体几何题一道一道手工做出来。所以，哈佛大学现在举办通识教育学院，无论文科理科学生，皆从经典文献学起，而且，四年不殆。数字化给人的太多的方便，大学生们、研究生们的毕业论文就可以出现 68% 的抄袭、雷同，太快捷、太方便也害人误人。

我的忧虑在于：当数字化潮涌袭来之际，我们的期刊如何让你的读者依然保持原始思维的灵动，保持感受事物、研究事物的敏锐，保持探索问题的本性，让读者自己的脑际沟回中别被数字化服务的潮涌冲成一马平川，然后成为一个个白痴和痴呆？我们的期刊，我们的出版，要有这种前瞻意识、风险意识、危机意识，要有充分的考虑和设计，去主动应对，掌控危机，规避风险。至少，这样才不至于丢掉饭碗。

最后要特别说明，这些忧虑绝不是忧伤。尤其是当东方既白，城市里公交汽车的汽笛声、附近公园里喊园的呐喊声充盈于耳之际；尤其是来到大家中间，看到期刊大会的热气腾腾，四百多双眼睛中的青春和自信之际，生命在于运动，生命之树常青；尤其是捧读各位的论文，常常出现眼熟眼热、心领神会、心神交融的段落，会心一笑之际。思考着，探索着，就有生命的乐趣，有活着的幸福。相信不久的将来，这些忧虑都会为大家的研究、探讨和实践所破解，中国科技期刊的活力，定如窗外长沙的自然界，常青常绿常在。祝福各位!

文本之外

写于湖南宾馆2012年9月15日凌晨1时至4时，5时30分至7时再改。发言于当天上午8时30分的第十届期刊大会。

开场敬辞：尊敬的贺所长、蒋总、王总、旭文处长、各位领导，尊敬的宋老师、喻老师、刘老师、李老师、姚老师、颜老师、潘老师、戴老师、各位专家，尊敬的各刊社主编、总编、主任、编辑，各位同事各位同行，大家早上好！

还有一段话：发言在前面有好处，第一，抛砖引玉，好戏在后头；第二，发言的紧张感最早消除，有一种考试过后的轻松，轻松地欣赏别人的报告。

为报刊业改革发展稳舵擂鼓

来到我们徐局长毅英大姐的地盘上开会真好，江苏是我们国家文化建设和发展最具活力的省份之一。苏州更是个好地方，上有天堂下有苏杭，苏杭赛天堂。其实，可能不少业界的同事都知道，苏州还是中国第一本真正的学术期刊，人文社会科学、自然科学综合学报的诞生地。100 年前，确切地说是 107 年之前，苏州大学前身东吴大学堂，《学桴》也是在这样一个莺飞草长的季节中诞生。桴，船的意思，也有鼓槌的含义。所以，2011 年的春天，我们的报刊会就开在了这里，借助《学桴》的象征意义，那就是把船舵再把稳一些，把鼓槌擂得再响一些，让我们期刊业的改革工作更稳妥，发展步子更迅疾，走得更好一些，成就更辉煌一些，对整个社会的服务更周到、质量更优秀一些。

昨天报刊司的领导讲，基层推进报刊改革，工作做得很不容易。今天早上与何新年局长交谈，感到改革的事，牵涉面广，工作难度的确很大。在这里，我谨向各位与会的局长、处长，并通过大家向工作在报刊改革发展第一线、吃大苦、耐大劳、受大累的各位领导和同事们表示热忱的慰问，致以崇高的敬意！

总署、总署报刊司和各部门，为贯彻中央精神，落实中央的战略部署，下了很大功夫，做出了很大的努力。今年年初我们到每一个业务司登门拜访、学习交流，收获很大，受益匪浅，报刊司和各司局的辛勤工作，曾被我们引为典范。我想全国报刊工作的整体推进，与他们的辛苦付出是分不开的。借此机会，也向他们表示感谢！

会议开始时，以绣司长介绍，我们会议的中心任务是深入贯彻落实党的十七届六中全会精神，以实际行动迎接党的十八大召开。的确，2012年，推进深化改革的担子很重，对做好主题宣传的要求很高，促进出版大繁荣大发展的任务很光荣，也很艰巨。刚才，王司长全面总结了2011年报刊出版工作，深入分析了面临的挑战与机遇，对今年的工作做了全面部署。明天，建国署长还要做重要讲话，对加强报刊管理工作提出明确要求。希望大家把会议的精神领会好、掌握好，回去要贯彻好、落实好，把今年的工作安排好、部署好。

下面，我结合去年、今年的几个会议的精神和有关要求，结合我们出版业、报刊业的实际情况，与同志们交流一些不成熟的看法和认识。一是对王司长报告的理解体会，二是为明天建国署长的报告做一个引入。

一、对于形势任务的分析

1．面临形势——六看

一是从国际看，当今世界正处于大发展、大变革、大调整时期，不确定、不稳定、不安全因素明显增加，世界经济政治格局正在发生深刻变化，和平、发展、合作仍然是时代潮流，总体上有利于我国和平发展。一方面，随着我国综合国力和国际地位不断提升，国际社会更加关注中国、借重中国，这有利于我们抓住机遇发展自己，充分展示中国社会、政治、经济、文化建设的勃勃生机；另一方面，发达国家和强势国家不希望中国强大，千方百计对我进行制约和干扰（表现为以国际惯例、国际条约制裁我们，以经济方式打压我们，以技术、管理、市场等优势渗透我们。西方打出的牌很多，诸如环境问题、知识产权问题、所谓人权问题、社会责任问题、民族问题、贸易保护问题等）。

二是从国内看，我国进入全面建设小康社会的关键时期和深化改革开放、加快转变经济发展方式的攻坚时期，推动科学发展、加快转变经济发展方式的任务非常繁重。与此同时，经济社会发展中各种深层次矛盾集中显现出来，发展中不平衡、不协调、不可持续问题依然突出，各种经济社会热点问题相互叠加，人民内部矛盾和其他矛盾相互交织，协调各方面利益、维护社会和谐稳定的难度进一步加大。能不能有效引导社会热点，理顺情绪，化解矛盾，最大限度地凝聚社会共识，为改革发展稳定营造有利环境，是我们面临的现实考验和紧迫任务。（目前的热点问题，诸如房价、物价、就业、就医、入学、环境污染、贪污腐败、土地纠纷、矿难、人祸，加上“藏独”、“疆独”、“台独”捣乱等。）

三是从文化建设看。改革开放特别是十六大以来，我国文化改革发展取得了历史性成就。但总体而言，我国文化建设同经济发展和人民日益增长的精神文化需求还不完全适应，我国文化整体实力和国际竞争力与我国国际地位还不相称，“西强我弱”的态势尚未根本扭转。能不能顺应时代发展新趋势、经济社会发展新要求、各族人民精神文化生活新期待，更好地担当起建设文化强国的历史使命，推动社会主义文化大发展大繁荣，是我们面临的现实考验和紧迫任务。

四是从意识形态领域看。随着经济体制深刻变革、社会结构深刻变动、利益格局深刻调整，人们思想活动的独立性、选择性、多变性、差异性不断增强。现代信息技术的迅猛发展，特别是微博客等新媒介的广泛应用，既为宣传党的理论路线方针政策、传播先进文化开辟了新空间，也使一些消极落后和腐朽没落思想观念得以传播，成为敌对势力对我进行渗透破坏的重要渠道，成为影响社会大局稳定的重要因素。今年我们党将召开十八大，国内外高度关注，思想理论领域会更加活跃复杂，各种力量都会竞相发出声音，境内外敌对势力也会乘机干扰捣乱。能不能有效提高引导和驾驭新媒体的能力，不断巩固和壮大主流思想文化，为党的十八大召开营造良好思想舆论氛围，是我们面临的现实考验和紧迫任务。

五是从思想道德领域看。这些年社会思想道德水平有了很大提高，但也要看到，一些领域道德失范、诚信缺失、造假欺诈、见利忘义的问题较为突出，一些地方封建迷信、黄赌毒等社会丑恶现象沉渣泛起，拜金主义、享乐主义、极端个人主义有所滋长。能不能深入推进社会主义思想道德建设，扎实解决道德领域的突出问题，进一步提高公民思想道德素质和社会文明程度，是我们面临的现实考验和紧迫任务。

六是从宣传思想文化工作自身看。近年来，宣传思想文化战线各项工作取得了很大成绩，但与中央的要求和形势发展相比还存在差距。能不能始终保持忧患意识，坚持以改革的精神、创新的思路、发展的办法解决好前进中的问题，切实提高全战线的能力素质和工作水平，是我们面临的现实考验和紧迫任务。

2．工作任务——四总

一是国家大局总基调。稳中求进。稳，宏观政策基本稳定，经济发展平稳较快，物价水平基本稳定，社会大局总体稳定。进，就是要继续抓住和用好我国发展的重要战略机遇期，在转变经济发展方式上取得新进展，在深化改革开放上取得新突破，在改善民生上取得新成效。

二是宣传文化战线总思路。三个“紧紧围绕”：紧紧围绕党和国家工作大局，紧紧围绕学习宣传贯彻党的十七届六中全会精神，紧紧围绕迎接宣传贯彻党的十八大。四个“着力”：着力为稳增长、控物价、调结构、惠民生、抓改革、促和谐、实现稳中求进营造良好的氛围，着力推进社会主义核心价值体系建设，着力巩固壮大积极健康向上的主流思想舆论，着力深入推进文化改革发展。四个“牢牢把握”：牢牢把握服务大局这个基本职责，牢牢把握坚持正确导向这个基本要求，牢牢把握加快文化改革发展这个基本任务，牢牢把握一切为了人民这个基本取向。

三是宣传文化工作总要求。大力营造“三个氛围”：大力营造坚持社会主义制度、道路和理论体系，推动改革开放的浓厚氛围；大力营造聚精会神搞建设、一心一意谋发展的浓厚氛围；大力营造倍加顾全大局、倍加珍视团结、倍加维护稳定的浓厚氛围。重点落实六项任务：实施中国特色社会主义理论体系普及计划，不断推进马克思主义中国化、时代化、大众化；广泛开展“科学发展、成就辉煌”主题教育活动，切实做好迎接宣传贯彻党的十八大各项工作；抓好《社会主义核心价值体系建设实施纲要》的贯彻落实，扎实推进社会主义核心价值体系建设；认真落实《国家“十二五”时期文化改革发展规划纲要》，加快推进文化改革发展；贯彻落实中央关于加强互联网建设和管理相关文件，积极发展健康向上的网络文化；推进对外传播和文化走出去工程，不断增强我国国际话语权和文化影响力。

四是出版工作总任务。一是要在建设社会主义文化强国、推动社会主义文化大发展大繁荣、兴起社会主义文化建设新高潮中做出新贡献；二是要在坚持社会主义文化前进方向、建设社会主义核心价值体系方面取得新进展；三是要在进一步深化改革、构建富有生机活力的体制机制、解放和发展出版生产力、做大做强出版行业方面迈出新步伐；四是要在推进出版与科技融合、催生新的出版业态、抢占出版业转型制高点方面取得新突破；五是要在打造一批有实力有核心竞争力的大型出版发行印刷企业、积极开拓国际文化市场方面取得新成效。

二、对重点工作的认识

1. 做好报刊主题宣传

时政新闻、社科报刊要精心策划，精心组织，重点抓好宣传贯彻六中全会精神和党的十八大主题宣传。2 月到 5 月，精心做好“深化体制改革、推动文化繁荣发展”主题宣传；6 月到 9 月，精心组织“科学发展、成就辉煌”主题宣传；10 月到年底，精心做好学习宣传贯彻十八大主题宣传。要以生动的事实、鲜活的例证、透彻的说理，充分展示我国文化改革发展取得的巨大成就，及时反映各地区各部门贯彻十七届六中全会的新举措、新进展；充分展示十六大以来以胡锦涛同志为总书记的党中央带领全国各族人民取得的丰硕成果，深入贯彻落实科学发展观，注重保障和改善民生，切实解决广大人民群众关心的现实利益问题，推动我国经济建设、政治建设、文化建设、社会建设以及生态文明建设和党的建设协调发展，综合国力大幅提升，国际地位不断提高，国际影响力显著增强，引导人们充分认识中央决策的英明正确，充分认识祖国面貌的日新月异，充分认识未来发展的光明前景，深刻理解科学发展观是发展中国特色社会主义必须坚持和贯彻的重大战略思想。只有坚定不移地走科学发展道路，才能实现我国经济社会又好又快发展，夺取全面建设小康社会新胜利。要开辟专栏、专题，推出报刊专刊和期刊封面文章，进一步提高主题宣传的针对性、时效性和吸引力、影响力。

2．化解社会热点难点

报刊要坚持以正面宣传为主，多做推动改革、促进发展、维护和谐稳定的工作，引导干部群众准确判断形势，正确认识发展中的问题只能通过科学发展来解决，正确认识个人利益和集体利益、局部利益和整体利益、当前利益和长远利益的关系，坚定发展信心。深入解读党和政府推动改革发展的政策措施，充分反映党和政府解决群众关心的物价、房价、就学、就医等民生问题的新进展，广泛宣传治理诚信缺失、制假贩假、贪污腐败等群众反映强烈的问题的新成效，进一步提高引导的时效性。深入浅出地回答各种热点问题，给人解决问题的思路、推动实践的力量，做到鼓劲不泄劲、帮忙不添乱。

3．立足宣传教育实际

紧密配合全国开展的社会主义核心价值体系教育、建设学习型党组织等活动，推出系列专题文章，帮助党员干部学习掌握马克思主义立场、观点、方法，学习掌握中国特色社会主义理论体系，学习掌握党的路线、方针、政策。紧密配合各行各业群众性精神文明创建活动，推出更多倡导爱国、敬业、诚信、友善等道德规范的优秀作品，促进形成知荣辱、讲正气、作奉献、促和谐的良好社会风尚；推出更多弘扬科学精神、普及科学知识的优秀作品，倡导移风易俗，抵制封建迷信；推出更多加强人文关怀和心理疏导的优秀作品，培育自尊自信、理性平和、积极向上的社会心态。紧密配合青少年思想道德教育，针对青少年实际，以丰富多彩的优秀出版物引导青少年树立正确世界观、人生观、价值观，坚定对党对中国特色社会主义的信心和信念。无论是学术报刊还是大众报刊，无论是文摘报刊还是原发报刊，都要遵循社会主义核心价值体系的要求，努力贴近读者需求，打造精品，打造品牌，让我们提倡、群众认可的好报刊真正热起来，成为社会关注、市场销售、读者议论的热点。

4．坚持报刊改革创新

稳妥推进非时政类期刊改革。推动非时政类期刊出版单位按时完成转企改制任务，引导转企改制后的期刊把增强活力与提高舆论引导能力有机统一起来，增强导向意识，提高宣传质量和期刊品位。

加快出版发展方式转变。牢固树立科学发展的理念，突出发展质量，提高发展水平。一是从传统出版方式转向现代出版方式。加快从传统出版向数字化、网络化出版的转型。统筹规划、统一布局，发展新业态、拓展新领域，培育新的增长点，为出版业可持续发展提供支撑。二是从注重发行数量转向更加注重提高质量效益。打造更多高质量、高品位的品牌报刊，实现良性发展。三是从粗放经营转向集约经营。鼓励报刊单位坚持走内涵式发展道路，鼓励有条件的报刊企业加快资源整合，实行兼并重组，形成一批国有或国有控股的大型出版企业和企业集团，增强实力，提高产业集中度。

推动报刊“走出去”。要创新选题题材、创新传播渠道、创新走出去模式，着力打造更多具有中国特色、中国风格、中国气派的知名品牌，让国外读者愿意看、看得懂、有收获；努力掌握现代营销理念和市场规则，借助国外主流发行渠道，形成布局合理的国际营销网络；鼓励有条件的企业逐步实现机构人员本土化、编辑制作本土化、内容表达本土化、产品营销本土化。

5．加强人才队伍建设

推动出版改革发展，建设社会主义出版强国，人才队伍是关键。必须按照党的十七届六中全会要求，加快培养造就德才兼备、锐意创新、结构合理、规模宏大的出版人才队伍，夯实事业发展的人才队伍基础。领导同志特别强调，要牢固树立马克思主义新闻出版观。重点是五条：一是坚持创作有自由、出版有纪律，不给错误观点提供传播渠道。二是以提高人民思想道德素质和科学文化素质为己任，坚持正确的文化立场、文化选择、文化取向，尊重学术民主，提倡体裁、题材、形式、手段充分发展，推动观念、内容、风格、流派积极创新。三是密切联系群众，真心服务群众，把人民群众喜欢不喜欢、满意不满意、接受不接受、认可不认可作为评价作品的根本标准。四是努力实现社会效益与经济效益的统一。当经济效益和社会效益发生矛盾时，必须把社会效益放在首位，经济效益无条件服从社会效益。五是弘扬一切有利于国家富强、民族振兴、人民幸福、社会和谐的思想和精神，体现到出版工作各个环节，确保出版工作沿着正确方向健康发展。

6．扎实开展“走转改”

“走基层、转作风、改文风”活动，是提高出版工作者综合素质的根本途径，也是一项长期任务。年后，云山同志在中央电视台召开“新春走基层”活动座谈会。最近，中宣部和新闻出版总署还将联合召开出版界“走转改”活动经验交流会。出版界开展“走转改”活动，要紧紧围绕“为了谁”“依靠谁”“我是谁”，从三个方面进一步解决好理想信念、文化立场和价值取向问题。一是加深国情了解、加深基层体验，进一步认清主流与支流、现象与本质，增强对党的信任、对社会主义的信念、对改革开放的信心、对祖国和人民的感情，牢固树立中国特色社会主义共同理想。二是进一步明确社会责任，树立“人民至上”的正确理念，站稳“为人民做出版”的文化立场，坚持传播社会主义先进文化的价值追求，做到传播信息有选择、记录历史有立场、传承文化有取向，为社会进步出好书，为教育后代留好书。三是自觉把实践当成最好的课堂，把群众当成最好的老师，把人民群众的实践创造作为源头活水，更多地从群众中汲取智慧营养，从人民群众的实践创造中提炼主题，从人民群众的审美需要中提取灵感，进一步提高服务群众的能力和水平。

三、对做好出版工作的建议

1．管理把握好三个方面要求。坚持守土有责，认真落实属地管理和谁主管谁负责；坚持改进创新，以科学有效的办法提升管理效能；科学把握政策，妥善处理意识形态领域问题。

2．改革协调好三个方面的问题。转企改制程序把关问题，严格按照中央文件规定，分类、分批循序进行；协调编委、财政、税务、工商、社保等部门，切实落实好转企单位的各项具体政策，让改革者真正得到实惠；落实主管主办单位责任，扎实处理好人员、资产、待遇安置等事项，做深入细致的思想政治工作。

3．发展通盘考虑三个层面的情况。报刊结构调整，有没有可能通过兼并重组，建立一些报刊集团，集约经营，抱团取暖；推进数字化改造，推进报刊出版技术创新，建立综合数据信息平台，辐射手机、平板电脑等电子终端和网络终端，形成新的盈利模式和经济增长点；争取政府投资项目，争取在报刊业转型过程中得到中央财政和地方财政的文化发展基金支持。

预祝会议圆满成功！相信在毅英大姐的精心安排下，大家在江苏在苏州的活动一定会很愉快、很丰富！

文本之外

开场敬辞：尊敬的国庆司长、立军司长、以绣司长、小茂司长，尊敬的毅英局长和各省市区、兵团、总政局长、处长，尊敬的业界各位同事、总署各位同事，大家上午好！

发言于2012年3月21日上午，苏州会议中心8号楼丰乐厅，全国报刊管理工作会议。

改革发展的路子如何走得更好

会议开始的时候，主持人郝院长讲了一句话，第七届中国期刊创新年会在大家的十分关注和支持下如期举行，这一句话很有分量；刚才，两位署长的致辞，确实让我们感觉到暖意融融、语重心长、含蕴无限，两位主管过我们这一块的老领导，对我们抱有很大期望；来会场的路上也碰到一件事，管会务的同志说人员爆满，房间不够用，安排大家的生活十分紧张……

这一切充分说明，我们期刊创新年会具有旺盛的生命活力，尤其是在贯彻落实党的十八大精神的热潮中，大家对于期刊要承担和履行的责任，认识更加深刻、更加明确；大家对于期刊业界的改革和创新的推进，追求更加强烈、更加迫切。七年来，期刊创新年会成为期刊建设事业中的品牌，成为期刊业界融会的嘉年华，成为期刊同仁们的精神盛宴，成为期刊单位交流经验、研讨问题、把握趋势、掌控先机的年终盘点和昭示未来的重要聚会、重要平台。本届创新年会把改革和发展定为论坛主题，完全符合期刊业界的实际情况，呼应和体现了十八大的号召与要求。相逢相聚相会，各位有话要说，有心得要沟通，有体会要交流，有意见要发表，我的发言只不过是抛砖引玉。

我和瑞宏处长到会，最重要的事情是聆听，侧耳倾听，聆听会长、院长和各位专家的教诲，聆听新闻出版总署领导的安排，聆听业界先行者和标兵的经验传递，聆听来自一线的同事和同行对改革发展的高见和议论，我们感到机会难得，弥足珍贵。希望会上会下乃至于会后，与业界的同事同仁们有更广泛的交流，更频繁的互动，更为深入的讨论，为中国期刊业的改革发展，做好服务工作，做好协调支持工作，做好基础性的工作。

本来，今天上午书林署长要过来讲话，借此机会，我有两点想法想向他请教，那是关于出版业短板的两个问题。谈到工作思路时，中央领导同志曾专门给我们讲过木桶原理：木桶盛水的水平和组成桶壁的各个板块的长短不齐是一致的，最短的短板，是决定整体水平的关键。我想谈的问题，一个是传统出版业中，书报刊互动的问题，这是一个老问题，有点制度使然，历史积累下来的。另一个是现代背景下，传统媒体和现代传媒和高新技术互动与融合的问题。传统出版业的数字化进程，现在看起来是有一点儿迟滞，看上去很热络，大都是表面文章。真正的传统出版单位，包括出版社、期刊社、报社，基本上是按兵不动，没有找到很好的经营模式和发展模式。书林署长管这一块，想就此讨教一下。今年会议主题设计得确实好，他也有话要说，可惜，他另有重要活动，我失去了一个很好的机会。这里，也不便、不想再展开讲上述两个问题，只是按照会议布置，谈谈我的体会和感受。

本届年会给我的命题作文是：期刊产业如何在十八大精神指引下深化改革实现转型升级。这个题目不大不小，又大又小，有宏观，有微观的。大的方面，产业经济，十八大，世界关注，真正是大；小的方面，转型升级很具体，很细致，现代化转型，数字化转型，国际化升级，市场化升级，真的是细致入微、无所不及。结合年会的其他话题，包括编辑部的转企改制，集约、集团化发展，利用新媒体，经营模式，数字出版平台等等，尤其是结合学习十八大精神，我主要谈三个方面的体会，用一句话概括就是，全面、准确、宏观、整体地学习领会、理解把握、贯彻落实十八大精神。

第一，管总与总揽——谈谈如何学习领会方面的体会

进入十八大学习阶段有一个很有意思的现象，业界同志都明白，不管是十八大政治报告还是十八大修改过的新党章，这些文献中间，专门对期刊不会有很多很具体的讲述。那么，有的同志就直奔文化建设。期刊属于出版范畴，出版属于文化范畴，对照学习不打折扣。然后，再从文件中找出与文化发展、文化建设有关的段落，逐行逐句地研究、学习。这当然是有一些道理的。但是，我认为它不是一个科学的、正确的学习方法。这样做的效果很容易片面地、个别地、局部地领会文件、文献的精神，很难从总体上把握，很难从实质上把握，更难全面、准确、完整地把握。

党中央在学习十八大精神的通知中专门强调，必须全面、准确领会十八大精神。近平同志在政治局集体学习时，谈到学习内容的时候，高度概括出根本成就、三位一体、三总、八项基本要求、党的建设五个方面。这五个方面，实际上与我们出版业、期刊业的改革发展息息相关。在出版业界，图书的出版不可能和十八大精神条条呼应、句句紧扣、面面俱到、一一对照，尤其是在一定时段内，它是一本书、一本书的出版，贯穿和配合要有相当长的时间跨度。期刊则不同，期刊从第一时间起，时时刻刻、事事处处、方方面面都必须照对、把握这五个方面，哪一个方面都不能疏忽，哪一个重点都要及时回应。虽然期刊在时间上与报纸、与流媒体相比，可以慢半拍，但在全面展示、深度解读、丝丝入扣、环环照应方面，更突出、更重要、更迫切。期刊涉及面的广度和质的深度都必须跟上去，解读、阐释、引申和普及必须跟上去，一点不能遗漏，一步不能落下，一刻不能放松。所以我们的责任很大。

十八大文献是“管总”的精神指针。学习十八大文件，就是要以十八大总揽全局的大视角，分析形势、明确任务、瞄准定位、把控机遇、发展自身、推动整体，就是要把握十八大文献的精神实质、基本内涵、完整体系、全部内容。我把这些按常规的一二三四五六七，做了简单归纳，以便烂熟于心。

1）一个基本定位：中国特色社会主义性质。2）两个方面的指导思想：

大家注意到，在新党章上特别突出的一点，把马克思主义列宁主义作为一个方面，另一方面就是中国共产党运用马列主义基本原理与中国实际结合所产生的“中国共产党集体智慧的结晶”，这句话出现四次：毛泽东思想、邓小平理论、三个“代表”、科学发展观。3）三个组成部分：即三位一体，中国特色社会主义道路，中国特色社会主义理论体系，中国特色社会主义制度。4）四个总体把握：十八大在整个文献中都体现了总战略——建成全面小康社会，总依据——初级阶段，总布局——五位一体，总任务——建设富强民主文明和谐的、现代化的国家。5）五个建设：即五位一体，经济、政治、社会、文化、生态文明建设五位一体。尤其是对生态文明建设，明确其战略地位，纳入总体布局，融入政治、经济、文化、社会建设各个方面和全过程。6）八项基本要求：主人翁、科学发展、改革开放、公平正义、共同富裕、社会和谐、和平发展、党的领导。这是对共产党执政规律、社会主义建设规律、人类发展规律的具体体现，也是党对规律性认识所提升到的新的水平。7）三大党建举措：理想信念、党群关系、反腐倡廉。应当包括这么几个层面，第一个是三项整体建设，即执政能力建设、先进性建设、纯洁性建设；第二个是五项基础建设，即思想建设、组织建设、作风建设、廉政建设、制度建设；第三个是三大建设目标，即学习型政党、服务型政党、创新型政党。大家一定会注意到，前天政治局全体会议通过了改变工作作风、紧密联系群众的八项规定，非常详细，非常具体，反映出中央抓党风建设从一点一滴做起的决心，反映出新一届班子的言必信，信必行，行必果。学习方面各单位都有组织，希望大家利用好这个机会，真正弄通、学懂、吃透、会用，真正贯彻、落实到实践中去。套用近平同志最近讲过的一句话——“宪法的生命和权威在于实施”，十八大精神的价值在于应用，在于全面贯彻、完整落实、准确运用。

说到管总与总揽的话题，这里还有一个小故事。

前不久，有机会和一位自然科学门类的期刊编辑对话，她是搞环境科学的，博士出身，很年轻的专家、学者。我当时随口问了一句，对于生态文明建设列入五位一体建设之中有何看法，她不知所云，一时语塞。于是，我介绍了十八大报告中关于五位一体的论述，她连连说重要、重要，应该、应该。我当时的真实想法是想听听，过去我们没有列入，我们是四大建设，没有列入之前我们在生态文明建设方面有哪些教训，吃了那些亏，现在列入与政治、经济、文化、社会并列的建设之中，我想听听她的看法，没有想到她压根不知道这件事情。

由此，我想到很多。作为一个科学家，只要爱国，不管更多的政治问题，埋头业务研究是可以的，当然，爱国本身也是最大的政治。但是，作为一个期刊编辑来说，无论是自然科学编辑，还是社会科学编辑，包括普及性和生活型的各类刊物的编辑，必须关心政治、关心大局、关心全局，这样才能把自己的编辑选择放入恰当的位置，才可以把服务科学发展做到点子上去，做到刀刃上去。这是一个小插曲。

说到生态文明建设，还要插一句。刚才已经讲到，中央关于把生态文明建设融入到另外四个建设中去的要求。事实上，仔细研究生态问题，每一个方面的建设都不能回避。生态体系、生态平衡、生态文明同样涉及政治生态、文化生态、经济生态。不仅仅是自然生态，更有人文生态问题。科学发展就是要让这些生态不平衡逐步向平衡过渡，让不适应生产力发展的上层建筑、意识形态，逐步改善、改革、改造，适应新的生态平衡中的经济基础的需要。前不久和在座的武京闽老师一起，与自然科学期刊界的同事们讨论过期刊的生态分布、生态体系、生态平衡问题。我们共同认为，期刊的发展要有大森林、大湖泊、大湿地，也要有小沟渠、小泉眼、小坑洼、小沼泽，众多的小树小林、小草小花，后者也是构成文化、出版生态平衡、生态文明的重要部分。这与生命科学中的长尾效应、正态分布并无迥异。期刊业的改革同样要考虑文化生态平衡问题，考虑期刊生态体系问题，有了好的生态状况，才可能出现长足发展、持续发展。

第二，阶段与趋势——谈谈如何理解把握方面的体会

十八大之后，习近平同志多次强调：“社会主义初期阶段是当代中国最大的国情、最大的实际。我们在任何情况下，都要牢牢把握这个最大国情；推进任何方面的改革发展，都要牢牢立足于这个最大的实际。不仅在经济建设中要始终立足初级阶段，在政治建设、文化建设、社会建设、生态文明建设中，也要始终牢记初级阶段；不仅在经济总量低时要立足初级阶段，而且在经济总量提高后仍然要牢记初级阶段；不仅在谋划长远发展要立足初级阶段，而且在日常工作中也要牢记初级阶段。”中央把“阶段说”作为推进社会发展总的依据，并且明确要求，要“自觉纠正超越阶段的错误观念和政策措施”，“不妄自菲薄，也不妄自尊大”，“扎扎实实夺取胜利”。党章更是做了时间性的规定，“我国正处于并将长期处于社会主义初级阶段，这是在经济文化落后的中国建设社会主义现代化不可逾越的历史阶段，需要上百年的时间”。

我对“阶段说”的印象特别深刻，体会特别凝重，我是这样看的。

从世界上看，在某一地区、某一国家、某一方面、某一时段实现跨越式发展完全是有可能的，但从长远看，从全局看，从整体看，从可持续看，这种跨越怕也未必。比如说，德国 1850 年到 1900 年 50 年时间，走过了英国 200 年的发展历程；日本“二战”以后的超常发展，速度不能不说是惊人的；我们的经济建设，也实现了不少方面的巨大跨越。但是，在政治建设、在文化建设、在社会建设方面，包括在最近刚刚列入五位一体的生态文明建设方面，这种跨越很难同时实现。

没有政治、文化、社会建设的支撑，经济发展很可能会被扭曲，社会进展会出现畸形，甚至在上层建筑、意识形态、精神文化方面出现大的问题。例如，德国 50 年高速发展之后，很快进入一个高度集权、独走边锋，甚至极端发展到一个十分恶劣的阶段；日本的经济发展之后，马上遇到了政治、文化、社会跟不上的瓶颈问题，结果出现社会不稳、经济乏力。

大量事实证明，经济的发展一点也替代不了政治、社会、文化建设的补课。没有正确的政治、社会、文化的清醒、制衡和指导，包括制度规范与约束，各种盲目、盲从、茫然会随时发生，同样会葬送掉经济成果。我们发展到今天，也越来越感到政治建设、社会制度、意识形态理性方面形而上的问题积累过多，社会建设、法律意识要从头补课，道德沦丧、时风愈下又有抬头，文化建设跟不上去也是有目共睹。在经济高速发展的同时，必须有政治、社会、文化的同步发展，为经济社会接力、矫正、醒脑、定神，做经济社会的精神支撑、方向支撑、制度支撑，让过火的经济建设纳入理性轨道、健康轨道、可持续轨道，不至于走火入魔、误入歧途。

在对比、观察资本主义发展转折阶段的时候，我注意到 19 世纪 20 世纪交节之际，当时的学者们关于理性资本主义的提出，以及由此产生资本主义社会代偿和补偿机制，以及具有里程碑意义的《新教伦理与资本主义精神》等一系列理论研究成果，它们的确是意义非凡。马克斯·韦伯不仅看到了资本社会对于利润无限度的追求带来的风险和危机——几乎是死路一条，而且有针对性提出以理性资本主义精神为核心的完整的制度综合体：官僚制统治、法律体系、公民权利协调发展。他是把经济活动、创造利润这些东西放在一个大的社会框架里思考，纯粹的经济活动与社会的法律、政治运作方式，与文化环境、经济组织、管理方式、技术进步等联系在一起的，把经营以及环境、规范、制约、引导融合成一个有机整体，才能形成可持续。又一个百年过去，理性资本主义精神和理论在实践中不断完善、发展、丰富，形成坚强有力的支撑体系、建构完备的再生系统、及时精准的纠错机制，保证了没落的资本主义社会，通过代偿或者补偿，通过修正和调整，不断焕发生机，延长生命周期。

在我们的社会转型期，在我们的初级阶段中，马克斯·韦伯的认识也有借鉴意义。他讲的几个基本观点，值得现实中的我们思考。1）对人类社会行动发生影响的不仅仅是“经济力量”，而且还有理念和价值观。

2）现代资本主义进取精神并不在于具备强烈的经济冲动，而是体现在深思熟虑的系统调整经济手段以实现经营效果的经济制度。3）赚钱与宗教虔诚的冲突绝不是不可避免的，它们是天然伙伴，因为上帝选民必备的美德——勤勉、节俭、冷静和审慎——乃是商业繁荣最可靠的保障。4）经济获利活动不再作为人满足自身物质需要的手段，而从属于人，从属于以人为本。5）如果认为资本主义经营——积累财富的动力——是源于传统道德的废弃，那肯定是错误的，新的理念是，经营更要求一种异乎寻常的自律。6）与理性资本主义发展联系在一起的企业家，还兼备一种按照十分节俭的生活方式积累财富的动力。7）个人道德义务的最高形式就是在尘世事务中履行他的责任。现在想想，这些观点是在一百年前发布的，对于今天的我们依然很有意义。韦伯学说已经成为点数资本主义发展过去历程中不可或缺的公里牌，但其中在阶段转换中的清醒和敏锐，足以引起不同制度下的人们的深思和考虑，乃至借鉴和应用。

我不止一次地感觉到，大家对于企业、市场有很多误解，讳莫如深，或者视为渊薮。甚至认为，一企业必然要专虑经营，一经营必然追求利润，一追求利润必然伤害学术本真、伤害文化本真、伤害出版追求的本真。就像社会上流行的一种公式，一当官必谋权，一有权必逐利，一有钱必堕落。如果一直是遵循这样的定理，就不会有资本主义国家的强盛和发展，他们的国家、社会、民族早就完蛋了，哪能苟延残喘到今天？资本主义社会发展到现在，制度、法律和道德底线的约束，没有把人人都变成势利眼、逐利鬼、见钱眼开者或者堕落分子，反而是发达国家的社会秩序、文明程度、文化素养、人文建设明显高于欠发达国家。对于坚定选择有中国特色社会主义道路的我们，更要学习资本主义社会如何在经济大繁荣大发展的同时，保证政治清明、社会文明、文化昌明上的不断进步，在初级阶段的不断转型过程中，有足够的清醒和努力，建立健全完善的社会规范制度，保持健康完备的社会运行机体，加强全面协调可持续发展的基础性建设。我想，这是中央反复提醒大家十分关注初期阶段概念的题中应有之义。

第三，稳妥与推进——谈谈如何贯彻落实方面的体会

按照中央的要求，学习宣传贯彻十八大精神，与学习贯彻十七届七中全会精神是同步进行的。我看到了一些省市传达的会议精神一般都是由两个组成部分：省委书记传达十八大精神，省长传达十七届七中全会精神。十八大文献已经基本公布，近平同志又有多次讲话，其他中央领导也有文章和发言，大家都比较清楚。十七届七中全会的内容见诸媒体的部分不多，核心内容是什么，大家了解不够充分。

十八大召开之前，中央举行了十七届七中全会，锦涛同志在开始时的讲话中，总结了一年来的工作，总书记的报告朴实、深刻，用事实说话，实事求是。七中全会是统一思想、动员人民、推动工作的重要会议。在传达七中全会精神时，中央领导同志特别指出，这一年（2012 年）不平凡、不寻常，取得的成绩归功于全党的努力和全国人民的努力，同时也再次证明，中国共产党是一个坚强成熟的政治集团。一年来，党中央运筹帷幄、纵横捭阖、高瞻远瞩带领全党和全国人民夺取一个又一个胜利。这一年，我们有深刻的体会，党的全部工作就是“稳中求进”。“稳中求进”是今年年初党中央作为经济工作总基调提出来的，实践证明，这是一个科学、正确的指导方针。面对国际上乱象丛生、风云变幻，不稳定、不确定因素增加，面对国内改革发展矛盾凸显、问题多生、发展不平衡，党中央提出的稳中求进非常正确，非常英明。达到预期目标，政治经济社会稳定是最重要的前提。稳是基础，进是目的，人心思定，人心向稳，才能人心图进。回顾 2012 年的工作，有一个很重要的启示，稳中求进不是短时期的任务，若干年后还要坚持。攻坚克难，稳中求进是最根本的途径；推进发展，稳中求进是最基本的保证。稳中求进，不仅仅是经济领域，也包括政治领域，必须循序渐进；包括文化体制改革，也要稳中求进，不搞大跃进，不搞大呼隆。不怕慢就怕站，稳妥推进是要旨。全面推进各项工作，树立良好的、正确的思想观念非常重要，目前从基层到上层都有急躁情绪，坚持稳中求进意义深远。我们出版业的改革、期刊业的改革，也要以这种战略思想谋划全局。

结合这一段新的中央领导班子的行事风格，联系我们出版改革发展，我对稳中求进有这样一些感受。

一是平视，避免官僚主义。不是居高临下，而是平起平坐，与人民群众真正处于平等地位，始终把人民群众放在心中。继服务型政府之后，中央这次明确提出服务型政党，死心塌地地为老百姓做事情。眼光的改变，确定了观察事物、分析问题的正确体位、客观标准和优势角度。正如世行行长金墉的评价，中国新一届领导人平易近人、平等待人、尊重对方，非常愿意自我审视中国目前发展的状况，自我评估哪些方面已经取得成绩，如果再进一步取得成功，需要采取哪些措施；非常愿意以战略眼光、战略思维，来看待和解决中国经济社会发展中的问题，希望推动这些问题的讨论和思考。中央领导同志行事风格的低调、低姿态，真正是既不妄自尊大，又不妄自菲薄。出版业的改革，既需要当事人的积极投入、踊跃参与，更需要设计者、决策者放下架子、放低身段、放平视野，深入到实践、实际中去，寻找正确的路径和办法。

二是平实，克服形式主义。实实在在做事情，从一点一滴做起，不冒进，不蛮干，不折腾。习近平同志答记者问，话语朴素得体，如家常唠嗑，平实的语言含义深刻，几个“更”把全民的所想所盼回答出来。理想是什么，理想就是人民富裕、国家强盛、民族振兴。参观复兴之路，指出道路决定命运，国家好，民族好，大家才会好。关于作风要求的八条，实实在在，不求样子，不回避小节和细微之处，做在根本，严在事事处处。十八大报告和党章也充分体现朴素、严谨、求实的作风。联系出版业的改革、出版发展的蓝图制定，很有感慨。改革的目的是什么？充分调动从业人员的积极性、主动性、创造性，提高出版服务的总量、质量和分量，推出更多优秀产品，满足人民群众的精神文化需求。实际上就是六个字，出好书、出好刊。编辑们、记者们、出版工作者们可以不图名不图利，为人作嫁，但总要有一个体面的工作环境，得体的身份待遇，稳定的生活和岗位，总要有一个安全感、归属感，然后建立起幸福感、成就感。

三是平稳，反对急躁情绪。不搞大起大落、大哄大作。要推进发展必须要具备稳定的环境，有序的步骤，形成内生动力。改革也是一样，是需要有动作、需要有变化，但一时间鸡飞狗跳、人心惶惶，先上来抵触情绪，先把抵触情绪推向极端，谁都冷静不下来，事实上也推不动改革。应当承认，改革不能墨守成规，小打小闹也不成事，但分类指导、循序渐进是规律，是铁律，没有这个原则做不了工作，无法达到预期的目的。新党章中也特别规定，“改革开放应当大胆探索”，但又要“提高改革决策的科学性，增强改革措施的协调性”。还有一条，“党在自己的工作中实行群众路线，一切为了群众，一切依靠群众，从群众中来，到群众中去，把党的正确主张变为群众的自觉行动”。出版业、期刊业的改革亦当如此，平定情绪，稳妥推进，不急功近利，不急于求成，才有可能实现业界改革的实质性推进。

昨天振省院长找我聊天，谈了他对新闻出版业的看法，也特别提到期刊界的长足发展，取得的扎实成就，业界人士的鼎足努力，这一切实在不容易。尤其指出，期刊仍是社会诸多媒体中最重要的生力军，是人们科学、文化、政治、社会生活中的必需品、重要媒介、关键渠道。院长还直言不讳地谈到对期刊改革发展的看法，让我很受感动。我想我们这次创新年会，既然把改革发展作为主题，把编辑部、数字化、商业模式、新媒体作为话题，大家的讨论和交流一定会是很有意义、很有成效。期刊发展到今天，需要大家的沟通融会，需要大家的经验体会，需要大家的探索研究，同时也更需要大家的意见、建议。我们面对的是日新月异又纷纭复杂的世界和未来，只有依靠大家的力量，依靠业界同仁们的齐心协力，依靠各位同事的创造、创新，依靠大家的自信、自觉、自强，才能创造出、建设成更加美好的明天。

预祝会议圆满成功！提前给各位拜年，祝福大家新年快乐！谢谢大家！

文本之外

第七届中国期刊创新年会于2012年12月6日9时在北京西国贸大酒店一楼多功能厅举行。上午的开幕式上，老署长石峰会长和东东会长、振省院长、三家主办单位的领导分别致辞。然后，我做了个发言，这是当时发言的主要部分。写于前一天的5时40分至15时31分，傍晚20点到酒店后，又写了20分钟。6日1时至2时30分修改。写作的时断时续，是因为我在生病，头痛难忍，本不能与会，新闻出版研究院沈菊芳大姐再三要求，我和瑞宏同志还是参加了会议。

其中有几段话没有讲出来。

科学发展提醒我们，要注意普遍存在于工作之中的木桶原理。简单地说，木桶盛水的水平如何，取决于木桶最短的那一块板壁。我们的出版业，我们的传统出版业，最明显的短板之一，是书报刊之间的互动欠缺。编图书的、编刊物的、编报纸的各行其是，虽然不是风马牛不相及，但也是鸡犬相闻，老死不相往来，把各类出版物天然存在的融合与互动抛在一边。我听到个别期刊编辑向我抱怨，编书出书之难，难于登蜀道，蜀道之难难于上青天。更多的期刊编辑压根是对编书编报无动于衷，天生没有这方面的欲望和功能，也就不再去想。环境使然，人们的潜在功能退化，不言而喻。

尽管我们现在不少媒体集团，书、刊、报、光盘，还有网站，各种资源应有尽有，但在相互之间的联系上，仍然是各打各的旗，各领各的号。不像国外的出版单位，编辑们可以娴熟地掌握和运用各种媒体形式，相互补益，相得益彰。即使在我国的台湾地区，业界同行们对于各种媒体形式的运用，也是得心应手。一种题材，当书则书，当刊则刊，当网则网。今天，我感到特别高兴的是，我们出版总署主管传统出版——图书、音像出版的署长邬书林同志过问和管理我们期刊的事情，这是从最高层次上，形成了书报刊完全融合的可能。我想书林同志所担负的新的分工，对于我们出版界来说，已经是在打破这一瓶颈，弥补这一缝隙，接高这块短板，提高出版业整体服务的水平，意义重大，影响深远。

面对十八大布置的各项重要任务，应对出版业界面临的各种挑战和机遇，传统出版业中的书报刊的联手和深度合作，依然有十分迫切的需求。如果我们编辑们能够在书报刊传统媒体之间得心应手、想哪打哪，在对内容的形式展示方面随心所欲、如鱼得水，我们出版业的局面也会大为改观，我们的应对能力也会大大提升。

刚才提到短板，我们出版也还有一块短板就是传统出版与现代出版手段的结合。互联网、信息化、数字化的大背景下，尽管我们可以看到很多热闹的场景，但传统出版业基本上是按兵不动，理由很充分，找不到合适的经营模式，没有赢利渠道，眼睁睁看着纸本订数、零售数一册册下降，数字版、网络版总也出不了手，眼睁睁看着版权著作权拱手与人，任其宰割。看着人家赚大钱，自己束手无策。真切希望大家能在数字化进程中打它一个翻身仗，唤起业界对数字化改造的危机意识和紧迫意识，紧张起来，行动起来。应对数字化的机遇和挑战，我们的确要有很好的办法共同应对，数字化的全方位实现，机制体制问题的根本解决，包括管理制度的根本解放，都有可能水到渠成。

当然，如果说醉翁之意不在酒的话，我们更希望实现的是传统出版对所有新媒体形式形成反包围，用传统出版的核心竞争力——选择、编辑加工、审读把关，遏制住当前信息横流、泥沙俱下、泛滥成灾的局面，解决好在初级阶段中，信息的精良服务、优质服务问题。

开场敬辞：尊敬的石峰署长，尊敬的东东署长，尊敬的振省院长、

各位与会领导，尊敬的各位嘉宾，各位刊界同事、同仁、同行，大家上午好！

遂河看了稿子，给予基本肯定：觉得作为学习辅导很不错，有介绍有阐发，也有感性的东西，整体上结构合理，亦较生动，韦伯的引述也相当好，一篇东西里面应该有一点儿，甚至更多一点儿，稍稍有点儿差异的、新鲜些的东西。

会上再次见到张新处长，追着我要稿子。

报业发展不能回避的几个问题

受经济低迷的影响，受流媒体的挑战，受网络媒体的冲击，作为平面媒体、纸介读物的报纸面临不小的考验。世界报业层面，无论是经营还是发行，都遭遇了前所未有的磨难——增长空间极度压缩，生存危机不断出现，读者受众急剧减少，这一切已经成为不争的事实。比较例外的是中国报业的一直坚挺，别开生面，日报、大报几乎没受太大影响，不少客户订数不降反升，广告收入虽有削弱，但也是此消彼长，不在这里在那里。

是计划转市场的滞后效应，是制度保护、国情不同的原因所在，还是中国出版老是与世界步调慢半拍？不得而知。我国报业的改革发展究竟该向何处去，不能不成为我们讨论和研究的紧迫话题。

体制改革问题。按照目前的文化体制改革设计，新闻时政类报纸没有列入转企改制之列，报纸经营单位的事业体制似乎会长期继续下去。但是，按照中央关于事业单位改革的基本要求，凡有经营性质的事业单位一律转为企业，如果一定要坚持这个原则，诸多报业集团，估计也需要有企业法人的身份。这是其一。其二，任何报纸的运作，作为纸媒出版物，本身就具有可经营的属性，在市场经济中，减少成本、扩大效益、形成再生产能力，永远是报业发展不能回避的问题。那么，企业化的方向，应当不是选择和不选择的问题，而应当是如何选择、怎样选择的问题。

文化体制改革运行这么多年，一个很重要的方面一直没有涉及，或者说没有深入探讨，没有拿出成熟意见，那就是经营性很强、公益性也很强的事业单位如何进一步发展，如何利用改革红利，如何形成自己的运营模式，如何在制度创新之中走出自己的路子。我们的传统思维中，只有事业、只有公有、只有国有独资才能保证媒体安全、意识形态安全、文化安全，这些理念在理论推演和实际操作中都会受到挑战。在我们的管理模式中，产权、所有制，融资渠道、资本运作，提高竞争力、扩大影响力，一系列涉及报业做大做强、走出去的问题，仍然需要深入研究，需要周密的顶层设计，需要很好的制度安排，需要妥善的处置方案。在现有体制机制方面，国有多元、股份制，乃至上市公司，仍然需要从制度层面去统筹考虑。

政策支持问题。按照完全事业单位、公益组织的基本构成，税费不应当成为其中的问题，收支两条线各走各的路，泾渭分明，互不干扰，相安无事。报业却不一样，报业的编辑出版与经营发行是怎么样也分离不清的一个整体，剪不断，理还乱。于是，这就形成了财政和部门补贴、划拨照有，增值、所得税费照交同时存在的怪现象。

从转企改制的角度讲，文化企业，尽管税费不是一律免除，但五年又五年的一直在免着，报业却因为例外，一直没有跻身之中的可能。从事业支持的方面看，报业也更少有享受各级财政、各部门经济对于文化事业基金支持和投入的机会。报业事业单位的牌子，成了中看不中用的虚幻。

大量的报业单位由于编制体制滞后，不得不向社会、向市场招聘员工，他们进来以后，与单位形成了合同关系，不仅身份不能得到合适的承认，社会福利、社会保险、社会医疗等诸多方面又与老人差距极大。队伍建设遭遇瓶颈问题，形成了事实上的同工不同酬劳、同事不同身份、同业不同心境。员工队伍方面的双轨制，也出现了流动性加大、培训任务繁重、骨干队伍减少、人才不断流失等一系列问题，人才的青黄不接、事业的后继无人、岗位的职业技能缺失屡屡出现。

技术转型问题。互联网发展的日益深入，信息高速公路的日益强化，形成了人们信息获取渠道的多种多类途径；自媒体的出现，极大降低了信息发布的门槛，使人人都是社会信息发布者成为可能；微博、微信的海啸式增长，彻底改变了人们使用信息、发布信息的传统模式，技术飞速发展逼煞人、愁煞人。报纸从业人员，首先面临的是如何利用网络模式、计算机技术改变自己的采编状态，改变自己的产品生成从单一方式向多媒体方式的转换；其次又不得不面对互联网来势凶猛的快捷、全面、深入、形象、互动诸多元素的挑战，面对纸介媒体所处于的十分尴尬的状态。

尽管网络不会全面替代报纸，微博、微信不可能成为主流信息服务途径，或者是唯一信息获取途径，而且平面媒体、流媒体和网络媒体最终还会是互补互益的局面。但是，纸媒与流媒网媒的局部替代、阶段替代、部分消费方式的替代，却一直在发生。西方不少大报大刊放弃纸媒形式，而完全使用网络版、电子版的案例不胜枚举。任何报业部门不正视自己的数字化、网络化改造问题，都有可能会使自己处于十分被动的地步。对局部而言，对具体报业单位而言，数字化、网络化的转型有时会是残酷无情的，稍有疏忽，就会失去机遇、落伍掉队，甚至陷于灭顶之灾。

网络社会和网络消费，发展到今天，与其说是技术融合的转化，不如说是思维方式、认知方式、驾驭方式的重要转变和根本变革。技术发展带来的业态转型，至今还没有完全见出分晓；技术对于信息生态的改革、改造和改变，远远超出人们的估计；技术转变对队伍建设、对发展方式、对服务行为、对受众群体、对媒介形态、对传播途径的改造遥遥没有尽期。在这长期的痛苦较量中，报业的最后胜出，只能是要么是改变环境，要么是改变自己。

核心能力问题。作为以信息服务为主要功能的报纸业，在应对受众媒体、传播方式、媒体形态的大变革中，如何明确自己的核心价值，如何强化自我核心竞争能力，如何形成自身应对的相对优势，保证本业的长足发展和可持续发展，必须有高瞻远瞩的战略考量，有切实得当的应对措施，有行之有效的方式方法。

出版的核心能力是选择，报业也不例外，一张报纸能够在各种各类媒体竞争中胜出的法宝就是选择。面对信息潮涌，选择最有价值的内容，选择最有效的传播方式，选择最精辟的言论，选择最经典的组合，选择最激励人心的细节，选择最符合和接近真理、真相的事实，是关键中的关键。报纸的观点、报纸的倾向、报纸的见解、报纸的偏好、报纸的取舍，是报业发展的生命线。

无论是对真善美的褒扬，无论是对假恶丑的鞭挞，报纸存在的意义取决于你的选择，报纸成功的真谛就在于你的选择。完成选择的使命，形成核心竞争力，关键是队伍、关键是人才，而要善用人才、留住人才，就不能不考虑克服体制机制的弊端，不能不考虑用真诚留人、用机制留人、用事业留人、用成就留人。我们又回到了改革与发展的原点之上，回到了我们未来应对各种挑战不能回避的问题。

综合上述，可以看出，报业改革的任务，不是更轻而是更重；报业发展面对的危机，不是已经化解而是危机重重；报业未来的挑战，不是一战而毕，而是接二连三。如何在复杂的环境中从容应对，如何在不同的遭遇战中屡战屡胜，如何在不断变化的新事物新科目新问题迎面而来时，专注守一、与时俱进，是我们所有从业人员不能不审慎考虑、深入研究、认真处置的生死攸关问题。

文本之外

本文系 2003 年 4 月 5 日应高海珍编辑之约，为《新闻与写作》杂志策划的专题所写的一篇文章。2003 年 4 月 15 日，我刚从广东调研回来，即被通知要在下午的“中央部门报刊主管单位工作会议”上，做一个发言。后来又说不去参加，几经反复，终于还是要与会并发言，于是只有把本文的内容做了调整。发言之后，第一次出席报刊会议的新任新闻出版广电总局副局长的原新闻出版总署副署长邬书林同志做了重要报告。报告中十数次提到我发言中的一些观点，实属例外。

发言稿中最多的改变，是把文中的报纸改作报刊，另加了一段开场的话。

这是总署变为总局以来，所召开的第一次中央部门报刊工作会议。我们首先感谢中央各部委、各部门对所属报刊履行的主管主办责任，没有大家的努力，报刊业的健康发展就是一句空话。这是书林同志昨天由署长变为局长后将要发表的第一次讲话，是他开始分管全国报刊管理工作之后的第一次讲话。他的报告将就中央部门所属报刊单位贯彻中央精神、落实十八大各项任务提出具体要求，为我们今年的报刊管理工作指明方向、规定动作、部署任务。刚才，北京局的孙瑛副局长介绍了今年的报刊年审工作，归纳和总结得十分精辟；待会儿，总局新闻报刊司王国庆司长还要做具体的布置和安排。相信大家回去后，都会有很好的传达和落实。这里，我谨就最近一个时期宣传文化口的大调研，尤其是报刊工作的调研，谈几点肤浅的体会，请教于书林局长和各位同事。

首先谈谈对报刊业发展的基本估计。

……大刊名刊发行高企不下，还有不少黑马出现。报刊业的独树一帜、别开生面，我认为，这其中有媒体自身的原因。

和流媒体的快速消逝相比：流媒体流动、迅速，“逝者如斯夫”，转瞬不见，从头再来依然如此；报刊出版则不同，稳健、固定，反复咀嚼、反复揣摩、反复品味，永远是一个客观实体的存在，“任尔东南西北风”。

和网络媒体的杂芜性、不确定性相比：网络海量信息、海潮汹涌、海啸声势夺人，让人眼花缭乱，无从选择、无处把握、无可奈何；报刊出版则不同，单纯、单一，经过充分过滤和选择，是精品、经典、精华才得以传世，是慧眼识真珠的成果，是百里挑一、“众里寻她千百度，那人却在灯火阑珊处”的最后选择，是“为伊消得人憔悴”的苦苦追求和修炼。

出版物是受众阅读集中体现的载体，是传世的媒介。人类智慧、经验、创造、发明的传承一定是通过书报刊的形式流传下来，人类文明的记载和延续一定会用书报刊的物质形态来固化和强化。

从某种角度讲，社会的稳定性、时代的进步性、民族的持久性，出版是最根本的体现。对于一个社会的根本改造、净化和提升，最重要的还是出版，是出版所带来的文化建设的深入与深刻，是出版所形成的文化深入人心，是出版——文化所形成的维持国家民族之根的牢固性、长久性。

从这些基本认识出发，我们看报刊，看传统媒体、纸介媒体、平面媒体，它们的生命力和市场存活率仍然是强大的。我们既要沉着应对信息化、现代化、数字化的冲击，也要不失时机，做好传统媒体的改革、发展和管理工作，充分发挥它们在五位一体建设中的作用。做好报刊工作，我们首先要有信心，理论自信、道路自信、制度自信，也要体现在我们对行业的自信上，体现在我们对行业管理的自信上。

其次，想就报刊业的改革，谈几点大家比较关心的问题……

开场敬语是：尊敬的总局书林副局长、报刊司领导、北京局领导，尊敬的各部委、各部门分管领导，尊敬的各位与会同事、同行，大家下午好！

唤回自信　科学评判

人们都说，发言到最后最不沾光，常常是大家把好词好语都用完了，都说尽了，几乎无话可说。但也有一种说法，发言到最后最吃香，可以调动自己的思维和语言，把大家的心得感受，理解得更全面、更丰富、更周详。这有利有弊、有得有失、有益有损的见解，本身就是最好的支撑和铺垫。

大家发言中用得最多的字眼是感谢，到我这儿便成感动。

首先，我感动于这次推荐活动中，各位专家、评委的辛勤辛劳，付出的心血和汗水。百忙之中，抽身而出，而且一直坚持到底，日夜兼程，夙夜在公；而且精心操作，认真作业，公平公道，心中透明。这很不容易，很不简单，很不寻常。评判出以公心，讨论风气端正，审读不偏不倚。一切的一切，让我深受感动！

其次，我还感动于总署报刊司，不，现在叫总局新闻报刊司国庆司长、泽青司长、立军司长和全体同事同仁，他们为我们业界做下的实事好事。四年来，报刊司据理力争，坚持不懈，争取一切可能，化解一切障阻，施展一切努力，精诚所至，终成正果。这次推荐会议，准备十分充分，程序周全，设计科学，不繁不乱，简捷明了。报刊司案头工作堆积如山，竟能耗费数月之心神，全力以赴，精神可嘉，成果喜人。如此尽心尽力，让我为之感动！

当然，和大家一样，我们共同感动于卓众公司的无私奉献，把会务办得如此之好，把服务做得如此贴切、精细、精致。卓众的工作人员，从肖总到每一位同事，体贴入微，从一杯咖啡到一句问候；一丝不苟，从一页页汇总到一本本样刊样报；严谨认真，从一回回会场指路到一次次信息保密。会务工作富有成效，大家交口赞誉，这很不容易。这种无私奉献，让我无法不感动！

与这些能够媲美的是刚才专家们的发言。评价中肯，分析透彻，字字珠玑，句句恳切，建议和意见尤为珍贵。相信有了这些关照，我们的推荐以及以后的评估、评选工作会更成熟，更圆润，更理性，更科学。我的体会有两点。

第一，增强自信心。

坚持中国特色的社会主义，中央要求我们要有道路自信、制度自信、理论自信。我想，这些自信具化到我们的报刊工作方面，就是要有行业自信，有报业自信、刊业自信，有中国的报纸和刊物一定要办好、一定能办好的自信。我们要求自己的报刊团队爱岗爱业、敬岗敬业，我们要有岗位自信，有出版人的自信。昨天，石峰老署长讲到世界报刊业的萧条，一是金融危机的冲击，二是数字浪潮的追逼。而我们看到的是中国报刊业的方兴未艾，一花独放，不降反增，这是我们制度所致、道路所致、特色理论体系所致，也是业界同仁共同努力所致。这次评选推荐，就是要增强我们发展报刊业、壮大报刊业、做强报刊业的自信心、事业心、责任心，就是要让业界同仁有历史的使命感、从业的自豪感、做事的成就感、创新的荣誉感。“自信人生二百年，会当击水三千里”。从这个层面理解这次推荐活动，于业界、于同仁、于社会，利莫大焉，福莫甚焉。

物质文明、精神文明建设还有一个民族自信的问题。对于整个地球村来讲，我们的民族自信体现在哪里？大家走南闯北，看遍西洋景、东洋景，感受更多的是我们的服饰（严格地讲是低端服装加工业）、美食（中华美食世界称道）、中医（驰名世界的神丹妙药、针灸推拿）、武术（舞刀弄剑独树一帜），其实，这都是局部，是表象。真正的民族自信，归根到底，还是一种文化自信。文化源远流长，文化的历史承载，文化传统的数千年延绵不绝。文化自信，很大一个层面表现在出版自信，积累和传播的自信。记载我们的历史和传统，积累我们的经典和创造，传播我们的理念与见解，最重要的是出版途径和出版物，是传统的书报刊，是有目可睹的文化建树和文化遗产。从民族自信到文化自信到出版自信，是一脉相承、一线相牵、一水相连。没有出版，没有书报刊的中坚和支撑，文化大厦、文化事业、文化成就都会是空中楼阁，积累和传播都会是一种空话。“问渠哪得清如许，为有源头活水来”。我们建设国际传播力，我们实施文化走出去，我们倡导科技、教育、文化、艺术国际大融合，不要忘记出版所形成的中流砥柱，出版业的基础作用，出版物的天然价值。我们的评比推荐活动，为报刊业发展激浊扬清，倡导先进，树立楷模，鼓励创造和创新，无论怎么理解、怎么评价，对整个文化建设和民族自信的裨益都不为过。

不可否认，我们处于媒体和出版大转型、大变革的浪潮之中，信息高速公路所带来的海量资源，互联网所形成的便捷、丰富、交互和多样多元多变呈现，使我们几乎对传统书报刊继续发展丧失信心，其实不然。君不见，中国梦铺天盖地，梦境与现实交融，梦得让人心神萦绕，立志改变自我，改变现实。中国梦，梦在网络上吗？亦真亦幻，无可抓挠；梦在流媒体吗？梦境丰饶，转瞬即逝。真正的中国梦，中国的规划、中国的未来，仍然是由一张张报纸铺就，一期期刊物组成，一个个报刊的网站构造，这是中国梦的实际设想、设计和操作，这是具体实在、可触可摸的版本，这是比较接近现实、可以经过努力实现的梦境。报刊勾画了实现中国梦的路径、方式、方法，传统媒体，尤其是纸介媒体对中国梦做了最好的诠释、演绎和展望。“醉里挑灯看剑，梦回吹角连营”。推荐百强报刊，无异于沙场秋点兵，让梦异化于人的意识之外，物化成独立存在，功不可没。

第二，完善激励机制。

四年来，我们一直揪心于报刊评价体系与激励机制的恢复和完善。

一种行业、一个方面、一支队伍，需要有排头兵，需要有示范效应，需要有合适的激励机制。尽管所有的评价标准都不可能尽善尽美，尽管所有的推荐指标都会有瑕疵存在，尽管所有的比较对照都不尽科学、漏洞多出，但先与后、优与劣、上与下，总是相向存在，由此而形成的竞争、竞比甚至竞合总是有的。政府和行业的倡导，大家心目中的口碑，业界的自然评判永远会有的。我们的责任，我们的工作，是从这些不健全的评价之中找出最合适的办法，选择相对优异的标杆，向业界明示风向，明示先进，明示目标，这种推荐当然意义重大、影响深远。有效激励机制的建立健全、逐步完善和长期坚持，是促进我们行业做大做强，促使我们服务更臻精美的必要条件。

我们的管理一直在两手抓，但一直是约束机制比较多，这不准那不准比较多，干预、批评比较多，而鼓励、褒奖、弘扬机制一直严重不足甚至基本缺失。这对调动业界出版单位的积极性、调动从业人员的积极性，带来很大的不方便；对于形成业界之中你追我赶、正常竞争、见贤思齐的氛围非常不利；对于报业刊业的持续发展，缺乏持久的支持和支撑。这次评先推荐，旨在弥补这一缺陷，通过推荐所形成的效用，对业界自身有触动有影响，对业界发展有补益有帮助。政府管理向这些方面倾斜，充分体现出管理的科学严谨、管理的理性回归、管理的效用增强。

我们也不得不承认，报刊业——中国报刊业，与世界报刊业不同，我们是官办出版、官办文化，受保护多，受制约也多；与出版业外的其他行业不同，我们是经营文化，可经营性有限，完全产业化、企业化、市场化根本不可能。即使在中国出版业内部，报刊业与图书业也有不同，我们每年 30 多万种图书出版，15 万种左右的新书，每两年要从 30 万种新书中选出一二百种，并且是一次性的，选择面大，比较好选。我们的图书出版单位有 580 多家，分类评比，评出一类社一百家或叫百强，比例已经是相当的高，表彰面达到 1/6，激励效应明显。

期刊业则不同，一年周而复始地运转，产品是流动的，层出不穷、气象万千，也带来各种优化和劣化的改变，准确估价不太可能实现。一本书容易把握和肯定，一年的刊物，有一处毛病就足以让人生悲。期刊品种 9884 种，期刊出版单位 5000 家，如何在产品和出版单位之间找到一个十分合适的表彰面、表彰数目，让人煞费心机。而期刊的分类，五花八门，天文地理、自然人文、学术市场，无所不涉及，无所不包容（正因为此，它的意义和价值无限大焉）。怎么评判的确有一个科学把握的问题，选择的比例，选择的类别，选择的形式，选择的过程，都有一个十分考究、十分复杂的设计。我们做这件事情，做好这件事情，从某种角度讲，是非常之难的，“噫吁嚱，危乎高哉！蜀道之难，难于上青天”。从这一角度讲，我特别理解各位专家的用心、静心、精心、苦心。

恢复全国报刊百强的推荐机制，从石峰老署长开始，到今天的书林署长、国庆司长，各个方面都付出了巨大的努力，实在是不容易。推荐结果出来以后，一方面，我们要扩大宣传，充分发挥这次推荐的效用，形成强有力的引导机制，尤其是正面引导机制，形成长期有效的激励机制、褒扬机制、鼓舞机制，激发正能量，带动全行业，百尺竿头更进一步。另一方面，我们还要负责应对业界和社会各界对我们推荐标准、秩序和结果的评头论足，负责在以后的持续运行中让推荐工作更加制度化、经常化、科学化，完善我们的评价标准和评价体系，使各类报刊学有榜样，赶有标兵，争有对手，以期健康发展我们的报刊事业，让中国报刊业为政治、经济、文化、社会建设服务做得更好，更加实在，更有成效。

文本之外

2013 年 5 月 17 日下午 5 时 30 分，北京杏林山庄，报刊百强推荐会议结束时的即席发言。

观察问题的视点和视野

一、看世情变化的一种角度

大家都知道我们的国土面积陆地部分为960万平方公里，呼伦贝尔一个市，就占了25.3万平方公里，相当于山东省和江苏省两省之和，是中国面积最大的地级市。全国56个民族，这儿的269万人口中有31个民族。3万年前这里就有人类活动的迹象。呼伦贝尔号称世界上最美的草原，是世界四大著名草原之一（内蒙古的呼伦贝尔、新疆伊犁的那拉提、南美洲阿根廷的潘帕斯、内蒙古的锡林郭勒），因呼伦湖、贝尔湖两个湖泊得名。我们的地大物博，我们的山河如画，我们的民族和睦，在呼伦贝尔、在海拉尔、在鄂温克旗，我们能够充分领略到、感悟到，能够深切体会到。行万里路（仅呼伦贝尔市辖区内的公路就有一万一千多公里），对祖国对民族挚爱的感情油然而生，大自然的恩赐，蓝天、白云、清风，绿草、青山、碧水；读万卷书，人文社会的沉淀，历史、发明、演进，昨天看博物馆，美不胜收。沉湎在自然和人文空间，爱国，是一种很自然的情结，热爱生我养我的地方。但是，要深入到对于制度，对于道路，对于意识形态，对于中国梦的认可和理解，还应当有更广阔的视野，更上升的高度。

关于中国特色社会主义制度、道路、理论的认识（略）。

二、看科技进步的一些体会

我们党的全国代表大会开了十八次，现在各条战线还在贯彻落实十八大精神，京津沪渝的科技期刊主编、社长研讨会现在进行的也是第十八次，今年的 4 + 1 论坛，河北省也应邀出席，这应当是我们直辖市科技期刊界的十八大。

1988 年以来的十七次研讨会，是一次次集大成的展示会，一批批学人俊才亮相，一家家实力刊社精彩登台，一回回探索求索研究讨论，大抵科技界、期刊界、出版界的难题、热题，都被各位同事问遍了。当然，也有一种把“吴钩看了，阑干拍遍，无人会，登临意”的失落感，提了很多意见和建议，并没有得到上面和业界的足够重视。所以，中央决定反形式主义、官僚主义、享乐主义和奢靡之风，的确是有针对性的，不要让人“空悲切，白了少年头”。

刚才宋理事长讲到，还有我们手册介绍，四个直辖市和河北省的科技期刊学会、科技期刊编辑学会，对科技期刊的改革与发展做了大量的工作，在业界起到了很好的引领和示范作用，很让人欣慰。一方面，国内科技期刊领域无论大数、总数，还是重量级刊社，大多集中在这四个地方；另一方面，各市学会的领导和工作人员尽心尽力、全心全意地付出，形成了学会在期刊业长足发展、持续发展中不可顶替的作用。每一次年会都是一次新的誓师、新的沙场点兵、新的扬帆远航，每一次年会都孕育着未来更远大的进步、更丰富的成果、更强劲的推动。

科学技术是一个社会不断进步的发动机（略）。

三、看期刊发展的一点思考

我们会议的中心议题是科技期刊的业态转型和数字化升级，这些方面，我介绍三点情况：一喜，一忧，一希望。

1. 关于数字化，想介绍一件事情。财政部有关部门落实群众路线教育活动，支持出版业态升级的事情（略）。

2. 和数字化有关——出版者权益。在数字化产品和服务中，有一个很重要的问题是我们出版单位的权益。一说知识产权，很多同事的反应是作者的著作权，很少考虑我们出版单位所进行的选题、选择、审读、修改加工、编辑校对的权益。其实，随着信息海量出现，随着信息更加碎片化，随着数据库和资源库的科学建立，编辑选择的价值越来越凸显，编辑加工整合集约的功能越来越重要。

从远处看，我们要在著作权法的修改中得到体现，用法律文字明确我们的权属，承认我们的权益，赋予我们权力。从近处看，我们是要在近期出台的国家法规中，把数字出版的概念嵌入进去。有了这个概念，才有我们在网络出版中的位置；有了这个概念，才可以在部门条例中得以实现。尽管中央编办在三定方案中已经明确规定，但我们在协调各个方面时仍然比较艰难。

3. 和数字化无关也有关——年轻人的问题。大量的摸底走访，让我们感到，目前在一线干活的编辑、记者，生活窘迫，工作繁重，心情低落，前途渺茫，缺少安全感归属感，缺乏成就感事业心，情势远远超出了我们的预期。

这方面的情况中央领导专门有了指示。这件事情央视新闻联播作了报道，相信会有大的改观（略）。

文本之外

开场敬辞：尊敬的泽青大姐，延文、胜海、贺萍老师等各位与会领导和演讲嘉宾，尊敬的培元理事长，泽林、何平、进平、杨蕾、光华、周红、技文、张雷等各位副理事长、会长、秘书长，尊敬的与会的期刊界各位老师、各位同行，大家上午好！

会前泽林理事长亲切地听取我的发言内容介绍，还仔细地为我敲定题目叫“科技期刊发展面临的形势和任务”，大是大了点儿，但总算有个筐，可以把若干内容装进去。

写于2013年8月10日下午8时。发言于次日上午，呼伦贝尔市鄂温克自治旗鄂温克宾馆五楼大会议室。利用休假，看了一眼呼伦贝尔大草原。

悠 然

百语千言话讲座

在单位机关党委的精心指导下，我们党支部围绕培养高素质党员队伍的目标，着眼于解决党员同志在思想、政治、业务、作风等方面存在的实际问题，常年组织学习讲座。自2009年以来，共举办局内讲座 46次，局外讲座26次，社会实践活动9次，出版《学习园地》60余期，党员同志们信念、能力、素质明显增强。支部学习讲座效果良好，为新形势下开展中央机关基层支部工作，加强学习型组织建设，深入扎实推进创先争优活动，做了积极有益的探索。

讲座缘起——从偶然到必然　举办支部学习讲座，一开始并不是刻意为之，并没有一个清晰的规划和成熟的长期打算，而只是缘于一件偶然的事情。

在一次支部和出版单位联合举行的全民阅读活动中，需要有人即席演讲，对重点出版物作充分介绍，局里的同志都不好意思到台上去，你推我，我推你，一时冷场。出版单位的同志却大大方方走上前去，现场发挥，激情演讲，既得体到位，又精彩生动。

这件事引起了支委会同志们的深思。占全局绝大多数的年轻同志，大都是从学校直接到机关来的，阅读水平、研究能力、文字功底有一定基础，但即席演讲、口头表达、临场处置、即兴发挥等能力却缺乏锻炼。作为宣传干部，组织群众、动员群众、说服群众是第一位的工作，是基本功、家常饭和看家本领，每一个人都应当能够拿得起、放得下、做得好。

经局务会研究，支部决定举办局内学习讲座，要求全体党员参与。举办几次之后，效果出奇的好，便一发而不可收。支部及时做出决定，把学习讲座作为支部建设、党性锻炼、学习型组织活动的经常项目，制定出年、季、月实施计划，推动其有序开展。如此从偶然到必然，强化了学习型组织建设的自觉性和主动性。

讲座操作——从感性探索到理性梳理　在举办学习讲座的活动中，全体党员同志积极响应，争先恐后，轮流充当讲座的主持人、演讲人、点评人和听讲者，从宏观选题到微观设计，讲座主题和内容力求创新，人人动手制作PPT，收集、整理视频、音频、 图片、文字等各类资料，看谁的更精彩、更厚重、更前沿、更扎实、更抓人。

时间安排为每月一到两次、三次，依局内工作情况和支部活动适时调整。内容分为不同系列，包括责任使命、创新理论，形势分析、世贸应对，深化改革、行业发展，历史知识、传统教育，机关事务、公文写作，工作艺术、方式方法，出访观感、域外采风，思想情操、立身立德，读书体会、工作心得等。形式以自主讲座为主，延请外部专家、学者、部门负责人为辅，要求内容生动、形式活泼、图文并茂，提倡对话与点评，通过“头脑风暴”激发思维。力求形成多重效果：理论水平、知识水平、演讲水平、组织水平有提高；语言陈述、现场表达、随机应对、处置得体有长进；视野拓展、收集资料、逻辑归纳、罗列论据、运用多媒体有特点。目标定位为：学以明理，学以增智，学以养德；讲座寻规律，成体系，能持续；党员全身心投入，全方位锻炼，全过程提高。形成有效抓手，使推进学习型组织建设有了基本保证。

讲座固化——从声情并茂到力透纸背　在支部全体党员和部分省市出版处长联合举行的学习讲座上，参加本支部活动的副部长蔡名照同志结合自己的感受，谈了作为一个党员、一个党员干部如何对待学习，如何开展学习，如何将学习成果运用于实践三个层次的看法，引起了同志们的共鸣。大家都希望能够反复品味这些心得体会，于是支部及时整理出详细记录，并创办学习园地予以刊登，让当时未能参加听讲的同志也能补上这一课。

从这件事上得到启发，为了巩固学习成果，充分交流和展示党员同志们的研究成果和学习心得，支部建立了电子版和文字版的学习园地，把每期讲座的内容刊登出来，把大家的所思所得所悟记录下来，把一些精彩的瞬间保留下来，与学习讲座相得益彰。其中的《瞬间》、《这里也有年三十》、《埃及风云》、《我们这样办会》等在单位内引起很大反响。讲座上下，园地内外，互应互补，浑然一体。及时固化成果，是扎实稳定学习型组织建设重要环节。

讲座延伸——从根深到叶茂　随着活动的深入，支部有意识地不断丰富讲座内容、创新讲座载体、健全讲座机制，有引导地把讲座放在本部门本行业本职工作的环境中去，与所在机关整体党建工作，与本单位主持的对整个出版系统的培训工作和管理工作结合起来，使讲座的资源得到充分利用，使讲座的成效扩大化，使讲座的内容进一步向深度开掘。

近年来，支部先后组织听取了中央领导同志的“为了谁、依靠谁、我是谁”、“文化自觉、文化自信、文化自强”的专题党课，听取了机关领导关于青年干部如何锻炼成长的专题报告。结合出版单位总编辑培训班、青年骨干培训班，听取专家学者的国际国内经济形势、意识形态状况分析、中国共产党的理论创新、中国道路、辛亥革命、互联网的发展和应对、出版业前沿动态等专题报告，极大地丰富了局内讲座的内容，坚定了党员同志的理想信念和宗旨意识，拓宽了观察问题的视野，加强了对深层次问题的把握。强基固本，稳魂定神，讲座立意新、范围广、开掘深，有助于打牢基础，融入灵魂，沁人心扉。大背景、广视野、高起点，是学习型组织建设的关键路径。

讲座拓展——从自我循环到走出去、走下去　学习的目的是为了指导实践，运用于实践。支部走出去、下基层，到现场开展讲、学、用，丰富讲座的内容和形式，提高吸引力、亲和力，拓展现场感和实际效果。

支部把讲座的会场搬到了张北草原，听取中国绿色能源风力发电的前沿报告；办在了怀柔深山区的琉璃庙白沙湾，由乡镇基层干部介绍发展沟域经济经验；挪到了河北涉县八路军一二九师旧址，回顾革命历史的峥嵘岁月；开在了河南林州的红旗渠畔，实地感受艰苦年代人们的奋斗精神；迁到了淮安周恩来纪念馆，追溯总理伟大的品格和光照后人的风范……

在湖南韶山冲的蔬菜大棚里，党员同志们带领年轻编辑、记者，请当地的老百姓讲农业改革发展的课程，一住就是七八天，认真学习，不舍昼夜。在陕北安塞县的农民土窑里，党员同志们与乡亲们同吃同住同劳动，缺水少电，十天八天没洗过一次澡。在四川汶川地震的遗址边，面对废墟上新建起的一座座精致农舍，党员同志们领会着灾区群众的奋斗精神，体会着国家、制度的无比优越性，感悟着全国人民的大善大爱。基层、实践、群众，永远是学习型组织建设的动力源泉。

讲座辐射——从学起来到用得上、用上去 围绕讲座内容，配合本单位中心工作，组织开展各项主题实践活动，安排党员干部深入基层和出版单位，实地了解和掌握出版业改革发展实际进程、最新动态，深化、细化对现实问题的认识，针对关系出版工作全局性、战略性、前瞻性的重大问题和当前出版业内普遍关心、制约出版业科学发展的热点难点问题，成立专题小组集体攻关，提出见解和建议，并在讲座上进行交流，与大家共同探讨、分享成果。

结合讲座中的机关办件、公文写作系列，局内在创先争优活动中，举办了优质办件竞赛月，并逐步演化为每月的优质办件评选活动，成为经常性的激励机制，目前已评出各类优秀办件190种，形成了鼓舞士气、振奋精神、学有先进、赶有目标、质量上水平、工作上层次的良好氛围。结合“为了谁、依靠谁、我是谁”为主题的讲座，支部在密切联系群众的社会实践中，开展了双节期间“好书刊进基层”活动，把成千上万件图书、刊物、春联、光盘，送到春节返乡的农民工、大学生和旅客手中。

为了让农村基层的老百姓共享文化改革发展的成果，巩固党的基层组织建设，出版局先后组织开展了向西部地区、中部地区和东北地区农村党支部赠报活动，支部的同志们深入调研、吃苦耐劳、风餐露宿、精心操作，解决了邮送“最后一公里”的难题，使中西部和东北地区48万个农村党支部都能够及时看到《人民日报》。在为西藏、甘肃、四川、云南四省区藏族聚居区6万多个村（组）、学校、寺院的文化服务中，协调创办并赠送藏文版《人民日报》，使党中央的声音及时通达藏族聚居区最基层。

组织开展全民阅读活动，是本单位的常年任务，也是支部举办学习讲座的起点，讲座的效用很快回馈到了全民阅读活动中。支部党员同志们以深入的调研、精彩的演讲、周密的策划和热情的服务，全力推动阅读活动；用讲座充电形成的广博知识面、纵深知识点激发出来的宣讲能力，造就出来的雄辩才干，锻炼出来的过硬本领，精心指导全民阅读活动。党员同志们在讲座中提出的善读书、多读书、读好书，读起来、读进去、读出来，由浅阅读、泛阅读，到深度阅度、精进阅读、创新阅读等科学理念，逐步为社会所接受并产生效果。与此相关，本单位主持的每年优秀通俗理论读物评选活动也风生云起。学以致用，是学习型组织建设的最终目的。

讲座体会——行百里者半九十，学习是终生事业，路子刚刚开始
①着眼强魂固本抓讲座，培养党员同志坚定的理想信念和高尚的道德情操；　②着眼党员需求抓讲座，增强党员同志学习的积极性、主动性、创造性；③着眼创新形式联系实际抓讲座，增强学习型党组织建设实效；④着眼于创先争优抓讲座，形成比学赶帮争先恐后的好风气；⑤着眼形成制度机制抓讲座，促进学习型党组织建设经常化、规范化。学习型组织建设，是一个党员一个干部素质提升的有效阶梯，是一个机关一个部门学习力的具体体现，是一个政党一个国家软实力的重要构成。

文本之外

1．开场敬辞及第一部分

尊敬的赵凯书记，尊敬的中直工委各位部长、各位同事，尊敬的中央直属各单位机关党委书记、各位同事，各支部书记，大家下午好！

感谢中直工委给我们这样一个机会，一个向大家学习、向大家汇报、和大家交流的机会。前不久，刚刚参加过中组部、中直工委和国家机关工委联合举办的基层党支部书记示范培训班，受益匪浅。这次推进会上，更是搭箭在弦，不得不发。今天还有示范班上我们四组的另外两位同学参加会议，他们是王新建和华春玫，待会儿春玫还要发言。

我还想说，在我发言这当儿，此时此刻，我们的局长，正坐在中组部领导面前，接受上岗前的谈话，明天她就要走上副部长的岗位。昨天，局长找我谈心，也是做最后的交待，叮嘱我们学习讲座的事要持之以恒。最后，她表示，感谢两年来支部的关心和帮助，教育和培养。我说，您说反了，支部工作是在机关党委和局务会的领导下开展工作的。她说，不！在支部面前，任何干部都是一名普通党员，都要接受组织的教育和培养，接受支部的监督和约束。是的，我们局先后走出四位部级干部，这固然是他们个人努力的结果，但的确与支部这个小环境、小熔炉分不开。在我们的组织中，在支部这个环境中，每一个人必须考虑读书学习，必须考虑修身养性，必须考虑陶冶情操，必须考虑约束自己、规范行为，必须考虑身体力行、为人楷模。从这个角度看，干部的成长，不是我们某一个人的伟大，是我们组织的伟大，也包括基层组织的伟大。而我们所有的党员，都是这伟大组织的一个分子，一个组成部分。因此，我们体会到，学习型组织建设、支部学习力的提升，事关重大，是我们党员觉悟提高、素质提高的重要路径，是我们党的组织人才辈出、胜任执政的重要保证，是我们党永葆青春活力、永远立于不败之地的重要举措。

顺便介绍，我们支部 21 人，其中部级干部 3 人（分管副部长、两位离休的副部长），局级干部6人，处级干部7人，科级干部4人，外聘干部1人。我们有一个全家福的大头照，可惜这里无法打出PPT。

我汇报的题目是：百语千言话讲座，从支部讲座看学习型组织建设，工委要求10分钟，2500字，应当大约是100句话。感谢会上已经把稿子印了出来，这样我就可以不再照稿子念。

2．最后结束和倒数第二段

我想讲一个小故事结束今天的发言。一个偶发事件，曾在北京11路电车线上传为佳话。那天，在北京最繁华的街头，由于11路电车司机的急刹车，造成我局一位同志颈关节错位，当时不能动弹。司机所在车队的经理、安全队长、行车队长很紧张，一大班人赶到医院处理事故。我们支部的同志赶到以后，先是安置伤员就医，然后就是慰问、安慰肇事司机，买了矿泉水、酸奶让司机和车队的同志们受用。当听说他们都没吃上饭时，又跑很远的路为他们买来汉堡、烧饼，一再劝他们回去。并且，再三叮嘱车队队长，一定不能因为此事处罚责任司机，她也是为了躲避一位骑三轮的老人，不得已而猛踩刹车。得知司机是一位东北来打工的下岗女工时，我们支部的同志把她所垫付的医药费、挂号费全部退还给她，司机捧着我们给她的汉堡当时就哭了。后来再三打电话，要来护理我们的伤号，被我们谢绝。这是一次偶然的课题，我们支部的同志以必然的选择交了一份合格的答卷。这也是我们对开头论述的偶然和必然关系的另外一种写照。顺便说一句，那位在公共汽车上崴了脖子的伤号，就是我们明天履新副部岗位的现任局长。

在中直工委成千上万个基层支部中，我们支部是最为普通的一个，我们绝对不是“最好”，也不是“次好”。但是，我们一直在不懈努力，努力使自己变得“更好”！

谢谢大家！

3．由于事先准备的PPT没有机会发挥作用，发言时有不少逊色，个别地方还磕磕巴巴，甚至用了“这个”“这个”，下来以后一直忐忑不安。

早上，王小平书记告诉我，昨天他们小范围的座谈中，大家提到我的发言，都说精彩。我想这很可能是书记鼓励我的话。宗岭主任带我们参加会议，一路十分关照。

4. 会议的名称是：中央直属机关学习型党组织建设推进会。会期为2012年5月8日至9日。8日下午听完赵书记报告，我们参观了天津经济技术开发区滨海新区学习型党组织体验中心。9日，参观了空320大飞机总装车间和苏联航空母舰基辅号。

5. 为做发言的PPT，家中蒙子和一飞、颖波夫妇费了不少功夫，单位上晓玫、何瑞、瑞宏、健民、震林、巧玲都帮助做了不少事情。

关于读书的心得

文章写得很美，用词选句比较考究，逻辑思维清晰，立意比较明确，结构比较合理，几乎没有什么可修改的地方。有几点体会，供参考。

1. **读书与阅读**。有重叠，但又有区别，读书，限于纸介媒体，阅读也包括读网。目前的阅读，多停留在浅阅读状态。娱乐阅读、一般消遣阅读、浏览式阅读多，做样子、形式化、泛阅读多；深度阅读少，静下心来、沉进去的阅读少，成系统的、有目的的阅读少。这与社会的急功近利、社会的喧嚣浮躁有关，也与传统的、阅读习惯有关，仅仅是浏览，而不是拓展知识，不是修身养性，不是追求真理。

2. **了解书的价值**。文化的积累和传播，是通过出版的选择存留下来。书的价值在于古今中外优秀的文化遗产，在于当代信息如海之中的精心选择。书是大潮过后留在海滩上的彩贝，是大浪淘沙之后选出来的真金。读书可以让人直接进入知识的内核、思想的深处、哲理的顶层，直接进入文化最有价值的层面，进入社会最有意义的部分，人生最有心得的范畴。读书是循序而上的阶梯，不能够缺了哪一步；读书是汲取前人资源的捷径，许多真理的摸索，可能超过了几十年、几百年、上千年，可能在中国、在美国、在欧洲，也在阿拉伯世界，可能是社会科学、自然科学的方方面面，但书可以把它一下子展示出来、呈现出来。

3. **安安静静读书**。读书与读互联网不同。网上诱惑太多，陷阱太多，弄不好就会进去找不着北。书的指向明确，读书时的动机专一。尤其是好书，本身就是人生导师、处世指南，只要肯下功夫、钻进去，只要不掉书袋、不书呆子气十足，收获一定会是事半功倍的。书读进去，才能让人真正进入一个纯真、纯净、纯正的境界；只有做到淡定、入定、神定，书才能真正读进去。安静地读书，是享受，是快乐，是一种心灵陶冶，更是健康社会的一个重要特征。

4．**读书的分类**。有的书指导眼前，有的书解决现实问题，有的书则需要慢慢品味，终生阅读，受益终身。只要不是太急功近利，读书读进去，就会发现更精彩的世界、更美妙的思想、更广阔的天地、更高远的境界，就会发现人世间的真善美。但书的种类毕竟太多，要有选择地读，有准备地读，有计划地读，有连贯地读，有侧重地读，常年坚持，必有收获。不盲目读书也是读书选择的另外一个重要方面。

5．**读书与实践**。读进去书是为了让人读出来，著书是让人从实践层面进入理性思考，读书是让人借助先知的眼光，认识已知世界和未知世界，目的仍然是作用于现实世界。学以致用，到实践中去，使读书的效用真正发挥出来，才是真本领。书到用时方恨少，只有从实践中来，到实践中去，才知道你最需要在哪些方面充电，你的知识渴求，你的心灵抚慰，你的人生激励，应当从对哪些书籍的阅读中解决，并且受益。

谨供参考，改不了你的文章，以上权且作为讨论。

文本之外

写于2012年4月28日，与同事何瑞讨论她的文章《让崇尚读书成为时代风尚》一文时所想到的。何文如下。

书籍是人类思想、文化的结晶，读书可以增长知识、启迪思想、陶冶情操，对促进人的全面发展、推动社会文明进步具有重要作用。在建设学习型社会、加快社会主义文化建设的新形势下，现在更需要大力倡导读书，让读书成为时代的风尚。

应对挑战要常读书。当今社会，工作节奏加快，轻松娱乐文化流行，获取信息的渠道增多，读书被一些人看成是枯燥、“老土”的事，“没有时间”读书，不愿读书，中华民族自古崇尚的读书传统有被弱化的倾向。然而，作为一种深入、持久的精神和智力滋养，读书具有一般文化活动不可替代的功能。不读书，知识会老化，思想会僵化，能力会退化。在知识爆炸、变化不断的新时代，唯有养成常读书的良好习惯，“以不息为体，以日新为道”，持续从书中汲取新知、激发活力、明晰方向，才能从容应对挑战、顺应形势、赢得主动。常读书，要从身边做起，少一些应酬，少一些玩乐；常读书，要持之以恒，培养内在动力，克服浮躁之心。让天天都是“读书日”、人人乐做读书人，真正使读书成为一种日常状态、一种生活方式。

提高素质要读好书。书海浩瀚，良莠不齐，读书必须有所选择。以提高素质为目的，读开卷有益之书，读修身养德之书，读怡情明理之书，才能“腹有诗书气自华”，涵养正气、强健精神。而读乌七八糟之书，如低级趣味、情色暴力、厚黑权谋，只会侵蚀污染心灵，这方面为官者蜕变堕落、青少年误入歧途的例子并不少见。读好书，要多读中外优秀文化经典，多读经得起时间和市场检验的书，在与大师、圣贤的对话中感受心灵的震撼、汲取思想的精华；读好书，要重视立“魂”固“根”，少读一些肤浅的快餐书，多一些富有思想文化价值的深层次阅读。远离“黄色”“灰色”垃圾，品尝营养大餐，真正使读书成为一种精神追求、一种价值取向。

干事创业要会读书。读书的目的是认识世界、改造世界，必须最大限度提升读书的效果，在工作和事业推进中体现读书的成果。会读书，要有思辨之心，“读而未晓则思，思而未晓则读”，在存疑解惑中激发新思想、新观念。会读书，要学用相长、知行合一，跳出死读书、纸上谈兵的误区，把读书的收获转化为实践中推动工作、解决问题的新举措、新办法。会读书，还要用好现代化多维阅读媒介的便利，在海量检索、比较借鉴、交流互动中获得干事创业的新资源、新途径。立足岗位和实际需要，着眼科学发展，讲求方法和技巧，真正使读书成为一种工作手段、一种竞争优势。

方式必改进　品格要养成

面对复杂多变的情况，为了能够把握不断拓宽的领域，处理尖锐棘手的问题，部领导反复叮嘱我们要形成深入讨论的风气，其意切切，其情殷殷。这不仅仅是要求我们处事方式的调整、工作办法的改进，更是督促我们思想作风的锤炼、道德品质的养成。

相信群众、依靠群众、走群众路线，理论联系实际，实事求是、深入讨论，是我们党一贯的传统和作风。中国共产党人能够在不同历史阶段排除万难、克敌制胜、曲折前进，靠的是发挥集体智慧，产生集体决策，形成集体力量，党内充分发扬民主、畅所欲言，党外广泛政治协商、集纳见识，从而集思广益，群策群力，统一思想，统一战线，形成共识，形成合力。无论新民主主义革命时期，还是社会主义建设初期，我们都是这样一路走来的。改革开放时代，更是在全党上下“实践是检验真理唯一标准”的大讨论、大辨析中拉开序幕。

讨论是一种历史传承、社会风气和时代品格。汉语词汇中自古就有关于讨论的词汇，春秋时期百家争鸣、求同存异有讨论的典籍记载。中国历朝历代鼎盛时期，无不与思想活跃、和而不同、鼓励创新的社会风气有关。连晋时隐居的陶渊明也在诗中感叹“欲辩已忘言”。民间俗语：“三个臭皮匠，顶个诸葛亮”，“听人劝，吃饱饭”，也正蕴含着这些道理。

讨论是民主作风的体现，是个性张扬的气场，是创新创造的过程。科学管理提倡独立思考、逆向思维，推荐“神仙会”、“头脑风暴法”，让对话、交流、沟通激荡出睿智的火花，让知识、智慧、真知灼见在碰撞中产生，从中找到最佳选择、创新路径、科学门道。话不说不透，理不辩不明，说透了，辩明了，才可以在大道理上胸有成竹，在大视野里高瞻远瞩，在发明创造中求异求变，在社会实践时“下笔如有神”。

讨论是避免主观主义、教条主义、形式主义、经验主义的有效方法。我们反对一言堂、家长制、长官意志，要在工作中克服片面性、表面性和局限性，解决简单化、程式化习惯思维和懒汉做派，不能不借助于充分和深入的讨论。不同的人从不同的角度提出不同的见解，往往成就了绝顶聪明的好主意、好办法；各种观点的争论、商榷、答辩和说理，也许能够搭建出通往真理的桥梁和阶梯。人微言轻可以成就大智慧，涓涓细流能够汇作江河海，看似愚见、拙见、偏见，说不定正预示着“卑贱者最聪明，高贵者最愚蠢”的巨大逆转。

营造讨论氛围，形成讨论格局，养成讨论习惯，收获讨论成果，尤其是把深入讨论作为一种风气建立起来、推广下去、长期坚持，并不十分容易。

深入讨论以平等交流为出发点。彼此相互尊重平起平坐，放下架子摘掉面具，直抒胸臆和盘托出，真知灼见来自于以真诚相待、真心实意、真情实感。深入讨论要求不抓辫子，不打棍子，不扣帽子，不说套话、官话、假话，不敷衍塞责，不迎合，不投机，不骑墙。

深入讨论以讲求实效为着力点。也有一些讨论，不可谓不踊跃，但表态式、学习式或感受式居多，随大流、跟风头，揣摩领导意图，说些永远正确的话。为讨论而讨论，这不是讨论。讨论必须有观点的切磋和思想的交锋，包括唇枪舌剑、面红耳赤。有时候就某一个问题，反复辩论终取合理部分，才能有效防止片面和盲目。

深入讨论以创新求进为落脚点。打破陈规陋习，冲出思想牢笼，就不能过去我们怎么怎么，那时我们如何如何。应当看到，事物在发展，事情在变化，环境在更替，社会在转型。情况出新，问题出新，对应的思考、探索和举措也要出新、创新。

深入讨论以容纳百川为契合点。讨论不因人废言，理念的交互，观点的博弈，见解的碰撞，才有可能使采纳和归拢更有价值和意义，使理性判断、科学决策拥有更广泛的基础。讨论成功的要旨是激发人们的主动性、积极性、创造性，让当事人全身心投入，敞开思想，各抒己见，提倡勤于思考、勇于探索、敢于创新。

在形成五种风气的相互联系中，深入讨论以勤奋学习为前提，言之有理，论之有智；以调查研究为依托，言之有物，持之有故；以严细深实为基础，言必责实，事有着落；以勇于负责为担当，直面问题，迎难而上。深入讨论的风气，会逼着你去学习，弄通弄懂弄透新问题、新矛盾、新事物；逼着你去调查，亲临第一现场，掌握第一手资料，不吃别人嚼过的馍；逼着你去思考，推理判断、条分缕析，归拢梳理、举一反三；逼着你去交流，扩大接触面，学会倾听和尊重，学会沟通与包容，广开言路，兼容并取。风气正，思路清，方向明，不拒细微，从善如流，才能无往而不胜。

让讨论之风盛行，让深入讨论成为工作中的寻常事、家常饭。

文本之外

这是应单位机关党委要求，为中央领导同志倡导的“勤奋学习，调查研究，深入讨论，严细深实，敢于担当”五种风气所写的命题文章。每个单位一篇，论述一种风气，我的副标题是“浅谈对形成深入讨论风气的理解”。但发简报时没有用这些题目。

上好每一堂党课

恒权同志给我们上了一次重要的党课。党课内容以奇葆同志来部之后，带领部务会直面和处理的一系列问题，敢于担当、敢于负责的事例为主线，具体论述了反对形式主义、强化务实精神的主题。

其实，恒权同志每次的通气会都是在给我们上党课。他体谅每位听会受众的心理，尽量把会开得短一点，尽量把领导的最近指示诠释给大家，尽量把一些生硬的要求软化、细化、透明化，让人们更容易接受。这是最重要的务实精神，最重要的群众观点、群众路线。

其实，恒权同志每天都在给我们上党课。以他的批示，以他根据领导同志指示和要求做出的批示，以他的耳提面命，以他的深思熟虑，以他的丰富经验，以他老新闻工作者的娴熟，以他老共产党员的立场，以他领导干部的高屋建瓴，指示我们如何以最科学的方法指导新闻出版界、指导我们的各类媒体，让我们从粗放甚至粗鲁的管理模式中走出来，让我们从简单、单向式的思维中解放出来，理性把握大事、要事的传播方式，尊重新闻和出版的内在规律，尊重大众传播的基本原则和行为习惯，尽量理解、体贴媒体人的各等难处、各方需求，体察媒体传播的各种特点、各类细节，把中央的要求指示，不仅传达到位、布置到位，而且说服到位、落实到位，更注重艺术性、科学性，注重实际效果、连续效果、长远效果，甚至包括注意他们的心理感受。这同样是最重要的务实精神，最重要的群众观点、群众路线。

其实，群众的口碑也是十分生动的党课。落实群众路线教育活动，我们到处征求意见。三联生活周刊执行主编李鸿谷，一个在采编业务方面比较执著的汉子，几乎是眼含热泪，讲述了前不久他们报道某一事件时发生的故事。他从内心由衷地感激我们机关，感激新闻局、出版局。其实，他并不知道最要感谢的是恒权同志。我无法一一陈述当时的细节，只想说一句，正是恒权同志的冷静审慎、全面把握、高点指导，让我们比较智慧地处理了这一事情，使这一几乎会引发更大新闻事件、引发网上大肆炒作的事件瞬间灰飞烟灭。我想，这也是最基本的务实精神，最基本的群众观点、群众路线。

我们的管理，不仅仅是要在不违背原则的前提下，大事化小，小事化了，热事趋冷，焦点淡化，更重要的是用我们的敢于担当、善于担当，成熟处事应对，赢得媒体和群众的尊重认可、同心协力；赢得中央精神的有效贯彻落实、统一思想和行动。领导们是以身体力行教导我们如何做群众工作，如何做好群众工作。

还想说一句，从事新闻管理、出版管理，我们自己要有自信，包括对我们的指挥者、引导者的自信。相信在恒权同志的精心指导、领导下，我们的新闻出版管理会迈上更高的台阶，能理事、会理事、敢理事，不懈怠、不敷衍、不出事，在宣传文化战线上站好岗、放好哨、打好仗。

文本之外

写于2013年7月30日晨。当天下午，恒权同志作了党课报告，让我们即席发言。8月3日做了一些修改。

说说心里话

前些日子动员会上的测评，无论对单位领导班子还是对班子的每一位成员，我都投了最好档次的票。这不是做样子、随大流，划这个钩，是由衷的，是发自心底的。单位领导班子整体和每一位班子成员，殚精竭虑，夙夜在公，尽心尽力，大家有目共睹、心中有数。我永远记得，机关食堂那次失火，单位领导安排我们疏散转移一个不落，他们自己却一个个奋不顾身冲进火场，那个瞬间刻在了我们心头。单位领导对于我们工作的指示、安排和叮嘱，鼓舞、支持和激励，更是不胜枚举，无法一一描述。我个人还特别记得，领导甚至关心到我办公室的房间是在阴面还是在阳面，能否晒到太阳，点点滴滴永远铭记。今天不说这些，是提意见的会，我谈一点个人不成熟的看法。

一、关于防止形式主义方面的认识

2013 年 5 月 18 日，云山同志第五次到红旗渠，提出要结合新的实践不断发扬光大红旗渠精神。之后，有关方面组织了社科理论界的专家学者以“红旗渠精神与中国梦”为题的座谈会。专家的发言总结归纳出，一是党的领导，二是群众路线，三是自力更生、艰苦奋斗，四是中国梦必须坚持这三条。

这些话都没有错，永远没有错，问题是我们的理论界、学术界，为什么总是只能这样重复几十年中红旗渠建设以来的老话、套话？为什么总是满足浅尝辄止、讲不出新意来？这是不是反映了我们思想宣传文化战线上的一个通病、老病？

大家总认为说老话、套话保险，用领导讲过的话，用文件中现有的话，不会出现失误，不会被人揪小辫子，不会被上级批评。也正因为这样，或多或少造成了我们的宣传工作没有活力，我们的宣传内容流于形式化、程式化，我们的宣传语言干瘪生硬、宣传效果适得其反。

事实上，①为什么在“大跃进”人民公社时期，尤其是在“文化大革命”中，在那些曲折行进的年代，同样会成就出红旗渠工程，成就出红旗渠精神？②解决水的问题，为什么是反映和承载了老百姓的本质愿望、本性需求？那么，当今什么是老百姓的本质利益？③为什么顺应了老百姓的根本需求，党的领导才有了极强的凝聚力和号召力，得民心与失民心才有了天壤之别？④为什么说红旗渠工程不仅是林县人民创造的奇迹，也是漳河下游地区人民长期付出巨大牺牲所换来的成果？⑤为什么近平同志特别强调，不能用改革开放后的历史时期否定改革开放前的历史时期，也不能用改革开放前的历史时期否定改革开放后的历史时期？我想，从这些思考出发，我们是会找到红旗渠精神巨大现实意义和深远历史意义的。

记得一位老同志评价我们的宣传工作，用了一个很有特点的比喻：理不屈，词穷。永远说正确的话，说一些永远正确的话，把好词好句子都用完了，就是没说心里话。我也一直反思我们的宣传工作，为什么套话官话“行”话满天飞？为什么老百姓都认为我们的不少宣传是流于形式，他们接受时也是这个耳朵听那个耳朵走，或者是充耳不闻、过目即忘？

我们多少年来形成了程序化、概念化、标准化、格式化的语言内容、语言风格和行文原则，领导同志报告里没讲过的不说，既往文件中没规范过的不说，过去书本上没有出现过的不说，讲话和文章一定要中规中矩，甚至大抄加小抄，所以，出来的作品面孔如一、“表里”如一、前后如一，不分你我彼此，没有个性特点，没有生气活力。自然，受众们的态度也是一样的，一概不收，一律不受。

我的分析有三：①不说心里话。不愿意有真情表达，明知是形式，偏要走过场，明知是套话，不说通不过。②说不好心里话。心里有话想说，但表达不出来，八股文、模式化、排比句、对仗章节用惯了，不会表达自己，不会我手写我心，我口说我音。③没有心里话。时间久了，就不动脑子，不思考分析，不琢磨问题，不研究事情，只记住谁谁讲过，哪哪个文件、哪哪个材料上面有，完全是一个熟练工序，没有自己的意识运动，产生不了心里话，让他放开说也说不出来了。最后一种最可悲。于是，形式主义铺天盖地，习以为常；没有形式主义的东西，反倒让人不习惯。

比较有对照的是近平同志最近又去了西柏坡，他对西柏坡精神的思考，让新华社在两次通稿中反复引用：对我国几千年历史沿革规律的深刻借鉴，还有深刻总结、深刻忧思、深刻认识，还有教科书、营养剂、正能量，还有洗礼、情怀，等等，富有新意，含蕴深刻。近平同志最近在组工会议上的讲话，完全是直抒胸臆，一气呵成，义正词严，理直语新。

形式主义还有表现就是常常自己画地为牢，判别人越界违例，其实这个界划得对不对，从不考虑。比如，中国梦提出以后，我们就有专家讲，中国梦与美国梦是截然不同的两回事，美国梦是个人梦，中国梦是集体梦、国家梦。安纳伯格庄园以及北京与奥巴马、朴瑾惠的会见，近平同志讲了中国梦与美国梦、韩国梦是相通的，与世界各国人民追求美好生活的梦想是相通的。

还有一种简单划线的行事方式，见风就是雨，似乎是立场坚定旗帜鲜明，其实是懒省劲，不过脑子，不积极思考，把所有的门先关上，最后还是为形式主义敞开大门，大话、空话、套话乘虚而入。

最近，近平同志到了河北的骆驼湾村、顾家台村，逐一走进困难群众唐荣斌家、唐宗秀家看望，盘腿坐在炕上，同乡亲手拉手，详细询问他们一年下来有多少收入，粮食够不够吃，过冬的棉被有没有，取暖的煤炭够不够，小孩上学远不远，看病方便不方便。老百姓爱看、爱听、爱传。

二、关于反对官僚主义方面的思考

接地气是调查研究的新说法，很形象很生动。奇葆同志来单位时间不长，已经至少四次到基层一线走访。相比较而言，我们这一年只有上次大调研中，有那么一两次到基层了解情况的机会。我们走不出去，沉不下去，根子扎不进去，接不上地气，所以没有想事、谋事、理事、成事的底气，自然会产生官僚主义的行为。

举个例子，互联网管理，是我们上上下下都十分头痛的事情。前一个时期，网上谣言甚嚣尘上，几乎是铺天盖地，管理部门全天候地封堵，整日手忙脚乱地删除，也难以根除。甚至在部分网民中得出结论，凡网上的负面信息都是真的，可信的，至少是可以参考的；凡网上正面信息都不可信，假的很多，包括数字都是拼凑来的。

应当承认，网络的基本形态是不设防的。互联网伊始，军用系统、内部同事之间交流，不存在谣言和不雅信息切入。但现在，网络普及了，网络成为重要传播工具，人人都是自媒体，那就必须深入进去，分析信息传播的基本特征，研究信息管理的基本规律。比如，信息传播中真实性的递减和衰退；比如，信息传播中各种信息源的介入，良莠不齐；比如，信息传播中的海量容积，泥沙俱下。

其实，这和传统出版一直以来面临的所有情况是一样的，人人都有写字本领，纸和笔随时可取，写出海量的文章没有任何问题。为什么传统出版物，依然被人认可，依然让人感到可信，依然让人觉得不会那么离谱，管理层面也认为问题最少，其中一个根本原因，是有编辑选择这么一道重要工序，这么一个主要环节，这么一个关键节点。它遵循了一个普遍规律，一个上街买的小白菜回家来煮面条时也要清水淘三遍的规律，一个洗涤、沉淀、去伪存真，甄别、鉴定、淘汰的过程。因此，法国就规定：任何上网信息必须有六个小时的沉默期。前不久，单位召开的主流媒体法人微博管理视频会上，各大媒体介绍经验时异口同声，最基本的一条就是三审制，先审后发，或者加上选题审查机制、事后阅评反馈机制的五道程序。实际上，这正是传统出版中最基本的程序，也是出版核心能力和核心竞争力所在，是信息传播管理的牛鼻子。网络出版、数字化传播怎么有可能例外？

目前，我们的互联网管理，想了很多办法，网络单位的资质认定，网络产品的即时控制，网络编辑的身份资格，网络管理培训等等。如果我们真的一个环节、一个环节地跟踪就会发现，网络管理的关键问题，网络管理的核心部位，只有这些——审读并选择。你有发言的自由，我十分尊重；但网民有不受谣言袭击的自由，政府有不让谣言出笼的权力、义务和责任。过去，我们一直强调网络的无拘无束，阿猫阿狗都可以出来，为什么不考虑人的尊严？为什么不考虑人体面地接触信息？人怎么能和阿猫阿狗同伍，成为亲兄弟，成为共同对话人？网络社会怎么可能成为谣言恶论飞长流短、攻击谩骂肆意横行、淫秽低俗畅通无阻的场所？

用“官僚主义”这个大帽子，去讨论互联网的管理不到位似乎不合适。但是，网络管理的研究，的确要扑下身子，深入网络管理的所有环节、所有细节。研究传统出版管理的基本原则和原理，哪些可以借鉴和应用，哪些可以变通和转换；研究分析信息传播哪些是关键部位、关键问题，哪些措施能够起到关键作用；研究网络管理的法律法规如何切实有效，如何疏而不漏。否则，我们在资产所有、在单位资格、在网管员管理归属、在产品进入上纠缠、争执许久，翻来覆去下了很大功夫，网络上不良信息照样我行我素。封堵可以解决一时的问题、一方面的问题，但解决不了长久问题、根本问题。而且现有的成文的法律法规总是在隔山打炮，很响亮很热烈，就是看不见弹着点，或者弹着点都是在无效区域，没中到靶子上。

在出版管理方面，从基层看来，离谱的事情实在是太多了。扪心自问，我们在第一线有多少知根知底可以掏心窝子说话的朋友？我们一年一年双脚踏过几家出版单位的门槛，我们和哪些编辑、书店员工坐下来细聊过一个时辰？我们脱离这个行业的基层，我们远离这个行业的队伍，只靠文来文去，只靠别人整理好的信息，我们再归纳复制，那么下笔千言、离题万里的事情，就不止是一时一事，就不再成为稀罕。

三、关于克服享乐主义思想方面的建议

上世纪 80 年代在省委工作时，有一位从县上选拔来的处长，上班很久不见他人到单位来。一问，回话说接他的车子一直没有到。办公厅主任告诉他，从招待所到办公室不到 600 米，走着来吧。他很生气。厅里只好派个司机把他接到班上。不一会儿，他又给主任打电话，说怎么连个打扫卫生提水泡茶的人都没有。秘书长是位老红军，吩咐："去，给他倒上水，什么也别说，过上几天自然就好了。"一个月后，这位处长说，原来省委机关干部上班要走着去，喝开水要自己打。

在我们机关工作，享乐主义谈不上，我们能出门的机会极少，单位上联系也少，活动也少，没有机会没有条件去享乐，包括部长们在内，请客吃饭都是极罕见的。

当然，这并不意味着享乐主义思想没有。比如，到基层调研，不是像习总书记、云山常委那样，一直走到寻常百姓家嘘寒问暖，我们较多的是在宾馆开开座谈会就甩手走人；不是和基层的群众面对面心贴心促膝长谈、推心置腹，而是把干部们找来问问情况就打道回府。我们缺乏在各行各业基层锻炼的机会，缺少在基层岗位上熟悉各种业务的条件，没有设身处地了解行业发展的各种趋势和问题，而又不愿吃苦，沉不下去，了解基层甚少，所以形成官僚主义、形式主义作风是必然的。尤其是对于一些棘手问题、普遍性问题的研究和解决，提不出实实在在的办法，根源相当一部分在于怕吃苦受累怕麻烦，作风不深入，责任不到位，没有锲而不舍的毅力，没有舍我其谁的勇气，更没有把根扎下去的决心，浮躁、浮飘、浮浅，本质上是享乐主义思想作怪。

希望单位领导以后多给我们创造一些机会，创造一些吃苦的机会，创造一些走向基层、了解基层、熟悉基层的机会，让我们和业界的人多交朋友、广交朋友，善于从群众中汲取智慧和见识，善于通过言传身教把党的主张变成群众的共识，善于把党的方针政策与群众的良好愿望有机结合起来，真正做到手拉手，心贴心，根连根，保证永远不脱离群众，不脱离实际，保证各项工作真有成效，更有成效。

文本之外

2013年7月18日在单位群众路线教育活动征求意见座谈会上的发言。由于时间限制，只扼要讲了几分钟，主持会议的领导认为，不仅点出了问题，而且还分析了原因。

认识与体会

树纲同志和机关党委要求我们的发言准备，必须紧密围绕党的群众路线和形成“五种风气”专题，拿出有思想、有深度、有分量的学习成果，充分展现本单位学习教育环节取得的理论成果。我们的局长义强同志已经做了一份很好的答卷，只是他在休假之中，不能当场演讲，十分遗憾。我这里结合我们单位的活动实践和个人的感受，汇报几点认识和体会。

一、*党课效应*。奇葆同志“有守有为有担当”的党课，深深打动我们每一位同志的心，理想、操守、行动、作为、责任、义务，在脑海里打下深深的烙印。在一次科技期刊青年编辑的会议上，我们根据自己的笔记，向青年同行们讲述了部长党课中的主要内容，也包括如何看印度、如何看美国。我们的转述当然没有部长讲得生动、深刻、感人和幽默，但在一百多位编辑中间形成的反应异常强烈，“三有”转述完后，全场长时间热烈鼓掌。主持会议的科技期刊编辑学会副理事长王亨君同志说：“想不到奇葆同志把大是大非问题讲得这样深入浅出、入情入理，让人入脑入心。”

我们的分管部领导恒权同志的党课是，以今年来奇葆同志带领部务会直面和处理一系列问题的丰富例证，具体论述反对形式主义、强化务实精神，阐明敢于担当、敢于负责的主题。联系工作实际，我们对部领导的身体力行深有体会。在基层调研座谈，一位期刊主编几乎满含热泪，感谢我们单位，感谢管理部门。其实，我们明白，正是恒权同志的敢于拍板、当机立断，避免了期刊界可能发生的一次网上热炒。

我们的体会是，理想信念、道德操守是基础，能做事、会做事、做成事是本领，而责任意识、使命意识、担当意识，是把二者联结起来的纽带。同时，作为宣传口的干部，用心去学，用心去想，用心去做之外，还要用心去讲，去有效地宣传群众、动员群众，讲很重要，用心更重要，以心换心，你说心里话，老百姓就会听到心上去。应当特别地说一句，谢谢领导同志们的党课！

二、*活动效应*。机关党委组织了北京百姓宣传报告会、观看电影《周恩来的四个昼夜》等一系列富有成效的活动，尤其是电影“四昼夜”是彻底打动了我，电影一开始的场景，与我十四年前驻村当村民的场景几乎一模一样。当然，我们和总理是无法相比的，总理明察秋毫，深入山村，只四个昼夜的时间，就发现和解决了涉及全国性的饥荒问题。我们驻村400天，仅仅解决了500多口人的干群矛盾（宅基地纠纷）、靠天吃水、道路以及文化生活（看电视、读书报）等问题，相比之下太渺小了。

但是，当我们驻村队员悄悄离村时，意想不到的情形出现了，这比电影上的艺术创作更感人。我们被堵在村里，十里八乡的老乡们，掂一把小米、拎几个馍馍、揣几只鸡蛋、夹一双布鞋赶来为我们送行，老乡们流泪，我们流泪，老乡们依依不舍，我们恋恋不舍。从村子到公路有三四里路，我们走了五六个小时，还有几个村子的人在公路上拦住我们，要把我们留下来住几天。当时，省里陈奎元书记、李克强省长把我树为全省12 万驻村干部的标兵，央视拍了两部专题片。

观摩电影和驻村实践让我深深体会到，你只要真心为老百姓着想，用心为老百姓办事，老百姓就会和你心贴心，心连心，心心相印。有了周总理的体察民情民怨，有了奇葆同志主持的四川灾区重建，有了我们文化宣传战线为人民群众做的许多实事好事，老百姓才真正打心眼里拥护你，才从心底上喊出“共产党好！”应当由衷地说一句，谢谢机关党委的活动安排，给了我们一次次触及灵魂和流泪动情的机会。

三、*调研效应*。树立五种风气的第一条是深入调研。这次活动中的征求意见和以前的大调研，义强同志和局务会要求大家深入一线了解情况，与一线群众面对面征求意见。调研过程中，我们走访了近200位工作在新闻出版第一线的编辑、记者，在他们的工位上，面对面，话家常，问生活，聊工作，谈事业。我们的座谈会推心置腹，倾吐衷肠，常常是一发而不可收，开到下午一点两点，吃点盒饭继续谈。

大量的摸底走访，让我们感到，目前在一线干活的编辑、记者，生活窘迫，工作繁重，心情低落，前途渺茫，缺少安全感、归属感，缺乏成就感、事业心，远远超出了我们的预期。北京大学学报老主编龙协涛老师的提醒更生动："要给年轻人一张造梦的床。"深入调研，才使我们深深理解领导同志最近讲的一段话，大意是一些高校毕业生不愿离开特大城市，相当数量的离校毕业生和其他年轻人居住在条件较差的城市边缘地区。艰苦的居住条件和不理想的就业，很容易使年轻人滋生不满情绪，通过互联网又会使这种不满情绪放大，一旦有人煽风点火和组织串联，很容易引发社会政治问题。这里面有很大的社会风险和隐患。西亚、北非一些国家出现社会动荡，其中的一个原因就是年轻人不满，这个问题一定要从巩固政权和长治久安的角度来认识。

到基层单位，有些同志对我们不问把关问午餐、不问导向问住房不理解，其实他们忽略了一个基本问题，经济基础决定上层建筑，屁股决定脑袋。生存条件是所有事业、理想、世界观形成和实现的基础。什么叫意识形态安全？一位老同志讲得好："天不怕，地不怕，就怕年轻人不听党的话。"也有做得好的，一家500多人的网络出版服务教育单位，民营企业，平均年龄22岁，除了有职工集体宿舍外，每年要花60万元给员工们买水果、零食、加餐。年轻人的工作情绪特别高涨，党组织刚建立就有许多人申请入党。应当说一句，感谢这次活动中的深入调研，使我们清楚看到了真实的社会问题。

四、实践效应。中央关于开展教育活动的决定中，提出了边学边改、边整边改的要求，最近云山同志指导工作的讲话中也再次强调。作为我们单位，就是要通过群众路线教育活动，提高思想认识，扫除“四风”之后，实实在在解决出版行业发展中存在的问题。我们在调研和征求意见中总结、归纳出来一系列问题，提出相应的建议，如网络出版问题，如改制后出版企业管理问题等，都受到了上级领导的重视，做出重要批示，要求在法律法规和指导行业实践中落实。

我想汇报的是另外一件事情。解决出版界迫切需要解决的问题方面，财政部有关部门约请我们去聊一聊出版行业下一步的发展问题，从下午四点开始，谈了将近四个小时，大家都忘记了吃饭。我们把大调研、大讨论以来发现和研究的问题与财政部有关负责同志一一作了沟通，尤其是产业业态升级问题，迫在眉睫。当国际上数字出版已经形成大势，不少出版传媒跨国企业已经全部完成数字化升级，达到 86% 的数字产品和服务，而我们的传统出版业依然守住纸介媒体按兵不动。尤其谈到不少跨国公司以数字化手段对我们出版资源的大肆侵袭、占有、肢解的情况，很多事例触目惊心，极大震动了财政部的同志。我们提出的对出版业进行数字化基本改造的建议，得到了他们的积极响应。他们连夜研究了我们的建议，很快形成了由中央财政支持在京 50 家中央出版单位率先实施数字化技术改造的方案。不久，财政部正式通知新闻出版广电总局，方案可以启动运行，而且我们方案中提出的 1 亿元资金，批复时提高到 1.5 亿元。基层出版单位听到这个消息，大为振奋。感谢教育活动的边整边改，立见成效！

*五、持久效应。*群众路线教育，我们刚刚走完第一环节，而且学习、调研、思考远远没有终止。群众路线是我们的生命线，下一步批评和自我批评，制度建设任务还很重，路子尚更远。即使是上面提出的问题，比如，如何更具体地关心帮助新闻出版业的“民工”——年轻人问题，比如如何落实好出版业业态升级问题，都要做更具体、更细致、更深入的工作。此外，我们还有很多问题没有破解，比如，文化行业有商业经营性，但不是可以无限度商业经营，出版业更是如此，它从经济价值讲，

不可能成为国民经济的支柱产业，但在启蒙民智、传播文化、促进社会改造和进步方面的贡献，要远远超出其经济价值和经济意义，如何保证出版业长久持续的社会效益。比如出版所承载的文化积累、传承，是跨时代、跨疆界的，涉及社会发展的方方面面，既广远又深邃，出版人的理想和操守更因为心智开启、匡正世风、引领社会的担当，而显得格外重要。再比如，对网络出版、数字出版的管理，我们协调有关部门的工作仍感到处处为难，单位制肘，部门壁垒，只争审批权、归属权，不愿深度管理、有效管理，不尽管理职责，依然十分严重，解决这些方面的形式主义、官僚主义，依然任重道远。但是，我们会铭记奇葆同志的教诲，不忘部务会对我们的嘱托，尽职尽责敢于担当，借教育活动的东风，把各项工作做得更好，好事做实，实事做好，用我们的真心付出，尽心竭力、全心全意。最后，还要说一句，谢谢教育活动！

文本之外

2013年8月8日在单位群众路线教育活动交流会议上的发言。题目为：用心去学，用心去想，用心去讲，用心去做。

接受央视采访

群众路线教育活动开始以来，部务会、机关党委带领全体同志积极投入，有几个特点。

高质量的动员和发动。部领导亲自向全体干部做动员，亲自作高质量的安排与部署。我们单位的特点决定，不仅自身做好，还要带动整个宣传思想文化系统做好，还要做好全国的教育活动的宣传报道，这其中也包括你们的采访。

高质量的学习领会。认真研读领袖人物的精辟论述，认真学习中央领导同志一系列针对性极强的讲话、文章，学习党的历史传统和优良作风，学习领会教育活动的精神实质和反“四风”的最终目的。

高质量的交流与沟通。走访工作从来没有这么细致，接触层面从来没有这么广泛，征求意见从来没有这么深入，调查研究从来没有这么深刻。我们走访基层，了解一线人员的情况。

高质量的实践活动。中央领导同志和各位部领导亲自上党课，有感情，有激情，有新意，有说服力，内容充实，语言生动，娓娓道来，打动人心，一个小时不觉得短，两个半小时不觉得长。组织集体观看《周恩来的四个昼夜》，激动、感动、震动，如此深入民众，如此体察民心，如此亲切朴实。举行各种报告会、演讲会、参观活动，请老同志讲传统、讲作风、讲精神。

相信以此为基础，下一步会有高质量的查找与查摆，高质量的批评与自我批评，高质量的分析与解剖，以及高质量的整改和制度建设，会一气呵成，形成最终效益，使活动扎扎实实开展好、进行好，取得应有的效果。

形式主义，一般人都认为只不过是心性浮躁，追面子求好看，重形式走过场，只当成一般认识问题看。其实，形式主义也是最严重的政治问题，形式主义造成的危机和风险同样可以亡国亡党。

我们到国外考察，发现我们的人民比他们辛劳，我们的干部比他们努力——甚至更能吃苦付出，因为我们有雷锋、有焦裕禄、有杨善洲——但是为什么我们创造不出来他们那样巨大的财富？这其中当然有基础、素质、环境、资源等多方面的因素，有科学技术因素，但同样也有一个科学管理因素、科学发展的因素。

形式主义害人不浅。一些干部追求形象，追求大马路、高楼馆、阔广场、面子工程，追求GDP。文化和出版行业也有这种现象，数字上不去，房地产来顶，书业有滑坡，上别的产业。就以数字出版来讲，人人说数字，到处“小高炉”，我们可以在一个月中创造出60种终端样机，但出生即死亡，几乎没有一个存活下来。一是浅尝辄止；二是只满足于有，不考虑用；三是短期行为，不可持续。一说数字化，每个单位都会说我们有网站，都有几本电子书，但整个产业的数字化升级，最基础的工作，几乎没有人去做。只好被外企一个个攻破，一个个占领，一个个侵蚀。

在基层调研，我们走访了几十家单位，近200位一线工作岗位上的新闻出版从业人员，尤其是青年员工，深深为他们的生存状态、工作状态和思想状态忧虑。超负荷的工作量，衣食有忧，住房问题，压力山大。我们倡导国强民富的中国梦，首先要考虑给这一代一线员工一张造梦的床，让他们能安心岗位、安心事业、安居乐业。过去我们出去走访太少，走访不深入，不能从一线人员的角度去理解他们、认识他们，更谈不上帮助他们改变人生困境，又怎么能企望他们早日成材，挑起大梁？

文本之外

央视的采访于2013年8月3日晚《新闻联播》播出。

再聚圣泉山下

（预备会，各小组长及联络员参加）

北京的春天苦短，今年的季节变换尤其突出，刚脱罢棉衣不久，就到了穿短袖衬衫的时候。但是，我们还是拖住了春天的尾巴，在春天最后一个时节开办我们的全国出版青年编辑骨干培训班，伴随着春雷阵阵、春雨绵绵，我们又感到了青春的跃动、青春的气息。自然界的春天是可以不断转换的，或长或短，总是要来，也总是要走，而各位同事的青春活力则可以常驻，可以永驻。愿大家在这座充满春天生机、绿意盎然的校园中学习愉快，讨论畅达，研究多有心得。

刚才晓玫主任已经把班上要注意的事情讲得很详尽了，我只补充几个细节。

一是离开房间要锁门，这里的房间是不会自动上锁的，这也有一个好处，就是不会把钥匙落在房间里，所以就给大家留下了这么一个既方便又麻烦的工作。

二是餐厅就餐，要自己去餐台取餐具和食物，用餐之后，要把餐具送回整理台，头一两顿会忘记，以后就成习惯了。

三是周边的山很多，成熟的山道登攀便是去逛逛圣泉寺，登山时尤其要注意安全；气温较低时，在校园里也要注意保暖。

各组可以考虑在课余时间搞点自由活动，比如集体登山，比如拍一些校园内的图片，我们会组织播放和评选。各小组的代表发言也是一个竞争，看哪个小组讲得最精彩。我参加过一个全国先进支部书记培训，我所在的四组人人争先恐后，做了许多出彩的事情，至今难以忘记。希望各组都给每位组员留下点印痕的纪念。

各组组长就是我们小组的班主任，各位联络员是我们小组的辅导员，大家要尽心尽力，我们齐心合力。

（期刊专题报告会，六组七组参加）

我们今天请来的是人民论坛杂志社的总编辑贾立政老师。贾老师1999年到人民日报社理论部工作，2003年任人民论坛杂志社副总编，2006年任总编。从网上的资料看，贾总善于选题策划、调查采访、学术研究，而且出版书籍多部。其实，贾总更重要的是带出了人民论坛的团队，提出了治国方策方面的精良建议，在新媒体建设方面创新突破，形成多种服务共举，多个网络平台并存，走出一条研究型报道、研讨式宣传、传统媒体与现代媒体互动、实践创新与理论创新相结合的政论期刊新路子。

让我们用掌声欢迎贾老师上课——

贾总编一下子空出了这么多时间，我想是可以和大家互动交流的，我们不妨听听大家的提问，请贾总做好准备——

好，贾总一口气回答了这么多问题，还有一些属于商业机密。任何一个刊物在市场上运作，赢得20万到30万的份额都不是一件容易的事情；任何一个网站，从建立之时就形成可靠的经营模式，营收平衡，略有盈余，这在许多政府投资的网站看来都是不可思议的事情；任何一个学术研究和理论探索的刊物，能够拥有自己牢固的读者群，形成自己的市场效应和效益，更有其不可比拟的突破与创新。

但是，大家还不太满足，一定要听贾老师讲更多的案例，请他回答所遇到的最棘手的问题，那只有等下一次了。我现在要把火熄掉，让贾老师从烤架上撤下来了。

只有一个多小时的时间，贾老师从清晰的逻辑关系出发，对于时政议题的判断分析研究过程做了条分缕析的介绍，这种理性分析、冷静分析、退而结网式的分析，十分有见地和启发。

有很多概念，比如主题宣传这个概念，我们只是拿来就用、随意使用，从来没有做过如此深入透彻的分析、归纳，这么丰富的内涵与外延被贾老师整理出来，真正是一种集大成。

新闻时政，时效性强，内容转瞬即逝，没有足够充分的时间和空间去讨论研究，容不得人们更多的理性思考和冷静分析。殊不知，正是这种理论上的澄清和沉淀，对于概念对于理念的提炼和归纳，才能真正使新闻和时政的信息有根基，有底蕴，有持续。理论的自成体系、自圆其说，理论的真有道理、指导实践，理论的澄清是非、明辨黑白，是为新闻时政实践把握好导向的重要环节，是让新闻时政更为厚重和更有持久价值。

做媒体宣传的人，一般都看不起理论，甚至看不起评论和言论，其实理论包括所传达的理念是根，观点胜出远比琐细的信息胜出要更有分量，更有韧性，更有持久能力。从某种角度讲，退而结网，在理论层面打实打牢，远比不求甚解、走哪说哪更为重要。

理论是枯燥的，但理论澄清和建树十分生动鲜活，理论由一个观点一个观点组成，理论自成体系本身就是一个非常丰富的过程。理论要在实践中接受检验和修正，支持和支撑实践，在实践过程中熠熠生辉。

贾老师所领导的团队是在大道理上弄清楚之后，才在许许多多的小道理方面做得风生水起、畅通无阻。他们的两刊三网一公司四项目五网络平台，既有创新突破，又有坚守和保持，真正做到了面向真理、面向读者、面向市场，他们的经验给我们的启示是多方面的，给我们的帮助也会是多方面的。今天贾老师又耐心回答了大伙不少问题，我想，我们还会有更多的机会向他请教，和他讨论，我们还是用掌声再一次向他表示感谢。

（主持胡鞍钢老师的报告会，全体学员参加）

我们培训班的压轴戏是胡鞍钢老师的专题报告。鞍钢老师经历丰富多彩，先是和我们现任的总书记一样，当了几年的下乡知青，不过，总书记当年在山西插队，鞍钢老师去的是祖国北疆北大荒，硬是把大荒建成粮仓。再后来，又有一段和前总理比较相似的经历，那就是到地质队当工人，跋山涉水。和他们一样也不一样的是，鞍钢老师作为“文革”后第一届大学生，接下来是读学士、硕士、博士、博士后，读到了美国耶鲁大学的博士后，从东北读到北京，从北京读到美国。和他们完全不一样的是，鞍钢老师后来做了麻省理工学院的客座研究员，哈佛大学的访问教授，日本、法国等大学的访问教授、研究员，香港中文大学客座研究员，现任中科院国情分析室主任，中科院、清华大学国情研究室主任，清华大学公共管理学院教授。

让我们用掌声欢迎胡老师开讲——

大家一定还记得昨天部长的报告里讲到，我们要有问题意识，更要有过程意识。我理解，不仅要能够发现问题提出问题，更要注重分析研究问题的过程，处置解决问题的过程。过程的完整和完善，才有解决问题、举一反三的最佳效果。

胡老师用了两个小时的时间，讲了中国制度的历史过程，中国道路的历史过程，更讲了中国国情的现实和形成过程。胡老师的报告旁征博引，数字明晰，论据充实，案例鲜明，对比恰当。让我们在认识历史、现实和过程之中看到了我们所处的历史方位、社会方位、国际方位。

和现实的美国比，和历史的苏联比，和国内的国民党比，看道路、看制度、看理论、看政党，帮助我们找自信、求自强、理自觉、树理想。两个小时滔滔不绝，一刻也没有休息。但我想说一句，这只是我们对胡老师的观点、理念包括学说接触的一个开始，以后图书、期刊、博客、微博，我们还会更多地读到胡老师，读到他的大作与高见，读到他的分析和评论，读到他关于政党比较、国情比较、历史比较的言论，读到他的前瞻思维、反证思维，比如，美国为什么衰落等等，读到他的决策建议和决策批判。我相信，今天是起点，绝不是终点。

学者的成果是书、是文章，哲学家的成果是观点、是理念，政治家的成果是战略、是方策。胡老师以学者身份，以哲学家的视野，观察研究政治问题、社会问题，带领我们高屋建瓴、广开眼界、关注过程，机会不可多得，受益一定多多。让我们再一次表示由衷感谢！

（培训班大会发言和结业主持，全体学员参加）

这几年的青年骨干编辑培训班上，我有一个感觉——除去年外，基本上每年的班我都参与，也主持了一些课程和会务——前年的班上，我就讲过这个话题，每逢青年班举行，总要伴随雷声隆隆，电光闪闪，风雨有加。这征候不得了！我一直在怀疑，是否班上属龙的人特别多。今年这情形更为突出，几乎天天有雷电，天天有雨水，连续几天都是阴雨绵绵，绵绵不绝。按广东人说下雨、发水就是发财，他们是常下雨的，所以发财多多，这种现象在北京地区就很不寻常，是一个明显的例外。

尽管我们捉住了春天的尾巴，但毕竟是春雨如油、分外珍贵呀！不管是真属龙、假属龙，我想，我们青年编辑就要个个都是一条龙，都是一只虎，至少如龙似虎，就是要有生龙活虎的学习热情，有龙腾虎跃的事业冲动，有呼风唤雨的龙虎能量。

各组推荐来的发言代表，我大致看了看，相比较第一组比较追时尚，昨天胡鞍钢老师刚讲了浙江人民的一本书，今天一组就让浙人社的社长助理王利波来发言。

还有体制机制改革，让我们出版社的编辑都成了公司员工，但也有部门设置名称的放开，所以第二个发言，不，是讲话，第二个讲话的就是一位部长级人物，湖南文艺社的编辑部副部长朱莹，我们自己要为自己壮威。

人教社是教育社的大哥哥，第三组今天发言的却是人教少儿室的副主任王林，年少也是老大哥，排行高一些。

第四组大学社和城市社推荐了宁波社的社长助理吴波，想他一定是有些高招要披露给大家。

有了少儿，就有青年，第五组是中青社青年文摘图书中心李钊平主任。

第六、七组是期刊组，一个是老牌、王牌、大牌社瞭望东方周刊社的财经部主任董志杰；一个是新牌、争取当名牌的新商务周刊主编陈艺静，艺静的刊只有两年时间，小牌新牌走市场。

准备会场的时候，会务组执意把发言席安置在主席台另一侧，是想让发言人有更多的亮相的过程。好，我们开始——

（会议小结之后结束语）

[对于每位发言人的一句话评价，略]

[对于义强局长总结的评价，略]

这次培训班，我们的确想让各组比一比，选出几张优秀的摄影作品和把发言人排个12345。两件事都没有做好。

摄影作品是因为气候不好，阴雨不断，大家没有好的光线，没有更多的片子送上来，还有一些镜头，拍合影拍留念了，不想把玉照上墙、倩影公示。于是，我们收集到的摄影作品比较少。值得肯定的是一组，送上的作品最早最多，其中的月季特写和喜鹊特写，可以留在学校美好镜头的收藏之中，特提出口头表扬。

刚才各组代表的大会发言，大家都听到了，各有特色、各有千秋，但彼此缺乏可比性，无法评出名次来，我们只有把优和次优、最优的判断留在各位学员的心底吧，自有判断、自分高低。

最后谈一点体会，五个专场报告、七位大会发言和义强局长的总结给我的启示有两点：

第一，出版最本质的属性是选择，出版业的核心竞争力是文化选择的能力。正因为选择，我们才有价值，我们才能在社会上存在，我们的工作才有意义，我们的岗位才能满足大家有饭吃。因此，无论媒介形式怎样变换，一定要牢记，我们的本分和立身之根是选择，是选择的能力和水平。

第二，出版最大的特点是公开、不保守，把世间最好的东西、最好的精神产品毫无保留地奉献给社会、奉献给民众。各位同事，如果你认为在这个班上你听到的看到的想到的，有意义有价值有启发，那么，一定把这些毫无保留地传给你的同事们，传给所有一线的编辑和记者，让大家共同分享我们的过程、收获和喜悦。

最后，让我们共同感谢这个班的设计者郭义强局长、张拥军副局长，感谢我们的会务操持人杨晓玫主任、郭瑞宏副主任、小袁同志，感谢我们新闻出版广电总局特派的两位联络员，感谢我们所有的组长和联络员。

让我们共同感谢学院的各位老师、服务员、保洁员、保安、餐厅厨师和全体员工，他们为我们提供了周到的服务、温馨的环境、舒适的餐饮和学习休息的条件。我们深知，虽然学校环境优美，但交通不便；虽然饭菜丰盛，但体重增加。尽管如此，我们还是要由衷地感谢他们！

让我们共同感谢部电影放映室的老师，虽然这里放映场地的音响效果不好，但我们毕竟有了娱乐活动；感谢医疗室的大夫们，虽然很少有病号，但他们一直守护着我们的健康；感谢交通科的师傅们，培训班的顺利推进离不开他们的支持和支撑。

最后是感谢来自全国各地出版单位的189位我们自己，大家有缘相聚，大家结识在一起，弥足珍贵，分外珍惜，时间短暂，友谊长存。

青年最有希望，青年永远青春，让我们永远铭记这一周的美好时光。总相往，不相忘，在中国出版业的宏伟大厦中当好尖兵、当好栋梁。

我宣布本期青年骨干编辑培训班圆满结束！谢谢大家！

文本之外

单位春季青年骨干编辑培训班上的部分即席主持话语。时间为2013年6月3日至6月8日。

忘言

风劲帆高　水旺船顺

顺时随势而动　荷责倚杖前行

对逻大非凡成就的纪念

我心相随　矢志不渝

飞得更高　做得更好

让协同创新的理念深入人心

城市与阅读

佳节之际访雅昌

其意切切　其情浓浓　其乐融融

痛悼师长

风劲帆高　水旺船顺

正值中国期刊协会成立二十周年之际，刊协第五次会员代表大会隆重召开，群贤毕至，高朋满座，少长咸集，盛会空前。这是我们期刊业界、出版业界的盛大喜事，是中国期刊发展史上的重要里程碑。受部领导的委托，借此机会，我们向各位与会代表，也包括五十位因为航班取消未能到场的代表，表示热烈的祝贺！并通过大家，向数十万全国期刊出版工作者，以及为我们期刊服务的同行们，致以诚挚的问候和崇高的敬意！

二十年来，中国期刊协会充分发挥党和政府联结期刊业界的桥梁、纽带作用，紧密团结全国期刊单位和期刊工作者，全力推动期刊行业的健康发展，做出了不可磨灭的贡献。五年来，四届刊协领导班子，认真履行职责使命，发扬光大了刊协的优良传统，使刊协的工作更迈一大步，扩大了中国期刊协会在海外的影响，有力促进了期刊界的繁荣发展，得到了期刊业界、出版业界和社会各界的充分肯定和褒扬。从这次换届会议的会员文件、理事文件和纪念特刊的精细准备中，从这些文本的形式丰富、内容厚重、做工整齐中，可以看出四届刊协班子和工作人员的勤勤恳恳、踏踏实实、严谨认真，看出他们的执业品德、从业风尚、敬业精神。

我们由衷感谢四届刊协班子和历届刊协班子的卓越工作、无私奉献，感谢他们在不同时期付出的艰辛和努力。在期刊业不同寻常的发展中，刊协的桥梁更坚强、更稳固，刊协的纽带更牢靠、更紧密，刊协的作用更积极、更广泛。我们寄厚望于新的一届刊协班子，继往开来，再上一层楼，再创辉煌。

毫无疑问，刊协未来的工作至少面临外部环境的三重转换，任重而道远。

一是政府管理职能转换。正如书林同志刚才所说，如何把很多政府部门不便做、不能做，管不了、管不好的工作压在协会自己肩上，肩负起来，走好路子。中国期刊协会的担子更加繁重。反馈基层情况，传递政策信息，增进相互沟通，保证改革平稳有序，促进行业自律，维护行业利益，形成完善的社会管理。协会工作的链条和环节必不可少，丝毫不能松懈。

二是期刊组织形式转换。体制机制改革，如何建立适合中国国情，有我们自己特色的刊社机构、刊社组织，如何把历史和现实有机衔接，把计划和市场两个积极因素都调动起来，充分利用制度变革空间，利用制度创新的红利，在世界刊业竞争中形成自己的优势，凡此种种，不一而足。目前看起来，现在最重要的是稳定期刊队伍的情绪，稳住阵脚，规范鼓点，固守初衷。期刊改革的目的之一，是引导和发挥每一位期刊工作者的积极性、主动性和创造性，首先要让大家有从业的稳定感、自豪感，执业的成就感、幸福感，前景的安全感、向往感。中国期刊协会的任务更为艰巨。深入调查研究，帮助管理者理顺改革思路，提出决策建议，引领科学发展，该出手时就出手，当说话时必说话。协会的作用只能加强巩固，不能削弱损伤。

三是期刊出版业态转换。数字化、信息化趋势不可抗拒，高新科学技术的全面运用，形势逼人。刊协 2007 年以来就先下一着棋，先走一步路，首先关注到新技术引起的骚动，引导业界做了很多的准备工作。当下是如何引领和动员全体从业人员，全面启动数字化进程，全方位地改变生产理念，占领高新科学技术的高地，抢夺业态转型的先机，有效应对新媒体的挑战，有效应对国际出版大亨的进入，培育和营造好中国期刊的未来。中国期刊协会的工作更是复杂。树立危机意识，应对发展风险，启动前瞻思维，服务队伍建设，刊协的价值必将在面对新情况新问题的新考验中，得到进一步提升和全面提升，成为文化繁荣和发展中一面永不褪色的旗帜。

预祝中国期刊协会一路走好，一路风劲帆高、水旺船顺！预祝第五届会员代表大会圆满成功！

文本之外

发言于中国期刊协会第五次全国代表会议开幕式。写于2012年8月20日晚。

开场敬辞：尊敬的书林署长、石峰会长、晓峰会长，尊敬的伯海顾问，各位业界老前辈，尊敬的总署、民政部各位领导，各省市区局长、各位分会长、各位理事，尊敬的各位代表、各位同行，媒体界的各位朋友，大家上午好！

顺时随势而动　荷责倚杖前行

再有 9 天，举世瞩目的党的第十八次代表大会就要召开了，在十八大召开前夕，中国人民大学举办学术期刊与学术评价论坛和“复印报刊资料”品牌创建 50 周年庆典，我认为，恰逢其时，意义非凡。

素以政治家、社会活动家、杰出英才摇篮著称，以哲学社会科学教育重镇、研究重镇、学术重镇闻名，刚刚度过 75 华诞的中国人民大学，今天又在为自己的人文社会科学的经典窗口、学术研究与发展的驰名品牌“复印报刊资料”举行创建 50 周年庆典，可见对人文社会科学的重视，对学术研究、学术传播、学术期刊的重视，对落实党的十七届六中全会关于文化建设的精神、以实际行动迎接十八大的充分重视。

我们的会场上，专家咸集，学者满座，嘉宾高朋齐聚一堂，这是人文社会科学界的一次重要集会，是学术界、思想界、传播界的难得聚会，是教育界、出版界、文化界的共同盛会。我们向中国人民大学、向书报资料中心表示热烈祝贺，向辛勤工作在学术研究第一线的各位作者、编辑、读者表示衷心感谢，向报刊资料中心全体员工表示亲切慰问！

走在人民大学吴玉章路上，品读“实事求是”的校训，回味“立学为民、治学报国”的精神，领悟“明德、博学、求是、笃行”的校风，体会“塑国民表率、育社会栋梁”的目标，对于人民大学的认识，对于书报资料中心的认识，对于人文社会科学服务于整个社会发展的认识，更深刻一层，更感动一层，更厚重一层。

大学是大师云集的地方，专家、学者、教授，启蒙、解疑、释惑、教书育人，日复一日，年复一年，与天地同转，与日月同辉；是哺育英才的摇篮，从莘莘学子到栋梁之才，只四五年时间，只千丈百尺方圆，一代一代，一群一群，在苦读中崛起，在研修中成长；是酿造成果的基地，含蕴无限，吞吐无量，学术前沿、研究进展、创新集成，在这里集腋成裘，积沙成山，滴水涌泉。

而这其中，人民大学书报资料中心以选择中的选择，成就优秀中的优秀，起到了明德、明察、明举的社会科学向导的特殊作用，140 多种刊物对所有人文社会学科的归纳、汇总、辐射、擢拔、挑拣、评价，铸造了中国哲学社会科学发展的金字塔，开拓了社会科学学术建设不可撼动、不可比拟、不可替代的神圣领地。

50 年的书报资料中心，真正把大师、大厦、大气融为一体，把真情、真想、真干落到实处，把人民、人文、人本进行到底。书报资料中心是人大的掌上明珠，是学术界的北斗星辰，是社科界的风向标识，是学术事业、研究田园、教学相长生生不息的加油站、动力源。

50 年来，书报资料中心以自己的默默耕耘，在学术界、在学人心中树立起无字丰碑，在中国的文化建设和社会、政治、经济建设中立下不朽功绩。50 年书报资料中心奋斗的历史，是人民大学之所以著名、著称、著庸不可或缺的组成部分，是中国当代人文社会科学锐意进取、全面提升的发展史上不可或缺的重要篇章。

从出版业来看，书报资料中心也是中国期刊界的一朵奇葩，一座特殊的田园。书报资料中心的核心价值在于——

它的集约性，荟萃人文社会科学研究精华，各门各类，精彩纷呈，千山万壑入江来，门泊东吴万里船。

它的广泛性，眼光犀利，眼力深邃，眼域宽阔，眼界高远，会当凌绝顶，一览众山小。

它的科学性，强大的专家群体，科学的选择标准，动态的竞合过程，完整的生态呈现，一花一瓣皆佛来，身在山中更识山。

它的选择性，孜孜于兹，大浪淘沙，去粗取精，去伪存真，艰苦玉成，铁棒成针，沉舟侧畔千帆过，病树前头万木春。

它的质朴性，开门见山，和盘托出，连封底封面都是洗尽铅华，素面朝天，众里寻她千百度，蓦然回首，那人却在灯火阑珊处。

它的包容性，各类专刊的推出，把集中、集成、集合做到极致，一册在手，足知天下，江山代有才人出，不拘一格降风流。

我们庆贺“书报资料中心”品牌50周年，更珍惜它在今天信息化时代的金贵，正如刚才程书记所言，更企望它在应对国际化、市场化、数字化新的历程中，再搏风雨，再展风采，再显光华——

代表中国人文社会科学成果重镇的书报资料中心，应当在国际文化交流和互动中，走向世界，在百舸争流中显示英雄本色。

作为文化产业，书报资料中心要在文化积累、文化创造的同时，成为市场主体，成为持续发展的经济实体，在市场博弈中壮大自我，在服务社会中发展自己。

数字化带来的信息浪潮可以淹没任何失去航向和目标的小船，但一定会给方向坚定、志气英勇、路径正确的弄潮儿留出劈波斩浪的机会。书报资料中心的选择优势，一定会在未来的数字化过程中彰显自身价值，成为长足发展、繁荣强大的充分理由，成为永葆青春活力的生命本源和内生动力。

我们期望书报资料中心会在未来的发展中一路走好，纪念庆贺之际，不揣浅陋，谈几点具体的建议。

第一，在传统出版层面上。

资料中心已经做到了刊中刊，正如大家异口同声的评价，已经做得很好。但是，还有报中报、书中书、网中网有待于开拓，立足于完整的社科理论创新与集成前沿，就必须加强对书、报、网的辐射、甄别、遴选，要有报中刊、书中刊、网中刊，来实现这些门类的全面选择、深度选择、综合选择，与现有的刊中刊连成一气，壮大阵营，做实代表性。

第二，在现代出版层面上。

中心有了资讯平台、评价机制、学者在线、阅读天地的详尽打算，部分已经付诸实施，前景看好。但是，资讯精品的全覆盖、多媒体、全天候、全方位还有待于完善，首先是计划、规划、策划方面的完善，还有很多工作要做。评价机制的量化、优化、固化、可操作化还有很大距离，与国际评价体系接轨或者是得到国际学术界认可和拥戴还有很大距离。

尽管社会科学学术评价有难度，具有挑战性，但绝不存在不可逾越的障碍。形成中国社科评价标准，形成与世界同步、通用的评价体系和机制，形成方便、易查、随机的评价程序和环节，仍然是业界十分迫切的期待。

数字化对于书报资料中心的进入只是刚刚破题，无论是深化，无论是全面，无论是遍布全过程、所有环节，还是形成有效路径和运作模式，还是形成新的学术服务和学术激励，都有待于更上层楼，更进一步，更加推动。

第三，在体制机制层面上。

中心的公司化、企业化已露端倪，但在资源集约、形成合力，在股份化、市场化，在建立长久激励机制，形成持续市场运作，甚至成为现代企业制度全面改造之后的上市公司，还有比较遥远的距离。我们拥有学校的厚重背景，拥有产学研一体化的客观优势，但是，如果不充分利用制度创新、机制创新的大好时机，不充分利用政府支持、市场向好、机遇难得的外界条件，不抓紧内部的整合、重组、脱胎换骨，也会出现事倍功半，甚至半途而废。

改革是一件麻烦的事情，也是一件痛苦的事情。书报资料中心要有魄力、有远见、有行动，把改革进行到底，把制度创新所形成的优势充分发挥、充分利用，缩短与社会需求的距离，缩短与国际同行的差距，尽早进入文化与科技高度融合的理想境界，尽早进入国际文化主流市场的竞争行列。

中心要用市场化的服务、高效服务、优质服务，让中国的社会科学、人文科学走出去，正面、强劲、持续地影响全球社科学术界，形成中国社科研究在世界范畴内的巨大磁场，强力发声，持续振荡。不仅文学，更包括人文社会科学的全部学科，悉数进入，形成万船竞发之势。

中心必须加快改革、改造、改组的步伐，向体制机制的改换、改变、改善要激励从业人员的忠实性、主动性、积极性、创造性，要组织建设和发展的动力、合力、张力，要市场占有率、份额扩张面、受众满意度，要发展文化生产力、创新力、传播力。

第四，在办刊思路、理念和愿景层面。

人民大学校园内有吴玉章路。在书报资料中心的精神和文化城堡中，应当有莫言小道，这就弥合了校友局限；应当有海德格尔巷子，这就超越了意识形态局限；应当有老子街，这就没有了时代局限；应当有福柯楼，这就冲破了地域局限；也应当有比尔·盖茨、乔布斯教室，这就消除了业界局限。凡此种种，不一而足。只有包罗万象才能拥有万象，才能立于万仞之巅，才能高标独树，才能站在既有和所有的人类文化精神成果的肩膀之上。

哲学社会科学不仅仅是经济、政治、文化、社会建设包括生态文明、党的建设的润滑剂、融合剂，而且是这些建设的重要精神和文化支柱，是一个社会、一个民族、一个国家永远立于不败之地的基础中的基础。哲学社会科学建设不仅关乎文化力、软实力的形成，同样关乎硬实力，关乎整个社会生产力、整个国家综合实力的形成、发展和强大。书报资料中心要从全社会的科学发展、全面发展、持续发展着眼，规划和设计自己的责任蓝图、文化愿景，让先进的科学理念不断创造出来，不断深入人心，不断支撑技术的、工具的、经济的物质大厦，让全体社会成员从我们的文化选择、出版选择中加深正面认识，灌输正面影响，形成全民共识，坐实认识基础。

百年北大、百年清华，如今都拥有了自己十亿数十亿、百亿数百亿产值的文化实业。再过25年，人民大学百年之际也一定会、应当会拥有自己的十亿数十亿、百亿数百亿的文化企业、文化产业。作为企业家、社会领袖的荟萃之地、再生之地，人民大学有条件、有资格、有能力形成自己在文化产业中的强势，形成自己在文化传播中的扩张和振兴。书报资料中心得天时、获地利、有人和，天地广阔，大有可为。

第五，在自我激励层面。

对于书报资料中心，未来只有一句话：只要埋头苦干、兢兢业业、勤勤恳恳，就一定能不辱使命、不负重托，为人大争光，为事业增彩，为文化添辉煌，为时代谱华章，为历史留青名。

同时，我们希望人民大学，希望教育部、新闻出版总署和各有关部委，一如既往爱护、支撑、帮助、指导和领导书报资料中心这个驰名品牌、这个鲜亮窗口，给政策、给支援、给项目、给鼓励、给支持、给关注，帮助书报资料中心早日完成体制机制转换、技术业务转型、战略战术重心转移，把历史的积累、产学研一体的优势、各类精神的物质的资源给足给够，帮助书报资料中心在新的起点上扬帆起航。我们也会一如既往地关心、支持书报资料中心的健康成长，让它成为我们时代文化进步的刻度、标识与符号，成为学术进步、学术发展、学术繁荣、学术创新的坚强阵地。我们寄希望于学术界、社科界和社会各界，支持、关爱书报资料中心的成长，大家齐心协力推动我国哲学社会科学的发展，化解老一辈对当今社会“工具理性畸形发展、价值理性边缘化”的担忧，让他们的顾虑能够彻底放下来。正如他们所期望的那样，让人文社会科学的基础性、全局性、战略性的作用，在当今社会的全面发展科学发展中，得到充分发挥；让中国当代哲学社会科学，能够在世界文化之林，拥有自己应当具有的位置和影响。

“文章合为时而著，歌诗合为事而作。”让我们共同努力！

预祝庆典隆重完礼，预祝论坛圆满成功，预祝各位秋日快乐！

文本之外

写于 2012 年 10 月 29 日夜至 30 日晨。

开场敬辞：尊敬的程天权书记、牛维麟常务副书记、王利明副书记副校长，学校各部门各单位领导，各位老师、各位同学，尊敬的张泽青司长、马建通处长，各高等院校代表、各学报期刊主编，各位专家、各位嘉宾，尊敬的盛希贵主任、李遵清书记、高自龙总编、书报资料中心各位负责同志、各位同事、各位同仁，大家早上好！

陈雨露校长一大早就到会场和我们见面，可见对书报资料中心的特别重视。张泽青大姐是在人大读的研究生，回母校来了，也非常难得。

对逻大非凡成就的纪念

今天，我们和六十万全国各地包括港澳台地区以及五洲四海的学员一起，隆重纪念中国逻辑与语言函授大学建校三十周年，日子非凡，意义重大，影响深远!

逻辑和语言是人类走向文化文明的起点，是现代社会沟通和交流的最基本元素，是人类行为由懵然无知到理性睿智和科学思维的基础。中国逻大在改革开放的年代应运而生，又把教育和文化事业当作自己坚贞不渝的选择，无数专家、教授和老师，以园丁般的辛勤劳作，培育和教训一代又一代莘莘学子，用没有围墙的大学创造了中国教育史、中国文化史上一个辉煌的奇迹。

一届又一届来自不同岗位、有着不同身份和经历的学员，在逻辑与语言的旗帜下，在中国逻大提供的特殊际遇和机会里，在专家、学者、教授和各位老师的辛勤培育中，增长知识，提高本领，磨砺才干，为服务社会、效力民众，打下更坚实的基础，成就更厚重的积淀。中国逻大的成功，是中国教育事业中的一朵艳丽奇葩，是中国文化发展、文明建设中一座永不熄灭的熔炉。

文化的进步、文明的进化、民族的振兴，国家软实力的强固、综合实力的提升、现代化的建设，是需要由一系列扎扎实实的工作来推进的。这其中，教育是基础，文化是根本，科学是前提。中国逻大选择了以教育为业，以强化人们的科学思维、科学素质、科学本领为职责，以逻辑和语言的教化为己任，正是为了把最基本的工作、最基础性的建设做好做实做圆满。

三十年的历史证明，逻大的选择、逻大的哺育、逻大的贡献，构成了我们国家文化、教育和科学事业不可替代的重要组成部分；逻大的努力，逻大的付出，逻大的成就，将永载中国教育事业、文化事业的史册；逻大将教书育人这一古老的传统做得如此辉煌，将现代科学知识普及做得如此完美，尤显出逻大人的远见卓识、逻大人的不懈追求、逻大人的无私奉献。

让逻大的事业永葆青春，永远兴盛！让新起点上的逻大，与我们教育事业的发达，与我们科学文化事业的繁荣，与我们中华民族的强盛同步前进！

文本之外

开场敬辞：尊敬的庄老、欧阳老，各位老前辈、老先生，尊敬的培育董事长、功伦校长，各位校领导，尊敬的各位老师、各位学员、各位与会嘉宾，大家上午好！

本来和培育董事长讲好，只参加大会不再发言，因为 92 岁的庄重老、85 岁的欧阳中石老等老先生，逻辑和语言学界的专家，教育界的领导都出席会议，学员们发言的积极性也特别高，我就不占用时间了。不想快结束时，培育董事长和主持会议的李校长又专门到我座位前，要求我发言，只好从命。发言受到庄老和欧阳老、培育董事长的表扬。现在看来，讲得比较空，有些话并不符合逻辑关系，只是当时很激动，语气比较情绪化。

时间为 2012 年 4 月 8 日下午，人民大会堂河南厅，中国逻辑与语言大学建校三十周年庆祝大会。

我心相随 矢志不渝

非常高兴，能够在今天的会议上见到老社长、老出版人周常林老师，乔台山老师，郑荣老师；也非常遗憾，没能见到张明武社长、李景林社长等，请天奇社长代转致问候！

在我发言之前，有一个小小的请求，刚才作者、书店的代表都发言了，出版社编辑这一块，相新说他全代表了，也好。但是，编印发一条龙，我们少了一块，印刷单位没有讲话，我们不能因为数字出版的强劲趋势、咄咄逼人，就忘记了纸介印制系统对出版业的重要支撑，而且，刚才大家都谈到，网络对纸媒的替代，只是暂时的，到最后还会是互补。因此，我想请王石老总讲几句话，同时把奎雨的印刷物质供应也代表了。（王石即作了发言。）我补充一句，大约在王石老总退休之前，至少纸本书不会消亡。那么，王爱书记，你要想办法，让王石晚几年退休。一笑。

我还要专门介绍一下海燕出版有限公司北京军团代表的情况，刚才想让姜华介绍一下，她坚辞不受，只好我来说一下。他们是：姜华，中国保险集团；郭玉洁，重庆出版集团；王小宁，中国国民党革命委员会；许荣华，中国国际出版集团；毛伟，中国戏剧学院，京城乃至全国的第一牦牛画家。我们还有几位没回来的，恕不一一介绍。

刚才孟宪明老师的发言，引起了我对自己人生道路的联想，我也是在胡大文老师引导下进入出版业的，也是在海燕社《向阳花》杂志发表了自己的第一篇所谓的文学作品。不同的是，我成了编辑匠，又改行从政，一再辜负大文老师的期望；宪明成了名作家、名影视家，把大文老师的要求进行到底。不过，我还清晰地记得，那一天早上，房平扛了一架梯子，我们去书店签售宪明写的、姜华编的《双筒望远镜》，一个上午签了 386 本，签得宪明手痛，看得我们心疼。当时的情形历历在目。

作为一个老员工，被要求回来参加周年庆祝，而且是三十年，我和所有回来的人一样，非常激动！我非常赞成王爱董事长对海燕社简朴办会的要求，只做实实在在的座谈，不摆花架子，不走形式和过场，不弃本求末。昨天，中央领导同志去总署调研，轻车简从，总署把放在门厅里的花草都全部撤了。新一届中央领导班子，作风过硬，做出了示范。王爱同志的考虑体现了高度的政治敏感和自觉意识，也是贯彻党的十八大精神的实际行动，希望能得到大家的充分理解、认可和支持。

自从母亲去世以后（就在隔壁我们海燕社的老家属院，抱歉，没有惊动大家），家的概念渐渐淡化，而且突然发现，没有了常回家、回海燕看看的理由。所以，前几天接到涂明兄弟邀请在京在外的各位老海燕人返回的时候，感到心头一热，分明是一种家的呼唤！这里有我的老领导，我的老师，我的老同事，我的兄弟姐妹，甚至我们更晚一辈的孩子们已经上岗。一种家的亲情、游子回归的感觉油然而生，还有家在等我们，还有家人在惦念着我们。虽然不能常回来看看，但家的概念一瞬间被唤醒，陡然强烈起来。我们，包括姜华、玉洁、小宁、小徐、毛伟，包括很多不能请假回来的海燕人，我们视海燕为家，是因为海燕从来不曾把我们当外人。这次，希望涂明兄弟要留他们下来多住两天，再一次好好体味海燕家的温暖。

身不由己，神未移，魂不散，心相随，信不信由你。部里、总署，社会上不同场合，人们都把你当成海燕人，说你是海燕出来的，很少有人说我是从河南省局出来的，包括一些知根知底的人。海燕好，我跟着风光；海燕不好，我错有同当。就像苏芮的《牵手》里唱的一样，只要牵过你的手，就会爱着你的爱，恨着你的恨；就会梦想着你的梦想，幸福着你的幸福；就会享受着你的享受，承载着你的承载。所以，面对海燕的呼唤，虽然生病住院，虽然单位的同事们再三劝阻，我还是义无反顾地回来了。回家看看，是一股势不可挡的热望、热情；回家看看，是一种与生俱来的本性、本能；回家看看，是一种莫名的幸福和快乐。应当承认，大约这一辈子我们是和海燕社脱不了干系了。

我心相随，还因为这么几件偶然的事情。

第一个故事。去年，2011年，我和国家海洋局的一位同志到大连开会。住下后，闲逛到宾馆的行政楼层，楼层里竟然还有一个书吧，环境优雅安静，书也不多，但都是经典。一抬头，书柜的上面一层，还有一套书，似曾相识，想打开看看，一是高够不着，二是上了锁，忙去找来服务员。服务员说，可以看，但要等一下，然后拿来钥匙和几双雪白的手套，爬高上梯小小心翼翼取了下来。服务员一边让我们都戴上手套翻阅，一边告诉我们，这是他们经理的看家宝物，花了6000元港币，辗转托人从香港买回来的，对一般住客是只陈列，并不借阅。什么书？十卷本，海燕版《石头记会真》。我告诉他，你们经理弄错了，这书全价才880元。她说，经理讲过，物有所值，再贵一点也会买的。我能做些什么呢？回到北京，乖乖地把自己珍藏的一套《石头记会真》，给海洋局的那位朋友送去，只是很“严肃”地告诉他，这可是价值6000元港币的“大礼”。

这套石头记的故事多着呢。有一次，兄弟局一位同事拿着旧报纸找我，满脸狐疑地说，你看看，有人编了个石头记，在海燕出版，获了国家奖提名奖，责编署的是你的名字，是不是冒名的？我一看还真是如此，可这得奖的事我压根连信儿都不知道。报纸是前一年的，我忽然明白，对方说什么冒名，完全是开玩笑，无非是想要一套书。结果可想而知，我不得不向社里求援，要了一套书，送给他了事。

严格地说，《石头记会真》，责编虽然署着我的名，我只是其中之一，参加其中一部分工作。书稿是我和刘彦钊老师、曲哲老师一起去组的，在天津咸水沽最冷的日子里，零下一二十度，苦苦游说了三天，从周汝昌的哥哥周祜昌那儿拿到最初稿本。而后十年，王钢总编辑领头，张焕斌老师，余鞠华老师，李炳晨老师，出版科的卫华、小莉，还有校对室的同事，都不少辛苦，还在集团的支持下聘用了社外专家。整十年工夫，编辑出版这么一本“千人糕”，是众多人手耗心血、集大成的产品。后来社里同志告诉我说现在网上每周还能卖出一两套。

说得太多了，“红楼梦”就此打住。十八大后，总书记号召我们做中国梦，美丽中国，那是大梦，这“红楼梦”太小了。但我想说几句：第一，海燕社的烙印是打在我的身上了，这段经历抹不掉、总难忘、在心上。第二，做编辑的一定要有梦想，像姜华的“小鳄鱼”，郑颖的“小兔汤姆”，都是会做梦、会做好梦的动物，还有刚才宪明老师讲的三个梦。作者要做梦，编辑也要做梦，无数具体的梦想，才能构成中国出版梦，中国小康社会梦，构成美丽中国未来大梦。第三，从事出版工作，要甘于寂寞，耐得住寂寞，能坐冷板凳，不图名不图利，为他人作嫁衣裳；坐不住，急功近利，急于求成，急不择路，是做不好出版工作的。我把在海燕服务时的一些文字、心得集纳成一本小书，取名《书坊问事》，到我手上只有几十本，被人统统要光。今天，好不容易找来一本，留到总编室，算是一个小小的纪念。

第二个故事。前不久，在京城很是奢侈了一把，到中山音乐堂听了一次音乐会，童声合唱，什么歌？大家一定会会心地回应，《铃儿响叮当》。长海老师教我们的“冲破大风雪，我们坐在雪橇上，我们滑雪多欢乐，我们把歌儿唱”。童声合唱一下子把我带回了海燕时代，带回到我们当年的合唱队，我们社几乎人人都参加合唱队。那歌儿唱得多好哇，此刻，仿佛卫华、涂明就在我身边，大嗓门。记得当时，我们请的老师是薛伟（现在是不是世界第一小提琴手，王小宁应当知道）的父亲，他称赞我们女队是河南第一女声，男生也不差。我们现在工作的单位也有合唱团，女生为主，我听了两次，比起我们当年的水平真的不好说。

歌儿要唱得好，必须协调，必须步调一致，必须交错有序，必须互补，特别是形成和声的几个声部。薛老师告诉我们，人声是世界上最美好的歌音，无伴奏时，那柔和、缓缓流淌的音符，一个个滑动过来，让人感到奇妙无比。多声部各有差异，有对比，又有配合，相互陪衬、烘托、应照。你的存在是我出现的前提，我的出现又为你的发展提供契机。

一个单位何尝不是如此！人心齐泰山移，领导人领路很重要，大家齐心协力更重要，社领导班子成员是把自己的血肉之躯，熔化成铺路的小石子，为大家铺上通达更加美好的通道。所以，我们走上去的时候，不要因为某一块石子硌脚而抱怨，不要为某一处坑凹而遗憾，同时，把我们自己的血肉自觉搅和进去，融为一体。还有一首老歌《团结就是力量》，当时明武社长、台山总编老领着我们唱，没有团结哪有力量。要记住，作为出版人，作为海燕人，你不是一个人，你不是你自己，出版本身就是一种集合，是一个集大成，是协作、合作、互助的结果。你是其中的一员，一个分子，只有紧密合作，天衣无缝，你才更加强大，更有力量，更能办成事情。

第三个故事。也是前不久，我们研究国家数字化出版的工程，研究全国出版产业的数字化改造问题。负责技术咨询的何院士，在举例中，做了一个多媒体的示范，让我惊讶的是，举的例子竟然是我们海燕图书的绘本网络版。当音乐响起，投影幕布上出现海燕出版社几个大字时，我是什么感觉？那一刻，我真的还有一些小激动。

我浮想联翩。1997 年海程局长、文年局长指导我们社开展新技术改造；于永湛署长来社视察，亲自命名“海燕综合网”；王慧的“香港丛书”从王霆伟的流水线上走下四色套版胶片；港澳台三地新闻媒体老总实地采访、交口称誉；中宣部、新闻出版总署组织全国少儿出版社在我们这里召开经验交流现场会，我从上海财经大学赶回来作专题介绍；等等。

创新，无论是内容创新，还是形式创新、技术创新，还是管理创新，是一个企业的生命所在，是一个单位可持续所在，文化企业尤其如此。没有各个方面的创新，就无法支持文化建设的长足发展和持续发展。海燕社有基础有潜力，更有一百多号致力于创新求进的员工，如何激发活力，迎头赶上，再创佳绩？老海燕人，整个河南出版，整个全国少儿出版，整个出版界，都对现在的海燕社寄予厚望，希望再上一层楼，再写新奇迹，再创更辉煌。

今天，姜华、玉洁、小宁、荣华几朵飘在北京的花儿，飘回来了，毛伟作为护花天使，也回家来了。社里花儿不少都在，但是没有看到二奎、蔡菁、王慧、范玲、相琴，还有晓燕、房平、冬冬、明兰，等等，所有没能到会的老同事，烦请涂明兄弟代转致问候！明武社长、景林社长、程英老师、余鞠华老师、刘育贤老师、刘德章老师、马理老师、屈明德老师，等等，所有没有到会的老同志，烦请长海老师一一转达问候！

大家办公的地方搬到了新地点，听说新办公楼也在计划之中；绝大部分同志乔迁新居，在老院里难觅踪影。在整个出版业界，海燕人过的还是中上等日子，这是大家努力所得，是改革发展的成果共享。我的希望是，大家的日子过得更好一点，社里发展的路子更科学一点，为孩子们服务的质量更提高一点，对整个社会的贡献更大一点。以上借回家机会，谈了三个小小故事，也许可以归纳出“持之以恒，团结奋进，不断创新”三层道理，是老生常谈，也是作为一个老员工的心声，不当之处请大家批评。

新年到来之际，向所有的家里人——海燕人，向所有的与会领导和嘉宾拜年！祝每一个家庭和和美美，幸福快乐！祝每一位同志事业有成，奋发作为，大有斩获！祝海燕社在宣传部、出版局、集团的领导之下，在以天奇为班长的一班人带领下，事业发展得更好，路子走得更快，步伐迈得更大！

文本之外

开场敬辞：尊敬的玉荣局长、王爱董事长、永臻总裁和马雪副总裁，尊敬的豫生总经理、相新总编辑、庆国副总经理，尊敬的省委宣传部、省教育厅、省新闻出版局、省教研室各部门领导，尊敬的各出版社、省新华书店集团和各市书店、省印刷集团和各印制单位负责同志，尊敬的各位作者代表、各位读者代表、媒体界的各位同行，尊敬的海燕社各位老领导、老同志，天奇和班子全体成员、全体员工，尊敬的各位嘉宾、各位同事、各位同行、各位朋友，大家上午好！

发言于海燕出版社成立三十周年座谈会，2012 年 12 月 29 日中原国际大酒店一楼会议室。写于早上 4 时至 7 时，省出版局宿舍。

飞得更高　做得更好

会议开始之前，我看到，我一直十分钦佩和景仰的曹丽娅老师盛装出场、光彩照人。刚才发言的77岁老人詹家瑄老师也是一袭红装、喜气洋洋。大家的掌声此起彼伏、不绝于耳。会场上的热烈气氛让我充分感觉到了。曹老师用她优美的女声宣读各方代表的名单，在这些耳熟能详的名字中，有90%都是我的老领导、老熟人、老朋友、老同事，还有刚才詹老师讲的400张年轻的面孔，既陌生又熟悉，把我带回到当年，带回到大家中间。回到河南出版队伍中来，首先感到的是亲切、亲热、亲近、亲爱，我虽然不能一一问候，虽然不能一一握手，但是我想说，在我的心中永远有着你们，我的记忆中永远有你们的位置，你们是中原大地璀璨的明星，永远闪烁在我头顶的上空，永远照彻我记忆的脑海。

锣鼓听声，讲话听音。总署的祝词，杨建部长、玉荣局长、王爱董事长的讲话，让我听到了祝贺与希望，鼓励和鞭策。三十而立，中原有女初长成，婷婷袅袅，玉树临风，总署、宣传部、出版局、出版集团这些当家人，打心眼里感到高兴，你们的爱抚、关怀、支持和领导卓有成效，无论是作为家长，还是作为打扮闺女出嫁的娘家人，你们有话要说，有叮咛、有嘱咐、有希望、有要求，殷殷切切之情怀，慈爱抚养之用心，我想听栋、德旺和《中学生学习报》全体同志会牢牢铭记。

家瑄老师千叮咛万嘱咐的一席话，让我听到了沧桑和厚重，历史就是这样，让人感到光鲜丰富之际，还有沉甸甸的传统和责任；文林老师发自肺腑的话语，让我听到了真诚和忠诚，本来报刊社就是为各位作者和方家提供驰骋创造、启发灵感、启蒙思想的平台，没有你们的支撑，报社的事业、影响和发展无从谈起；苏雅同学绘声绘色的发言，让我们听到了青春、活力、机遇、憧憬和梦想，绿色的梦想，睿智可嘉，英气逼人，你的感受，当编辑的叔叔阿姨、大哥哥大姐姐都认真听着呢，希望有一天，他们会看到已经成为科学家、作家或者教育家、出版家的你，已经成为老师、编辑、医生等各行各业为社会竭诚服务的你，你把自己所说，归纳为讲话，很有点大人味了，但的确还未长大；俊宽同事壮怀激烈的感慨，让作为一个老出版工作者的我分外感动，如果报社还是一份产业的话，那首先是你们的壮士扼腕，刚才你说你的同僚中有许多大腕，我就用了壮士扼腕，你们的非凡成就说明，渠道为王，然后才能够让内容称王，再好的书刊没有你们的努力、辛劳、心血和汗水，就无法走到读者和受众手中。这一切的一切，映照了听栋社长介绍情况中的丰富多彩，顺手拈来，如数家珍。借此机会，我向各位领导、各位方家的教导教诲，表示由衷的钦佩；向《中学生学习报》的不平凡的三十年拼搏表示祝贺；向所有关心关注报纸成长的老师、同学、家长表示感谢；向在座的四百多名员工、近千名发行代理表示深深的敬意！你们辛苦了！

三十年，不容易！大家不会想到，我个人和《中学生学习报》也有一些缘分，而且，结缘竟然是因为，它的前身《教学通讯》要不要办下去。我至今依然清晰地记得，林从龙先生、邢桂轮先生、岳三立先生走进我们在省委南院的办公室，一一陈述《教学通讯》五六年来形成的成就和发挥的作用，陈述《教学通讯》不能停办的理由。我第一次知道，河南的教学辅助类报刊，竟可以这样在全国出版界、教育界横空出世，洛阳纸贵，一鸣惊人；郑州市教育局筚路蓝缕，奋力开拓，一刊成名，成为当时诸多作家、教育家、学者、大师心仪的圣地。《中学生学习报》和它的前身《教学通讯》，当年所形成的影响，具有划时代的意义，至今和我们总署报刊司的老司长张伯海同志、老处长戴其鸣同志，和我们中宣部出版局的老局长高明光同志谈起，他们还一致认同《教学通讯》

的开创意义、开拓价值、示范效用。

前不久，在准备今天的发言时，我发现已经不太方便和90多岁高龄的林从龙先生通话，我也没能找到联系岳三立先生的方式。但借用互联网的帮助，我在六个小时内网购到了邢桂轮先生的《回望编辑生涯》，重温了《教学通讯》当年的创造与辉煌，尤其难能可贵的是，还看到我当时直接服务的省委老书记韩劲草同志，亲临《中学生学习报》组织的活动，为获奖同学颁奖的图片，睹物思人，忆旧锥心，往昔活灵活现，如在面前。

尽管最后的结果让人失望，南院没有争过北院，省委书记的干预未能奏效，《教学通讯》没有能够再继续办下去。但是，这颗极具生命力的种子，把自己的所有能量、所有积累、所有潜力都贡献给了《中学生学习报》，让它成为参天大树，成为教育界、出版界的翘楚和文化教育的重镇。顺便说一句话，今天，每当我面对报刊业界出现问题和情况时，我的眼前就浮现出林老师、邢老师、岳老师的焦灼目光，慎之又慎，严谨再严谨，细心再细心，任何一棵知识幼苗，任何一种文化创造，都需要人们的百倍呵护、千般关爱。我想，《中学生学习报》能走到今天，正是方方面面倍加珍惜、倍加爱护、倍加照顾的结果。环境的包容、厚爱，是我们出版业繁荣发展的重要保证。

三十年，不容易！前不久，中央领导同志亲临中原出版传媒集团视察，给我们极大的鼓舞和激励。我们在央视的《新闻联播》中看到了中原出版传媒集团山一般屹立的大厦，赫赫然、煌煌然，高耸入云；听到了领导同志对王爱董事长的嘱托，中原出版传媒集团要走遍全国、走向世界，对高明星社长的要求，教育网“中国”二字不可丢，要办出真正能走向世界的中国教育网。后来，有一个小插曲，听说高社长马上就去了美国，和奥巴马先生讨论这一问题，研究如何落实领导同志的指示，不知道效果如何。当然，这是开玩笑。当时，中央领导同志还有一个意味深长的动作，亲自动手帮助省委宣传部分管新闻出版的副部长朱夏炎同志扶正领带，虽是细节，但亲切感人，含意隽永。说句开玩笑的话，不知道夏炎同志领会出没有：领带很重要，带领更重要。

纪念《中学生学习报》三十周年，我们确实看到，中原出版人的物资大厦，集团大楼，《中学生学习报》未来规划中的大楼，的确让人震撼。尤其是让我惊讶的是，河南人民社在一无资金二无土地的基础上，为员工建造了宿舍大楼，我知道这更不容易。但是，说心里话，我更看重的是耸立在中原出版人心目中的精神大厦。精神不倒，没有物质大厦可以建成物质大厦；精神萎靡，有了物质大厦也会被人瞧不起。

这种精神大厦是什么？是人民社班子的那股执著劲，没有条件也要上、一个心劲为员工造房的不懈努力；是詹老师刚才教导我们的，编辑就是要能上天入地，敢冲敢闯，敢于结交学科领域的任何名家、专家、学者；是岳三立老师当编辑的杂家理念，关注市场，练就基本功，让读者信得过；是林从龙老师的善写文章、善读文章、善编文章，慧眼识宝，入木三分；是邢桂轮老师的敢为人先，善于捕捉机遇，奋力拓展，持之以恒，不赶时髦，不走捷径，不讨便宜，坚持道德操守，以人品学品营造气场。从这一代老报刊人身上，我们可以归纳出中原出版人的精神柱石，那就是：创新、坚守、严谨、敬业。给一个机会就成才，给一点阳光就灿烂，没有条件创造条件也要上。文化创造本身就是无中生有的事情，精神不倒，操守不变，才是基础，是源泉，是内生动力，是不改的旗帜。

正是有了中原出版人的精神大厦，我们可以在上个世纪 80 年代引领全国出版风尚，韩光玉老师责编的评书发行数百万、上千万，王汉章、李允、顾仕鹏、张家新、胡涌、郭瑞三、张焕斌责编的长篇小说、文艺理论专著引领全国出版风尚。前天，在北京大学的讲堂上，一位院士告诉我，去英国访问，说到鸦片战争，对方一个劲地摇头，那一定是你们中国人鸦片分配不均，自己人打自己人。我们英国人，不是贵族就是绅士，怎么会为了毒品，去打你们中国？不可能，不可能。所以，这里我想说一句：汉章老师当年编的《鸦片战争演义》仍然有时代价值，有国际意义。

当然，90 年代，中原出版名噪一时，顾仕鹏老师编的《康熙大帝》，重开历史小说的先河，在十四届、十五届常委中争相传读。当时书卖得太急，北京市场上缺货，李鹏总理的秘书亲自打电话到出版社购买。在过去的成绩单中，我们有人民社的国事丛书、几名几传，大象社的《科学技术典籍通汇》，科技社、美术社、古籍社、文心社、农民社都有看家品牌、高端产品。这些年来，我们也有一些精品问世，如《大秦帝国》，虽然没赶上那时的红火，也是晨星熠熠。所以我想说，落实中央领导同志指示，最重要的是练内功，把我们中原出版人的精神旗帜打出来，把我们中原出版人心中的精神大厦矗立起来，底气足才能志气壮，志气壮才能事业强，事业强才能产业旺。中原出版走出去，路在脚下，主动权在各位心上手上。

三十年，不容易！《教学通讯》之后，和《中学生学习报》没有更多接触，今天的场景，真正有离别三十年今日回延安的感觉。《中学生学习报》出了一个很好的纪念册，字字话如珠玑，句句语重心长，读了很受教育，恍惚回到二三十年前，回到在文艺社当助理编辑的日子，回到那时悉听老师循循诱导、谆谆教诲的时光。应当说明，听栋、德旺和集团很费心地为我今天的发言准备了稿子，我完全赞同稿子上面写的话，既得体又到位，让你们费心了。但是，很抱歉，回到家里来，总要吃家常饭，说家常话，一不能板着，二不能端着。所以，我还是按照自己的思路，谈一下自己回家的感受，以此来纪念这个庄严的庆典，以此来和各位同事、同行谈心交心。不巧的是，我和刚才发言的卢俊宽同志一样有点语无伦次，他是紧张，我是激动，要说的太多，挤满了嗓子眼，挤爆了话语系统。不对的地方，请大家批评。同时，还要抱歉的是，我没有能够一一到宣传部、回出版局、去出版集团报到，没有看望各位老领导、老同事、老朋友，只是埋头准备自己的发言，也请大家海涵。

有一句歌词写道：飞得更高，做得更好！我愿以此寄语《中学生学习报》，寄语河南出版界的各位同仁、同事，如果说中华文化的复苏指日可待的话，中原出版的繁荣发展就在明天，就在各位手中！祝福大家！祝愿明天更加美好！

文本之外

2012年7月8日上午，在《中学生学习报》三十周年庆典上的发言，河南人民会堂。写于2012年7月8日凌晨1点10分至4点30分。

开场敬辞：尊敬的新闻出版总署署长代表王宝庆主任，尊敬的王耀副部长、杨建副部长、张建总经理、张保拴处长，尊敬的玉荣局长、新年副局长，尊敬的王爱董事长、永臻总裁、刘磊副总裁、大玮书记、马雪副总裁，尊敬的省直、郑州市、郑州市教育局各位与会领导、嘉宾，尊敬的豫生总经理、相新总编辑、庆国副总经理、金川副总经理、灿华副总经理、晓冬董秘，尊敬的晓明社长、智英总编辑及各出版社、报刊社负责同志，省新华发行集团、省新华印刷集团各位负责同志，各位同事、各位同行、各位同学，尊敬的听栋社长、德旺书记，《中学生学习报》各位老同志、各位老师、各位员工，各位读者代表，各位作者代表，各位发行经理，各位关心支持帮助《中学生学习报》成长壮大的朋友，尊敬的各位媒体界的朋友，大家上午好！

让协同创新的理念深入人心

首先，祝贺协同创新促进中心战略合作研讨会隆重召开，祝贺北京新媒体联合实验室成立两周年！向各位与会专家、领导、老师和同学们致以热忱的问候！

刚才，我们坐在第一排，仰视了面前这块巨大幕布上反复出现的国家新媒体产业基地、北京新媒体联合实验室、新媒体国际协同创新促进中心三块巨大的标识牌，以及它们的 Logo，感到分外振奋。这些巨大的标牌、铭牌，是如此鲜艳夺目，如此青春亮丽。当然，我们更希望，它们早日成为品牌，成为名牌，成为名扬四海、享誉五洲的大牌。

正如刚才主持人所述，协同创新，是党中央的号召，是世界潮流，也是我们当今社会的具体行动；协同创新，是社会、政治、经济、文化建设，包括党的建设和生态文明建设发展到今天的历史要求，也是文化大变革、大发展、大繁荣的必由之路，更是新媒体赖以生存、生长、发展、兴旺发达的根本选择。

信息高速公路，信息科学技术，打通了各媒体之间的链接，打通了各种传播形态之间的通道，打通了人与人、民族与民族、地域与地域的时空界限，打通了人类思维、观察、思考和行为同步与融合的各种屏障和阻碍，使理念畅通无阻，使交流畅通无阻，使合作畅通无阻，使共享畅通无阻，也为创新提供了不可多得的驰骋平台和坚实基础。我们乐见这种局面的开拓与形成，乐见大合作、大协助、大连锁的现象不断涌现，乐见协同平台、协同机制、协同组织不断完善，不断发挥效用。我们希望协同创新能够成为我们社会、我们时代、我们国家非常普及的口号和行动，成为一种发展的长期形态、工作的长效机制、事业的长远纽带，进而推动进步、推动提升、推动繁荣。

今天的会议本身就是一个协同创新的范式。高校、研究院所、公司、出版单位、政府部门齐集一堂，共商新媒体发展大计。这种广泛合作、充分交流、同心协力，本身就是一个最有效率、最让人振奋的协同空间；文化界、科技界、教育界、媒体界的各位专家、各位老师、各位同仁齐集一堂，讨论发展战略、研究未来趋势、切磋行动举措、碰撞思想火花、倡导合作互动，本身就是创新和协同两大理念的最好实践。

预祝会议圆满成功!

文本之外

发言于2012年10月10日，中华世纪坛一层报告厅。李一凡老师的执著精神，实在令人感动。

城市与阅读

熬过冗长的连续八个工作日，大家都感到了劳顿和辛苦带来的疲倦、疲惫、疲劳，然而来到北展的订货会，五光十色的图书、期刊仍会让人精神一振，顿感赏心悦目。

当然，同样让人赏心悦目的还有这儿正在进行的悦读纪与青岛出版社的签约。

奋斗了七个年头的悦读纪，包括侯开本人，一直在我们仔细观察的视野之中。他从一本书、三本书开张，从自己筹措的50万元现金运作开始，一路磕磕绊绊走来，走出了年发1.5亿元图书的大事业，一下子成为业界的翘首，成为读者界女性阅读方面的领读者、领航者。

青岛出版社是我们众多城市出版社中的佼佼者，也是整个出版界的改革发展的先头部队，不仅大量的图书拥有可观的市场，而且他们的运作机制，他们的资源优势，他们的精品力作都让人有目共睹，让业界聚焦，他们的品牌和青岛的城市品牌一样，闪烁着耀人的光辉。

悦读纪与青岛社的合作，是一种萍水相逢，更是一种珠联璧合，而让我想到更多的是“城市与阅读”。

会阅读的城市是思考、探索、钻研、会用功的城市。阅读环境，书香社会，是文明进化中一个城市不断晋升的重要标志。阅读提升人的素质，提升生活质量，提升城市的品位，提升政治、经济、社会、文化、生态文明全面建设的整体水平。

会阅读的城市是科学、全面、协调、可持续、会发展的城市。无论是抽象思维还是形象思维，无论是形式逻辑还是数理逻辑，阅读帮我们的科学发展，总结出规律，展望到趋势，阅读使我们在繁杂、喧嚣中淡定，在浮躁、戾气中清醒，在困难、苦难中担当，在低落、消沉中挺起。

会阅读的城市是快乐、愉悦、健康、幸福、会生活的城市。出版社的一大功能就是愉悦人们的身心，活跃人们的文化生活，让人在阅读中体味生活的滋味、经历的丰饶、理想的亮丽，体味你所知道和不知道的世界中的奇妙、情感和乐趣。悦读纪把女性作为精心服务的对象，把女性阅读作为第一奉献。我相信，青岛乃至整个社会的女性，都会因此受益无穷。女性阅读更完好，女性心态会更美好，整个社会生活会更美好，整个城市也会更美好。

预祝双方合作顺利！祝我们的读物更加赏心悦目；祝我们的美丽中国向中国梦、中国理想迈出的步伐更强大、更坚定，在大家的共同努力下更有成效！

文本之外

2013年1月11日，于出版业界图书订货会，国展中心 1号楼 213室，悦读纪与青岛社签约仪式。

开场敬辞：尊敬的各位来宾、出版界读者界各位同仁，大家上午好！

佳节之际访雅昌

五一国际劳动节到来之际，首先向工作在创意、出版、印刷、印制、艺术积累、艺术传播第一线上的雅昌公司全体员工和管理者致以节日的祝贺！大家为我们国家和世界文化业、艺术业、出版业、印刷业的繁荣发展、整体提升和优良服务做出了杰出贡献，大家辛苦了！

劳动光荣、创造光荣、创新光荣，为艺术而劳动，不仅光荣，而且神圣！作为高新科学技术与文化艺术产业密切配合的雅昌，走出了交流、交汇、交融的崭新路径，雅昌在印制历史上、在艺术范畴、在行业方面、在出版范畴内的探索和追求，永远具有示范意义，永远具有启迪价值，永远闪烁着开拓精神！

作为知识社会和知识经济的参与者，劳动的概念已经更加普及和广泛，知识分子、管理者，包括出版人，包括在座的社长、主编、总编，在座的司长、处长，都是同一战线不同岗位的劳动者。我们以自己不同的努力和奉献，服务社会，服务人类，服务科学与文化的进步和提升。我们和雅昌人一样，和当年曼玲老总及其团队骑着自行车奔走于各印刷企业推销制版能力一样，共同体味劳动的辛苦与艰难，付出创造的汗水和心血。同时，也正是在这含辛茹苦之中，体味劳动和追求的幸福，成就和业绩的光荣，创造和服务的快乐。我们和雅昌的所有员工一样，为了一个共同的目标走到一起来了，我们是同一事业、同一战壕、同一方面军的同事和战友，我们共同开拓耕耘文化事业、艺术事业、出版事业，耕耘我们社会的未来和美好，也耕耘我们自己的生活和理想。正因为如此，我们对雅昌的感受、景仰和厚爱非同一般。

十多年前，不，十六年前，我曾是一家出版社的社长、总编辑，作为中国出版业高层访问团团长，我奉命率团到香港访问出版业、印刷业、文化业。出境之前，送行的总署印刷司姜学中司长、外事司孟传良司长，专门带领我们参观了已经在深圳完全立住脚的雅昌企业总部。我们十分惊讶于当时的雅昌，生产环节中的制版流水线就有十条之多，当时比较先进的省市才有一两条，大部分省市一条都没有。雅昌的精湛质量，雅昌的宏大规模，雅昌的境外加工，让我们十分惊讶。雅昌所形成的能量和效用，壮大了内地出版业，尤其是印刷业，雅昌和其他印刷、印制业的兄弟创造的业绩，使我们内地印制业一举超过香港，跻身世界第四。这情形，曾经让我们十分激动。

又十年过后，我在国家体委体育文化发展中心主任孙大光那儿，重温 2000 年我们申办奥运会时的情景。大光主任兴奋得眉飞色舞，言语滔滔不绝，最后的最后告诉我，我们震惊奥组委的不仅仅是申奥短片，最有分量的杀手锏是印制绝对精美的申奥报告书，一册在手，惊呆四座。报告书是在我们深圳自己的印刷企业制作的。我脱口而出，那一定是雅昌了！大光主任点头称是。意想不到的是，十天之后，大光主任专门请我吃饭，不能拒绝的理由是，要把自己珍藏的申奥报告书郑重送我。

近二十年间，印刷业一直萦绕我脑际有一个概念，那就是孔雀东南飞。回想我做社长和总编辑的岁月里，凡是遇到献礼书、评奖书、重头书，印制部的主任就会在我耳边反复念叨，我们上雅昌吧，我们上雅昌吧，虽然贵一些，可好书的印制单子，都东南飞往雅昌了。要么就是，至少，至少我们在雅昌打版吧，质量会有一些保证。于是我们有了不少打上雅昌印痕的精美图书，有了获得国家大奖的优秀产品。

这就是我所认识、接触和记忆中的雅昌。

理解雅昌，诠释雅昌，记牢雅昌，雅昌给予我们的启示，至少有以下几点。

（1）善假于物。高新科学技术为我们传统而古老的印刷术提供了新进步和新提升的极大空间，在这一点上，我们是和世界印刷业同步的，同样面对，同处于一个起跑线上。雅昌之所以在世界出版业、印制业独树一帜、独占鳌头，很重要的启示在于善于吸收、利用、运用这些高新科学技术，包括高技术所形成的新材料、新工艺、新形态、新方式，包括技术与艺术融合所形成的新理念、新架构、新组合，包括立于当代视角所形成的新天地、新空间、新组合，包括数字化、网络化、信息化背景之下，读者和受众新的接受方式、新的市场定位、新的艺术偏好、新的阅读欣赏风气养成。

（2）善精于业。中国印刷业在世界印刷业中所占的位置，中国印刷业在中国出版业中所占的位置，前些年是以量取胜的，7000 亿元的产值时，把复印复制的小店小作坊都算上了。雅昌不以规模取胜，不以总量取胜，以高品质、高技术、高效果、高口碑取胜。雅昌所开启的新纪元，是以专业的特精尖打开缺口的，是内地印刷印制业从此迈出以质取胜的开端，是中国印刷业进入世界先进印制工艺之林的伊始。雅昌的启示在于执业的精致、精湛、精美、精益求精，在于敬业的兢兢业业、扎扎实实、实事求是，在于从业中对质量的追求永无止境，对艺术的创造永无止境，对服务的深度开掘永无止境，在于对全面、协调、可持续发展实践的永无止境。

（3）善求于新。印刷技术进入印制艺术境界，本来已经是一种飞跃。而印制艺术又涉及装潢、设计、构思，涉及人们审美情趣的实现和提高，涉及人们对创意方面的求新求异求变。雅昌的启示在于，不拘一格、不囿传统，不断挑战、不断创新，包括战胜自己，战胜自己曾经辉煌和显赫一时的历史。雅昌产品的新与奇，首先建立在理念的更新之上，建立在思维方式的更新之上；其次是创意的独出心裁、别开生面、别有洞天；最后，有了传统积累的基础，有了哲学意蕴的铺垫，这种新，更显示出一种厚重、一种沉稳、一种突破的连续性，形成不断创新的机制和习惯，形成创新源源不断的习惯养成、资源集成和动力生成。

(4) 善臻于美。以科学理论的观念去俯视和分析印制工艺，实质上，印刷印制从另外一种角度看，就是一种审美追求、审美体验的过程。这种美可以是美轮美奂，也可以是内涵美与外在美的统一，更可以是各种外在客体被主观意愿彻底改革、改造、改变的美化过程。在美的主导下，艺术地使出版物再现神奇、再展魅力、再发光彩。对美的成功追求，揭示出雅昌人永不懈怠、永不放弃的努力。最美是人心、人情、人意，最美是善的初衷、善的过程、善的自始至终。体现这种美的出版物，自然更有生命力，更有亲和力，更有青春活力和艺术魅力。

(5) 善化于文。文化，文而化之，化之为文，是印刷艺术的至高境界。把印刷印制对象做出生命标示、形象展示和生动宣示，把文化产品外化为艺术珍品和艺术珍藏，既服务于文化的积累，又服务于文化的传播，这本身就提升了作为印刷工艺的身份和地位。雅昌更有效地推崇以文化为使命，以弘扬文化为己任，以艺术为不懈的追求，则使印刷与印制进入创造、创立、创建文化新形态的境界。雅昌产品的启示告诉我们，出版物可以这样叙述，出版技术可以这样演练，出版事业可以这样演绎，出版艺术境界可以这样呈现，出版艺术珍品可以这样建库。文化内涵的绚丽多彩，因了雅昌艺术而更加光彩夺目。雅昌印艺本身就是最文化的文化，是会载入文化史册的文化。

如今，十五年过去，雅昌大繁荣大发展，走进新时代，从珠三角走遍长三角，从长三角走到环渤海湾，在环京津冀印刷产业带中，同样成为一颗璀璨的明珠，成为光彩夺目的明星。雅昌是带着中国乃至世界印刷业、出版业、文化业的最新成就登陆北京周边，登陆内地纵深市场，雅昌将依然会用高水平、高质量、高效能，辐射整个印刷产业、出版行业、艺术行业、文化事业，辐射整个社会、经济、文化、政治、生态文明建设的健康发展。我们为雅昌高兴，也十分看好雅昌的未来，我们将一如既往关注雅昌，支持雅昌，期待雅昌有更大突破、更好发展、更精彩的明天。

参观让我们大开眼界，考察让我们充满信心。相信在中国梦实现的过程中，雅昌一定会不负众望，以自己不凡的奉献，实现自己的更加辉煌。

文本之外

2013 年 4 月 29 日上午，应泽长之邀，携袁钟、建臣、衍仁、庆春、春雷、震林、文臻诸球友访问雅昌。受到何曼玲副总经理等诸领导的盛情接待，领略了雅昌艺术印制的精神大餐，开了眼界，见了珍稀，望了精尖，大伙儿激动不已，谈了很好的感想和建议，几乎就轮不上我来发言。把当时的腹稿整理一番，寄与泽长。

其意切切　其情浓浓　其乐融融

刚才我们的工人代表，来自我们河南濮阳的进城务工师傅，作了十分让人感动的发言。尽管他的北京话不够标准，还带有浓重的家乡口音，但其中涵蕴的浓重的情感，让我听了如痴如醉。在这里，我想首先说一句，特别感激已经60岁的北京建工集团，是你们把我的乡亲们接来北京，参加工作，使他们成为工人，成为工程师、技术员，成为首都北京的建设者，尤其是每年每月，他们可以领到不薄的薪水，可以养家糊口，可以生儿育女，可以侍奉老人。

如果说，60年来，北京建工为社会建设了无数高楼大厦是重大奉献的话，那么，培养一批又一批产业工人、建筑工人，培养国家和社会的建设者、栋梁人才，更是巨大贡献，人才冶炼的熔炉，完全可以与这些高楼大厦的建设媲美！作为乡亲，我深深地感激你们！

年节临近，北京市新闻出版局、首都出版发行联盟为我们救灾工程的建设者送来了过年的精神食粮——文化年货，新闻出版总署吴尚之司长代表我们出版界给建设工地捐送了永久的阅读园地——益民书屋。

在这里，我们感受到红红火火、热热闹闹的气氛，你看工人们身上的文化马夹是红色的，送来的文化年货大礼包是红色的，红的春联，红的福字，红的书刊，一派春意盎然！

在这里，我们感受到了来自全国各地的建设者们为首都建设、为国家发展付出的辛劳和心血，感受到了党和政府对受灾地区群众的深切关怀，也感受到了首都出版界、首都人民对来京建设者们的厚爱和关心，感受到了出版行业同仁们为群众服务、为百姓造福的文化奉献和努力!

其情切切，其意浓浓，其意融融，受单位领导和同事们的委托，我们向全体与会工人们和从事不同岗位的同志们表示亲切慰问，致以诚挚的新年祝福!

今天的仪式，是中宣部、新闻出版总署新春期间文化惠民活动的重要组成部分，是把在全国开展的“好书刊带回家、好书刊惠百姓、好书刊大家读”活动的重要内容，也是新年之际，全国出版发行单位全体员工，向各位建设者、劳动者、热心读者，送上的一声深深的祝福、一番殷殷的期望。我家没有好茶饭，只有书刊送亲人，一本图书，一片心意，一份期刊，一腔热情。愿各位父老乡亲，返乡途中，年节休闲，能够实现刚才吴司长所期待的那样，团聚、喜庆、热闹、欢歌之际，也有闲暇静心读一读书，看一看杂志，让书香充满我们的乡居生活。有好书刊伴随你们，有出版人的祝愿伴随你们，你们会一路顺利，一家平安，一年如意，一生幸福!

给各位拜早年! 祈祝阖家团聚、身体健康、生活美满!

文本之外

开场敬辞：尊敬的尚之司长、杨局长、建工集团各位领导，尊敬的各位父老乡亲、各位救灾安置工程的领导者和建设者，大家下午好!

发言于北京房山闫村救灾永久安置房工程工地，北京建工集团三建公司施工现场，2013 年 2 月 1 日下午。

痛悼师长

尊敬的母校各位领导、各位老师、各位同学：

惊悉原中文系赵丛仁老师因病逝世，十分悲痛，谨向你们致以深切哀悼！并通过你们向曾老师及其孩子们致以深深慰问！

赵丛仁老师不仅仅是我大学时期古代文学的授课老师，也是我毕业论文的指导老师；不仅仅在生活学习方面给过我多重照顾，更是我思想精神方面的导师和引路人。能在人生的大学阶段，遇到他和他的同事们这么多的优秀知识分子，是我们七七级学生的极大荣幸。是他和各位老师的精心培养，使我们拥有一生用之不完的精神财富，一生受用不尽的道德养成，一生愈久弥新的知识积累。老师恩情，我当终生铭记。

赵丛仁老师是我父亲的学生，我又成了他的学生，他的孩子还是我班同学常月华、樊洛平老师的学生。中华文化、中华精神、中华品质就是这样一代一代人地传承下来、传递下去。深切悼念赵丛仁老师之际，最好的行动就是按照老师的嘱托，把我们共同为之奋斗的事业进行到底！

赵丛仁老师永远活在我们心中！

2013 年 8 月 1 日

曾婶：

我们全家惊悉赵叔突然去世的消息，恍如晴天霹雷，真是不能相信，赵叔怎么能这样撒手人寰，怎么能这样永远离开我们！我们不相信这是事实，我们不能接受这样的分别！

赵叔是我们成长的见证人，是我们进步的指路人，是我们成家立业的引导者，是我们走到今天的支持者、激励者。多少次循循善诱的教诲，多少次推心置腹的谈心，多少次苦口婆心的劝慰。闭上眼睛，我们面前还能浮现出，那狭小的房间、矮矮的桌凳边，却是分外温暖的饭菜，却有分外体贴的劝慰。正是承载着赵叔、曾婶的关切、嘱咐，我们走到今天。我们多么期盼，再和赵叔故乡重逢，再听赵叔喃喃细语，再浴赵叔温暖目光，再和赵叔拉一拉家常话，再……可是，他匆匆而行，再也不会回来！

万分悲恸之中，祈望曾婶和孩子们节哀顺变。斯人已逝，风范长存。赵叔以他高尚优秀的品德，以他坚忍不拔的毅力，以他孜孜治学的精神，以他无尽的慈爱和关怀，永远活在我们全家人心中！

我们深深怀念赵丛仁叔叔！

2013 年 8 月 1 日

文本之外

相关短信如下：

月华函：赵丛仁先生昨天去世，特此告知。

致赵炜函：倾接月华短信，知赵叔仙逝，潸然泪下，一晚不能自已。写两封悼函，发你邮箱，请打印出来，明早给妈妈和学校。一定要照顾好曾婶的身体，你们也要保重！今天有会不能赶回去，请告诉曾婶。

赵炜复函：好的，我即打开邮箱，一定把您的哀思及时转达给学校和文学院。谢谢建生哥！谢谢您对父亲的情意，父亲生前也一直很惦记你的。赵炜带全家向您深表谢意！

赵炜又函：建生哥，悼函已经看到，读到您优美简洁的文笔，句句浸透着对父亲深厚的情意和深切的哀悼。眼泪又一次涌了出来，谢谢您和师秀姐及濛，明早我就给妈妈。

赵炜再函：建生哥，上午给父亲举行的告别仪式很顺利，一大早我就把您发来的悼函交给了主持仪式的文学院院长许志远，他把您写的悼函都全文读了，让在场的人都深为感动！您给妈妈写的信她看了好长时间——我的大姐和二姐都说您的文笔非常好！每一句都那么深情那么打动心扉。下午文娜姐冒着炎热来家里看望妈妈了，她的风度非常好，她很会开导妈妈，让老人的心窗能稍微开启一些，再一次深深感谢您和文娜姐对我们一家的深情厚谊！

致赵炜：知道曾光也在家，你们姐仨就多陪陪妈妈，或者带妈妈出来住一段，换换环境。你们各家也要多保重！

赵炜函：曾光昨天晚上才从上海赶回家，还是没有见到父亲最后一面。她现全家在新西兰，她研究的是大气环保。这次怎么也没想到爸爸的病情会直转而下，一点思想准备都没有，爸爸也没留什么话，就呼吸衰竭然后心衰，最后深度昏迷，应该没什么痛苦。

洛平函：建生，信息收到。昨晚惊悉赵老师去世，即与月华、明奎去家中看望。当时月华打手机未能联系上你。赵老师这次因肺部感染住院，最终不治于心肺衰竭，享年 78 岁。赵老师身后未出讣告，我们知道消息都很晚。赵老师一生执著学问，善良谦和，总为别人着想，很看重师生情谊。七七级毕业三十年活动前后，我两次去家，都在听他谈到这类话题，他也特别惦记和感谢你。说话不及，老师已走在另一个世界，真真让人心痛！这段时间，从齐树德，刘冶业，许梦麟，刘济献，到赵老师，已有五位先生去世，其中多数是与疾病长期抗争的。生命的坚守与脆弱，令人感慨唏嘘！

文 案

案例一　中国出版集团组建与发展

案例二　过渡时期组建河南出版集团思路

案例三　出版审计的有关情况

案例一

中国出版集团组建与发展

一、我们曾经有过的想法

中国出版集团目前的发展态势并没有进入正常的市场竞争状态。第一，集团市场态势的出版产品，不是靠品牌、靠信息、靠优质服务获得，而是靠分工、靠专业范围、靠地理人口优势取胜。中国出版集团参与的竞争是教材教辅专有出版的垄断下的不公平、不完全的市场竞争，是国家计划和指令经济与市场经济配合并没有取得根本转变的竞争。因此，在竞争之初，注定成功取得胜利、注定失败和落后的因素已经提前规定。

中国出版集团拥有国内第一流的编辑，第一流的品牌，第一流的新闻出版资源，但由于并不拥有第一流的出书范围和第一流的专有出版权，所以本身的竞争优势并不具备。它的艰难挣扎、举步维艰是可以想象的。

也许可以考虑：

诸如，世图拥有医药卫生部分，独立出来，直属集团管理，与商务、三联共同发展。

诸如，恢复商务和三联出教科书的历史传统，形成教育类图书的规模和优势。

诸如，大百科出版社给予科学技术类出版社副牌，组织力量重点进军科学技术领域，力争在市场上占有一席之地。

诸如，恢复新华书店总店全国中盘的地位，充分利用物流配送的优势形成覆盖所有出版产品、所有分销地域、所有分销渠道的大物流系统，并且以率先与社会商流合并为基础而向全社会服务，降低物流成本，提高经济效益，解决国内没有一家全覆盖型图书销售网络的空缺。

诸如，利用中图、中版图可对外图书贸易优势，集中一两家出版社专门研发引进版权的图书贸易和专门输出版权贸易的出版发行工作，把版权贸易这一块做足做活，做大做强。

诸如，成立全国性期刊出版社，专门为期刊生产的运作提供服务，一方面提供期刊类各种数据库（知识库、学术库、各类信息库），另一方面建立更强大的期刊文摘系统，发挥新华文摘的品牌作用，形成系列、系统、全面的期刊文摘覆盖。

诸如，成立专门为报纸业服务的出版社，储存和分析全国报纸业提供的各种信息，既服务于报纸业的管理，又可利用报纸提供的信息，再选择、再生产、再整合，充实图书与期刊和数据库出版，服务于社会。

诸如，成立专门为互联网服务的出版社，利用各网站信息，把可逝信息固定化，把琐细信息系统化，把稀缺信息便利化，为社会的各种需求服务。

我们对公共事业的认识还远不到位。公共事业、国家投资和拨款的事业单位和公共项目，同样需要像经营企业一样来运作，要讲求投入与产出比、资本与收益比、成本与利润比，在市场经济的社会中，任何一种行为都是有经济注脚、经济定位的，即有成本和产出比。国有事业，只是把经济社会中经常被企业经营者忽略而又必须为公民提供的一些条件和事情做出来，是把长期的暂时不会有多少利润可回收而泽被于长远的事情做起来，把服务于整个社会而又不可能让某一经营单位赔本经营的项目做起来。在项目和事业的运作上，它的每一步市场支付，讨价还价，精打细算，科学理财，都必须根据市场规则，否则就会花大钱办小事，花多钱不办事。

公共事业和公共的经营同样需要资本的人格化运作。

二、中国出版集团公司章程修改情况汇报

由发改委牵头，中宣部、财政部、工商总局、中国出版集团参加的《中国出版集团公司章程》修改会议为时两天，研究讨论了如下问题。

（一）集团公司注册

按照国家相关法律法规和政策规定，中国出版集团的注册要完成两种程序。一是企业集团注册。企业集团的架构是企业法人联合体，集团本身不经营，只行使对集团内部公司的管理职能。企业集团注册后，所属公司才可以冠名“中国出版集团人民文学出版社”等。企业集团注册，需要章程，而且冠以“中国”字样，须经国务院批准。二是集团公司注册。集团公司是中国出版集团的母公司，它与各所属公司是母子公司关系，各自拥有自己的法人代表，各自对自己的法人资产（经营资产）负责，在经营关系上是相互独立的法人实体。国务院22号文批复的集团公司框架，实际上是企业集团的建构。在目前的实际操作中，真正的集团公司并不存在，但考虑到批复文件已经形成，所以，权且先认定目前操作的章程作为企业集团公司章程。集团、集团公司两方面的注册，工商总局答应都一一操作，考虑到国务院不可能另外行文，只让中国出版集团补上企业集团章程即可。

（二）集团公司领导层的设置

集团公司负责人，产生程序仍按原来的归属和程序，但公司总裁，需要国务院发文认可，即名誉上由出资人国务院任命。集团中各子公司负责人，按照集团规则和公司法，也应由出资人任命，即由中国出版集团任命，修改小组建议，可实行在上级部门事前备案制审批。

（三）集团公司的经营资产

原则上，集团所属公司的资产只是集团资产，不是集团公司的经营资产。目前，集团公司经营资产是空壳。

第一，法人资产的单一指向。按照企业法和公司法，集团公司（母公司）只能经营自己的法人资产，作为独立法人的子公司的法人资产，

不是集团公司的法人资产，不能被集团公司一平二调或挪作他用。

第二，利润分成能否行得通。企业集团作为出资人，可以以分红的形式，提取若干比例的利润，逐步形成集团公司（母公司）的经营。也只有这一种途径，才会有集团公司的经营资产（法人资产）。事实上，到目前为止，全资国有企业是从来没有上缴利润之说的。

第三，无形资产的授权限制。无论是企业集团，还是集团公司，它们都不具备下属子公司的专有出版权（具体体现在出版物版号、书号、刊号的使用权）。因此，如果出版总署不授权的话，出版集团在无形资产的使用上，将不会有任何作为。对于各子公司多年来形成的品牌和企业信誉、形象等，集团和集团公司也无权自行调整。

第四，请一定理解以资产为纽带的含义。

第五，中国出版集团公司的资本来源，一是中宣部借支的 300 万元人民币，财政部建议改作投资，这似乎与情理不通；二是在实行税费返还政策时，当年度所返还的部分所得税，到目前为止共 2000 万元，根据 105 号文件，试点出版企业所得税免交，故集团已经没有了这笔收入；三是以后设想的利润分成，财政部的同志表示，每年不能超过利润的 3%，也就是 300 万到 500 万元之间，这些钱只够集团本身开工资的。从实收资本进账和后续收入来源看，出版集团公司仍然是个空壳。

（四）中国出版集团公司运作的尴尬

1．“出资人”的尴尬

22 号批复文件把中国出版集团定为各所属单位的出资人，并授权管理他们的国有资产。实际上是指空为空，一分钱的投入也没有给出版集团公司，集团公司自然也没有什么可以给下属。有人称之为：“要让马儿跑，还要马儿不吃草”，“空手套白狼”。

1）文化产业内部的国有资产，多少年来是以无主资产（或者叫部门资产）的形式运行的，国有资产只是一种理论上的说法。所有者权益的空缺是中国特色，针对出版业来说，国家既不投入，也不索取，完全是部门自主支配和经营。而且经营好坏、效率如何，并没有人去过问。中国出版集团各子公司的企业负责人事实上早已拥有本企业资产的所有权和支配权，这种权利远远大于企业法人经营法人资产的权利，从来不向国家交纳利润，也没有利润指标，现在突然来了一个部门，要收走权力、要上缴若干利润，当事人作如何想象。

2）出版产业本身不需要巨额投资，不需要系统的生产线、生产设备等，办公楼房、办公用具在其中所占的比例微乎甚微。出版行业的资产大部分是一种流动的资产和无形的资产，最珍贵的是文化的积累，是智慧的选择，而这种资产是拿不走、挪不动的。形成物资的部分，大多以存货、在产品的形成运作着，根本不可能进行随意变动和变通。

3）形成集团所属企业目前的国有资产（实收资本22亿元），绝大部分并不是国家投资而来的，而是出版工作者靠几十年辛勤劳作，一点一点积累起来的。整个出版集团内部能赚钱赚大钱的部门并不多，即使是效益好的出版企业，在市场上也常常是举步维艰。国家固然给予专有出版权，但现在这种专权和垄断的保护越来越弱，企业所面对的市场竞争越来越剧烈。相当一些单位亏损严重，嗷嗷待哺，等着集团输血。

4）对于严重亏损企业，“出资人”的“资”是债务，是负数，是要对这些亏损企业的负增长负责。“资”是空的，而“债”是实的，这的确造成了集团的难堪。

2．用人权的尴尬

1）所属公司用人早已是自主运作，进什么人、以什么方式进人、以什么待遇用人，完全由各单位自行确定，公司的用人权，集团基本上无法过问。

2）集团公司本身的用人权。由于资金来源不明晰，集团公司员工的工资没有固定着落，集团本身也不可能随便进人，人事权因无财权而不自主。

3）对所属单位法人代表的任命权。在过渡时期，集团还不具备对所属单位法人代表的任命权。法人代表面前的出资人或代理出资人，事实上空空如也，既无钱又无权，集团本身并无多大约束力。

3．资源整合的尴尬

企业集团最大的优势莫过于对资产进行整合，形成成本优势、结构优势，抵御市场风险，参与外部竞争。

1）合理避税问题。集团公司本来可以组建内部银行，把子公司之间的外部交易变成内部交易，以期合理避税。可是，目前税费免收，已经没有这个必要。与此相关的合理资金占用、内部贷款、减少费用等，均成为空话，皮不存毛焉附？

2）统一采购的讨价还价能力。出版企业作为生产链条上的中间环节，节约成本很大一方面在于生产资料（或原产品）购买和使用时，批量加大、成本降低所形成的讨价还价能力。但由于过去子公司都是各自为政，各有自己的需求，各有自己的利益。统一采购阻力很大，不仅起不到降低成本的作用，反而造成新的矛盾。

3）同类产品组合的相对垄断，形成对外市场控制和竞争优势。由于专有出版权并不在手中，各社出什么书、报什么选题，只对总署说话，集团调控无能为力，整合优势只是一句空话。

4）品牌、人才、工艺等的优势整合和统一开发同样无从做起。

5）“物”的整合无法实施。所有的地皮房产，尽管是公家的，但都是部门所有，如果一定拿过来集团统一开发，那将会很行不通，你只是理论上的所有者，并非真正的所有者。

（五）集团如何做强做大

集团做大做强，很大层面取决于集团公司做大做强，“手中有粮心中不慌”，母公司强大了，才能对子公司有所作为，才有发言权、调度权、支配权。

1．人事权完全到位。

2．出版产业本身不需要巨额投资，集团公司开张则需要必要的资本。

想方设法加大母公司（集团公司）本身的资产，这是管理的基础、运营的基础，也是整合资源、发展壮大的基础。

1）真正给予一些资本，别让集团公司口袋空空，素面朝天。①国家投资；②部里投资（财政部，中宣部）；③以所得税的形式征收，而全部返还于集团公司；④增值税返还给集团公司。

2）基本建设的投入，让集团本身有一定资产。①国家投资建立出版大厦；②国家为其购买一块地皮；③必要设备的投入，如出版集团系统之间的互联网建设、局域网建设和现代出版技术改造；④日常维护费用。

3）专有权利的赋予。①专有出版权的授权；②选题审批权的下放；③其他权力，如外事权等的赋予。

3．给予一定的时段，放水养活母公司之后，才有可能打开中国出版集团的新局面。经营是实实在在的事情，不能老是空对空。不要预期太高，不要预期成功太早。

三、中国出版集团章程（发改经体[2004]1269号）

第一章　总　则

第一条　为确立中国出版集团公司（以下简称“集团公司”）的地位和行为准则，保障集团公司的合法权益，规范集团公司的管理和运作，根据国家有关法律法规，制定本章程。

第二条　集团公司的中文名称：中国出版集团公司。英文名称CHINA PUBLISHING GROUP CORPORATION，缩写CPGC。

集团公司的法定住所：北京市西城区北礼士路54号。

第三条　集团公司是经中华人民共和国国务院批准，以人民文学出版社、商务印书馆、中华书局、中国大百科全书出版社、中国美术出版总社、人民音乐出版社、生活·读书·新知三联书店、中国对外翻译出版公司、东方出版中心、新华书店总店、中国出版对外贸易总公司、中国图书进出口总公司［原中国图书进出口（集团）总公司］12家企业为成员单位组建的国有企业。集团公司具有独立的企业法人资格，其合法权益和经营活动受国家法律保护。

第四条　集团公司经国务院授权对所属成员单位的经营性国有资产（含国有股权，下同）行使出资人权利，对其中国家投资形成的国有资产或国有股权依法进行经营、管理和监督，并相应承担保值增值责任。

第五条　集团公司的宗旨是：坚持以马列主义、毛泽东思想、邓小平理论和“三个代表”重要思想为指导，坚持为人民服务、为社会主义服务的方向和百花齐放、百家争鸣的方针；宣传党的路线、方针、政策，弘扬民族优秀文化传统，实施国家重大文化工程，传播先进文化科学知识，促进国际文化交流合作，提高民族素质，培育民族精神，满足人民群众多层次多方面的精神文化需求；依靠科技进步，深化企业改革，优化资源配置，提高集约水平，强化经营管理，增强竞争能力，增值国有资产，提升企业实力，加强出版专业技术人才和经营管理人才队伍建设，促进出版业更快更好地发展。

第六条　集团公司根据业务发展需要，经国家有关部门批准，可在境内外设立全资企业、控股企业、参股企业和分公司、代表处等机构。集团公司以其出资额为限，对全资、控股、参股企业承担有限责任。

第七条　集团公司在国家宏观调控、有关部门领导和行业监管下，依法经营，照章纳税，维护国家利益，自主进行各项经营活动。

第八条　集团公司按照建立社会主义市场经济体制的方向，进行国有资产管理体制改革试点，配套推进相关改革，接受国务院有关部门的指导。

第二章　注册资本和经营范围

第九条　国务院为集团公司的出资人。资产总额为859532517.79元人民币（暂定）。

第十条　集团公司主要经营下列业务：

（一）国（境）内外图书、期刊、报纸、电子出版物、音像制品、网络出版物的出版以及上述出版物的批发与零售、物流配送与连锁经营；

（二）各类印刷品和磁、光、电介质的印制与复制；

（三）著作权贸易、代理及合作出版；

（四）出版物及出版所需纸张、油墨、磁光电材料等印刷物资和设备的经营及进出口；

（五）提供出版物策划、审稿、翻译、编辑加工、校对等服务；

（六）国（境）内外出版项目及有关文化项目的科研、开发、设计、制作、技术转让、技术咨询、信息服务、代理和监理；

（七）国（境）内外出版物和出版技术展览、出版技术交流与合作、出版文化交流与合作、出版人才培训与交流；

（八）字画复制、装裱和制作，艺术品拍卖，文化产品设计和开发，文化用品的经营，文化旅游；

（九）网站经营、网络内容供应（ICP）、网络服务和电子商务；

（十）广告的代理、设计、制作和发布；

（十一）与上述业务有关的电视、电影拍摄；

（十二）出版、印刷、复制设备租赁；

（十三）装饰材料、办公用品、宾馆、招待所、餐饮业的经营及房地产开发、房屋出租、物业管理业务；

（十四）根据国家有关规定，从事国内外投融资业务；

（十五）国家允许或委托的其他业务。

第三章　组织机构

第十一条　集团公司实行总裁负责制，总裁为集团公司法定代表人。集团公司设副总裁若干名，副总裁根据集团公司章程的规定和总裁的委托履行相应的职责，协助总裁工作，并对总裁负责。集团公司总裁及其他领导班子人员职务任免和管理，按国函〔2004〕22号文第五条规定办理。按照现代企业制度的要求，集团公司探索建立董事会、监事会和经营管理者相互制衡的公司法人治理结构。

第十二条　总裁负责集团公司的全面工作，主要行使下列职权：

（一）贯彻执行党的路线、方针、政策和国家的法律法规，执行中共中央、国务院的决议，向党中央、国务院有关部门和单位请示、报告工作。

（二）组织制定和实施集团公司的发展战略、中长期规划和重大资本运营项目。

（三）组织制定和实施集团公司的年度经营计划和投融资计划。

（四）组织制定和实施集团公司年度财务预算、决算方案。

（五）组织审定集团公司内部的利润分配方案和弥补亏损方案。

（六）组织研究有关重大人事事项。

（七）召集并主持总裁办公会议。

（八）国务院及有关部门授予的其他职权。

第十三条　集团公司总裁办公会议研究决定以下重要事项：

（一）集团公司发展战略、中长期规划、年度经营计划。

（二）有关规划建设、资源配置、技术标准、业务规章、价格策略、投融资计划、资本运营、利润分配、技术开发和集团公司内部管理体制、组织结构调整及内部机构设置等重大决策。

（三）集团公司的年度财务预算、决算方案。

（四）全资企业、控股企业和集团公司各部门负责人人选及考核办法、薪酬标准。

（五）按法定程序和出资比例，向控股、参股企业委派或更换的股东代表、推荐的董事会成员、派出的监事会成员的人选。

（六）向全资企业、控股企业派出的财务负责人人选及管理办法。

（七）讨论修改集团公司章程，制定集团公司基本规章制度。

（八）集团公司其他重大事项。

总裁办公会议由总裁主持，副总裁和有关负责人参加。总裁、副总裁对职权范围内决定的重大事项，承担相应的责任。

为保证决策的科学民主，避免或减少决策失误，总裁办公会议要按规定建立严格的、可追溯的决策责任追究制度。

第十四条　集团公司根据经营管理和发展需要，按照精简、统一、效能的原则，设置管理机构，在总裁领导下开展工作。

第十五条　集团公司党的组织及纪检、监察、工会等机构的设置，按照《中国共产党章程》和有关法律法规办理。

第四章　职责与权限

第十六条　集团公司的主要职责：

（一）执行国家法律法规和产业政策，按时、按质完成党和国家重要出版发行任务。

（二）对投资企业经营性国有资产履行出资人职责，承担保值增值责任。统一管理集团公司及全资企业、控股企业的名称、商标、商誉等无形资产。

（三）根据国民经济中长期发展规划、国家产业政策和市场需求，制定集团公司的发展战略、中长期规划、年度经营计划和重大生产经营决策。

（四）依据国家法律法规和有关政策，组织实施重大投资活动，对投入产出效果负责。加快技术创新和科技进步，增强市场竞争力，促进中国出版业更快更好地发展。

（五）依照法定程序和有关规定对全资企业、控股企业和集团公司各部门负责人进行任免、考核，并根据考核结果对其进行奖惩。

（六）指导和推进全资企业、控股企业的改革和重组，加快结构调整，转换企业经营机制，强化内部管理，妥善做好减员增效和富余人员分流与再就业工作，维护稳定。

（七）指导和加强全资企业、控股企业思想政治工作和精神文明建设，搞好集团公司内部企业文化建设。

（八）承担中共中央和国务院及有关部门委托的其他工作。

第十七条 集团公司的主要权限：

（一）依照国家有关法律法规取得国有资产收益，用于国有资本的再投入和结构调整等。

（二）按照国家有关法律法规，对全资企业、控股企业经营性国有资产，在职权范围内可自主决定（对公司制企业需通过股东会、董事会决定或参与决定，下同）重组、转让、租赁与并购，并依法决定其存续、合并、分立或解散。

（三）按照国家规定的项目审批权限，管理集团公司及全资企业、控股企业的重大投资项目。依法决定全资、控股企业的经营方式、分配方式和重大生产经营决策。

（四）根据国家有关规定，经国务院主管部门批准，享有外贸经营权、外事审批权、对外投融资权、对外工程承包权和劳务合作权。

（五）按照精简、统一、效能的原则，自主决定内部管理机构的设置。根据国家法律法规和有关规定任免和管理全资企业、控股企业和集团公司各部门负责人。向全资、控股企业派出财务负责人。按法定程序和出资比例，向控股、参股企业委派或更换股东代表，在征求有关方面意见后推荐董事会成员、派出监事会成员。

（六）统一管理集团公司及全资企业、控股企业的外事工作。集团公司负责人出国审批按国家有关规定执行，全资、控股企业负责人出国由集团公司审批。

（七）国务院及有关部门授予的其他权限。

第五章 集团公司与有关企业的关系

第十八条 集团公司与全资企业、控股企业之间形成以资本为纽带的母子公司关系。集团公司按照国家有关法律法规和公司章程，逐步建立规范的控股公司体制。全资、控股企业要进一步拓宽融资渠道，尽可能实现投资主体的多元化。

第十九条　集团公司对国家投资形成的经营性国有资产承担保值增值责任；全资企业、控股企业对集团公司投资形成的经营性国有资产，向集团公司承担保值增值责任。集团公司要建立和完善国有资产保值增值考核指标体系，依照法定程序对全资、控股企业的生产经营和国有资产保值增值进行检查、考核。

第二十条　集团公司对全资企业、控股企业的国有资源进行优化配置，对其发展战略规划、重大投融资计划，依照国家发展规划和产业政策履行出资人职责。全资、控股企业在集团公司的规划和指导下，开展日常生产经营活动，依法享有生产经营自主权。全资、控股企业要面向市场深化内部改革，加强管理，转换经营机制。

第六章　财务会计和审计

第二十一条　集团公司财务和资产关系在财政部单列。

第二十二条　集团公司依照国家法律法规和财政部的有关规定，建立健全集团公司和全资企业、控股企业的财务制度。

第二十三条　集团公司以公元年度为会计年度，以每年 12 月 31 日为会计年度截止日，在每一会计年度结束后，编制财务报告和财务决算，并依法通过有资格的会计（审计）机构审查验证。

第二十四条　集团公司按国家规定编制合并会计（财务）报表。

第二十五条　集团公司采用人民币为记账本位币，根据经营需要，经批准可分别开立人民币账户和外汇账户。

第二十六条　集团公司按照国家有关规定实行内部审计制度，建立内部审计机构，对集团公司及其全资企业、控股企业以及分公司、代表处等机构的经营活动进行审计监督，并定期提交内部审计报告。

第七章 劳动、人事和分配制度

第二十七条 集团公司按照国家有关劳动人事的法律法规和政策，根据建立现代企业制度的要求和生产经营需要，制定劳动、人事和分配管理制度。涉及有关重要问题的规定，在征求有关方面意见后施行。

第二十八条 集团公司根据国家有关政策和集团公司发展规划，深化内部改革，加强科学管理，逐步建立适应社会主义市场经济要求的激励和约束机制。

第二十九条 集团公司遵守国家有关劳动保护法律法规，执行国家有关政策，保障劳动者的合法权益。职工参加地方社会保险事宜，按国家有关规定办理。

第八章 附则

第三十条 本章程经国务院原则同意，国家发展改革委、财政部印发生效。

第三十一条 集团公司根据需要可修改章程。修改后的章程报国家发展改革委、财政部批准。

第三十二条 考虑到集团公司的现实，本章程某些条款的执行允许有一段时间的过渡期。

第三十三条 集团公司终止、解散和清算等未尽事宜，按照国家有关法律法规和政策执行。

第三十四条 本章程由集团公司负责解释。

四、中国出版集团公司资本注入和经营效益的可行性研究

（一）中央级出版单位的效益构成

作为经营性的事业单位运作，完全自筹自支自负盈亏，国内出版业自 1980 年左右开始，到目前已经 25 个年头。25 年来，出版业的效益构

成基本上形成如下格局：1）中央出版单位187亿元和地方出版单位347亿元；2）社会出版单位和大学出版单位；3）教育类图书出版单位（课本195亿元）和一般类图书出版单位。国内年出版利润约为60亿元左右，按第1类划分的比值是10 ∶ 50；按第2类划分的比值是50 ∶ 10；按第3类划分的比值是58 ∶ 2。教材教辅出版利润占整个出版利润的95%左右。一般估计数字，应当是每1亿人口，中小学教育类读物每年的利润为3亿元左右，全国每年中小学教育类读物的收益为4.2亿元左右，其余8亿元为大中专教材及教学辅助用书收益。国有出版业的另外两个板块：印刷业，基本上是保本微利，年利润不超过2个亿，多半集中于南部沿海地区；发行业也是效益比较高的企业系统，年利润约在20亿元左右。（当我写作这一节的时候，手头并没有准确的资料依据，所有的数据只是凭平时积累的经验做大致估计。不久，各地的朋友纷纷打电话帮我核准数字：全国印刷业骨干厂家136所，2003年实现利润1.3亿元，全国新华书店系统2003年实现利润18亿～20亿元。）

图书经营，中央级出版单位年销售收入150亿元左右，地方出版社350亿元左右，中央级出版单位综合效益，每年的实现总利润是负数。2002年变为负137万元，2003年大约为负150万元，2004年可能会达到负200万元。这本身也说明了出版产业的高额利润并不是普遍的神话。中央级出版单位的盈利大户主要是：教育、卫生、科学类出版社，其中高教社年销售达17亿元，地图、人教社8亿元，人卫社6亿元，科学社7亿元；大学类出版社、外研社6亿元，北师大社5亿元，清华社5亿元。国内销售收入，出书种数，出书总册数（或可用总印张）的前十名，中国出版集团麾下的出版社均未进入。政治类出版物是中央级出版社第二大利润增长点，过去人民出版社也因此可得不少市场利润，如今，一是政治类（党代会、人代会文献以及辅导材料）出版物收益已形成人民社与中央党校、中组部、中宣部和人大政协所属出版社平均分布的政策格局；二是人民出版社将从中国出版集团中划出，单独运营，即使是政治类读物的成块效益也难以流入中国出版集团的地盘，也有比中国出版集团所属各单位经济效益更差的出版单位，一是原属于各部委的相当多的一部分出版社，由于部委的撤并，它们有的归属于总公司，有的归属于科研单位；有的资不抵债，靠母公司输血勉强运营；有的过去靠单位养着，现在没有了资金投入，只有靠卖书号维持。这些效益负增长的出版社真正从卖书号（出卖专有出版权）中获得的利润微乎其微，更多的还是原主管主办单位经济补贴。当然，至今还没有一家要求停业不办的。

（二）中国出版集团所属企业经济趋向分析

毫无疑问，中国出版集团所属单位都是国家级、重量级的出版单位，这个级别不是自定的，而是近百年来老店老社等老字号品牌的逐步形成，是国家级的出版眼光和出版选择所决定，是重量级的出版产品和出版服务所构成的。但由于出版范围、专业分工和长期服务对象的限制，在经济总量上，国家级和重量级的概念就显示不出来。

中国出版集团所属单位发展为经济强势的企业有两条路子可供选择，一是吸纳经营业绩好的出版企业进入，比如，教育类、科技类出版单位的进入，这方面不是中国出版集团一厢情愿就能做成的事，一方面要有赖于国家政策的调整，比如，所有的出版经营单位都要与政府部门脱钩，像报刊治理一样；另一方面，即使有这么一个脱钩，从经济运作的层面讲，还有一兼并与反兼并的问题，猴子是无法吃掉大象的，除非是中国出版集团自己成为经济上的大象。此外，中国出版集团要拓展自己的业务领域，比如也进入教育、科技、卫生类图书生产的行列，也建立自己的市场份额和地盘，这种尝试做一做是可以的，但要形成一定的规模，从别人手中把地盘夺过来，则有可能会其难无比。没有资本的优势就一定得有管理的优势，有战略的优势，或者有政策关照的优势，如何得天时地利得人和，形成竞争优势，还是一个未知数。因此，短期内，中国出版集团要有一个大的发展，要很快能够做大做强应当不是一件容易的事情。

还有另外一种因素必须考虑，那就是世界传统出版业正在走下坡路的趋势，由于信息技术的发展和普及，人们获得信息知识的途径越来越宽，传统出版业的主打媒介已经远远不能满足于社会需求。中国的出版业也不例外，中国出版集团 2003 年图书品种增加 53%，销售收入只增加 7%，利润收入仅增长 3%。这也充分说明了在市场萎缩的大背景下，效益每增长一个百分点都是极不容易的事情。并且，成立集团两年来，似乎在机制体制改进之下，还没有长出新的经济增长点，即不仅仅是靠品种的增加、规模的扩大，而是靠单个品种的实力增长和规模效应所形成的成本降低所形成新的增长点，靠企业流程再造和优化形成新的经济增长点。

解决这一问题的国家政策是：加大无形资产的投资，最大限度地赋予专有出版权，解决出书范围、专业分工、地域合作和书号限制等一系列障碍，形成中国出版集团在拥有无形资产和专有出版权的更大优势。加大有形资本的投入，注入必要的启动资金，支持中国出版集团所属单位技术改造和生产设备的更新换代，支持其进行跨媒体跨行业的经营运行，支持其管理模式创新和科技手段创新。形成中国出版集团在中国出版业的真正优势，在市场经济大潮中的竞争优势。

中国出版集团所属各单位 2003 年销售收入累加值为 22 亿元（其中有部分是重复计算），利润为 1.8 亿元，不抵一个高教出版社，甚至收入只相当于人民教育出版社。2003 年的利润增加只有 3%，销售收入增长 13%。这种增长速度，看不出集约经营带来的巨大变化，或者说还没有形成集约经营，只不过是把过去的十几、二十几个单位简单地递加，出版集团所属各单位的潜能和优势并没有能够激发出来，尤其是缺乏一个强有力的母公司的依托和支撑，各子公司仍然成为分散状态，由于没有资本的纽带，母公司的效用基础根本就没有形成。中央领导同志所期望的形成规模效益和规模优势的状况并没有出现。因此，还必须从集团母体集团公司的方面多下功夫，利用集团母公司的综合、再生、优化能力，形成各子公司的超常发展。

中国出版集团所属企业经济形势的根本好转，的确在于利用改制和集团化运作的机遇和条件，充分发挥自身的潜力，发挥自己多年来所形成的出版资源优势，利用外部投入和支持，形成品牌产品的集群优势，形成产品生产和流通中的流程再造，尤其是在产品流通环节中充分利用规模经营规模效应，逐步克服自己底盘不足、资本不足、规模不大、技术落后等不足和劣势。由于文化产业尤其是出版业独有的经济运转规律，以及知识产权产品的特殊价值，中国出版集团所属企业应当把自己对出版物的选择的独特眼光，把对文化资源运用的天然优势，利用自己所拥有的中国第一流的编辑出版队伍和良好的行业风范，打造出真正能够在市场风浪中劈波斩浪的航空母舰，起到旗舰的引领和示范作用。

（三）中国出版集团公司经济基础和效益前景

作为企业集团，中国出版集团是由集团公司（母公司）和各所属单位（子公司）共同组成的。从理论上讲，集团公司作为国有资产的授权人，对其子公司行使出资人权益，集团公司和各子公司分别作为法人实体，各自拥有自己的法人代表和法人资产，资本运营是相互独立的。作为出资人，集团公司是各子公司资产的所有者，但同时又不能任意支配下属公司的资产，只有在赎卖、兼并、拍卖时，才能够对其公司资产做出整体处置。从实际操作上讲，下属各子公司作为国有企业，并不是靠国家有形的资本投入而发展起来的，它们基本上是按照国家分工和专有权力的授予，在经营上由小到大自己发展起来的。这些国有资产的形成，本身就和一般制造业等行业不同，没有明显的资本投入（是政策经济、文件经济）。按照目前国有企业运行的潜规则，这些资产实质上已成为部门资产，是由内部人自主控制的，而且，国家并不对这些由无形资产投入所形成的企业效益（比如利润）提出什么具体要求。出版企业的法人代表事实上拥有极为宽泛的资产处置权和收益处置权。这样的情况下，再出来一个出版集团架构与各子公司分享资产和收益，应当是于情于理都说不通的。正因为如此，目前的中国出版集团是一无房产、二无资本、三无主业和经营项目。

中国出版集团试运行两年，之所以没有因为经济问题（资本问题）打住车，主要缘于几种因素：1）集团所有成员大都从各单位抽调而来，一律在原单位（党政机关或事业单位、企业单位）领取工资和津贴，集团只负责一些补助；2）原来由中央财政直接支配的出版行业税费返还建立的宣传文化建设基金，由中宣部、新闻出版总署支配改为中宣部、新闻出版总署、出版集团三家支配，尽管每年各所属出版单位要上交近5000万元所得税（自2002年起，三年核定数字分别是4885万元、5877万元、5730万元），但毕竟集团自身还可以分得1000万元到2000万元基金；3）不做事和可做事。原来计划建立内部银行没有建立；打算财务并账、税务并账没有进行（并税后合理避税，上交税费少了，基金实际分配数也会少），这样至少会减少许多集团的运作成本。4）中宣部借支的300万元。这是在中国出版集团最初开张一穷二白之际，外部注入的第一笔资金。这些收入仅仅能够维持集团的日常运行，还没到考虑建立主业经营运作的份上。拟扩大出书品种而独立出来的朝华出版社，为集中采购、提高市场讨价还价能力的纸张等物资供应公司，技术改造信息共享的网络建设，都因为资本金问题一再搁置。

集团公司批复下达以后，母公司的筹资问题更是提到日程上来。财政部同志的意见，每年允许集团公司从子公司的经营利润中提取3%作为管理费用，支付集团运转经费。3%的实际数字即300万元～400万元，只够集团本部的办公费、人头费。国务院办公厅105号文件下达以后，各子公司享受免税待遇，不交税就没有税费返还，就没有宣传文化基金中出版这一块的提成，集团过去所享有的每年2000万元的基金也成为泡影。集团公司本身没有形成任何经营业务，连办公用房都是租借的。所以集团公司一旦挂牌，首先遇到的便是资本金问题，能做的事情还是做不起来，发展一定会成为问题。

（四）解决目前出版集团公司资本不足问题的相关思考

集团公司注册之后首先面临的是事关整个集团经营的出口——物流

配送中心因欠资8000万元，无法启动；其次，集团下属单位转制将会涉及的费用；第三，集团公司基地建设；第四，集团内部技术改造问题；第五，集团业务整合和设立内部银行的基本投入。

建议解决的途径如下：

1. 争取国家在启动中国出版集团公司之际，可以给予的资本金注入，一般应不低于5个亿。国家所属集团的建立，一般都要有实实在在的资本注入，尤其是在目前的各所属单位已经是内部人控制的情况下，只有国家适当的注入，才能确立集团公司法人的实体地位，才有可能在母子公司模式下运作资本、开展经营。在这方面，一是要争取国家发改委、财政部和国务院领导对中国出版集团公司经济上捉襟见肘真实情况的真正了解；二是要把工作做到位，让方方面面形成一个有利于打下中国出版集团公司坚实经济基础的环境；三是要让人们了解作为文化产业，尤其是出版产业，它在经济运作层面的特殊情况及市场前景。

准备材料：1）中国出版集团目前经济情况分析；2）中国出版集团公司短期（三五年）、中长期（十到十五年）经济发展前景预测，尤其是在国内出版业中经济地位的把握；3）中国出版集团公司申请资本金投入的理由和法律依据。

2. 争取与兄弟出版集团的经济合作，利用地理、资源、权威、出版水平等优势，与资本强大而又发展不足的兄弟省市出版集团合作，形成集团之间的优势互补，共同发展。

一是品牌共享，以品牌为投入，吸纳外部资本，形成经营优势；二是以地域优势，带动全国市场；三是以新华书店总店曾经有过的全国中盘的历史优势，重建出版物中盘流通的市场桥梁，形成发行辐射方面的中心优势；四是充分发挥各出版社的编辑优势，以自家人做大家书；五是直接的资本入股，共同开发全国流通中心、全国出版中心；六是利用房地产开发和重组，吸纳社会资金。

准备材料：1）新华书店总店物流中心建设规划与合作规划；2）全

国骨干图书工程规划；3）与兄弟省市出版集团合作规划；4）对外招标。

3．内部挖潜，渡过难关。集中本集团内各单位闲散资本，首先解决物流中心瓶颈问题，并且，以物流中心8000万元为股份，实行集团内部融资。

准备材料：1）融资方案；2）效益合同。

4．吸纳和改造一个所属单位，使之成为集团母公司，方案另做。

和宁洪同志讨论的意见（电邮）：

全文可分三大部分。

第一部分　国家资本金注入中国出版集团的必要性

（一）任何一家集团公司在创立时都必须要有启动资金，资金来源渠道主要有以下几个方面：A. 吸收直接投资，包括国家投资、吸收法人投资、吸收个人投资；B. 发行股票，从股市上筹集；C. 银行贷款；D. 发行债券；E. 自有资金。

通过分析，对于按我国政府导向成立的出版集团而言，在当前由于受国家政策限制和面对现实，启动资金只可能来源于吸收直接投资（国家投资、出版部分环节个人投资）、银行贷款及自有资金。

（二）从中国出版集团在全国出版业的地位分析，属中央级出版单位，它的改革成败关系到整个出版业的改革成败，历史意义和现实意义深远。所以国家应该对其投入一定的精力和财力，注入适当的资本金，尤其是原有利润构成发生改变，人民出版社从集团划出，单独运营，原有的政治出版物形成的可观收益将不再流入中国出版集团。

从中国出版集团所属企业经济流向分析：优势、问题、前景。

1. 从产品上来分析：①优势：国家级、重量级品牌，无形资产价值较高；②问题：受出版范围、专业分工和服务对象的限制，没有得到充分发挥；③前景：要有好的政策支持和资金优势，扩大业务范围，两条途径可走。做好，可以使无形资产的优势得以更大发挥。

2. 从外部市场分析：①优势：占据一定的市场份额，目前经济效益呈上升趋势；②问题：整个市场萎缩，没有新的经济增长点；③前景：如果能加大有形资本的投入，可进行技术改造。

3. 从两年的历程分析：运行两年的情况不尽如人意，与国家期望的规模效益和优势相差甚远，主要原因：A. 没有形成以核心企业为龙头的母公司，也没有形成主业，法人的平等地位和产权的不平等地位都没有体现，更谈不上资本纽带问题；B. 没有资本金来进行大规模的改制和集团化运作。

得出结论：国家可投入一部分启动资金（另一部分可以通过银行贷款，这样对一个企业的发展是有利的）。因为中国出版集团所属企业经济形势的根本好转，在于利用改制和集团化运作的机遇和条件，充分发挥自身的潜力，发挥自己多年来所形成的出版资源优势，利用外部投入和支持，形成品牌产品的集群优势，形成产品生产和流通中的流程再造，尤其是在产品流通环节中充分利用规模经营规模效应，逐步克服自己底盘不足、资本不足、规模不大、技术落后等不足和劣势。由于文化产业尤其是出版业的经济运转规律，以及知识产权产品的特殊价值，中国出版集团所属企业应当把自己对出版物的选择的独特眼光，把对文化资源适用的天然优势，利用自己所拥有的中国第一流的编辑出版队伍和良好的行业风范，打造出真正能够在市场风浪中劈波斩浪的航空母舰，起到旗舰的引领和示范作用。而这一切离不开新资金的注入。

（三）中国出版集团公司现有的经济基础

1. 理论与实际操作的脱节，从内部人自主控制资产中拿钱有困难，所以造成一无房产，二无资本，三无主业。集团只是一个空架子，呈弱势群体现状。

2. 目前的状况：办公地点、工资、现有的资金来源（中宣部借支、发展基金返还）、物流配送中心因欠资无法启动……

第二部分 如果投入国家资本将会有哪些方面的收益？将用于哪些方

面？

（一）物流、改制费、基地建设、技术改造、内部银行等

提及改制时要特别强调以有主业的核心企业为母公司（集团公司）的建立问题，集团将不再是一个空架子（如果这个问题不解决，投入再多的资本金仍然不能从根本上解决问题）。

（二）投资收益预测情况

1. 集团的收益在哪里？（集团拥有新的国家注入资金会做什么？产生哪些收益？达到什么目标？）

2. 国家的收益在哪里？（国家又投入新资金会得到什么？达到什么目标？）

第三部分 解决目前出版集团公司资金问题的相关思考

（一）国家投入资金的额度及如果达不到目标怎么办的问题

（二）开展多方筹集资金，不能完全依赖国家

（三）建立强有力的财务管理体制

（四）对外合作

（五）内部挖潜

（六）集团母公司的建立

五、中国出版集团改制工作进展情况及相关思考

文前说明：国务院22号批复文件下发后，中国出版集团转制工作进入正式实施阶段，各地试点出版集团、出版社也纷纷依照文件精神，修改、调整自己的体制改革方案，有些出版集团的领导还直接到中国出版集团了解有关转制的各方面的情况。作为出版行业的“国家队”，中国出版集团的转制工作具有重要的示范作用，其方法步骤、手段措施，以及转制后的集团运作模式和发展前景，都将对中国出版行业现阶段的体制改革和未来的发展走向产生重大影响。

2003年5月6日全天，中国出版集团转制领导小组办公室召开会议，

讨论、研究集团改制计划和相关问题。杨牧之同志传达了中宣部领导对于改制工作的要求和期望，并对集团改制工作的开展谈了具体意见。牧之同志指出，国务院的批复文件和长春、云山同志的指示，使集团上下倍受鼓舞，借转制之东风，一定要让中国出版集团的发展上一个台阶；随着改制工作的逐步展开，各种思想苗头也会出现，改制工作领导小组要予以及时引导。聂振宁同志主持会议，王俊国同志出席会议。为集团改制工作组建的综合组、人事组、财务组、信息组分别对改制工作中的40项具体任务的准备情况做了汇报。

围绕集团转制工作，与会人员进行了热烈、深入的讨论，并对有关问题形成了一致看法。大家认为，转制工作政策性非常强，时间要求非常紧，工作量非常大，具体操作非常复杂。从外部来说，转制工作涉及方方面面的联系与沟通，涉及相关政策的贯彻落实以及资产、资金的划转与监管，涉及集团发展外部政策环境、经营环境的建立；从内部来说，转制要建立新的管理体制和运行机制，要建立新的组织结构和工作制度，要理顺内部管理各层面的关系，拿出具体实施办法。做好集团转制工作，一方面要认真研究相关法律和法规，深入了解各项政策制度的起缘与演变，充分利用党和政府为转制工作所提供的政策空间；另一方面，在具体操作上，机构设置、人员配置、财务制度、资金运用、薪酬体系等等，每一个环节、每一个步骤、每一个过程，都要精心策划、严密组织、稳步实施，做到顺利推进，万无一失。会上，根据各专门小组提供的情况，对集团公司注册前后的各种问题分门别类，分清轻重缓急，做了统筹安排和周密部署。集团还把学习文件、法规，开展全系统的动员作为一项重要工作，采用请进来、走出去的办法，请有关方面的专家给集团上上下下做报告、开讲座，并向改制工作走在前面的单位学习取经。

根据会议所反映的情况和集团转制工作的整体安排，有如下几点考虑：

（一）转制工作必须坚持以人为本的原则，充分认识到职工思想观念的转变、利益的保障对转制工作的重要性，深入做好思想动员工作。这次出版体制改革，既是出版领域的一场深刻变革，也是一次各方面利益的大调整。为了改革的顺利推进，一方面，要在转制工作中充分考虑到职工的切身利益，按照国家给予的政策，尽量使职工利益不受损失；另一方面，要区分不同层次、不同对象，有的放矢地做好宣传、动员和说服工作，让所有职工都明白，转制既是促进事业发展的重大战略举措，也是谋求个人发展的极好机遇；转制的成功不仅可以使单位得到更大发展，也可以使每一个人的工作效能、生活质量、物质待遇得到进一步改善。动员工作既要勾画出集团发展的美好愿景，使上上下下形成对未来的共识和期盼，也要解释清楚集团运作的基本内涵和将会形成的方方面面的优势，以及试点单位获得的优惠政策和这些政策将会给成员单位及每个职工所带来的好处，等等；动员工作要把集团的近期和中远期发展目标与个人的切身利益结合起来，把事业发展和个人发展结合起来。

（二）必须及时研究解决集团公司运转的基本资金问题。资金问题是制约中国出版集团转制工作的一个瓶颈问题，如若不能得到妥善解决，集团转制工作将难以启动，集团未来的发展前景也很难预料，应从以下两个方面来认识这个问题的紧迫性、必要性和重要性：

1．按照组建企业集团的要求，建立集团公司和成员单位的资产纽带关系，形成真正的母子公司结构，必须考虑母公司即集团公司本身的基本资本金。第一，按照要求，集团公司注册的资本金不能低于5亿元；第二，集团公司建立内部银行，实现集约化经营的内部交易，集团公司必须要有自由支配的资本金；第三，集团的资产重组、资源整合，包括财务报表合并、税费并账，以及以后的流程再造，都要求母公司必须有雄厚的财力和资金作保障。企业集团的持续运转和做大做强，在某种程度上取决于集团公司（母公司）的发展和强大；集团对于资本、资产、人事、财务以及出版专有权的控制力，首先取决于集团公司本身的资金能力，一个空壳集团公司的管理，只能会陷入第二出版署的怪圈，甚至还远远达不到原来出版署的管理水平。除集团公司注册必须注入5亿元资本金外，转制的费用应在2亿元～3亿元，集团基本建设费用应在1亿元～2亿元（主要是办公楼建设），集团系统不良资产处理和剥离应在2亿元～3亿元之间，此外，集团所属成员单位计算机改造水平远远落后于地方出版单位，企业缺乏发展后劲。如要保证集团公司注册之后就能立即发挥作用、形成效能，前提是必须有实实在在的资本注入，没有资本注入，只靠集团向下属成员单位提取3%的利润收益作为管理费用，只能仅仅满足集团公司本身的人头费、办公费，根本谈不上集团公司运作和集约化经营，更无力贴补事业转企业所形成的巨大资金亏空。

2．中国出版集团是与各省市的出版集团、科学出版集团、上海世纪出版集团等明显不同的出版集团。地方出版集团建立集团伊始，就具备雄厚的财力，如辽宁资本金（现金）为5亿元，山东为6亿元，河南为5亿元，而且这些省市每年集团公司本身的进项都在3亿元～5亿元之间，因为他们拥有教材专营所形成的市场空间和利润空间。上海世纪出版集团是以人民社为母公司（集团公司）运作了相当一段时间后才吸纳各小社进入的，母公司的资本金本来就不成问题；科学出版集团是从科学出版社的母体扩展而来的，本身已拥有一个成熟的母体，集团公司的运作就比较顺利。中国出版集团的母公司（集团公司）完全是由批文而形成的，一无基地（房产），二无资本，三无后续资金来源，从经济和经营角度看，实际上并没有一个真正的集团公司（母公司）存在，是一个标准的空壳公司，作为出资人的集团公司虽拥有各子公司企业资产的所有权，但按照公司法和企业法的规定，在企业经营上，集团公司的法人财产和子公司的法人财产是相互独立、互不相融的，除整体变卖、撤销、兼并等重大变动事项外，一般经营运作中，集团母公司是不能随意对子公司的财产包括资本收益进行支配和调动的。这种情况下，集团公司所能活动和运作的空间极小。加上出版产业本身的资本形成主要依赖于智力投资，国家和政府过去并没有明显的资本投入，因此，以集团公司的名义无偿调动子公司的资产和利润在实际操作中是很不现实的。在这种情况下，集约经营、资源重组、优化资本、产权人格化、资本人格化、吸引外资等所谓的资本运作、资源配置，几乎是一句空话。

（三）真正搭建起集团框架，提高集团化运作水平，确立中国出版集团“国家队”的地位。企业集团公司就是要运作资本、盘活资产，优化资源配置，提高集约化程度，扩大规模效应，如果资金能及时到位，就要按照建立企业集团的标准，搭建集团框架，建立集团化运作机制，真正实现集团化建设的目的和目标；同时，鉴于中国出版集团作为文化产业、出版产业的特殊性，还要由国家行业管理部门授予其行业专有权力，如专有出版权、书号控制权等，以形成与资本运作相对应的无形资产运作的权力，最大限度地发挥集团效应，尽快在全国出版业中树立起一个样板，形成示范带动作用，促进全国出版业的改革与发展。

案例二

过渡时期组建河南出版集团思路

一、关于组建河南出版集团（公司）的请示

根据《中央办公厅、国务院办公厅〈关于转发中央宣传部、国家广电总局、新闻出版总署关于深化新闻出版广播影视业改革的若干意见〉的通知》（中办发[2001]17号）精神和省委的要求，我们对组建河南出版集团（公司）进行了充分调查、论证和研究，认为目前组建工作已经成熟，现将有关情况报告如下：

（一）组建河南出版集团（公司）的必要性和可行性

根据省委、省政府领导指示，我们认真学习了中央两办文件，一致认为：中央两办文件是在我国即将加入WTO、新闻出版广播影视业面临日益严峻的政治斗争形势和市场竞争挑战的背景下出台的，是贯彻落实江泽民总书记“三个代表”重要思想、指导新闻出版广播影视业按照“代表先进文化前进方向”的要求深化改革、加快发展的纲领性文献，是确保党对意识形态部门的领导、巩固发展社会主义宣传舆论阵地、抵御和粉碎西方敌对势力对我实行“和平演变”政治图谋的重要举措，也是指引新闻出版影视业走集约化经营道路、增强市场竞争能力和可持续发展后劲、积极应对入世挑战的迫切需要。中央两办文件关于深化出版改革、推进集团化建设的指导性原则和意见，切中了新闻出版业在当前和未来发展中面临的重大课题，有很强的思想性、政策性和前瞻性，体现了党

的实事求是、一切从实际出发的思想路线和创新精神，对于新闻出版业沿着正确的改革方向不断发展壮大具有重要的现实指导意义，必将产生积极深远的影响。省委、省政府和省委宣传部领导及时对我省新闻出版业的改革做出明确指示，提出重点在于统一思想，关键在于拿出科学、切实可行的方案，难点在于建立一个新的机制。我们结合河南新闻出版业的实际，认真学习和领会了省委领导的重要指示，进一步明确了组建出版集团的意义、目的、方法和要求，加深了对组建河南出版集团（公司）的必要性、迫切性和可行性认识。

1．组建河南出版集团（公司）的必要性

1）组建出版集团是积极参与国际、国内市场竞争的需要。加入WTO后，我省出版业面临着国内、国外出版业的扩张和渗透所带来的双重压力，国内外一些大的出版集团纷纷凭借资本、管理诸方面的优势和灵活的营销手段，竞相扩大市场占有份额。我省出版系统若不整合自己的资源和组织，构筑群体竞争优势，是很难应付这种严峻局面的。

2）组建出版集团是优化调整产业结构，做大做强河南出版业的需要。我省出版业经过多年尤其是“九五”期间的发展，总体水平已由“八五”末的全国中下游位置跃居全国同行业前列，成为在全国有重要影响力的出版大省。但是，由于出版业是在长期计划经济体制下发展起来的，与市场经济发展的要求还很不适应，粗放经营，出版资源过于分散，企业规模普遍较小，资金不足，投入不够，抗风险能力较差。这些问题在很大程度上削弱了出版系统的整体优势和持续发展的活力，制约着整个产业的良性运行。同时，从全省人均购买图书量来讲，河南与全国的平均水平还有一定差距。如何加快发展，缩小差距，是摆在我们面前的一项重大课题，这就要求我们必须进一步加大整合资源的力度，尽快组建出版集团，更好地满足人民群众日益增长的精神生活的需要。

3）组建出版集团是提高河南广大人民群众科学文化素养和精神文明建设水准的需要。出版业是重要的社会主义意识形态阵地，源源不断地推出质量上乘的优秀出版物，对于提高九千多万人口思想道德素质和科学文化素质至关重要，同时可以为经济发展和社会的全面进步提供强大的精神动力和智力支持。河南是文化底蕴丰厚的出版大省，又是出版物市场购买力巨大的消费大省，为了充分发挥我省出版业得天独厚的资源优势和区位优势，培育文化传媒产业，树立河南出版乃至河南整体形象，成立出版集团势在必行。它是调整出版业体制，激活编、印、发、物各个环节，建立良好的运行机制的重大举措。作为一个农业大省，河南农村经济如何发展，农业生产的水平如何提高，农民精神生活和物质生活现状如何得以改善，都有待于出版业给予充分的关注和全力支持。科学文化和精神文明产品的质量、数量和普及程度，事关农村生活城镇化、农业生产工业化、农民意识现代化的方方面面。出版业改制所带来的整体水平的提升，将对“三农”大省政治、经济、文化的良性发展大有裨益。

2．组建出版集团的可行性

1）河南出版业的整体发展水平为组建出版集团创造了有利条件。改革开放特别是“九五”以来，我省出版业发展迅猛，豫版出版物整体质量显著提高，累计有1300种书报刊音像电子产品获省级以上奖项，并荣获“五个一工程”奖八连冠；河南书刊优质品率连续6年夺得全国前3名，中小学教材连续6年夺得全国印制质量金奖，省新闻出版局连续6年获全国书刊印制质量管理金奖或银奖；全省有5家图书出版社荣获全国优秀或良好出版社称号，有10家报刊社被评为全国报纸管理先进单位和全国“百强”期刊；局直印刷、发行、物资供应单位的综合经济指标和实力一直居全国同行业领先水平，这些成绩都为出版集团的建立打下了坚实的基础。

2）河南出版已形成融编、印、发、供为一体的完整产业链，具备组建集团的产业基础。出版产业具有很强的系统性和关联度，出版系统的各个环节相互依存，密切相关，在此基础上成立大型出版集团，依据经济规律，加强经营管理，将十分有利于出版产业的发展。更为关键的是，河南人口全国第一，是全国中小学生数量最多的省份，巨大的潜在市场和潜在购买力共同组合成庞大的市场基础，为集团的组建提供了最直接的市场需求和购买力支持。

3）河南出版业已具备组建出版集团的经济实力。目前我省出版物专业门类齐全、印刷技术设备先进、发行网络覆盖全省、资本运营基础坚实。我省年出版图书、音像制品 2000 种，形成 20 多亿册图书的生产、销售能力。2001 年销售总额达到 48 亿元，国有资产总值达到 22 亿元，具备了一定的规模和实力。

4）组建出版集团需有丰富的人才资源作保证。“九五”以来，局党组坚持实施人才培养工程，培养造就了一支高素质的人才队伍，一批中青年才俊和拔尖人才脱颖而出。局直系统现有在职人员 3100 人，其中高级职称 249 人，中级职称 384 人，经营管理人才和高级专业人才占有相当的比例；获得全国百佳出版工作者 9 人，全国优秀中青年编辑 7 人，全国先进出版工作者 4 人，河南省优秀中青年编辑 33 人。

5）组建出版集团有成功的经验可资借鉴。全国出版发行体制改革的试点工作已先期开展，湖南、江西、辽宁等省份以局直单位为基础建立了出版集团，整体竞争优势明显增强，在集团的组织架构和运行机制方面积累了一定的经验，有利于我们学习和借鉴。其他兄弟省市的改革规划和实施办法，也使我们受到很大的启发和帮助，与此同时，我省出版系统的一些企业近些年来已经进行了不同层次和不同程度的改革实践，为出版体制改革摸索和积累了一定的经验。

6）组建出版集团有坚实的领导和群众基础。省委、省政府和省委宣传部领导一直高度重视、关怀河南出版业的发展，他们经常深入出版部门调查研究、检查指导、排忧解难，尤为关注出版、发行集团的建立工作，并多次作出明确指示。中央两办文件下发以后，局党组认真组织班子成员、中层干部和全体干部职工学习和讨论，统一了大家的思想，加深了出版系统职工对改革的认识和理解，广大出版系统职工和有识之士对我省出版改革抱有殷切希望，纷纷要求建立出版集团，各基层组织也对集团组建抱有厚望，期冀营造规模优势，再铸河南出版的辉煌业绩。

综上所述，河南出版业已经具备了一定的核心竞争力或构成了核心竞争力的框架，组建出版集团，提高集约化程度，统一规划，协调出版、印刷、复制、发行、科研、对外贸易等各类业务，一定能形成在全国经营规模较大、经济实力较强、具有较强竞争能力的出版集团。集团的建立有利于两个文明建设，推动出版事业的繁荣；有利于深化出版体制改革，促进出版单位转换经营机制；有利于在更大范围实现对出版资源进行重组和生产要素的优化配置，形成一体化的经营合力，实现规模经营和规模效益，提高市场抗风险能力和市场整体竞争能力。

（二）组建河南出版集团（公司）的基本思路

根据中央两办文件精神和省委指导意见，我们在拟订出版集团组建方案时，主要依据并体现了以下原则：

1．充分考虑出版产业不同于一般物质产品生产部门的特殊性，把有利于出版事业的繁荣发展作为深化改革的根本出发点。无论在什么情况下，党和人民喉舌的性质不能变，党管媒体不能变，党管干部不能变，正确的舆论导向不能变，确保党对出版业的宏观控制力。组建河南出版集团（公司），要充分考虑到精神文明建设的需要，既要遵循社会主义市场经济规律，又能体现出版业发展的内在要求；既认真借鉴经济领域改革的经验，又重视出版业作为党的宣传思想阵地的特殊性；既解放思想，大胆实践，加快体制改革、机制调整、组织建立的步伐，又坚持从河南的实际出发，正确处理改革、发展与平稳过渡、扎实推进的关系，防止追求形式化、简单化，尽力避免因体制改变对事业发展造成的不利影响。

2．坚持政企、政事分开的原则。将局直系统的出版生产经营职能从省新闻出版局剥离出来，划归河南出版集团（公司）。管理体制转换之后，省新闻出版局主要履行对全省新闻出版业的市场监管的职责，包括对出版集团的行业管理，不参与集团的经营。河南出版集团（公司）独立运作，归省委宣传部领导，主要负责出版产业经营和出版事业的发展。

3．坚持不断地深化改革，逐步培养集团核心竞争力。集团的优势体现在出版要素、出版资源的优化组合和配置，体现在整体优势和综合功能。集团组建以后，集团成员之间可以优势互补，具有拓展新的经济增长点的巨大潜力，可以按照专业化分工的原则，优化各个部门、各个环节的组织结构，合理调整生产经营布局，避免业务交叉和重复建设，减少交易成本和周转环节，全面提高效率和效益。形成集团优势和整体合力是在各基本单位充分改革、完善管理、有效经营的前提下，通过一定形式的有机整合和机制调整逐步实现的。只有不断深化改革，才能提高市场竞争力，形成核心竞争力。

4．实施循序渐进的发展战略。分开阶段，适时控制，视改革进程中出现的各种情况，及时调整，有效引导，使集团逐步进入体制建立和机制运行的理想状态。改革不可能一气呵成，必须循序渐进，一步一个脚印，既积极稳妥又及时调整，因地制宜，因事制宜，因人制宜，主动灵活，全面实现改革目标。确定发展战略和目标设计时应充分考虑到河南出版业的现实，既要使河南出版集团（公司）在组建后尽快形成集团优势，形成规模效应，又要调动每一个成员单位和个人的积极性，保存和调动原各经营单位的品牌和资源优势，让所有的组织和个人通过这次改革都能感觉到个性得到更好的发挥，集团的整体力量和规模效应得到充分的体现。

5．促进出版经营管理体制的平稳过渡。20 世纪 90 年代初期，河南省出版行业局社分立，彼此严重对立，摩擦与纷争不断，极大地影响了河南出版事业的发展。“九五”期间，省委、省政府理顺了河南出版管理体制，促进了事业的良性发展，出版业的实力得到空前增强。因此，必须设置一个时间段，延续现有体制的管理优势，为目前的行政组合向以后真正的集团组合过渡打下基础。

（三）河南出版集团（公司）的过渡性领导体制

目前的改制，一是为了适应变化了的外部环境，二是为了系统的长期发展。认真吸取我省出版体制变迁的历史经验教训，反复权衡原有管理体制曾对出版业的发展起到过的重要作用，出版集团的建立可采取总体规划、逐步脱离、稳妥推进的实施方案。具体分为两步走：

第一步，省新闻出版局与出版集团政企、政事分开，参照有关兄弟省的做法，实行省新闻出版局与出版集团一个党组的领导体制，局长与集团管委会主任由同一个人担任。在这一体制下，除一名主要负责人外，局与集团领导班子的其他成员各司其职，工作分工与职能在局和集团之间互不交叉。

第二步，待出版集团运行一个时期，全省出版行政管理与经营管理体制基本理顺之后，省新闻出版局局长和出版集团管委会主任可分开设置，取消局与集团一个党组的建制。

这一过渡性领导体制与中央两办文件的精神是相符的，也符合省委、省政府领导的意见，符合省委宣传部提出的具体要求，它有利于加强党对新闻出版改革工作的领导，有利于发挥原有体制的作用和协调解决在体制转换过程中出现的各种矛盾和问题，有利于干部职工队伍的团结与稳定，有利于避免我省出版工作出现大的波动，最大限度地化解消极因素和不利影响。

（四）河南出版集团（公司）的发展目标设计

未来 3 至 5 年，对中国出版业的改革至关重要。抓住机遇，乘势而上，才能在激烈的竞争中赢得主动。河南出版集团（公司）的建设与发展目标可分近期和中远期进行规划。

近期发展目标，即集团建立的 2 至 3 年间，为集团的初创与成长期，也是集团与各成员单位的磨合阶段。

1．在集团的过渡时期，仍有一个宏观控制相应稳健而微观机制完全可以放开搞活的巨大空间。宏观调控，一方面代替不了微观搞活，另一方面也不影响微观搞活。发展的重点是理顺内部关系，以资产重组为主导，参照现代企业制度，在建立集团基本框架以及规范化、制度化建设方面取得突破性进展。

2．加快“三三二一工程”的实施力度。即实施质量、科技和人才创新工程；抓紧彩印、发行和光盘基地建设；做好“万村书架”和读者俱乐部两大为民服务工程建设，建立起既符合社会主义精神文明建设需要，又符合市场和自身发展规律需要的出版发行体制。通过这些重大出版工程的实施，使河南出版物的总量、质量和效益达到一个新的高度。

3．加强市场整合。以发行集团为龙头，以连锁经营、物流配送为突破口，加快连锁经营总部和物流配送中心建设，逐步建立布局合理、管理规范、互联互通的现代市场营销体系。充分利用读者俱乐部庞大的会员资源，积极开展会员直销和网上售书，使之成为新华书店又一新的经济增长点。

4．到2004年初步建立并形成书报刊音像电子等多种媒体优势互补、资源共享、合力经营的新格局，构建起出版集团的完整框架。同时开始跨行业、跨地区的试点工作，初步完成进入其他产业的多元化经营布局，形成由出版物子集团、发行子集团、印制子集团、传媒子集团和支持系统共同组成的综合性媒体集团。集团销售总额、国有资产总值分别在现在48亿元、23亿元的基础上有一定的增长。

中远期发展目标，即从2004年到2010年，是出版集团的发展提高期，以资源重组和资本运作为主要手段。发展的重点是结合国民经济发展进程和出版业的竞争态势，更多地运用资本的手段实现出版集团及子集团的超常规发展。采取投资、收购、兼并、控股等形式，逐步向跨国公司的目标发展。将集团所属的印刷、发行、物供等子集团改造成国内、国外的上市公司，成为在国内同行业中具有相当规模和实力、在国际上享有一定声誉并能够带动河南出版、印刷、物资供应、物流配送和图书销售快速增长的支柱性产业。到 2010 年，集团年销售总额达到 100 亿元，国有资产总值达到 50 亿元。

（五）关于呈请上级协调解决的其他几个问题

在河南出版集团（公司）组建过程中，为保证省新闻出版局的工作正常运行，保证出版经营管理体制顺利转换到位，恳请省委、省政府和省委宣传部帮助协调解决以下几个问题：

1．呈请省政府授权河南出版集团（公司）经营省新闻出版局所属企事业单位的全部国有资产，同时变更所有出版企事业单位主管主办单位为出版集团，明确其隶属关系。出版集团经授权后成为国有资产投资主体和成员单位的出资人，依法享有资产受益、资产处置、重大决策和选择管理者的权利，承担维护国有资产安全和权益、确保国有资产保值增值的责任。

2．鉴于河南出版集团（公司）所属成员单位均为处级以上企事业单位，为便于领导和管理，呈请省委、省政府批准出版集团为正厅级事业单位，出版集团内部各级干部的级别参照正厅级事业单位执行。

3．出版部门长期坚持社会效益第一和微利经营的原则，基础设施建设薄弱、发展后劲严重不足的矛盾依然十分突出。据初步匡算，编、印、发、物各环节的发展目标要达到国家规定的标准，以及近期正在进行和将要进行的重大工程项目，目前整个出版系统尚有 14 亿元的资金缺口。为了缓解资金紧张的状况，营造有利于全省出版业持续健康发展的良好环境，呈请省财政落实国办发［2000］41 号文件和中央两办 17 号文件精神，对河南出版集团（公司）执行宣传文化部门应当享受的所得税返还、增值税先征后返的经济优惠政策，同时批准河南出版集团（公司）享受试点大型企业集团公司的有关财税、金融政策。

4．由于主客观等各种不利因素的影响，出版各环节在多年的经营过程中形成了部分不良资产和呆账、死账，已经成为河南出版业继续发展的沉重包袱。如中州古籍出版社年销售 1200 万元，库存积压达 3800 万元，在产品尚有1600万元；河南美术出版社负债高达900多万元。为使河南出版集团（公司）能够轻装上阵，呈请上级部门出台相关政策，允许有关金融部门和出版集团对不良资产作报废处理。

5．在集团组建过程中应保证职工的正当利益，合理解决社会统筹的遗留问题。少数出版单位因经营困难，已有五六年未办理社会统筹，如果补办，需交纳高额滞纳金，为使这些单位能够在加入集团后平等参与竞争并实现良性发展，呈请上级出台相关政策，解决他们的滞纳金问题。批准建立退出计划经济体制所付出的各种经济成本的相关基金，以保证改革、改制顺利进行。（2002年3月25日）

二、河南出版集团（公司）组建方案

改革开放以来，河南出版事业取得了长足发展，逐步成为基础设施完善、产业链条完整、具有一定规模和实力的文化产业，为服务我省改革开放和经济建设提供了有力的出版支持。随着我国加入WTO与世界接轨，随着全国性的统一开放、竞争有序的出版物流通大市场的逐步形成，在国内外出版业扩张、渗透所带来的激烈竞争的压力下，我省多数出版单位规模小、实力弱，经不起市场经济大风大浪的颠簸；分散经营、产业集中度低、整体竞争力和抗风险能力弱等产业结构性缺陷日益突出。种种问题严重阻碍着出版事业的进一步发展。因此，以资本和业务为纽带组建出版集团，通过组织结构改造，管理体制改革，优化资源配置，发展集约经营，形成规模优势，已成为我省出版事业面临的一项重要而紧迫的战略任务。

基于这种认识，根据党的十五大精神、中办发［2001］17号文件精神和省委、省政府关于加快培育大型企业集团的意见，为适应我国加入WTO后市场经济发展的新形势，推进河南出版产业的经营方式由分散型向规模型转变，由以数量扩张为主向以优质高效为主转变，增强出版产业参与市场竞争的能力，提高出版行业国有资产的营运效率和效益，实现全省出版事业的稳定、持续、快速、健康发展，经过认真调查研究，广泛征求意见，拟订出组建河南出版集团（公司）的方案。

（一）组建河南出版集团（公司）的指导思想和原则

1．指导思想

以邓小平理论和江总书记“三个代表”的重要思想为指导，坚持为人民服务、为社会主义服务和为全党全国工作大局服务的方向，以有利于发挥新闻出版工作者的积极性、有利于新闻出版事业的繁荣与发展、有利于满足人民群众日益增长的精神文化需求为前提，以调整出版产业结构、提高出版集约化程度和整体竞争能力为重点，以建立既适应市场经济和精神文明建设需要、又符合自身发展规律的出版体制为目标，努力培植社会与经济效益好、产业关联度高、带动辐射能力强的大型出版集团，使其逐步发展成为我省的重要支柱产业，全面提升河南新闻出版业为改革开放和现代化建设服务的质量和水平。

2．原则

认真贯彻执行党和国家有关出版工作的方针、政策和法律法规，严格遵循精神产品生产的特殊性和客观规律，充分体现社会主义出版事业的意识形态特点，坚持社会效益与经济效益相统一、把社会效益放在首位的原则，坚持党和人民喉舌的性质不能变、党管媒体不能变、党管干部不能变、正确的舆论导向不能变的原则，坚持解放思想、实事求是、一切从实际出发的原则和统筹规划、重点发展、分步实施、稳妥推进的原则。

（二）河南出版集团（公司）的名称、性质和模式

集团名称：河南出版集团（公司）。

集团性质：属于事业性质、企业化管理的大型国有独资出版法人联合体。

集团模式：独立核算、自主经营、自负盈亏、自我发展；与省新闻出版局政事、政企分开，行政隶属关系彻底脱钩。以图书、报纸、期刊、

音像、电子出版物的出版印刷（制作）发行为主要经营范围，形成编、印、发、物“一条龙”，产、供、销一体化的经营“链条”，以及教育、科研、外贸相配套的出版群体结构，并适当兼营其他产业；以资本实力雄厚，具有良好品牌效应的出版、发行、印制单位为依托；以产权和业务为主要纽带，实行省政府对集团国有资产统一授权经营，集团与成员单位组成法人联合体，形成优势互补、资源共用、利益共享、风险同担的利益共同体。集团经授权后成为国有资产投资主体和成员单位的出资人，依法享有资产收益、资产处置、重大决策和选择管理者的权利，并承担维护国有资产的安全和权益、确保国有资产保值增值的责任。

（三）河南出版集团（公司）领导体制、组织结构和经营管理体制

1．领导体制

依据中央两办 17 号文件精神，集团内部实行党委领导下的管委会负责制，党委书记兼任管委会主任。集团领导成员拟设若干名，其中党委书记兼管委会主任 1 名，党委副书记 1 名，管委会副主任若干名。党委书记、管委会主任为集团的法定代表人。集团领导成员归省委和省委宣传部管理，按照干部管理权限任免。根据责、权一致的原则，集团党委会、管委会行使对集团本部各部门负责人和各成员单位领导班子的任免权。

集团确立以党委会为政治领导核心、管委会为经营管理决策中心和协调中心的领导体制。集团党委主要负责贯彻落实党和国家的方针政策、法律法规和行政规章，对集团发展的重大事项实行科学民主决策，负责集团本部和成员单位领导班子的任免、委派、考核和管理。集团管委会是集团的行政决策机构，主要贯彻实施党委会的决定事项，行使集团行政管理和经营管理职能。

2．组织结构

集团本部设立教材业务部、出版业务部、印刷业务部、产业发展部、市场营销部、计划财务部、人力资源部、对外合作部、党群工作部、信息中心、办公室等部门，并视需要设立若干个非常设性协调机构。所需

人员主要从省新闻出版局机关和直属单位中选配，个别岗位可通过公开招聘等渠道解决。党委、纪检、监察部门分别挂牌，合署办公，并归口管理工会、共青团等群众组织。

集团成员单位由省新闻出版局现直属的 21 个单位组成，其中河南中小学教材出版中心具有较强的经济实力和品牌效应，与集团本部组成集团核心层；其他 20 个单位为集团的紧密层成员单位，并按其性质和运行方式分为两种类型：出版社、后勤服务中心等，为集团领导和管理的国有事业单位，内部实行企业化管理和社长、主任负责制，具有事业法人资格；印刷、发行、物资供应、外贸、光碟公司等，为集团领导和管理的企业单位，具有企业法人资格，内部实行现代企业制度和董事会领导下的总经理负责制。集团建立初期，纳入集团领导和管理的出版单位有：河南人民出版社、河南科学技术出版社、大象出版社、海燕出版社、河南美术出版社、中州古籍出版社、文心出版社、中原农民出版社、河南文艺出版社、河南电子音像出版社、河南中小学教材出版中心；印刷、制作企业有：河南第一新华印刷厂、河南第二新华印刷厂、河南先达光碟有限公司；发行单位有：河南省新华书店、河南省外文书店、河南金版图书实业有限公司；物资供应企业有：河南省印刷物资总公司；外贸企业有：河南省出版对外贸易公司；后勤服务单位有：河南出版后勤服务中心、河南新闻出版资料馆（组织结构图见附件）。在集团建成并运行一段时间后，对河南大学出版社、黄河水利出版社、郑州大学出版社等系统外的出版、发行单位，可根据自愿的原则，采取参股、联营等形式，吸纳它们参与集团的经营，并作为集团的松散层成员单位。

3．经营管理体制

集团组建后，在确保正确出版方向和舆论导向的前提下，要充分适应社会主义市场经济的规律和要求，参照国有企业的改革思路进行改革和探索，逐步建立并形成责权利分明、管理科学、充满生机与活力的经营管理体制和运行机制。

集团经国有资产管理部门授权，代表政府行使出资人职能，统筹经营成员单位所拥有的国有资产，承担国有资产的保值、增值责任。集团作为主办和主管单位，拥有所属全部出版单位无形资产（如社号、刊号、书号等）的调配使用权，拥有国家相关部门已赋予各基层单位的特种行业经营权和其他与财产权连带的相应权益，以利于集团在企业经营方面协调管理，以利于国家和政府对精神文明产品和文化产品的统一管理和规范，将党管媒体的思想贯穿于精神产品生产的方方面面。集团作为投资中心、资本运营中心和协调管理中心，授权成员单位以有形资产所有权益和无形资产所有权益，并按照《中华人民共和国公司法》的要求，建立企业运行机制和以产权为纽带的法人治理结构。作为法人联合体，集团和各成员单位均具有独立法人资格，在经营活动和市场进入时具有相等身份，自主经营、独立核算，并独立享有民事权利，承担民事责任。

为切实保证授权经营的国有资产保值增值，集团将社会效益、经济效益等各项考核指标经细化分解后分别下达给成员单位，并建立健全以目标管理责任制为核心的各种规章制度，制定科学合理的考核办法，探索积极有效的激励机制，确保集团总目标的实现和各项任务的完成。集团成员单位依法享有计划、采购、销售、定价、劳动、人事、分配和内部机构设置等生产经营自主权，根据集团的发展规划和总目标，依法独立经营，自负盈亏。

组建方案批准后，集团应依据《中华人民共和国公司法》和有关法律法规制订公司章程，对集团的组织、权责、运行等方面作出具体规定。

（四）河南出版集团（公司）组建初期的工作重点

为加快集团内部现代企业制度的建立，提高集团的整体竞争能力和集约化水平，集团在组建之后，要以整合资源、集约经营为原则，立即着手对出版各环节进行结构性调整，逐步形成产权明晰、管理科学、强强联合、优势互补的经营格局。先行开展的工作和调整的重点主要包括：

1. 对所属各成员单位进行全面清产核资，准确界定良性资产与不良资产，核实国有资产的规模和经营状况。在界定产权的基础上，规范集团成员之间的权利、义务关系，明确资产经营的责任，为以后的委托经营、授权经营和控股经营奠定基础。对长期形成的不良资产，提请省委、省政府给予特殊政策，就地消化、处理。

2．改革财务制度，建立健全资金调剂、经营、管理机制以及重大技改、投资项目的审批、备案制度，使集团在授权经营权限内合理调动、使用各项资金及无形资产，提高资金、资产利用率和有效投资能力，使集团成员形成真正的利益共同体。

3．改革经营管理体制，有选择地对出版、印刷、发行以及教材出版等环节的相关业务和重复设置的部门进行重组，以促进资源的优化配置和生产要素的合理流动，突出集约化、专业化经营优势，实现出版各环节由分散经营方式向联合经营、专业化经营方式的转变。

4．深化人事、劳动用工和分配制度的改革。在人事、用工制度改革方面，打破事业单位与企业单位的界限，打破干部与工人的身份界限，在包括出版社在内的各成员单位中推行全员聘用合同制和下岗分流政策。在分配制度改革方面，要在各成员单位中普遍推行工效挂钩政策，坚持工资分配实行所有者、经营者、劳动者利益分开的原则，工资总额与社会效益、经济效益指标挂钩的原则，各类人员报酬与实际贡献相一致的原则，以充分调动干部职工的岗位责任心、社会责任感和生产与工作的积极性。同时，为了保证职工的正当利益，在集团组建过程中应积极做好社会统筹工作，并就解决社会统筹方面的遗留问题请求省政府给予优惠政策。

5．在对现有人才结构分析的基础上，根据急需人才的数量和种类，制订人才培养计划，建立人才培养机制，实施人才开发战略，优化人才结构，提高员工素质，建立一支适应知识经济、信息时代需要的出版人才队伍。

6．调整、优化出版结构。其重点是：调整多媒体综合经营能力弱的产业结构，统筹考虑集团内部书报刊音像及电子出版单位的设置、结构和布局，从根本上改变出版媒体间相互割裂的状况，促进纸介质出版物向科技和编辑高附加值出版物的转化；以高新技术为先导，大力发展磁光电出版物和网上出版物，实现一种出版资源多次开发、多种媒体互动发展、多元经济共同增长的立体出版体系；进一步优化产品结构，提高一般图书、精品图书在出版总量中的比重，把着力点放在开发常销书、畅销书和原创性作品上，形成自己的风格和特色，增强市场开拓能力，将图书出版业引入良性发展的轨道。

7．组建河南发行（集团）公司，实现出版业规模经营和集约经营，壮大我省出版实力。依据近年来就发行集团建立问题的充分调查研究和已经形成的初步思路，在出版集团组建后，即可着手河南发行（集团）公司的组建工作。

8．在发行集团组建成功的基础上，再着手考虑以河南新华一厂、二厂，河南省印刷物资总公司及河南先达光碟有限公司为基础，组建河南出版集团（公司）领导下的集印刷、物资供应、光碟生产为一体的印制和物流企业集团。

（五）河南出版集团（公司）的发展战略与目标

建立出版集团是新闻出版业自身发展的内在要求，是在对外开放日益扩大的形势下巩固发展社会主义思想文化阵地的客观需要，也是积极应对加入 WTO 的严峻挑战、提高出版业市场竞争能力的根本出路。为使河南出版集团（公司）在组建后尽快形成集团优势，始终循着正确的出版方向和经营道路不断发展壮大，优质服务于河南九千万人民群众的精神、物质生活，拟设计、规划出集团的发展战略和中长期发展目标如下。

1．发展战略

坚持以发展为主题，以结构调整为主线，以建立符合现代企业制度要求、代表先进文化前进方向的大型出版集团为目标，加大出版管理体制和经营运作方式改革力度，优化产业、产品和生产布局结构，优化资源配置和生产要素组合，盘活壮大存量资产，提高资本运营水平，推进河南出版产业的两个根本性转变，实现产业的优化升级和规模效益增长。要积极适应世界经济一体化和社会主义市场经济发展的要求，在集团发展的一定阶段，适时采取兼并重组、赎买、控股、合作联营等形式，开展跨行业、跨地区和跨国经营，逐步形成多层次、多角化的经营格局。也可将集团所属印刷、发行等子集团改造成国内、国外的上市公司，以广开融资渠道，把河南出版集团（公司）办成国际上知名的、具有中国特色和社会主义属性的大型文化产业联合体。

2．发展目标

河南出版集团（公司）发展目标的实现可分为两个阶段：

第一阶段，初创与成长期。这一阶段预计持续 2 至 3 年时间，具体目标任务主要体现在三个方面：

一是实现集团组建过程中的平稳过渡。组建出版集团是我省出版事业发展的重大历史变革，涉及行业内的方方面面，保证这一过程的平稳、顺利推进是极其重要的。因此，在集团组建过程中应借鉴以往经验，吸取历史上局社分立、严重影响出版事业发展的教训，从领导体制、管理体制、组织结构、职责划分等方面确保集团组建的顺利成功，为集团建成后的健康发展打下良好基础。

二是在集团稳健的宏观控制下，微观充分激活，发挥所有的资源优势，调动各种要素的积极性，渐次推进，初步完成现代企业制度基础建设，把集团建设成为联合经营、风险共担的利益共同体。

三是以组建出版集团为契机，巩固提高我省出版社创优、重点图书创优、书刊印制创优等方面在全国的领先地位。呈请省财政落实对宣传文化部门的经济优惠政策，弥补资金缺口，加大对精品图书、“万村书架”工程、图书大厦、多媒体网络工程、读者俱乐部、物流配送中心、光碟制作基地等河南出版业重点项目和工程的投入，提高河南出版的整体实力，到 2004 年，使集团销售总额、国有资产总值分别在现在 48 亿元、

22 亿元的基础上有一定幅度的增长。

第二阶段，发展提高期。这一阶段在集团初创阶段后预计将持续 5 至 10 年时间。作为一种中长期规划，其目标应是通过资本运营，采取投资、收购、兼并、控股等形式在集团内部形成优势互补、资源共享、规范经营的新格局，培育集团的核心竞争力，形成特色出版，实现跨行业、跨地区的多元化经营，并争取在北美、大洋洲、欧洲和东南亚等地组建以图书出版、发行为主业的地区分公司，逐步向跨国公司的目标发展。到 2010 年，集团年销售总额达到 100 亿元以上，国有资产总值达到或超过 50 亿元，成为在国内同行业中具有相当规模和实力，在国际上享有一定声誉的大型出版集团。

（附：相关图式。）

线性组织结构图

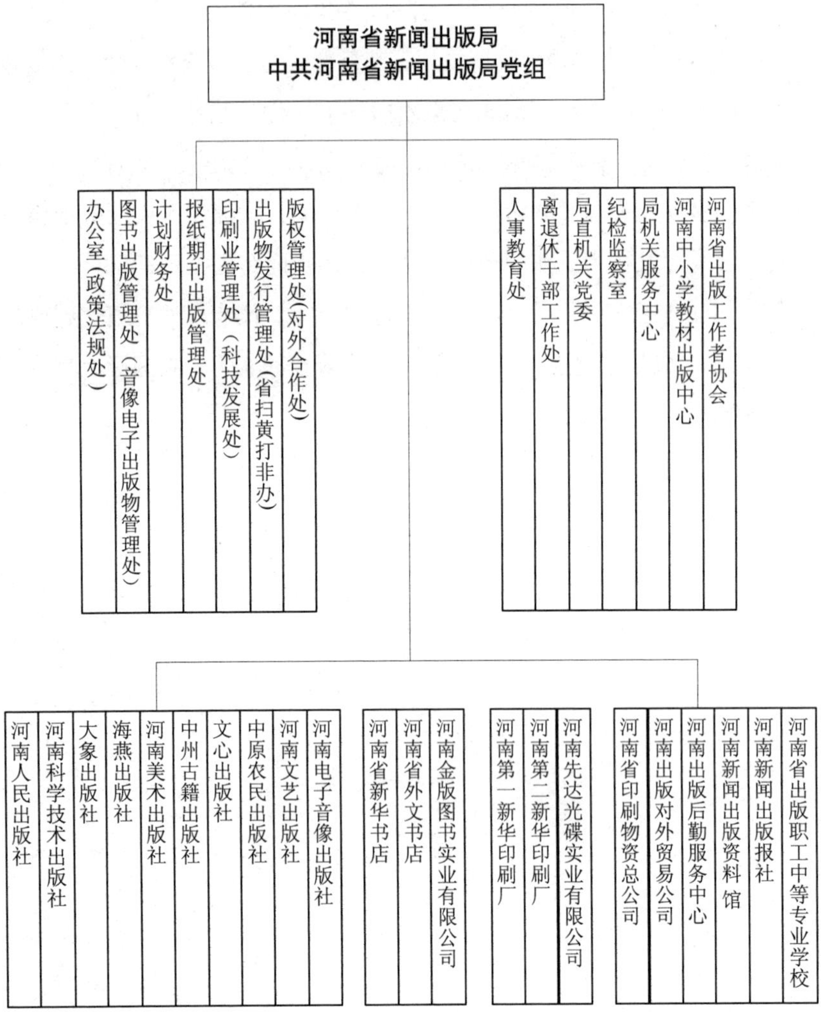
河南省新闻出版局
中共河南省新闻出版局党组
办公室（政策法规处）
图书出版管理处（音像电子出版物管理处）
计划财务处
报纸期刊出版管理处
印刷业管理处（科技发展处）
出版物发行管理处（省扫黄打非办）
版权管理处（对外合作处）
人事教育处
离退休干部工作处
局直机关党委
纪检监察室
局机关服务中心
河南中小学教材出版中心
河南省出版工作者协会
河南人民出版社
河南科学技术出版社
大象出版社
海燕出版社
河南美术出版社
中州古籍出版社
文心出版社
中原农民出版社
河南文艺出版社
河南电子音像出版社
河南省新华书店
河南省外文书店
河南金版图书实业有限公司
河南第一新华印刷厂
河南第二新华印刷厂
河南先达光碟实业有限公司
河南省印刷物资总公司
河南出版对外贸易公司
河南出版后勤服务中心
河南新闻出版资料馆
河南新闻出版报社
河南省出版职工中等专业学校

出版集团（法人联合体）组织结构图

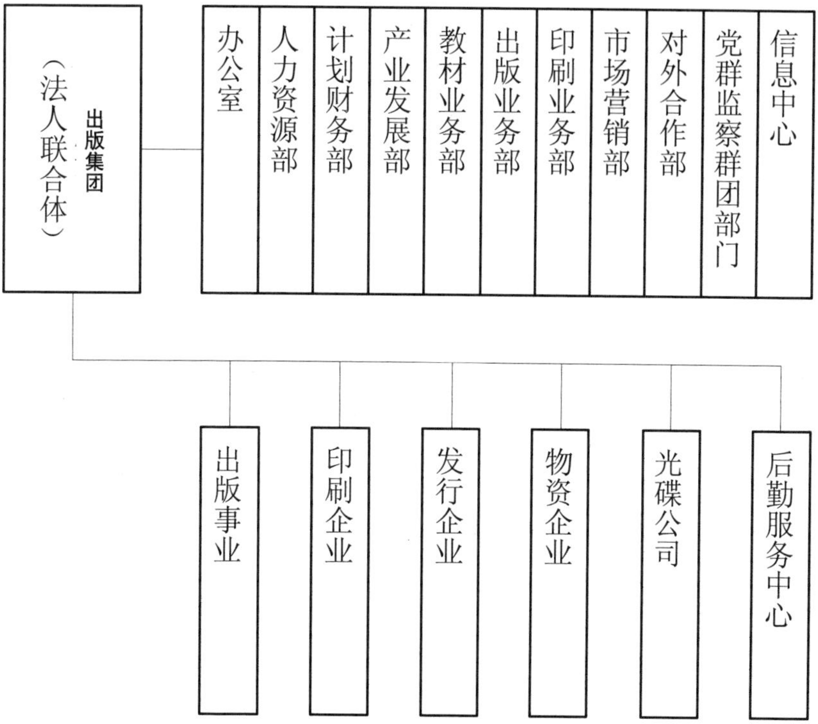

出版集团经营组织逻辑关系

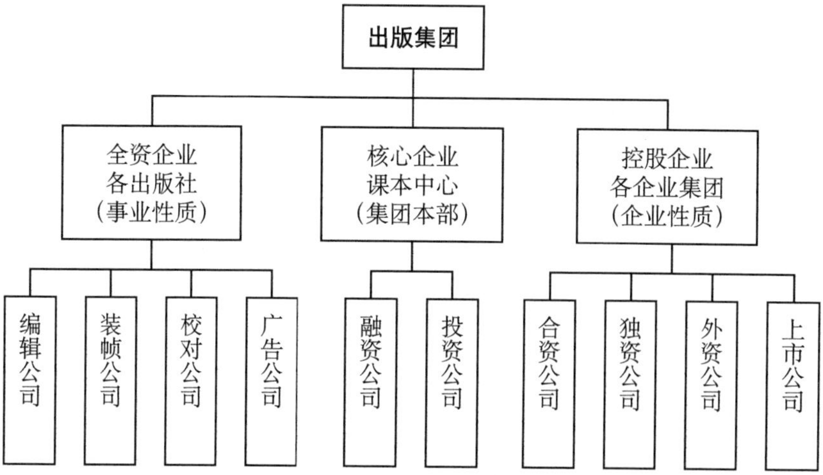

河南出版集团组织结构图

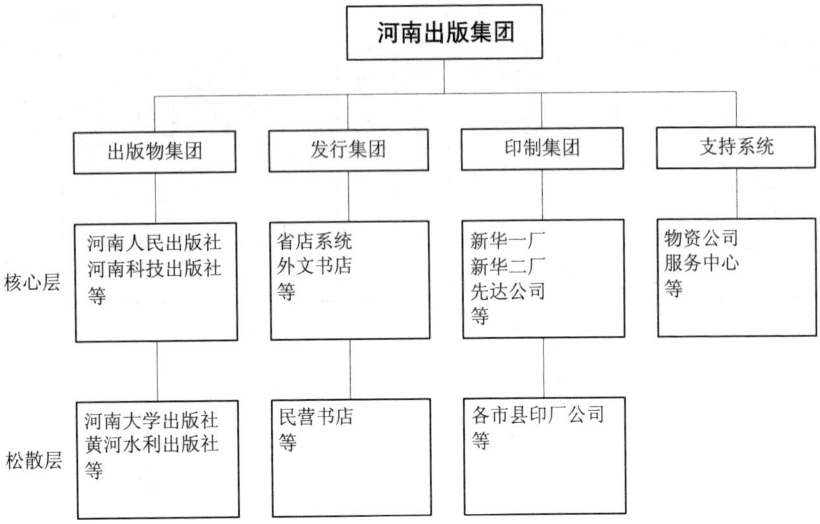

案例三

出版审计的有关情况

一、审计评价要坚持的原则

（一）稳健性原则

审计评价的内容、范围只限于领导干部的任期内经济责任，绝不能作超出审计范围的审计评价。

（二）客观性原则

对领导干部的离任审计评价，应以客观的实际发生的经济责任为依据，不能受主观意念的支配。在审计评价领导干部任职期间的业绩和责任时，不能脱离当时的社会环境和经济发展的大气候及历史条件，要客观公正地分析其在任职期间的经济责任。

（三）真实性原则

审计评价的依据必须是通过审计查证、核实所取得的真实资料，所做出的离任审计评价经得起事实和历史的检验。

二、审计评价中应注意的几个问题

（一）要分清的责任

在作审计评价时，要分清前任与现任的责任、集体与个人的责任、领导与财会人员的责任、直接责任与间接责任。在认定领导干部的任期经济责任时，要坚持历史性原则，考虑到当时国家政策性因素和整个社会大气候的影响，不能以现阶段的标准来衡量过去特定客观环境下所发生的事情。另外，还要坚持相关性原则，评价时要注意分清经济责任产生的因果关系，是否为领导干部任期范围内所能单独体现的经济责任，不要将一些超越领导干部职责范围之外的经济事项同其任期经济责任相联系。

（二）要确定的界限

一是要确定违法犯罪与一般违纪违规问题的界限；二是要确定改革失误与失职渎职问题的界限；三是要确定决策失误与经营（工作）失误问题的界限；四是要确定主观原因与客观原因问题的界限；五是要确定主管责任与直接责任问题的界限。

（三）不予评价的事项

做离任审计工作，首先要充分认识到审计所认定的领导干部任期经济责任，只是利用审计手段从审计角度认定的经济责任，而不是他们的全部经济责任；其次要认识到对领导干部或企业领导人员的任期经济责任审计是加强对领导干部监督管理的一种重要手段，而不是全部手段。对此，对那些未经审计的、证据不足的、评价依据不明的审计事项不予评价，特别是对被审计单位（领导者）的未来不能发表意见。对一些责任不清、界限不明的审计事项，更不能轻率下结论。

（四）审计评价的征求意见问题

应按照“两个暂行规定”的第十一条——“审计报告报送审计机关前，应当征求被审计的领导干部所在部门、单位和本人的意见”和“审计报告报送审计机关前，应当征求被审计的企业领导人员所在企业及本人的意见”的要求去做。如果在工作中遇到对审计报告不肯签字和提出书面意见的情况，我们则依据《审计实施条例》的规定——“自接到审计报告10日内未提出书面意见的，视同无异议”进行处理，但必须要保留有关的手续和资料，以预防审计复议和行政诉讼。

三、领导干部经济责任界定的问题

经济责任审计是目前审计工作的一个重要方面，它为组织人事部门决定被审领导干部升迁、去留、使用提供参考依据，在干部监督管理工作中起着至关重要的作用，而经济责任的界定正是经济责任审计的首要前提。目前，对领导干部工作业绩、经济责任的鉴定，还缺乏一套较为系统的操作性强的评价规范准则，如何才能正确评价领导者的经济责任，关键是能否准确划分经济责任。在实践中，我们经常会碰到分清直接责任和间接责任、前任责任和后任责任、主观责任和客观责任、集体决策责任和个人决策责任的问题，这些关系的界限是我们界定经济责任时必须划清但也是较难把握的。

（一）主管责任和直接责任

单位领导人对单位的经济工作、经济效益、经济责任负全面责任，但并不意味着这个单位的所有责任都由其一人承担。且依中办、国办两个暂行规定，领导者经济责任需区分主管责任和直接责任，两种责任的轻重不同，相应规定的处分轻重也不同，因此必须慎重区分两种责任。直接责任是指经济行为是由该领导者分工负责的，是在领导者直接策划或授意下进行的，那么领导者对行为的结果应负直接责任。主管责任是指经济行为由其他成员或下属单位分工负责的，未经领导者审批而发生的问题，领导者与该行为无直接关系，但作为主管领导应负领导责任。

如我们在对集团领导者责任审计中，经常会遇到下属独立核算单位发生亏损、失误、损失等该如何界定被审领导责任的问题。对此，我们认为不能主观臆断为集团领导的直接责任或主管责任，必须根据客观性原则从实际出发，看集团管理制度是否健全，下属单位的经济行为是否经被审领导策划。

举例

1．如审计中发现某商业集团全资子公司开城房产公司因负责人经营理念、经营方式墨守成规，加之受到资金不足、房产市场不景气、政府危棚改造项目等大量因素影响，致使公司去年4月底累计亏损达1亿多元。我们认为，如果盲目地将其责任全部归集团领导者承担，显然有失公正，因“开城”毕竟是独立法人，有权决定其经营管理方式，但集团对子公司有着管理、指导的职能。由于集团公司多年来没有很好运用规章制度和科学的组织系统来实施管理，因此，我们认为被审者负有间接的管理责任。

2．在对某房产集团审计中，发现下属独立法人的全资子公司科技公司自集团投资其1000万元创建以来连续三年经营亏损。经调查，该公司虽为独立法人，但其经济活动都由集团老总直接参与决策、管理、策划，其损失纯属决策失误，对此我们做出集团老总对子公司的亏损应负直接责任。

（二）主观责任和客观责任

主观责任是指因经济责任人谋取私利、滥用职权、玩忽职守、官僚主义等主观原因给单位造成损失而应承担的责任。客观责任是指因不可抗拒的外来因素或有关法规的不完善、宏观经济政策的调整等客观原因，使企业经济活动效果受到影响而应承担的责任。区分两种责任的关键在于决策是否遵循了规定程序，是否受到难以预料和不可人为控制因素的影响，不可排除主管部门和政府部门的行政干预等客观原因，这就更需要我们在审计中必须从实际出发，客观地、历史地分析主客观原因，才能对领导者做出合理、公正的评价。

举例

1．对淮海集团老总离任审计时，发现该领导任期内决策批准投资270万元控股90%在淮海路东段成立丽门百货公司，成立两年亏损800余万元。从集团会议记录、签订的协议等反映，该项目由董事长签字，如单凭这些往往会断定董事长应承担直接责任，但经深入了解，该项目确立系政府行为，目的想利用该项目带动周围冷落的人气，集团领导受领该项目后，虽尽了很大努力，但因受到当时淮海路尚未改造结束，周围环境人气不足，市场不景气等客观条件的影响，终难控制亏损局面。对此，审计评价中我们对该项目存在的客观原因作了分析说明。

2. 在对某行政机关主任责任审计中，发现该领导为谋取小团体利益，由财务通过虚列成本、虚列事业支出、隐匿收入、提成中介奖励等手法设立小金库达 301.89 万元，用于发放奖金，其中该主任两年内在小金库领取奖金近 20 万元。据此我们界定该问题是主任的主观原因所为，其对行为结果应负直接责任。

（三）集体决策责任和个人决策责任

集体决策责任是指经济决策由集体讨论通过，则由集体承担相应的经济责任。个人决策责任是指不通过集体讨论或在集体决策中用不当手段私自决策，则由个人承担相应的经济责任。

举例

在对淮海集团审计时发现，在被审者任职期间，由投资部经理代表集团与他人签订了对东来顺酒楼的承包协议，由承包方每年支付承包利润 90 万元。但承包方未履行协议，结果经法院判决协议一开始就无效，致使集团蒙受很大损失。从现有资料很难分清是集体还是被审者责任，对此我们采取行政监督手段，找离任者、集团其他老总、部门有关当事人等了解情况，提供证据资料，查看会议记录。经过深入调查，认真分析，发现该项目并未经集体讨论通过，纯粹由被审者利用职权擅自决定并指使部门经理操办的。根据上述事实，我们做出应由该领导者个人承担直接责任。对于重大集体决策失误的事项，我们必须坚持历史性原则，持慎重态度分析问题，界定责任。

在实施经济责任审计时，严格遵循客观、全面、历史、谨慎的原则，做到审计结论要以客观事实为依据，以相关的法律法规为准绳。对被审者的功过要全面看待，不能用静态的、孤立的观点来揭示审计事项，而要用动态的、联系的观点来揭示审计事项，做到成绩说够，问题说透。对经济责任的认定，要结合当时、当地的历史条件、政策背景、客观工作环境，不能用单纯的结果来确定个人的经济责任，而要把握全过程并坚持“三个有利于”的标准来划清责任，以防止结论与实际产生背离，带来审计风险。对受审计范围限制或取证不足或法规标准不明确的审计事项，宁缺毋滥，不作评价。

四、相关问题的理论简析

（一）关于职能与责任划分问题

1．从法律地位上说，不论行政级别高低，出版局与所属单位，都是彼此独立的法人，具有独立的法人地位，具有与自然人相同的民事行为能力，各自独立享有民事权利，承担民事责任。也就是说，出版局与所属单位在法人代表的法律地位上平起平坐，相互责任独立，甚至可以以各自的名义彼此起诉和应诉，都是平等的法律主体，在法律责任上不能相互替代，也不存在法律上的连带责任。

2．行政管理责任和经济责任是两种完全不同的责任。行政管理可以通过政策引导、精神鼓励、业务指导规范经济运行，但这不等于负有经济责任。在法律的意义上，任何财产独立的法人实体，必须以其全部法人财产依法自主经营，自负盈亏，对其责权责务独立承担法律责任，对其经营过程和经营后果独立承担经济责任。行政部门在政策和经济上的扶持是一种管理行为，不能因此而替代或连带承担经济责任。

3．省级出版行政管理部门不是国有资产所有者，不是其下属国营单位的出资人，不享有出资人权利，即不具有公司法中对出资人所明确的职权，例如审批企业的年度财务报告、预决算方案和利润分配方案，审批企业的增资或减资方案，等等。对所有二级单位的国有资产，国家实行的是一种社会监管模式，即政府税务、审计、财政部门通过税务审计、财务审计、投资审批的方式对这部分国有资产进行监管，通过这种监管来避免漏逃税、国有资产流失等情况的发生。而政府行业行政管理部门则不具备这种职权，也不应在这些方面承担责任。当然，目前的国有资产管理存在着制度缺陷，有投资主体虚位的问题，这需要通过完善国有资产管理体制来解决。

（二）关于经营问题

省级出版行政管理部门的下属单位，包括事业单位性质的出版社，在生产经营上都是企业化运行的，那么就必须对以下几点有一个客观上的认识：

1．任何领域、任何外部环境下，经营都会有风险；任何投资行为，不管进行过多么缜密的科学论证，都不能确保必定盈利、必定会成功。同时，现代社会的经济组织一般都是多品种产品、多种资本运行方式的混合经营，要对其经济实力和经营业绩进行评估，必须要从整体上衡量其盈亏，而不能仅从某种产品或仅从亏损面或盈利面来看，因为仅从一方面来看，可能数额巨大，但这不能反映其整体绩效。当今世界，不管国内国外，不管多么优秀的企业，都不能保证其所有产品和项目，在其所有经营领域、所有区域都是盈利的。相反，几乎全都是有盈有亏的。这涉及企业发展战略、成长阶段、外部环境等多方面的因素。

2．任何一种产品都有一个生命周期问题，都要经过投资期、成长期、成熟期、衰退期这样一个过程，这是市场经济的客观规律决定的。我们不能要求一种产品一经投产就必须马上盈利，也不能要求一种产品会永远保持盈利，这是不以人的意志为转移的。

3．还应看到，我们国家整体经济正处在从计划向市场过渡的转型时期，政府对经济的管理也处在一个制度变更阶段，法律法规、国有资产管理制度都有待完善。在这样一个创新、变革时期，政策不对称、激励机制不适应、发展不平衡诸多客观因素，都会使企业在经营管理上存在一些麻烦、产生一些混乱，这是很难避免的。这不是某个部门、某一地区的问题，而是在全国范围、在所有行业都普遍存在的。出版单位处在事业单位企业化管理这样一个夹缝中，求生存、求发展，确实很不容易，它们不得不面对残酷的市场竞争，不得不面临经营亏损的风险。作为管理部门，我们应更多地着眼于鼓励、引导和扶持。

（三）关于对出版行业基本评价的一些问题

从整个行业来说，我们不是财政包干的政府财政拨款，政府也没有投入，我们不但是自己挣钱养自己，而且对社会和地方经济做出了很大贡献，同时我们自身也得到了长足发展，这些成绩是得到省委和省政府充分肯定的。需要说明的是，某省的出版队伍是一支思想上、作风上都很过硬的队伍。在相对一些更开放、政策更灵活的地区，我省出版业取得的成绩是靠大家付出更大努力所取得的。不管是从全国范围来看，还是从我们内部来比较，可以明显看出，如果努力干，就会做出更大贡献；若是不努力，就会拖后腿，就会亏损，这是不争的事实。作为管理部门和主管领导，应当为整个出版业的发展创造更有利的环境，提供更有力的支持，其中特别重要的是，应当建立一套有效的激励机制，从而更有力地调动广大干部职工的积极性。有些省市，已采用年薪制或利润分成这样一些激励措施，确实发挥了很大作用，在这方面有待于形成突破。为了出版业的更快发展，为了提高出版业的竞争力，应做出一些新的探索，希望能得到各方面的支持，同时也对目前一些单位所采取的一些奖励措施给予理解。

五、关于修改审计报告的几点意见

（一）通读全文，我们认为审计组在对责任当事人的审计过程中标准上存在问题。作为政府的行政职能部门，其内部单位性质设置上有企业、有事业、有行政，还有股份制公司，所以整个单位是“混合型”的组织，在审核下属各单位时，应该用其相应的标准来审核，但该次审计中多是以行政部门和事业单位的标准来审查出版系统，所以结论出现偏差，致使诸多对责任当事人本不应承担主管责任的问题归为主管责任，不应承担直接责任列为直接责任。特别是直接责任的五个问题，更是让人觉得帽子太大，分量太重，所以这部分一定要尽力想办法全部从分量上减轻。

总体原则是：直接责任往间接责任上靠，主管责任往无主管责任上靠。因为时间较紧，现在提出标准问题，要求对方对一些问题重新进行审定，这样可以争取调整时间，留有回旋余地。建议：财务部门要对审计报告中涉及的每个单位每个问题应使用的标准进行核定。

（二）对责任当事人的工作职责要进行界定。要弄清本报告评价中确认直接与间接责任的依据是什么（注意报告中没有提及），法人（机关法人）与下属单位法人实体是否存在经济责任的关系。要从法律的角度尤其是经济法的角度，及目前的管理体制上来界定，包括涉及机关职工入股的股份公司也要从法律上来进行认可。即使是擦边球行为也坚决要求对报告中涉及的问题进行修改。法律法规中的条文对行政事业法人与下属法人单位各自应当承担经济责任都有明确规定，审计报告中将下属法人单位违规违纪的责任交由出版局法人来承担的做法是站不住脚的。另外还要紧密联系管理部门的职责，可利用社会效益、国有资产的保值率、经济指标的完成、出版发展基金的使用等加以说明。建议：①查找有关机关法人、事业法人、国有企业法人、公司法人、国家公务人员法律条款和法规，弄清每种法人和国家公务人员的权利与责任。②弄清政府每年下达的目标是什么，管理部门的职责是什么。

（三）一定要加重对责任当事人肯定的分量，要利用数据说话。比如，对国有资产保值增值率要有外地区、同行业和同规模的可比数据。

建议：选择一到两个外省的出版情况作数据比较。

（四）争取报告页数减少。虽然整个报告总体评价还可以，但是前半部分分量太重，篇幅过大，显得文章结构不合理。对一些前面所提及的经营成果不实等，可视为财务工作中账务处理方面的问题，争取在报告中不列示。对下属单位法人实体的问题也要想办法去掉。另外，要求下属单位法人实体对报告所涉及的问题做出合理的书面解释，尤其是机关工会、报刊处、教材中心，在报告中尽量不显示漏洞。对机关本身的一些事情一定要确认哪些事经过了领导班子集体审批，哪些没有审批，哪些不需经审批，弄清是个人行为还是组织行为。对书面报告结果尤其涉及机关的内容最好征求一些审计专家的意见。

（五）因为在审计报告中最后部分“改进与建议”中，第一条要求健全财务内控制度和财务管理，所以对方认为导致出版诸多违法违纪行为最主要的原因是财务失控。为此，一定要从财务管理的角度，说明目前采用的财务分权控制是与出版目前政企不分、企事不分及国家当时的改革大环境、出版大环境所造成的，是制度空白、政策的不对称、不能完全放开出版经营等造成的。强调即使想要得到资金集中管理，但在现有的体制下也无法做到。

（六）对于“改进意见和建议”的修改

1）在该部分（二）中，报告中说法前后出现矛盾，一方面说“要正确处理国家、企业和个人三者利益关系”，另一方面又说“要执行国家关于事业单位工资制度”，“以收定支，量入为出，从严控制”。前面是企业，后面是事业，本身说法上就是矛盾，再一次证明其标准的不统一。这一部分可以要求增加激励内容，通过建立绩效考评等制度，从另一角度肯定局里采取的一些激励。

2）在该部分（四）中，关于教材中心高利润率问题，要申明：①这个利润率的高是因为原来发行没放开，印数大，造成平均单位成本低；②利润已经整体呈下降趋势；③绝大多数教材品种还是赔钱的，赚钱部分只是西方不亮东方亮。印数是一个变数，随着学生数量的下降，版本的增多，品种数量的下降，费用的加大，所以教材的利润率是呈下降趋势，而非报告中所说降价空间很大。更何况课本定价是经物价部门审核，不是任意的。所以这一部分要改动，以免给人造成教材中心在教材方面的盈利是通过高定价来的印象。

六、关于“审计报告征求意见书”有关情况的说明

（一）关于“教材和教辅收入的升降基本决定了全省出版系统效益

情况”

审计报告中提及教材和教辅收入占总收入的82.84%，事实上从全国范围来看，教材教辅也都占图书出版业收入的80%多，这是一个普遍现象。在社会主义市场经济的初级阶段，图书消费占国民收入比例还很低的情况下，这种比例是正常的，这种市场份额也是正常的，即便是在西方发达国家，课本在出版业中所形成的收益比重也非常大，因为从商品角度上讲，这是必需品。正因为如此，文化出版行业的激烈竞争，出版业图书市场份额的激烈争夺，首先表现在教材、教辅市场，教材、教辅的出版发行已完全形成了一个开放性的竞争市场，甚至在个别门类如英语教学已经出现国外托拉斯的进入。

1988年，国家教委已提出“一本多纲”的教材改革方案，1993年秋开始施行，目前进入我省的中小学教材已有30余种版本（例如人教版、苏教版、北师大版、湖南版、华师大版、四川版、语文版、黑龙江版等多种版本的教材），100多个品种，市场分割严重，从而也加大了省局整个课本出版发行的运营成本，增添了许多工作点、工作量（谈判、协调、调研、协助培训等）。这种教材市场的开放是我国教育改革的重要组成部分，国家出台了一系列政策大力推进教材出版发行的改革，省出版局作为地方政府的出版管理部门，应积极贯彻落实而不能为保护地方出版、发行单位利益而采取不当的保护措施。

从1992年起，教辅的出版发行已完全放开，形成了全国性的大流通、大市场。对于某省出版行业来说，受冲击最大的就是教辅市场，新华书店独家发行、省出版系统独享省内市场的局面被打破。在这种动荡的、充满变数的市场环境中，省出版局、省书店、出版社十几年来做了大量艰苦细致的工作，比如：教辅产品不断更新、营销力度不断加大、扫黄打非力量不断增强，以更好地贴近地方教育、服务地方教育，争取市场的认可。由于完全开放市场的形成，目前我省市场上的外版教辅已占市场总量的75%，豫版教辅只占有本省市场不足 25%的市场份额，教育部门自编自印、省外出版社自办发行的高定价低折扣的倾销、二渠道的蚕食、盗版盗印的冲击使某省教辅13亿元的市场份额只有不足3亿元在自己手中。

可以说，教材、教辅出版和发行方面的竞争，是目前出版业内竞争最激烈、最残酷的一个领域。因此，尽管教材、教辅出版发行收入占总收入的比重较大，但这不完全是在政策性或地方保护下形成的规模，而是出版系统的职工在出版局党组的领导下，在激烈的市场竞争中通过努力拼搏才得以实现的。

（二）关于“出版业政策性也比较强，国家优惠政策较多，其收入和利润受政策性因素影响比较大，近几年我省出版业效益的提高与国家优惠政策有很大的关系”

出版业作为具有意识形态属性的行业，国家对其有一些特殊的政策规定，也给予了一些优惠政策，但是，一方面这些政策十分有限，另一方面这些政策在某省并没有完全得以落实。

1. 国家对出版业的经济优惠政策，主要是所得税返还，但返还是返还到省宣传文化系统而并非直接返还到出版系统的生产经营单位，宣传文化系统利用税收返还鼓励资助我省整个宣传、文化事业的发展繁荣，而用于出版系统发展的比例相对较少，这是其一；其二，三年来，按国务院文件精神财政应当返还3.8亿元税费至今没有到账，甚至影响到课本经营不得不大量贷款，造成财务费用大大提高，生产成本日趋加大。因此可以说，经济优惠政策对所在地区出版业的效益提高并无很大影响。

2. 国家对出版业的特殊政策，主要是限制非国有经济成分进入出版领域，但是，这一限制的范围非常有限。目前除图书的编辑出版环节还不允许非国有经济成分直接介入外，图书的印制、发行、物资供应等环节已完全对非国有经济成分放开，已形成一个各种经济成分共同参与竞争的开放性产业格局；即便是图书的编辑出版环节，由于对外版权合作，以及出版单位与各类工作室以选题联合开发、图书合作制作为主要方式的协作（这些都是国家政策允许的），非国有经济成分实际已在资金上介入进来，我们出版单位最终牢牢把握的只是图书书稿的终审权和出版权，并由此把握图书出版的政治方向。因此说，国家对出版业的特殊政策，主要体现在政治方向把关上，而不是经济利益上。特别是近年来，随着加入 WTO，西方发达国家为我们的出版业开放列出了具体的时间表，为了在未来的市场竞争中能与国外的大传媒抗衡，为了尽快培育出国内出版业的核心竞争力，国家在出版业的经济政策上越来越开放，更加鼓励非国有经济成分介入出版产业（例如允许非国有经济成分开展一级批发业务等），从而促进整个产业的开放和竞争。即便是纯粹国有经济成分的出版单位，在全国范围内也已完全形成了一种竞争性的产业关系，任何地方的任何一家出版社，只有参与竞争并在竞争中奋力争先，才能得以生存、发展。这一点是出版业的同志近年来感受特别强烈的，并竭尽全力，开拓创新，以提高自身的竞争能力。

3．从出版产业链条各环节的利润在出版业全部利润中所占的比例可以看到，属开放的、推向市场的印刷、发行、物资供应约占 40%，编辑出版（包括课本中心）占 60%，而这占 60% 的利润也如前所述，是在编辑出版环节看似垄断、看似有很高的进入政策壁垒，实际上这种政策壁垒在市场环境中可以轻易绕过的情形下，靠某省出版人不懈努力、拼搏竞争获得的。

因此，在近几年国家对国有出版单位经济上的政策保护越来越薄弱，甚至在某些方面已完全没有保护的严峻情况下，出版业效益的提升主要是在当地省委、省政府的正确领导下，依靠广大职工的努力拼搏和各单位经营管理水平和竞争能力的逐步提高而得以实现的。

（三）关于“内部控制制度不够健全，财务管理粗放”的问题

这方面所存在的问题，既有我们制度建设和管理方面的原因，但也存在一个更深层次的体制性因素，这种体制性因素体现在以下几个方面：

1．作为主管全省新闻出版事业和著作权管理的省政府职能部门，负

责贯彻落实国家的新闻出版政策方针、制定全省的新闻出版业发展规划、确保新闻出版的政治方向，对全省出版业负行政管理责任，但同时又要确保所属企事业单位的经济运行和生产经营正常有序地进行，承担出版系统国有资产的保值增值责任，具有经济管理职能。这种双重职能所导致的在行业管理上的政企不分，形成在工作开展上的一些障碍。例如，作为政府职能部门，其机构设置、人员编制、职能划分，是按政府行政序列按相关政策由有关部门确定的，我们不能根据经济管理的需要随意调整处室结构，或建立一个适应经济运行需要的管理机制。尤其是在财务控制机制的选择上，只能是目前的分权式管理，即使想选择资金的集中管理，也根本不具备这个条件，最起码想合并纳税就实现不了。所以在财务报表的审计上、缴纳税款上只能是各自负责，而财务报表和税务审查都由外部审计、稽查部门来进行，且都出具了具有法律效力的审计、稽查报告。在内部控制制度、财务管理制度等方面，出版局已按政策和政府的要求，做了不少工作，但作为一个政府职能部门，这些制度、措施和一个独立法人实体所建立的内部管理制度还是有很大不同，其本质仍是监督、监管，具有与国家政策法规相适应的规范效应。也就是说，我们依据国家的政策法规制定相应制度，事后进行监督，但我们不能在业务发生之前和发生过程中进行强制性约束，否则我们就直接干预了法律赋予一个独立法人实体的生产经营决策权，投资决策权，工资、奖金、福利分配权。这对政府职能部门来说是不合适的，也是不可能的。因此，这就在一定程度上使得内部控制以及财务管理上的力度不够。国家在新闻出版领域推进集团化建设，就是要解决这种政企不分管理体制所造成的政府管理职能与生产经营职能之间存在的矛盾。只有成立了出版集团，方可以实现资金的集中控制，才能真正建立国有资产经营的严格约束制度，比如通过结算中心实现对现金流的集中控制，实现账户归一以解决多头账户的问题，以防财务失控，而这在下一步体制改革的工作中将会逐步实现。

2．长期以来，我国的出版单位都是事业单位企业化管理，这种体制的自身矛盾使得出版局在管理上和出版社在经营上都遇到很多难题。对出版局来说，既要按照事业单位的性质，对其人员编制，人事、劳动、分配制度，干部任免等进行管理，但同时又要按企业运行对其经济效益、生产规模、资产增值等提出要求，这两者有时是相互矛盾的。例如，国家新闻出版总署为推进出版业的产业化、市场化进程，提高出版业的竞争能力和经营效益，一直鼓励出版单位进行三项制度改革，特别强调要进行分配制度改革，建立有效的激励机制，事实上，合理科学的激励机制是任何一个经济组织提高竞争力和经营效益所必不可少的。三项制度改革等与国家现行的事业单位管理制度明显不对称，国家对事业单位的工资、分配制度有明确规定，出版局作为政府职能部门，不可能在这方面为出版单位提供什么变革的条件。这样，出版社为了自身发展，会在不违犯法律的前提下，采取一些奖励措施调动员工的积极性。这些奖励措施，按事业单位来要求，可能会存在一些不符合规定的地方，但是作为一种企业管理行为，则是正常的。因此搞好福利、增加收入，也是出版单位在事业单位、企业管理的现行体制下调动职工创造性、积极性的一种有效的、不得不采取的激励措施和手段。如果硬拿事业单位的标准去套企业，当然会有很多不对称、不吻合、不适应，但没有一定约束和激励的机制，出版系统的效益不可能自己冒出来，实现国有资产的保值增值也只能是一句空话。对待这个问题，行政管理部门的态度和管理都是明确的，那就是不管如何进行奖励，都不能违规、违纪、违犯法律。

事业单位企业管理对具体出版单位来说遇到的难题更多。例如编制年度预算和财务收支计划，如果仅仅是事业单位，编制这样的计划则相对比较容易，但出版单位在经营上是企业性的，要求它编制一个符合事业单位性质的年度收支计划则有很大困难。企业必须面对市场，而市场又是瞬息万变的。企业可以依据其对市场的分析和预测编制适应自身条件的资金使用计划，但这个计划必定会在市场条件变化的情况下，在执行过程中进行调整，这也是企业管理的一项重要职能，否则企业将无法经营。因此，作为政府职能部门的出版局，为了不干预出版单位的正常经营，就很难要求他们必须编制一个适应事业单位性质要求的财务收支计划。

对于长期困扰出版业的这种事业、企业的矛盾，国家着眼于出版业的发展，已做出了对出版社进行企业化转制的试点计划，只有这样才能逐步从根本上解决这些问题。

3．出版系统另一个体制性问题是它的双重职能。图书出版作为上层建筑的重要组成部分，具有很强的意识形态含义，它必须为精神文明建设提供强大的文化支持。我们始终把社会效益放在第一位，但出版作为一种产业，同时还必须要有良好的经济效益，这两者有时很难协调一致。例如古籍出版，对弘扬中华民族传统文化、推进精神文明建设具有重大意义，但由于其市场领域较窄，很难获得好的经济效益，但古籍出版单位同样是企业性经营的，为了保证古籍类图书的正常出版，我们除了在生产经营上为其提供必要的经济支持外，同样也要考虑其职工应有正常的收入保障，这也是出于发展与稳定并重的一种考虑。在这方面，我们确实会遇到一个如何保持平衡的问题。我们要贯彻执行国家、政府对古籍整理出版的规划要求，则就可能会在对其扶持上把握得不够严谨。这也是出版这一特殊领域在正确处理社会效益与经济效益时比较难以把握的一个方面。

即便是我们投入到一些经营困难的出版单位的业务发展费，也是从出版基金中拿出来的，而出版基金又是从各个出版单位职工的辛苦劳动创造积累的利润中按比例提交上来的，经营困难的单位，迫不得已用这些业务发展费变通些福利发给职工，也比较正常。因为出版虽是脑力劳动，但精力、体力上的消耗及其对身体的损伤也是比较大的（比如对眼睛、颈椎、腰椎的损害等），再加上超负荷的工作运转，常人根本吃不消，这也是为什么出版系统非正常死亡在省直系统首屈一指的原因，比如英年早逝的古籍社编辑范炯，比如重病在身仍坚守岗位直至以身殉职的人民社的张继红，比如看稿倒在电脑前的海燕社的赵玉珂，比如倒在画室画案前的李伯安等。生活的窘迫、劳动的辛苦、工作量的超负荷，以及工作、生活条件的保障不足，使无数青年编辑、中年编辑身染重疴，甚至失去宝贵的生命。不与经济比较发达的地区相比，仅从周边的湖北、湖南、山东、安徽、河北、陕西来看，任一省份出版行业就业人员的工资，都高出一倍左右，而我们所创造的财富，历年来在全国都是首屈一指的。

（四）关于《东方家庭报》的问题

在现行的新闻出版管理体制（严格控制的审批制）下，从某种角度上讲，报号、刊号、书号也是一种资源，而且是重要、稀缺的出版资源。基于对这种稀缺资源占有的考虑，经省编办划转，省出版局将《东方家庭报》接收，虽然其时《东方家庭报》已亏损100余万元，但这种亏损与其报号资源稀缺所形成的价值以及其可能产生的预期收益相比，是不足道的。换言之，《东方家庭报》是具有长远投资价值的，是值得去投入以购买其未来预期收益的。因而，这种接收《东方家庭报》的决策在当时是合理合适的。

作为新闻出版总署倡导的社刊工程，大象社对《东方家庭报》的投资也是一种正常的企业行为。正因为是一种企业投资行为，就和任何企业经营一样，可能会有风险，目前《东方家庭报》的市场业务不振，正是说明了这种风险投资的不可把握性；此外，任何报刊都有一定的投资期（市场培育期），一般需几年时间，然后才是投资回报、投资收益期，不像图书出版的投资回报在图书重印、版权转让时即可立竿见影。对《东方家庭报》的情况，我们还须分析目前究竟是在投资期、成长期，还是发展期，而不能断言败局已定，毫无希望。

总言之，《东方家庭报》如今的局面，今后是好是坏、是停是转，均应视为一种投资行为、市场行为，是企业自主经营所应该承担的一种风险和责任，而不是出版局在决定接收这份报纸时的决策行为造成的，不是一种领导行政责任。

（五）关于教材中心负债问题

企业界里流行一句话，真正会做企业的人，是那种负债经营的人。也就是说，拿别人的钱来做自己的生意是真正会做企业的人。海尔是著名企业，但是它却是巨额负债。为什么？从财务的角度来说，适度的负债，可以给企业带来好处。由于财务杠杆的作用，一是会降低加权后的平均成本，增加单位净收益；二是可以起到减税的目的。教材中心作为课本印制中心，涉及全省的中小学生教材，它的现金流入与流出量都是相当大的。同时，由于其较好的经济效益，使其在银行拥有非常好的信誉，如果不利用这种无形资产，实则是一种对资产的浪费。可以说任何精明的企业家都不会放弃这样一个机会。所以，一个经营良好的企业绝不是完全没债务的企业，必要的债务是企业不断发展的重要条件，负债经营的决策是正确的。但是负债额度的大小，要与最后的收益相对比，而不能片面地看绝对数，要看其资产负债率是否合适，收益比是否合适。

另外，教材中心在经营的过程中，可能会遇到银行承兑问题。教材出版的季节性特别强，在教材印制这个很短的时间段内，需要数额巨大的成本投入（材料费、印制费），这个时候，教材中心的银行存款余额一旦不能满足成本投入的需要，就要向银行贷款（审计报告中所说的银行存款余额是月平均余额，完全有可能在需要投入时，这个余额不能满足需要，而在投资之后，课本发行款回收后，银行会有高额存款余额）。这些问题过去几年中并不突出，主要是那时政府一直在兑现税费返还，课本中心的资金运作有这笔基金来保证（做保证金），三年来失去这笔基金保证，就形成了不断大额贷款。

（六）关于某省利普科技有限公司的问题

机关员工工资是按公务员序列核定的，但在实际工作中，机关干部在承担行政管理职责外，同时还肩负着经营管理的重任，而在经营管理中的劳动是不可能计报酬的。长此以往，如果员工的工作投入、经营业绩无法在报酬中得到体现的话，员工的积极性肯定会受挫，对国有资产的保值增值也会有不利的影响。为了弥补员工这部分的损失，机关才想办法举办公司进行一定的补偿。实际上在全国范围内，同时赋予两种管理责任的行政管理部门要么是高收入（平均月薪在5000元以上），要么采取类似的变通办法，最终目的是在合理的范围内对员工的额外劳动付出给予经济补偿，调动方方面面的积极性，保证国有资产的保值增值。

（七）关于“福利费超支、滥发奖金”问题

这也是一个如何激励员工、如何提高效益、如何使国有资产更好地保值增值的问题，我们可以把这个问题也放到全国的新闻出版系统中去考察。其实许多省份的出版系统早已实行工效挂钩政策，根据员工创造的价值，按一定比例给予奖励，奖金是不封顶的，所以我们时常可以听到上海某出版社的发行科长一年拿了几十万的奖金，北京某出版社的畅销书编辑一年提成近百万元等业内新闻，对我们来说是想都无法想象的事情，因为地方财政没给政策。但是，出版业也要在激烈的市场竞争中求生存，企业也要扩张，事业也要发展，所以不少法人实体才不得不采取一些变通的办法，来调动员工的创造激情、工作热情。

从横向比较，这种物质刺激不是多的问题，而是少的问题。比如广西地处西南，属经济欠发达地区，客观地讲，其出版资源不如某省，但其近几年上升得很快，几个地方出版社在经营管理中都取得骄人的成绩，这些业绩的取得是与其用人思路与激励措施密不可分的：广西接力出版社（少儿社），可以用高薪（年薪几十万）将作家出版社副社长（副厅级）挖到手，任命为总编辑（正处级），完成核定的经济指标后还给予住房等奖励。其结果是，在这种人才的主持下，在这样的激励机制的激发下，今年接力出版社在北京的办事处一年发了8000万码洋的图书（自己制作、印制、发行——相当于一个分社），有近90%的回款，目标超额完成（出版社当然立即兑现了住房等实物奖励）。又如，近几年发展势头迅猛的广西师大出版社，高薪将曾为崔永元等一系列名人成功策划出书、取得非凡市场业绩的原华艺出版社副社长和发行科长挖到手，使该社畅销书发行业绩近期有很大的提升。当环境不具备这种打破常规的条件时，能够走一步保一步已经是很不容易。

回过头来看，在分配机制上束手束脚，系统内的人才要么留不住，要么无法调动其工作、劳动的积极性，更不用说去做高薪聘“外脑”谋发展的事情了。所以说，关于福利和奖金问题，从某种角度上讲是少了而非多了的问题。

如今，许多国有大型企业老总都是年薪制，动辄百万元，有的还有期权等奖励。就出版业内来说，现在相当多的出版集团的老总，以及出版集团、第一梯队的出版单位聘用的高级人才都是年薪制，而某省出版业还固守在按事业单位核定工资收入的水平上。如果我们不“下点毛毛雨”，不去适当采取些激励措施（这些激励手段和措施与其他省份相比，简直是小巫见大巫），如何确保国有资产的保值增值？谈何事业发展？换个角度讲，如果激励、奖励的事我们不去做，不去努力争市场，去赚钱盈利，平平安安地守着这个摊子，或者说丢掉这个摊子、这份家当，那么，就没有问题了？

七、回复材料的总体看法

写这样的材料的确比较辛苦，总的来说，文稿比较扎实和客观，有说服力。

如果说有些补充意见的话，主要是我们对审计意见中大多数内容都提出了不同的看法，这样，文稿中有些条文和措辞就需要口气缓和些，需要在一些枝节问题上采用更加模糊的说法，关键是纠正他们对于行政法人和企事业单位法人本身和各自之间关系的看法，这是重点。如果反驳过多的话，对方可能不易接受。如果没有良好的有效的沟通，语气及措辞的生硬，也会引起一些反作用。

文稿本身在结构上也有必要作一些调整。

（一）基本认识方面，可适当增加我们对审计重要性的认识

比如，通过审计对审计法、会计法等相关法律法规的学习，知道审计对今后工作的指导意义重大等。暗示我们也认真研究了国家有关法律法规政策，我们提出的意见是有依据、有出处的。

（二）第二部分的标题是否改为“几个需要申明的客观事实”

除（一）（二）（三）不变外，将第 8 至第 11 页关于教材及教辅部分提到此部分，为“（四）一些具体情况的说明”，并将各单位书面意见、局汇总意见作为附件在此列出，“鉴于篇幅，更多的具体情况说明详见附件一、附件三”。

1．文稿第二部分“关于法人代表对直属企事业法人单位应负经济责任问题的认识”是整个文稿的重要部分，是立论的基础。对方审计意见建立的基础，是把行政法人的地位和直属单位作为企事业法人的地位弄混了。这一部分中，我们应当更加强调行政法人和企事业单位法人各自的法律地位和相互关系，强调法律和条规赋予各部门的职责、权利和义务，强调作为行政法人只能依照有关法规行使监管的权利，而不能具体干预其他企业法人自主经营的具体行为，因而也就不能承担具体的经济责任。这一点意见文稿中讲了，但还可以讲得再明确一点，再细致一点，如果能有现行的法律文本中或文件中的说法引用是最有力的（可请法律顾问做一做）。当然，作为机关来说，它确实是一个特殊的行政法人，它的特殊性在第二部分的第三条及其他条中有一些分散的论述，若是能把这些特殊性的论述集中起来，有一段专门作解释，可能会更好一些。

2．机关直属事业单位，关键点是出版社名义上的事业法人实质上是一个地地道道的企业法人，审计意见中却把它等同于一般的事业单位，或是完全按照事业法人的规定来看待它，没有顾及到它的本身属性。实质上，从政府管理的角度把它界定为事业单位，目的是为了便于在大的方向上实行政治管理，但是具体到经营实践和实际运作中出版社其实是完全的企业管理，一切都是按企业法人对待的。这些在文稿中都谈到了，

只是应当进一步把这几个特殊性集中起来作以表述，作为一个大的前提。这样，前有省局行政法人的特殊性，次有局属事业法人的特殊性，再次还有局和局属事业单位关系的特殊性，有了这样几点特殊性的挑明，论述主旨一目了然，解决问题不言而喻。

（三）第三部分及其他地方主要是对一些具体细节的说明，需要反衬全文的主体

1．对《审计报告》“关于审计评价部分的意见”中第（一）下面的第3点，关于教材、教辅一节的第二大段（第9至10页），应当进一步突出省局在教材教辅改革的大势面前所做的管理、引导、协调等大量工作，和在市场竞争中下好全省一盘棋的工作中所起到的核心作用。如果没有这些工作，我省的教材教辅市场绝不会像审计意见表述的那样轻而易举地为出版系统贡献效益。这些意思在这一部分开始时谈到了，但在中间论述时缺乏必要的延续，在最后结论时没有能够再突出一下，与其他地方显得不尽协调。

2．原则部分应以严肃的态度列出文件名、颁布部门、时间等，并可注明第几部分或第几条即可，如果像眼下一、 二 、三摘出来似不妥，对立性强，有指责对方不懂法规之嫌。并且，我们掌握、了解的政策法规不一定会比对方多，现行的一些法规如果断章取义拿出来的话有时会出现自相矛盾，从某种角度上讲是双刃剑，而解释权（舞剑人）在对方，我们大可不必激发对方舞剑的“激情”。在界定问题时，需要注意语气、措辞，不要硬推，不要出现×××不应对×××负责或承担责任，太刺眼。要用太极推手，绵里藏针，使用诸如“法律法规应由企业法人承担的责任应由当事人承担”类似行业措辞。

3．第1部分（一）关于经济运行和事业发展情况的评价，第1与第3、第4是说的同样的事，宜合并。第2部分（对责任当事人的）评价可单列为（二）为示郑重。可将原（二）关于审计……的界定（第11页）改为（三）。

总之，态度需要更平实、平和一些，不针锋相对，不斤斤计较，充分给对方留足面子，现行的法律法规本身就有很多地方不能自圆其说，较起真来，真是公说公有理，婆说婆有理。

文本之外

收录这些旧时文案，本无多大参考价值，但毕竟我们出版业是从这样一种状态、一个过程中走出来的。由此可见改革的必须和改革的艰难，略窥一斑，故留存于此。时间大约为 2002 至 2003 年间。

跋

张乐群，字心善，号闽榕客，佛名妙音，河南汝南人，师范教师。

记得他曾向我讲起，在老北大的讲堂上，聆听先生们演绎中国文学和中国历史的课程，更有世界新知和国际经典。至今我一直没有考证出，他是正式学生，还是客居京城旁听。在颠沛流离的岁月里，他在享受苦难的同时，毕竟也品尝过甘霖，领悟大师们耳提面命。

后来，他回到了故乡的小城，在一所有点古老的师范学校教书。据说他渊博的学识，常常为同道的青年教师和同校的莘莘学子折服，被称作中外文化的百科全书，成为一个问不倒难不住的老先生。

我认识他的时候，乐群先生已进耆年。每每拜访，他总是亲自迎出房门，把你扶至家中的太师椅上，不坐不行，然后随便拉一只凳子坐在你的身边。仿佛你是老师，他是一个凝神聆听的学生。先生的谦恭，每每让我承受不起，于是座位之争，总要相持好几分钟。客主定位之后，便开始我的侧耳倾听。

枕流漱石的道理，就是这样在太师椅和木凳之间流畅地传递。从这种口口传承的通道上，我触摸到民族文化的脉搏和律动，也触摸到先生知识的广延无际、深如渊薮。后来，他耳聋得不能对话，我们之间更多的是神情交流。他的目光中流淌着温文尔雅，他的眉宇间展示着旷达心际，他的举手投足沉蕴着真挚情感，他的风度做派叙说着谦谦君子。

终于，出于编辑和出版人的本能，我向他约稿，为我所在的出版社编著图书。于是，《谜语手册》一版再版，多次印刷；《对联手册》三校成型，待字闺中；《诗词手册》仅有大纲，未能成行。用手册的形式推广民族文化，是出版人的典型市场运作，乐群先生却乐此不疲、耕耘不止，直到最后，九十三岁乘鹤西去，永远离开了我们。

我多次试图琢磨先生告诫我的“枕流漱石”更深一层的含意，并在网上反复搜索查询，甚至还看到过一篇篇专门为此而著的论文，结果不尽如人意。我总是在想，枕流，流水不腐，常枕常新，是不是寓示了生命的涌动；漱石，滴水穿石，是不是寓意韧性、坚持不懈，而用石头来打理、磨砺牙齿，不更是慎言、谨行、自励自省、自知之明的点拨。我多想再问问先生！

逝者如斯。故人西辞，可流水、山石如此诗意地安排、做局和比喻，让人彻悟终生。这部集子，正是枕流漱石的又一尝试。

谨此，为先生逝世十年祭。

2013 年 6 月 6 日